Michael Schmidt-Salomon

HOFFNUNG MENSCH

Eine bessere Welt ist möglich

PIPER

Mehr über unsere Autorinnen, Autoren und Bücher:
www.piper.de

Von Michael Schmidt-Salomon liegen im Piper Verlag vor:
Hoffnung Mensch
Jenseits von Gut und Böse
Leibniz war kein Butterkeks (mit Lea Salomon)
Keine Macht den Doofen
Entspannt euch!
Die Grenzen der Toleranz

Ungekürzte Taschenbuchausgabe
ISBN 978-3-492-30710-9
1. Auflage August 2015
4. Auflage Januar 2023
© Piper Verlag GmbH, München 2014
Umschlaggestaltung: semper smile, München, nach einem Entwurf von
Büro Jorge Schmidt, München
Satz: psb, Berlin
Gesetzt aus der Minion Pro
Druck und Bindung: CPI books GmbH, Leck
Printed in the EU

Michael Schmidt-Salomon
Hoffnung Mensch

PIPER

Zu diesem Buch

Der Mensch ist das mitfühlendste, klügste, phantasiebegabteste, humorvollste Tier auf diesem Planeten. Er hat Kunstwerke von atemberaubender Schönheit hervorgebracht und
raffinierteste Methoden entwickelt, um die Geheimnisse des
Universums zu lüften. Nie zuvor gab es ein Lebewesen, das
sich so aufopferungsvoll um Kranke und Schwache kümmerte,
das so unermüdlich für Freiheit und Gerechtigkeit kämpfte –
trotz aller Niederlagen. Über die dunkle Seite der Menschheit
ist viel geschrieben worden, ihre Sonnenseite fiel meist unter
den Tisch. Dieses Buch zeigt sie auf. Eine Liebeserklärung an
unsere oft verkannte Spezies, die es wert ist, dass wir uns für
sie engagieren, statt vorauseilend vor der Irrationalität der
Welt zu kapitulieren.

Michael Schmidt-Salomon, Dr. phil., geboren 1967, ist frei-
schaffender Philosoph und Schriftsteller sowie Vorstandssprecher der Giordano-Bruno-Stiftung. Er ist häufiger Interview-
partner in Presse, Funk und Fernsehen. Bei Piper erschienen
von ihm »Jenseits von Gut und Böse«, »Leibniz war kein Butterkeks« (mit Lea Salomon) sowie zuletzt »Keine Macht den
Doofen«.

www.schmidt-salomon.de

INHALTSVERZEICHNIS

VORWORT:
ABSCHIED VOM ZYNISMUS

Es ist so leicht, Zyniker zu sein. Unendlich viele Gründe sprechen dafür, die Menschheit zu verachten. Man werfe nur einen Blick in die Geschichte. Oder in die Reality-Soaps, die Tag für Tag über unsere Bildschirme flimmern. Haben diejenigen nicht furchtbar recht, die den Menschen als »fatalen Irrläufer der Evolution« beschreiben? Wäre es nicht ein Segen für die Erde, wenn sie sich endlich von dem »Krebsgeschwür Menschheit« befreien könnte? Sollten wir dem »Untier Mensch« auch nur *eine* müde Träne nachweinen?

Sätze wie diese gehen uns leicht von der Hand. Wie auch könnten wir angesichts der unzähligen Belege, die unsere Unzulänglichkeit, unsere Wahnanfälligkeit, unsere Grausamkeit dokumentieren, den Glauben an die Menschheit aufrechterhalten? Nicht ohne Grund ist der Zynismus *die* große intellektuelle Verführung für jeden, der sich ernsthaft mit der Geschichte und Gegenwart unserer unglückseligen Spezies beschäftigt. Denn er verhindert bereits im Ansatz die schmerzliche Diskrepanz zwischen den hochtrabenden Idealen, die wir vertreten, und den bitteren Realitäten, die wir erzeugen, indem er die hehren Ideale von vornherein als utopisch verwirft. Subjektiv ist das durchaus entlastend: *Wer den Glauben an die Menschheit ohnehin verloren hat, kann durch nichts und niemanden mehr enttäuscht werden.*

Durch seine Illusionslosigkeit wirkt der Zyniker reif, überlegen, abgeklärt, ja: vernünftig – und doch beruht gerade der Zynismus auf einer *totalen Bankrotterklärung der Vernunft,* nämlich der Überzeugung, dass rationale Argumente nichts, aber auch rein gar nichts am Lauf der Dinge ändern können. Zyniker zu sein bedeutet, *vorauseilend vor der Irrationalität der*

Welt zu kapitulieren, um sich den eigentlichen Herausforderungen des Menschseins gar nicht erst stellen zu müssen. Warum auch sollte man sich für »höhere Ziele« einsetzen, wenn man sowieso davon ausgehen muss, dass sich ein solcher Einsatz niemals lohnt? *Das zynische Gewissen ist ein sanftes Ruhekissen:* »Rien ne va plus!« / »Nichts geht mehr!«, kichern die selbstzufriedenen Bankrotteure der Vernunft – erleichtert, dass ihnen die Bürde, Geschichte humaner zu gestalten, von der schmalen Schulter genommen wurde.

Zyniker sind auf einem Auge blind, weshalb sie nur die Schattenseite der menschlichen Existenz erkennen können. Tragischerweise wirkt diese Wahrnehmungsverzerrung im Sinne einer *selbsterfüllenden Prophezeiung*: Denn wer ohnehin nicht damit rechnet, dass sich die Verhältnisse je zum Besseren hin ändern *können*, wird auch nichts dafür tun, dass sie sich je zum Besseren hin ändern *werden*, wodurch die ursprüngliche, zynische Annahme bestätigt wird. Ein Teufelskreis.

Michelangelo (1475–1564) hatte recht mit seiner Aussage: »Die größte Gefahr für die meisten von uns ist nicht, dass wir hohe Ziele anstreben und sie verfehlen, sondern dass wir uns zu niedrige setzen und sie erreichen.« Dies gilt für uns als Individuen, aber auch für die menschliche Spezies als Ganzes: Wenn wir unsere Potenziale unterschätzen, werden wir sie auch nicht entfalten können und notgedrungen *unter* unseren Möglichkeiten leben. Daher sollten wir uns davor hüten, uns selbst in zynischer Weise kleinzureden.

Die beste Medizin gegen die vorauseilende Resignation des Zynismus besteht darin, sich an jenen zu orientieren, die die besten Seiten der Menschheit zum Vorschein gebracht haben – und genau darum wird es im Weiteren gehen: Thematisierte mein letztes Buch *Keine Macht den Doofen* die unerträgliche Penetranz menschlicher Dummheit in Geschichte und Gegenwart, handelt dieses von der heilenden Wirkung menschlicher Klugheit, von der Güte, dem Einfühlungsvermögen, der Kreativität, durch die sich unsere oft verkannte Spezies eben *auch* auszeichnet. Denn so seltsam es auch klingen mag: Von seiner Veranlagung her ist der Mensch das mitfühlendste, klügste, phantasiebegabteste, humorvollste Tier auf dem gesamten Planeten.

Die Natur hat uns ganz besondere Talente in die Wiege gelegt, auch wenn wir es bisher nur selten verstanden haben, diese Talente sinnvoll zu nutzen. Doch wenn dies geschah, kam es zu jenen wunderbaren Momenten, in denen die Natur sich gewissermaßen selbst überschritt. »Mutter Natur« war dies freilich völlig schnuppe – uns aber sollte es keinesfalls egal sein: Immerhin hat die Evolution Jahrmilliarden gebraucht, um ein Wesen hervorzubringen, das in der Lage ist, den evolutionären Prozess zu durchschauen. Schon allein deshalb wäre es schade um uns, würden wir vorzeitig von der Bühne des Lebens abtreten.

Wer dies verneint und glaubt, man müsse der Menschheit bei ihrem finalen Abgang keine müde Träne nachweinen, hat, wie ich meine, die großartigen Seiten unserer Spezies nur noch nicht entdeckt. Dem will dieses Buch entgegenwirken. Es zeigt auf, welch phantastische Leistungen der Mensch in Wissenschaft, Philosophie, Kunst und Technik erbracht hat, wie aufopferungsvoll sich viele unserer Artgenossen darum bemühten, diese Welt zu einem besseren, gerechteren Ort zu machen, und mit wie viel Anstand, Würde und Tapferkeit die meisten von uns ihr Leben meistern.

Kurzum: Ich werde darlegen, dass es trotz aller Irrungen und Wirrungen der Geschichte unendlich viele Gründe gibt, die Menschheit zu achten. Und vielleicht, ja vielleicht, wird es dem einen oder anderen nach der Lektüre dieses Buchs dann doch ein wenig schwerer fallen, Zyniker zu sein. Die Hoffnung, so heißt es, stirbt stets zuletzt ...

Teil 1

DIE BEDRÄNGTE SPEZIES

Kapitel 1

DAS TRAGISCHE TIER:
VON DEN NÖTEN DES MENSCHSEINS

Es ist nicht leicht, Mensch zu sein. Denn wir müssen in dem Bewusstsein leben, dass nichts von dem, was wir lieben, Bestand haben wird. Wir wissen, dass am Ende unserer Tage ein Kampf auf uns wartet, der nicht zu gewinnen ist – ein Schicksal, dem auch unsere Kinder und Kindeskinder nicht entrinnen werden. Und schon bald nach unserem Tod wird sich niemand mehr daran erinnern können, wer wir waren, worauf wir hofften und wie sehr wir uns darum bemühten, unserem Leben einen halbwegs tragfähigen Sinn zu verleihen. *Kaum sind wir fort, wird es so sein, als ob es uns nie gegeben hätte.*

Das tragische Los des Menschen ist oft beklagt worden. Man denke nur an die berühmten Worte, die William Shakespeare (1564–1616)[1] seinem Macbeth in den Mund legte: »Das Leben ist nichts als ein wandelnder Schatten; ein armer Schauspieler, der seine Stunde auf der Bühne stolziert und sich quält und dann nicht mehr gehört wird: Es ist eine Geschichte, von einem Idioten erzählt, voller Schall und Raserei, ohne Bedeutung.«[2]

Arthur Schopenhauer (1788–1860) formulierte es noch etwas drastischer: Wer sich das irdische Dasein »mit seinen stündlichen, täglichen, wöchentlichen und jährlichen, kleinen, größeren und großen Widerwärtigkeiten, mit seinen getäuschten Hoffnungen und seinen alle Berechnungen vereitelnden Unfällen« vergegenwärtige, der müsse zwangsläufig zu der Überzeugung gelangen, »dass gar nichts unseres Strebens, Treibens und Ringens wert sei, dass alle Güter nichtig seien, die Welt an allen Ecken bankrott, und das Leben ein Geschäft, das nicht die Kosten deckt«.[3] Und so sei das Leben der meisten Menschen nichts weiter als ein »mattes Sehnen und Quälen, ein träumerisches Taumeln durch die vier Lebensalter hindurch zum Tode, unter Begleitung einer Reihe trivialer Gedanken«.[4]

Gewiss: Nicht jeder wird die Situation des Menschen so düster beurteilen, wie es Schopenhauer, der Großmeister des philosophischen Pessimismus, getan hat. Dennoch lässt sich die fundamentale Tragik der menschlichen Existenz nicht leugnen: Das Universum, in das wir hineingeboren werden, ist offensichtlich nicht darauf ausgelegt, uns besonders angenehme Rahmenbedingungen zu bescheren. Im Gegenteil: Wir sind nicht nur – wie alle »höheren« Lebensformen auf der Erde – mit allen erdenklichen Arten des physischen und psychischen Leids konfrontiert, wir *wissen* zudem, dass wir diesen Übeln letztlich nicht entgehen können – wie sehr wir uns auch anstrengen mögen. Diese Ausweglosigkeit zu ertragen, ohne zu verzweifeln, ist keine Lappalie – und es grenzt fast schon an ein Wunder, dass die meisten Menschen ihr Leben trotz allem so tapfer meistern, ohne dem Irrsinn zu verfallen.

Will man ein faires Urteil über die Menschheit fällen, so darf man die besonderen Herausforderungen nicht außer Acht lassen, die das Leben an uns stellt. Denn erst vor dem Hintergrund der »kleinen, größeren und großen Widerwärtigkeiten« des Daseins, von denen Arthur Schopenhauer sprach, wird verständlich, was es bedeutet, Mensch zu sein.

Die Erfahrung des Absurden

Benjamin Button, als Greis geboren, wurde mit zunehmendem Alter immer jünger, bis er schließlich als 85-jähriger Säugling in den Armen seiner ehemaligen Geliebten Daisy starb. Die Handlung des amerikanischen Spielfilms *Der seltsame Fall des Benjamin Button*[5] fasziniert gerade deshalb, weil er unseren Erfahrungen so fundamental widerspricht. Denn natürlich wissen wir, dass das Altern ein unumkehrbarer biologischer Prozess ist. Die Stationen unseres Lebens sind fest vorgegeben: Wir entwickeln uns vom Säugling zum Kleinkind, vom Kind zum Jugendlichen, vom Erwachsenen zum Greis – niemals in die entgegengesetzte Richtung.

Dass die Geschichte des Benjamin Button dennoch nachvollziehbar ist, hängt damit zusammen, dass sich die beiden Pole unseres Lebens in grotesker Weise gleichen – nicht nur, weil der Greis am Ende unter Umständen ähnlich hilflos ist wie der Säugling am Anfang, sondern auch, weil er unweigerlich auf jenen *Zustand des Nichtseins* zusteuert, aus dem der Säugling hervorgegangen ist: Haben wir *zuvor* über Jahrmilliarden *noch nicht* existiert, werden wir *danach* über Jahrmilliarden *nicht mehr* existieren. Der verschwindend kleine Spalt, der die beiden gewaltigen Zeiträume unserer Nichtexistenz voneinander trennt, markiert das, was wir unser Leben nennen.

Allein diese Tatsache kann verschrecken. Nicht ohne Grund hatte die »Entdeckung der Tiefenzeit« solch verstörende Wirkungen.[6] Als die Geologen im 18. und 19. Jahrhundert herausfanden, dass die Erde sehr viel älter sein musste, als man auf der Basis religiöser Überlieferungen angenommen hatte, löste dies einen kulturellen Schock aus, den man durchaus mit dem der kopernikanischen Wende vergleichen kann. Warum? Weil die kosmische Irrelevanz der Menschheit nun nach der *räumlichen* auch in der *zeitlichen* Dimension offensichtlich wurde. Hatte Kopernikus die Welt des Menschen vom Mittelpunkt des Universums in eine unscheinbare Provinz der Milchstraße katapultiert, musste der Mensch jetzt verkraften, dass seine Kulturgeschichte zu einer winzigen Fußnote im kosmischen Kalender zusammenschrumpfte.

Zwar ist schon der Blick zurück auf ein Universum, das über 13 Milliarden Jahre problemlos auf uns verzichten konnte, schwindelerregend, doch steigert sich dieses Gefühl noch einmal, wenn wir den Blick nach vorne richten auf ein Universum, das künftig für einen wahrscheinlich noch sehr viel längeren Zeitraum auf uns verzichten wird. Denn obwohl zwischen den beiden Phasen unserer Nichtexistenz bei objektiver Betrachtung kein gravierender Unterschied besteht, so sieht dies subjektiv doch völlig anders aus: Als Individuen kommen wir mit der Tatsache, dass wir vor unserer Geburt *noch nicht* existierten, weit besser zurecht als damit, dass wir nach unserem Tod *nicht mehr* existieren werden. Gleichsam ist es für uns leichter zu ertragen, dass von der Menschheit in der Vergangenheit über Jahrmilliarden *nichts zu sehen war*, als dass von ihr in der Zukunft über Jahrmilliarden *nichts mehr zu sehen sein wird*. Denn wir wissen: Mit dem Ende der Menschheit wird auch ihr kulturelles Gedächtnis versiegen und damit die allerletzte Chance vergehen, dass irgendetwas von dem, was wir waren oder getan haben, in Erinnerung bleibt.

Entsprechend groß war die Erschütterung, als der berühmte Berliner Physiker Rudolf Clausius (1822–1888) die Gesetze der Thermodynamik auf den Kosmos übertrug. Das uns bekannte Universum müsse, so Clausius, unweigerlich den »Wärmetod« sterben, wenn die Entropie ihr Maximum erreiche, Energie und Materie im Weltall gleichmäßig verteilt seien und somit keine Energieumwandlung mehr stattfinde. Clausius' These vom »Ende der Welt« löste im 19. Jahrhundert einen regelrechten Kulturkampf aus. Vertreter aller erdenklichen gesellschaftlichen Gruppen fühlten sich bemüßigt, Stellung zu beziehen, stand die Wärmetod-Hypothese doch in krassem Widerspruch zur Fortschrittserwartung der damaligen Zeit.[7]

Mittlerweile hat sich die Aufregung über das in Aussicht gestellte Weltenende etwas gelegt, die existenzielle Erschütterung, die mit dieser Erkenntnis einhergeht, ist aber erhalten geblieben – auch wenn die Physiker der Gegenwart nicht mehr vom »Wärmetod«, sondern vom »Big Freeze«, »Big Crunch« oder »Big Rip« sprechen.[8] Wir haben uns sogar an die Vorstellung gewöhnen müssen, dass wir keineswegs jenes »kosmische Ende aller Tage« abwarten müssen, bis es auf der Erde tödlich ungemütlich wird. Wir wissen: Asteroideneinschläge oder Gammastrahlenblitze können das Leben auf unserem Heimatplaneten von heute auf morgen vernichten. Aber auch ohne derartige kosmische Unfälle ist das Schicksal der Erde längst besiegelt.

Dies hängt mit dem Lebenszyklus unserer Sonne zusammen, die die Erde seit 4,6 Milliarden Jahren zuverlässig mit lebensspendender Energie versorgt. Bedauerlicherweise hat der Kernfusionsprozess, der dies ermöglicht, seine Tücken, denn er ist verantwortlich dafür, dass die Strahlkraft der Sonne kontinuierlich steigt und es folglich auf der Erde immer wärmer werden wird – auch ohne die Hilfe anthropogener Treibhauseffekte. Aufgrund der gestiegenen Erdtemperatur werden voraussichtlich schon in 500 Millionen Jahren keine höheren Lebensformen mehr auf der Erde existieren können, in 900 Millionen Jahren werden sämtliche Pflanzen verschwunden sein, in zwei Milliarden Jahren wird sich die Erde in einen reinen Wüstenplaneten verwandelt haben.

Sollte irgendeine intelligente außerirdische Spezies in einigen Milliarden Jahren zufälligerweise in unser Sonnensystem vordringen, würde sie (sofern es der Menschheit nicht gelingen sollte, einen anderen Planeten zu besiedeln)[9] nicht einmal mehr feststellen können, dass es eine höhere Zivilisation hier jemals gegeben hat. »Von unseren Städten wird bleiben, der, der durch sie hindurchging, der Wind«, schrieb Bertolt Brecht (1898–1956) in seinem Gedicht *Vom armen B. B.* – und selbst das war in gewisser Weise noch überoptimistisch, denn auch der Wind wird nicht ewig wehen, wie auch die Sonne nicht ewig strahlen wird. (In etwa 7,7 Milliarden Jahren verwandelt sie sich in einen »Weißen Zwerg«, der allmählich abkühlen und schließlich verlöschen wird.)

Selbst wenn der Menschheit das Kunststück gelänge, einen neuen Heimatplaneten mit intaktem Heimatstern zu finden, würde uns dies als Spezies nicht vor dem finalen Exitus retten. Denn auch auf diesem fernen Planeten werden sich – wie überall im Universum – die Verhältnisse verheerend ändern. Irgendwann, so viel ist sicher, wird das kulturelle Gedächtnis der Menschheit enden, wird nicht nur der Genpool der Menschheit, sondern alles Leben aus dem Universum verschwunden sein.

Das, was für uns als Individuen gilt, trifft also letztlich auf unsere gesamte Spezies zu: *Irgendwann werden wir vergessen sein und selbst das Vergessen wird vergessen sein.* »Unsterblichen Ruhm« gibt es ebenso wenig wie »unsterbliche Gene«. Nichts von dem, was wir sind oder erschaffen, überdauert die Zeit. Und so steht am Ende der menschlichen Geschichte nicht der dauergrinsende »Mr. Fortschritt«, sondern das heillose, trostlose, sinnlose Nichts.

Sich mit dieser finalen Nichtigkeit der menschlichen Existenz zu konfrontieren kann einen Menschen bis ins Innerste erschüttern. Das wurde mir vor rund 15 Jahren auf dramatische Weise bewusst gemacht. Als junger Dozent an der Universität Trier hatte ich den Fehler begangen, die Studierenden in einem Seminar am frühen Montagmorgen mit der Frage zu begrüßen, warum sie sich überhaupt für diese Veranstaltung aus dem Bett gequält hatten, immerhin würde sich doch in absehbarer Zeit niemand mehr daran erinnern, wer sie gewesen seien und was sie in ihrem Leben geleistet hätten. Offenkundig fielen meine Ausführungen über die kosmische Irrelevanz aller menschlichen Bemühungen allzu plastisch aus, denn plötzlich begann eine der Studentinnen so stark zu hyperventilieren, dass sie vom Stuhl fiel und wie gelähmt auf dem Boden lag. Zwar verschwanden ihre Symptome bald wieder, doch der Schreck, den die Episode bei mir auslöste, war so groß, dass ich das Thema in meinen späteren Seminaren nie wieder in dieser Deutlichkeit ansprach.

Vor dem Hintergrund dieser Erfahrung konnte ich gut nachvollziehen, warum das ausgezeichnete Jugendbuch *Nichts – Was im Leben wichtig ist* der dänischen Schriftstellerin Janne Teller (*1964) anfangs auf solch erbitterten Widerstand stieß.[10] Tellers Roman beginnt mit einer auf das Wesentliche komprimierten nihilistischen Botschaft: »Nichts bedeutet irgendetwas […] Deshalb lohnt es sich nicht, irgendetwas zu tun.« Verstörend daran ist, dass diese Worte nicht von einem in Würde ergrauten Philosophieprofessor ausgesprochen werden, sondern von dem 13-jährigen Schüler Pierre Anthon. Das gesamte Buch handelt davon, wie sich seine Klassenkameraden an diesen Worten abarbeiten, wie sie zunehmend verzweifelter und aggressiver versuchen, der vermeintlichen *Sinnlosigkeit der menschlichen Existenz* eine *wirkliche Bedeutung*, gar einen »Berg der Bedeutung«, entgegenzustellen.

In gewisser Weise lässt sich Tellers Roman als Parabel auf die menschliche Geschichte lesen, denn auch diese wurde nicht zuletzt von dem verzweifelten Ringen um Bedeutung angetrieben. Wie im Roman war auch in der Geschichte die Erzeugung von Bedeutung mit großen existenziellen Opfern verbunden – und natürlich richtete sich auch dort die Aggression der »Sinnstifter« in besonderer Weise gegen jene, die es wagten, die mühsam konstruierte »Bedeutung« infrage zu stellen. Insofern ist es dramaturgisch gesehen nur konsequent, dass Pierre Anthon letztlich im Feuer umkommt – so wie es einst auch zahlreichen als »Ketzer« geschmähten Denkern widerfuhr, etwa Giordano Bruno (1548–1600), der auf dem Scheiterhaufen der Inquisition landete, nachdem er das Sakrileg begangen hatte, die Sonderstellung und damit die Bedeutung des Menschen im Kosmos zu bestreiten.

Die Erregung der Gemüter ist verständlich, ist doch der nüchterne Blick auf die Tatsachen des Lebens nicht gerade erbaulich. Friedrich Nietzsche (1844–1900) skizzierte die empörenden Rahmenbedingungen der menschlichen Existenz wie folgt: »Der Mensch, eine kleine, überspannte Tierart, die – glücklicherweise – ihre Zeit hat; das Leben auf der Erde überhaupt ein Augenblick, ein Zwischenfall, eine Ausnahme ohne Folge, etwas, das für den Gesamt-Charakter der Erde belanglos bleibt; die Erde selbst, wie jedes Gestirn, ein Hiatus zwischen zwei Nichtsen, ein Ereignis ohne Plan, Vernunft, Wille, Selbstbewusstsein, die schlimmste Art des Notwendigen, die dumme Notwendigkeit (…) Gegen diese Betrachtung empört sich etwas in uns; die Schlange Eitelkeit redet uns zu ›das alles muss falsch sein: denn es empört …‹«[11]

Nietzsche aber wollte sich von der »Schlange Eitelkeit« nicht blenden lassen. Und so fasste er die Menschheitsgeschichte in wenigen, schonungslosen Worten zusammen:

»In irgendeinem abgelegenen Winkel des in zahllosen Sonnensystemen flimmernd ausgegossenen Weltalls gab es einmal ein Gestirn, auf dem kluge Tiere das Erkennen erfanden. Es war die hochmütigste und verlogenste Minute der ›Weltgeschichte‹; aber doch nur eine Minute. Nach wenigen Atemzügen der Natur erstarrte das Gestirn, und die klugen Tiere mussten sterben. – So könnte jemand eine Fabel erfinden und würde doch nicht genügend illustriert haben, wie kläglich, wie schattenhaft und flüchtig, wie zwecklos und beliebig sich der menschliche Intellekt innerhalb der Natur ausnimmt. Es gab Ewigkeiten, in denen er nicht war; wenn es wieder mit ihm vorbei ist, wird sich nichts begeben haben.«[12]

Der französische Existenzialist, Philosoph und Literaturnobelpreisträger Albert Camus (1913–1960) wandte sich, nicht zuletzt inspiriert durch die Lektüre Nietzsches, wenige Jahrzehnte später ebenfalls dieser Thematik zu. In seinem berühmten Essay

Der Mythos des Sisyphos entwickelte er in einer bis dahin unerreichten Klarheit *die Idee des Absurden*, die sich aus dem unaufhebbaren Widerspruch zwischen der offenkundigen Sinnwidrigkeit der Welt und der ebenso offenkundigen Sehnsucht des Menschen nach Sinn ergibt. Intellektuell redlich könne sich der Mensch der Widersinnigkeit seiner Existenz nicht entziehen, meinte er. Niemand bleibe gänzlich von der Erfahrung des Absurden verschont: »Das Absurde«, so Camus, »kann jeden beliebigen Menschen an jeder beliebigen Straßenecke anspringen.«[13]

Zwar vermag uns der Alltag über die Mühen eines über weite Strecken glanzlosen Lebens hinwegzutragen, doch manchmal »stürzen die Kulissen ein«: »Aufstehen, Straßenbahn, vier Stunden Büro oder Fabrik, Essen, Straßenbahn, vier Stunden Arbeit, Essen, Schlafen, Montag, Dienstag, Mittwoch, Donnerstag, Freitag, Samstag, immer der derselbe Rhythmus – das ist meist ein bequemer Weg. Eines Tages aber erhebt sich das ›Warum‹, und mit diesem Überdruss fängt alles an.«[14]

Natürlich können wir die bohrende Frage nach dem »Warum« oder dem »Wozu« des Lebens verdrängen, indem wir die Beantwortung der Frage immer wieder auf die Zukunft verschieben (»mit den Jahren wirst du's verstehen«).[15] Doch irgendwann wird der Tag kommen, an dem es dieses »morgen« nicht mehr geben wird. Von Geburt an steuern wir mit erbarmungsloser Konsequenz auf diesen einen letzten Tag zu. »Im tödlichen Licht dieses Verhängnisses«, schreibt Camus, »tritt die Nutzlosigkeit in Erscheinung. Keine Moral und keine Anstrengung lassen sich *a priori* vor der blutigen Mathematik rechtfertigen, die über uns herrscht.«[16]

Wir sind zum Tode verurteilt und wir wissen darum. Ebendieses Bewusstsein schafft die Grundlage für die Erfahrung des Absurden: »Wäre ich Baum unter Bäumen, Katze inmitten der Tiere, dann hätte dieses Leben einen Sinn oder dieses Problem hätte vielmehr keinen, denn ich wäre Teil dieser Welt. Ich *wäre* diese Welt, gegen die ich mich jetzt mit meinem ganzen Bewusstsein und mit meinem ganzen Anspruch auf Vertrautheit stemme. (…) Mit diesem Augenblick tritt das Absurde, das so evident und gleichzeitig so schwer fassbar ist, ein in das Leben eines Menschen und wird dort heimisch.«[17]

Mein kürzlich verstorbener Stiftungskollege Johannes Neumann (1929–2013),[18] der einst als renommierter Kirchenrechtler neben Hans Küng, dem späteren »Weltethos«-Begründer, und Joseph Ratzinger, dem späteren Papst, an der Theologischen Fakultät Tübingen lehrte, brachte die gleichsam evidente wie unfassbare Widersinnigkeit, die mit der blutigen Mathematik des Todes einhergeht, einmal sehr treffend zum Ausdruck. In einem »neuen Glaubensbekenntnis«, das er (gemeinsam mit seiner Frau Ursula Neumann) einige Jahre nach seinem Abschied vom Christentum formulierte, heißt es:

>»Als erstes glaube ich daran, dass ich sterben werde. – Das ist schon falsch. Ich *weiß* es zwar, aber *glauben* kann ich es trotz allen Bemühens immer noch nicht. Es ist ein weiter Weg vom Kopf zum Herzen. Ich sage mir immer wieder: ›Eines Tages wird die Sonne aufgehen wie immer, die Leute gehen zur Arbeit wie üblich, es gibt Verkehrsstaus wie gewohnt, der Wetterbericht bringt auch nichts Neues, lediglich im Werbefernsehen wird für ›Das neue XY‹ geworben, alles wird sein wie sonst …, außer dass es dich nicht mehr gibt. Die Welt wird nicht stillstehen, sie wird nicht mal den Atem anhalten. Business as usual. Bloß ohne dich. Und bald, sehr bald, wird niemand mehr was von dir wissen. Nicht die Spur.‹ – ›Das darf doch nicht wahr sein‹, empört sich mein armes und ungläubiges Herz. ›Doch‹, sage ich und weiche keinen Millimeter, lasse kein Hintertürchen offen.«[19]

Der Skandal des Todes liegt, wie wir gesehen haben, nicht nur darin, dass er uns zwingt, von allem für immer Abschied zu nehmen. Der eigentliche Skandal besteht in der Gewissheit, dass der Tod über kurz oder lang jede Bedeutung eliminiert, die wir unserem Leben gegeben haben. Was für uns erheblich war – die Freude, die wir erleben durften, das Leid, das wir ertragen mussten, die Anstrengungen, die wir auf uns nahmen – all dies wird letztlich irrelevant sein.[20] Dieses Wissen um die Vergeblichkeit unserer Bemühungen führt das Bedürfnis nach Sinn in die Irre: Wozu noch all der Aufwand, der mit dem Leben Tag für Tag verbunden ist, wenn am Ende doch alles für die Katz ist?

Solange sich die Menschen einbilden konnten, das irdische Leben sei bloß eine Durchgangsstation zu einer höheren Daseinsform, stellte sich diese Frage nicht in dieser Dringlichkeit.

Denn wer ein » Wozu« des Lebens hat, kann sich mit nahezu jedem » Wie« abfinden. Geht dieses » Wozu« jedoch verloren, rückt das » Wie« des Lebens in den Vordergrund. Leid und Elend lassen sich von nun an nicht mehr über ein » höheres Ziel« rechtfertigen. Aus dem Schatten des endgültigen Todes tritt somit der Skandal eines Lebens hervor, das nicht hält, was wir uns von ihm versprechen.

Die Widrigkeiten des Lebens

» Jedes Existierende wird ohne Grund geboren, lebt aus Schwäche weiter und stirbt durch äußere Einwirkung.« Antoine Roquentin, der diesen magenbitteren Satz in sein Tagebuch notiert, empfindet einen zunehmend stärker werdenden Ekel gegenüber allem, was ihm begegnet. Seine ehemalige Geliebte, die Menschen in der Bibliothek, die Porträts erfolgreicher Bürger im Museum, ja sogar ein Blatt Papier, ein Kieselstein, seine eigene Hand, lösen bei ihm ein tief sitzendes Unbehagen, einen unkontrollierbaren inneren Würgereflex aus. Das Dasein an sich ekelt ihn an, es erscheint ihm als schal, unbedeutend, überflüssig, nicht der Rede wert.

Glücklicherweise handelt es sich bei Antoine Roquentin nur um eine literarische Figur aus Jean-Paul Sartres (1905–1980) Roman *Der Ekel*, doch gibt es tatsächlich Menschen, die so empfinden. Nehmen derartige Gefühle überhand, sprechen wir von einer psychischen Erkrankung, denn normalerweise verhindert ein gesunder Abwehrmechanismus, dass wir uns die Vergeblichkeit unserer Existenz allzu bewusst machen und in unseren anmutig spielenden Kindern bloß » künftige Gräber« sehen.

Auch ohne die ständige Konfrontation mit dem Absurden ist das Leben schwer genug. Die Probleme beginnen schon im Mutterleib. Es ist eine Gnade der Natur, dass der Embryo noch kein Bewusstsein seiner selbst hat und nicht antizipiert, welche Tortur er durchstehen muss, um das » Licht der Welt« zu erblicken. Selbst ausgefeilteste Methoden einer » sanften Geburt« können die traumatische Urerfahrung des » Geburtsschocks« nicht verhindern. Der Eintritt in die Welt ist eine schmerzvolle, beklemmende Prozedur, an die wir uns später glücklicherweise nicht mehr erinnern können.

In den ersten Wochen und Monaten seines Lebens zählt der Mensch zu den hilflosesten Wesen auf Erden, auf Gedeih und Verderb seiner Umwelt ausgeliefert. Es ist offensichtlich, dass wir uns zu diesem Zeitpunkt noch nicht heimisch in der Welt fühlen, sondern uns erst an sie gewöhnen müssen. Die Gefühle des Unbehagens sind übermächtig, denn wir ahnen noch nicht, dass sie vorübergehen werden. Hunger, Durst, Langeweile, Einsamkeit und Müdigkeit plagen uns, aber wir können nichts dagegen tun, als zu schreien. Schmerzen erleben wir in dieser ersten Lebensphase intensiver, als wir sie später je erleben werden, da das schmerzunterdrückende System, das Leidensempfindungen durch Endorphinausschüttungen erträglicher macht, erst Monate nach der Geburt voll funktionsfähig ist.[21] Kein Wunder, dass viele von uns so lange schreien, bis sie vor Erschöpfung einschlafen.

Kaum haben wir uns an den Stress des Lebens gewöhnt und einen guten Rhythmus zwischen Schlaf und Wachheit gefunden, beginnen wir auch schon zu zahnen, was weiteres Unbehagen erzeugt. Aber auch das geht vorüber. Allmählich nehmen wir Kontakt mit unserer Umwelt auf. Wir lächeln, wenn wir ein vertrautes Gesicht sehen, und ängstigen uns, wenn ein Fremder vor uns auftaucht. Mutter und Vater würden wir in dieser Zeit am liebsten ganz in Beschlag nehmen, doch müssen wir lernen, dass dies nicht immer möglich ist – ein notwendiger, wenn auch schmerzhafter Ablösungsprozess.

In der Auseinandersetzung mit anderen entwickeln wir langsam unsere eigene Identität. Mühsam müssen wir erfahren, dass wir nicht der Mittelpunkt der Welt sind, um den sich alles dreht. Unsere narzisstischen Ansprüche werden schrecklich enttäuscht. Wir müssen lernen, zurückzustecken und uns mit dem abzufinden, was uns nach Auffassung der Erwachsenen, zu denen wir mit großen Augen aufschauen, zusteht. Man lehrt uns Gebote und Verbote, die wir zunächst nicht einsehen können, aber dennoch befolgen müssen. Die Größeren lassen uns oft genug spüren, wie unterlegen wir ihnen sind, und auch aus den ersten Rangeleien mit Gleichaltrigen gehen wir nicht immer als strahlende Sieger hervor.

Gleichwohl: All dies ist zu ertragen. Sofern wir das Glück haben, in eine liebevolle Familie und in eine halbwegs intakte Gesellschaft hineingeboren zu werden, können wir durchaus eine »glückliche Kindheit« erleben. Doch schon inmitten dieser sozialen Schonphase versucht man, uns an den sogenannten »Ernst des Lebens« zu gewöhnen. Das Realitätsprinzip tritt nun mehr und mehr an die Stelle des Lustprinzips, sosehr wir uns auch dagegen auflehnen mögen. In der Schule lassen wir uns dazu breitschlagen, Dinge zu lernen, die uns eigentlich kaum interessieren, doch in der Regel schlucken wir diese bittere Pille brav, hat man uns doch beigebracht, dass all dies notwendig sei, damit »später einmal etwas aus uns wird«.

In der Phase der Pubertät gerät dieses mühsam ausgehandelte Arrangement zwischen uns und der Welt vorübergehend ins Schwanken. Hormone überschwemmen unseren Körper, und die Stimmung wechselt zwischen »himmelhoch jauchzend« und »zu Tode betrübt«. Neue Lüste und unbekannte Ängste verunsichern das jugendliche Ich, das sich selbst noch nicht gefunden hat. Aus den spielerischen Rangeleien der Kindheit werden nun ernsthafte Wettbewerbe. Wir werden zu Protagonisten eines uralten biologischen Programms, bei dem es darum geht, zu zeigen, was man hat und was man kann, um potenzielle Sexualpartnerinnen oder -partner zu beeindrucken.

Doch das Spiel geht nicht immer auf. Manch einer findet ein Leben lang niemanden, mit dem er die intimsten Dinge teilen kann. Aber auch den anderen steht Ungemach ins Haus: Auf die erste Liebe folgt die erste Trennung. Man hat das Gefühl, die Welt werde untergehen – und ist erstaunt, dass sie sich trotz allem weiterdreht. Dabei ist das Drama der ersten Liebe bloß ein harmloses Vorspiel, verglichen mit den Dramen späterer Jahre. Auch dafür sind biologische Programme mitverantwortlich: Da die Menschheit trotz aller Tugendkataloge keine monogame Spezies ist, gehören Seitensprünge und Partnerwechsel zu unserem normalen Verhaltensrepertoire.[22] Das geht nicht immer glimpflich aus. Denn gerade die größten Leidenschaften können die größten Leiden schaffen. Die Weltliteratur liefert unzählige Beispiele dafür.

Liebe, Lust und Leidenschaft lassen uns die höchsten Gipfel

erklimmen, aber auch in die tiefsten Abgründe stürzen. Damit umzugehen ist nicht einfach. Selbst hoch reflektierten Menschen gelingt es oft nicht, die richtige Balance zu finden zwischen der Freiheit, die wir zum Atmen brauchen, und der Bindung, die notwendig ist, um sich auf einen anderen Menschen wirklich einlassen zu können. Und so ist die Wahrscheinlichkeit groß, dass wir zumindest einmal in unserem Leben vor dem Scherbenhaufen einer Beziehung stehen, die uns einst die Welt bedeutete.

Von all den Erschütterungen und Enttäuschungen, die da in Liebesdingen auf uns zukommen werden, wissen wir als junge Erwachsene glücklicherweise noch nichts – und wollen es im Grunde auch gar nicht wissen. Denn die »Romantik« wird uns bereits von anderer Seite gründlich ausgetrieben. So müssen wir uns in der Regel schon recht früh damit abfinden, dass wir doch nicht den Beruf ergreifen können, von dem wir als Kinder geträumt hatten. Statt als Astronaut, Popstar, Fußballspieler, Model oder Schauspielerin weltweit Anerkennung zu finden, verdienen wir unseren Unterhalt nun als Versicherungskaufmann, KFZ-Mechaniker, technische Zeichnerin oder Erzieherin. Das ist wahrlich keine Schande (eine Gesellschaft, die nur aus Astronauten, Popstars, Fußballspielern, Models oder Schauspielerinnen bestünde, käme nicht weit!), aber ein gewisses Gefühl der Unzufriedenheit bleibt bei dem einen oder anderen doch.

Allerdings führen selbst diejenigen, die das Glück hatten, ihren Traumjob zu ergattern, nicht notwendigerweise eine glückliche Existenz. Dafür gibt es viele Beispiele – man denke nur an Robert Enke, den ehemaligen Torwart der deutschen Nationalmannschaft, der vieles von dem erreicht hatte, wovon andere nur träumen können. Weder das viele Geld, das er verdiente, noch die internationale Anerkennung, die er als Spitzensportler genoss, konnten ihm dazu verhelfen, einen Sinn in seinem Leben zu sehen. Am Ende war seine Verzweiflung so groß, dass er keinen anderen Ausweg mehr sah, als sich vor einen fahrenden Zug zu werfen.

Robert Enke litt unter Depressionen – der am häufigsten auftretenden psychischen Erkrankung weltweit. Das deutsche Bundesgesundheitsministerium schätzt, dass aktuell etwa vier Millionen Bundesbürger (etwa fünf Prozent der Gesamtbevölkerung) von einer Depression im engeren Sinne betroffen sind. Fasst man die Kriterien etwas weiter, wie es die britische Gesundheitsbehörde in einer Aufklärungskampagne getan hat, kann man davon ausgehen, dass fast jeder Mensch im Verlauf seines Lebens mit depressiven Symptomen zu kämpfen hat. Gefühle der Niedergeschlagenheit, der Antriebslosigkeit, der inneren Unruhe und existenziellen Sinnlosigkeit erleben auch diejenigen, die nicht mit einer besonderen genetischen Disposition für Depressionen ins Leben gestartet sind. Das ist nur verständlich: Man müsste ja schon mit einem erstaunlichen Übermaß an Ignoranz oder Gleichmut ausgestattet sein, um angesichts der Nöte der menschlichen Existenz nicht hin und wieder am Leben zu verzagen.

Häufig werden depressive Episoden durch äußere Ereignisse mit ausgelöst. Bei Robert Enke etwa war es der Dauerstress im Job sowie der Tod seiner Tochter Lara, die, mit einem Herzfehler geboren, drei schwere Herzoperationen überstanden hatte, aber im September 2006 kurz nach ihrem zweiten Geburtstag infolge eines vergleichsweise leichten Eingriffs am Ohr starb. Der Verlust eines Kindes gehört zweifellos zu den schlimmsten Erfahrungen, die ein Mensch verkraften muss. Es ist der dramatische Höhepunkt in der Sammlung jener »alle Berechnungen vereitelnden Unfälle«, von denen Arthur Schopenhauer gesprochen hat. Glücklicherweise ist die Kindersterblichkeit in Deutschland auf einen historischen Tiefstand gesunken,[23] dennoch müssen Jahr für Jahr Tausende von Eltern ihre minderjährigen Söhne und Töchter zu Grabe tragen. Und Zehntausende müssen damit leben, dass ihre Kinder unter schwersten Behinderungen oder unheilbaren chronischen Krankheiten leiden. Jeder einzelne Fall ist eine Katastrophe, die unser Vertrauen in das Leben nachhaltig erschüttert.

Aber auch diejenigen, die in ihren ersten Jahrzehnten schweren Schicksalsschlägen entgehen können, kommen letztlich nicht heil davon. Denn ab der Mitte unseres Lebens müssen wir uns immer häufiger von jenen verabschieden, die wir geliebt haben. Sie hinterlassen Lücken in unserer Biografie, die wir nicht mehr füllen können. Spätestens mit dem Verlust der eigenen Eltern wird uns auch die »blutige Mathematik des Todes« bewusst. Mit ungläubigem Erstaunen stellen wir fest, dass wir nun selbst in jene Generation aufrücken, die als Nächstes von der Bühne des Lebens abtreten wird. Die Verpflichtungen des Alltags verhindern zwar, dass wir uns diesem verstörenden Gedanken allzu häufig stellen, doch hin und wieder scheint nun die bange Frage auf, ob das denn alles gewesen sein soll. Hat das Leben wirklich gehalten, was wir uns von ihm versprachen? Nur die wenigsten können darauf mit einem uneingeschränkten »Ja« antworten.

Die meisten von uns bekommen Beklemmungen bei dem Gedanken, wie schnell die Zeit verfliegt und wie wenig uns bleibt, um all die Dinge zu tun, die wir uns vorgenommen hatten. Erschwerend kommt hinzu, dass die negativen Begleiterscheinungen des Alterns immer offensichtlicher werden. Es fängt vergleichsweise harmlos an: Die Haare werden grau oder fallen aus, die Haut wird faltiger, für das Lesen brauchen wir neuerdings eine Brille. Können wir uns überhaupt noch zu sportlichen Betätigungen aufraffen, so stellen wir fest, dass unsere Kondition nachlässt und die Reaktionen langsamer werden. Auch wenn wir uns innerlich noch jung fühlen mögen, so werden wir zunehmend zum »alten Eisen« gezählt. Als sexuelle Wesen werden wir kaum noch wahrgenommen, was nicht allein dem »Jugendwahn« unserer Gesellschaft geschuldet ist, sondern auch dem biologisch bedingten Absinken des Testosteron- bzw. Östrogenspiegels.

Unser Verhältnis zum Alterungsprozess ändert sich nun grundlegend: Früher war das Älterwerden für uns mit einer Zunahme an Selbstbestimmung verbunden, es ging *unaufhaltsam bergauf* – jetzt aber müssen wir erschüttert feststellen, dass wir den Gipfel längst überschritten haben. Wir wissen: Von nun an geht es *unaufhaltsam bergab*. Wir hören und sehen schlechter, die Muskelmasse nimmt ab, die Gelenke werden unbeweglicher, die Knochen brüchiger, das Immunsystem wird schwächer. Es ist nur eine Frage der Zeit, bis uns die Gebrechen des Alters erwischen: Herz-Kreislauf-Erkrankungen, Bronchitis, Diabetes, Demenz, Osteoporose, Arthrose, Krebs.

Am Beispiel von Freunden, Bekannten und Verwandten haben wir erlebt, welche Qualen es bedeutet, wenn sich Tumore wie tollwütige Hunde durch die inneren Organe fressen – und wir hoffen inständig, dass uns selbst dieses Schicksal erspart bleiben möge. Andererseits macht uns die Alternative, von schweren Krankheiten verschont zu bleiben, dafür aber im Greisenalter auf die Hilfe anderer angewiesen zu sein, keine geringere Angst: Die Aussicht, in Zukunft nicht einmal mehr alleine essen und trinken zu können, sondern wie ein Säugling gefüttert, gebadet, gewickelt zu werden, lässt die Befürchtung in uns wachsen, dass wir im Alter unsere Würde, unsere Selbstachtung verlieren könnten. Im Idealfall, so malen wir uns aus, bleiben wir bis ins hohe Alter gesund und geistig rege und wachen eines Morgens einfach nicht mehr auf, nachdem wir am Abend zuvor mit einem zufriedenen Lächeln zu Bett gegangen sind. Doch ein solcher »sanfter Tod« ist, wie wir wissen, nur sehr wenigen vergönnt.

Also beißen wir die Zähne zusammen und verdrängen den Gedanken an unsere wahrscheinlich nicht mehr allzu glorreiche Zukunft. Immerhin: Momentan haben wir das Heft noch selbst in der Hand! Noch können wir etwas aus unserem Leben machen! Heißt es nicht zu Recht in Udo Jürgens' altem Gassenhauer: »Mit 66 Jahren, da fängt das Leben an, mit 66 Jahren, da hat man Spaß daran«? Völlig danebengegriffen ist das tatsächlich nicht, denn in den letzten Jahrzehnten hat sich das Bild des Alters sehr zum Positiven gewandelt. Den sogenannten »jungen Alten« gelingt es durchaus, vieles von dem nachzuholen, was sie zuvor unter dem Druck des Berufslebens und der Verantwortung für eine Familie verpasst hatten. Einige von ihnen sind bis ins hohe Alter erstaunlich aktiv und nehmen regen Anteil am Zeitgeschehen.

Dies trägt sicherlich mit dazu bei, dass so mancher am Ende eine positive Bilanz ziehen kann und dankbar ist für ein Leben, das sich – summa summarum – zu leben lohnte. Andere hingegen hadern bis zum Schluss mit ihrem Schicksal und verfluchen diese eine, so unerfüllte Existenz, die im Wesentlichen nur Leid und Kummer brachte und – summa summarum – kaum mehr war als eine »kolossale Zeitverschwendung«.

Paradoxerweise haben beide recht – ein weiterer Skandal des Lebens, mit dem wir uns beschäftigen müssen.

Die Ungerechtigkeit der Welt

»Das Leben ist ungerecht – aber schön.« Eine gute Freundin, die seit Jahren in bewundernswerter Weise gegen immer wieder neu entstehende Tumore und Metastasen ankämpft, sagte diesen Satz, kurz nachdem sie mir mitgeteilt hatte, dass sich die Krebszellen in ihrem Körper wieder in besorgniserregender Weise vermehrten und sie sich bald einer weiteren Chemotherapie unterziehen müsse. Ich erinnere mich nicht mehr, wie ich damals auf ihren Ausspruch reagiert habe, aber er hat sich nachhaltig in mein Gedächtnis eingebrannt.

Kompakter lässt es sich nämlich nicht formulieren: Gerade weil wir um die schönen Seiten, die wohligen Gefühle der Zufriedenheit, Freude und Ekstase, wissen, empört es uns, dass so viele so wenig an diesen Freuden teilhaben können. Wäre das Leben tatsächlich nur durch quälende Trostlosigkeit gekennzeichnet, wie Arthur Schopenhauer meinte, würde uns das Elend nicht sonderlich interessieren. Wir würden es als gegeben hinnehmen, statt uns darüber zu empören.

Es verletzt ein tief in uns verankertes Gerechtigkeitsempfinden, dass Chancen und Talente, Krankheiten und Behinderungen, materielle und immaterielle Ressourcen so verstörend ungleich unter den Menschen verteilt sind. Und so fühlen wir uns immer auch ein wenig mitschuldig, wenn wir feststellen, wie gut es uns und wie schlecht es anderen geht. Dabei können wir als Individuen für diese Missstände oft nichts. Über weite Strecken sind sie nicht einmal menschengemacht, sondern Ausdruck einer *fundamentalen Ungerechtigkeit der Natur*, die wir nur schwer akzeptieren können.

Gerechtigkeit ist ein Maßstab, den wir ethisch denkenden Tiere intuitiv an die Natur anlegen, der in der biologischen Evolution aber keine Rolle spielt. Dass einige Arten aufsteigen, während andere vom Erdboden verschwinden, dass einige Lebewesen sich prächtig entwickeln, während andere ein kurzes, trostloses Dasein fristen, hat nichts mit Gerechtigkeit zu tun, es resultiert vielmehr aus den *blinden Mechanismen der Evolution*, die keinerlei Mitleid kennen, keine Gnade, keinen Heilsplan.

Diese *Ungerechtigkeit der Natur* ist eine der verstörendsten

Tatsachen, mit denen wir konfrontiert sind – zumal wir sie auch im kulturellen Rahmen bislang nicht wirklich aufheben können. Man denke nur an die Naturgewalten, denen wir immer wieder ausgeliefert sind: Allein im letzten Jahrzehnt starben Hunderttausende von Menschen, weil sie von Erdbeben begraben, von riesigen Flutwellen hinweggespült oder mit todbringenden Viren infiziert wurden. Dass es die einen traf, die anderen nicht, hatte keinen vernünftigen Grund, keinen tieferen Sinn, sondern war allein Ausdruck des blinden Waltens von Zufall und Notwendigkeit – ein Walten, das völlig gleichgültig ist gegenüber unseren Hoffnungen, Ängsten und ethischen Empfindungen.

Die *Ungerechtigkeit der Natur* offenbart sich allerdings auch in Dimensionen, die auf den ersten Blick weniger dramatisch anmuten (tatsächlich aber haben auch sie dramatische Konsequenzen für unser Leben). Vergegenwärtigen wir uns nur die Folgen, die aus der *Ungleichverteilung sexueller Attraktivität* erwachsen: Warum erhalten hochattraktive Vertreter unserer Spezies wie Brad Pitt oder Angelina Jolie so viel positive Aufmerksamkeit und warum werden Menschen, die nach landläufiger Meinung »hässlich« sind, in vielen Bereichen des Lebens so stark ausgegrenzt, wenn doch Schönheit über weite Strecken nichts weiter ist als das Produkt der zufälligen Kombination von Erbmerkmalen beim Verschmelzen einer Samenzelle mit einer Eizelle?

Bei *intellektuellen Leistungen* sieht es kaum anders aus: Den einen fällt das Lösen komplexer Gleichungen in den Schoß, die anderen werden sie bei aller Anstrengung nie begreifen. Dass die einen die Schule mit Bravour meistern, während die anderen kläglich scheitern, ist, wie wir heute wissen, nicht zuletzt auf unterschiedliche genetische Ausstattung zurückzuführen – also auf einen Erfolgs- bzw. Misserfolgsfaktor, für den das jeweilige Individuum beim besten Willen nichts kann.[24] Dennoch gelten die einen als Gewinner, die anderen als Versager. Fair ist das ganz sicher nicht.

Und damit nicht genug: Auch das *individuelle Glücksempfinden* wird, wie vor allem Zwillingsstudien gezeigt haben, in erschreckend hohem Maße von genetischen Faktoren beeinflusst.[25] Einige von uns haben von Natur aus ein schier unverwüstliches, sonniges Gemüt, das es ihnen ermöglicht, selbst schwere Schicksalsschläge wegzustecken, als sei kaum etwas gewesen. Andere hingegen werden schon von kleinsten Erschütterungen in ihrer Biografie in tiefe Abgründe gerissen, aus denen es kaum noch ein Entrinnen gibt. Ist es nicht zutiefst empörend, dass unser Lebensglück zu einem maßgeblichen Teil davon abhängt, welche DNA-Paare im Moment unserer Zeugung zufällig aufeinandergetroffen sind?

Gleichermaßen verhält es sich mit *erblich bedingten Krankheiten*: Ist es nicht hochgradig unfair, wie unterschiedlich wir in Sachen »Gesundheit« ausgestattet sind? Manche Kinder werden mit so großen körperlichen Schäden geboren, dass sie schon nach wenigen Wochen – oftmals nach unsäglichem Leiden – aus dem Leben scheiden. Andere erkranken als Jugendliche unheilbar an Leukämie oder erleiden einen tödlichen Herzanfall, kurz nachdem ihr erstes Kind geboren wurde. Wieder andere hingegen scheinen geradezu immun gegen jegliche Krankheit zu sein. Irgendeine Form von »Sinn« oder »Gerechtigkeit« ist dahinter nicht zu entdecken.

Zwar können wir uns darum bemühen, möglichst gesundheitsbewusst zu leben, aber das Erreichen eines hohen Alters ist dadurch keineswegs garantiert. Die Erfahrung zeigt vielmehr, dass wir uns in diesen Dingen nur auf *eines* verlassen können, nämlich dass man sich auf rein gar nichts verlassen kann: Während manche sich sklavisch an jede Gesundheitsregel halten, aber schon mit 49 an Lungenkrebs sterben, rauchen andere Kette und werden dennoch über 90. Grotesk, aber wahr: Ausgerechnet der *älteste Mensch*, der – soweit nachweisbar – je gelebt hat, die Französin Jeanne Calment (1875–1997), war dem Rauchen verfallen. Die alte Dame, die mit 100 Jahren noch Fahrrad fuhr, hatte sich dieses »Laster« 1896 als 21-Jährige angewöhnt und hielt an ihm fast 100 Jahre fest. Erst mit 119 Jahren gab sie das Rauchen auf – nicht aus gesundheitlichen Gründen, sondern weil sie, mittlerweile erblindet, zu stolz war, andere danach zu fragen, ob sie ihr die Zigarette anzünden könnten.

Jeanne Calment führte ihr erstaunlich langes Leben auf den Genuss von Olivenöl, Knoblauch, Gemüse und Portwein zurück (ein zweiter Aspekt, der strengen Abstinenzlern kaum gefallen dürfte), der entscheidende Punkt war aber zweifellos ihre außergewöhnliche genetische Ausstattung: Langlebigkeit lag in ihrer Familie. Schon ihr Vater hatte das bemerkenswerte Alter von 94 Jahren erreicht, ihr Bruder wurde 97. Calment profitierte davon, dass sie keine Disposition zu einer der großen Krankheiten mitbrachte, an denen die meisten Menschen vor dem Erreichen der maximalen Lebensspanne sterben, zudem schien sie geradezu immun gegen Stress und Depressionen zu sein. Gemäß ihrem Lebensmotto: »Wenn du etwas nicht ändern kannst, ärgere dich nicht darüber!«, begegnete sie auch den Gebrechen des Alters mit einer ordentlichen Portion Humor. Wenn sich Reporter von der ältesten Frau der Welt mit den Worten verabschiedeten, man sähe sich ja vielleicht beim nächsten Geburtstag wieder, antwortete sie schelmisch: »Ich wüsste nicht, was dagegen spräche. So schlecht sehen Sie doch gar nicht aus …«

Für ihr sonniges Gemüt konnte sie ebenso wenig wie für ihre strotzende Gesundheit, aber auch in anderer Hinsicht hatte Jeanne Calment Glück: Trotz der beiden Weltkriege musste sie niemals unter materieller Not leiden. Aufgewachsen als Tochter eines vermögenden Schiffbauers, hatte sie 1896 einen reichen Ladenbesitzer geheiratet, was sie in die Lage versetzte, ein komfortables Leben zu führen. Statt sich die Gesundheit durch harte Arbeit auf dem Feld oder in der Fabrik zu ruinieren, konnte sie Opernaufführungen besuchen oder ihren sonstigen Hobbys (Tennis, Radfahren, Schwimmen, Klavierspielen) nachgehen.

Jeanne Calment, die älteste Frau der Welt, war also gleich in zweifacher Hinsicht privilegiert: biologisch *und* kulturell. Andere hatten dieses Glück nicht, sondern vielmehr doppeltes Pech: Sie mussten nicht nur mit schlechteren genetischen Voraussetzungen ins Leben starten, sondern stießen zu allem Übel auch noch auf gesellschaftliche Bedingungen, die ihre Lebenschancen zusätzlich minimierten. In besonders grausamer Form zeigte sich dies im sogenannten »Euthanasieprogramm« der Nazis (das Wort »sogenannt« ist hier entscheidend, denn den nationalsozialistischen Ärzten ging es nicht um einen »guten Tod«, also »humane Sterbehilfe«, sondern um systematischen Massenmord an behinderten und psychisch kranken Menschen!). Allerdings müssen wir keineswegs solche Extrembeispiele der Geschichte bemühen, um den grundlegenden Sachverhalt zu verstehen, schon ein kurzer Blick auf die gegenwärtige Weltlage genügt: Offenkundig ist die *menschliche Kultur* nicht nur meilenweit davon entfernt, die Ungerechtigkeit der Natur aufheben zu können, sondern sie führt insgesamt sogar zu einer *weiteren Verschärfung des Problems*.

Betrachten wir nur das Verhältnis von Arm und Reich auf globaler Ebene: Während einige Millionen Menschen dank der enorm gestiegenen Produktivität der Wirtschaft einen Luxus genießen können, vor dem selbst die mächtigsten Kaiser, Könige und Päpste der Vergangenheit vor Neid erblassen würden, sterben gleichzeitig Tag für Tag fast 20 000 Kinder unter fünf Jahren an den Folgen von Unterernährung, fehlender Hygiene und mangelhafter medizinischer Versorgung. Während die einen die Sektkorken knallen lassen, haben die anderen (eine Milliarde Menschen weltweit!) keinen Zugang zu sauberem Trinkwasser. Während die einen ins Fitnesscenter gehen, um überschüssige Kalorien abzutrainieren, sind die anderen (derzeit etwa 700 Millionen Menschen) vom Hungertod bedroht.[26]

Es gibt kein vernünftiges Argument, das diese kolossale *Ungleichverteilung materieller Güter* ethisch rechtfertigen könnte. Wir (der Autor dieses Buches und wohl auch der überwiegende Teil seiner Leserinnen und Leser) haben einfach nur unverschämtes Glück gehabt, in eine wohlhabende Gesellschaft hineingeboren worden zu sein statt in eine der vielen Elendsregionen der Welt. Aber auch in unseren Breitengraden nimmt das Missverhältnis von Arm und Reich besorgniserregende Formen an: So besitzen die reichsten zehn Prozent der deutschen Bevölkerung mittlerweile mehr als 60 Prozent des bundesweiten Vermögens (1988 lag ihr Anteil am Gesamtvermögen noch bei 45 Prozent, 2002 schon bei 57,9 Prozent, 2007 bei 61,7 Prozent, Tendenz weiter steigend).[27] Den reichsten 20 Prozent der Haushalte gehören mittlerweile über 80 Prozent, während 80 Prozent der Haushalte mit weniger als 20 Prozent des Kapitals auskommen müssen und die ärmsten 50 Prozent der Haushalte mit Müh und Not zwei Prozent zusammenkratzen können. Über reale Leistungen lassen sich derartige Vermögensunterschiede ganz sicher nicht begründen, und von »Chancengerechtigkeit« kann unter solchen Bedingungen schon gar nicht die Rede sein.[28]

Die Menschen starten nicht nur biologisch, sondern auch kulturell unter höchst ungleichen Bedingungen ins Leben. So, als würde man bei einem 100-Meter-Lauf dem einen 70 Meter Vorsprung gewähren und dem anderen zusätzlich noch Steine in den Weg legen. Besonders auffällig ist dies im Fall der absoluten Armut: Es ist die große, durch nichts zu rechtfertigende Schande unserer Spezies, dass Abermillionen Kinder weltweit von Geburt an zu einem Leben verurteilt sind, das ihnen nur Hunger, Krankheit, Gewalt und Tod bringen wird. Doch selbst wenn wir diesen »Skandal der Skandale« für einen Moment außen vor lassen und den Blick nur auf die wohlhabenden Gesellschaften richten, wird uns schmerzhaft bewusst, wie ungleich die Karten von Anfang an verteilt sind.

Obwohl hier aus ökonomischen Gründen niemand verhungern muss, wird trotzdem nicht jedes Kind in ein Umfeld hineingeboren, in dem seine Talente erkannt oder gar optimal gefördert werden. Vielen Familien fehlen dafür schlichtweg die materiellen Ressourcen, sie sind froh, mit dem wenigen, das ihnen bleibt, über die Runden zu kommen. Häufig kommen zum *materiellen Elend* noch *psychische Defizite* hinzu (die selbstverständlich auch in wohlhabenderen Haushalten auftreten können). Nicht jeder Junge, nicht jedes Mädchen erfährt die Liebe und Unterstützung, die notwendig ist, um eine reife, stabile Persönlichkeit entwickeln zu können. Viele verkümmern vorzeitig innerlich, werden von ihrem direkten Umfeld in schlimmster Weise missbraucht, gedemütigt, psychisch misshandelt.

Erfahren wir davon, sind wir gewöhnlich schnell dabei, die jeweiligen Eltern zu verurteilen. Schauen wir jedoch etwas genauer hin, wird sehr bald das ganze Ausmaß der Tragödie deutlich: Denn die Täter von heute sind meist die Opfer von gestern. So werden die Symptome häufig von einer Generation auf die nächste übertragen – ein Teufelskreis, aus dem die Familien alleine kaum herausfinden. Bedauerlicherweise sind die gesellschaftlichen Institutionen vom Jugendamt über den Kindergarten bis hin zur Schule kaum in der Lage, solche familiären Beeinträchtigungen auszugleichen. Zum Teil tragen sie gar zu einer zusätzlichen Diskriminierung der ohnehin Benachteiligten bei, was sich im späteren Berufs- bzw. Nichtberufsleben meist weiter fortsetzt.

Macht man sich all dies bewusst, wird offensichtlich, wie absurd die *Selbstgefälligkeit* ist, mit der so viele, die »es im Leben zu etwas gebracht haben«, über sich und andere urteilen. Denn sehr leicht hätte es auch anders kommen können: Eine kleine Abweichung im genetischen Code oder ein Sauerstoffmangel bei der Geburt hätten genügt – und der brillante XY würde heute nicht in der Vorstandsetage eines Großkonzerns sitzen, sondern Kugelschreiber in einer Behindertenwerkstatt zusammenschrauben. Eine andere Herkunft, andere familiäre Verhältnisse, andere Peergroups – und er würde nicht in edlen Sterne-Restaurants speisen, sondern nach Essbarem im Müll suchen. Zum gegenwärtigen Zeitpunkt ist es nun einmal so – ob wir es wollen oder nicht: Das menschliche Leben ist ein Glücksspiel, bei dem einige ein Traumlos ziehen, während es andere übel trifft. Wer sich darauf etwas einbildet, hat nur wenig vom Leben begriffen.[29]

Während die *strukturelle Ungerechtigkeit*, die den einen in die Armut und den anderen in den Reichtum treibt, leicht übersehen wird, sind jene Formen der Ungerechtigkeit, die mit der Anwendung *direkter Gewalt* einhergehen, für jeden offensichtlich. Das hängt damit zusammen, dass die Verursacher dieser Gewalt, die kleinen und großen Verbrecher der Menschheitsgeschichte, sehr viel leichter zu identifizieren sind. Wir kennen ihre Taten, wissen um das Elend, das sie verursacht haben.

Die Konfrontation mit dem unfassbaren Leid, das Menschen anderen Menschen zugefügt haben, nährt den Zweifel an der ethischen Zurechnungsfähigkeit unserer Spezies. Nicht zuletzt aus diesem Grund schlug ich in *Keine Macht den Doofen* vor, auf das Reden vom *Homo sapiens*, dem »weisen Menschen«, zu verzichten – und stattdessen vom *Homo demens*, dem irren, dem wahnsinnigen Menschen, zu sprechen: »Über Jahrtausende hatten wir nichts Besseres zu tun, als uns gegenseitig niederzumetzeln. Wer zählt die Millionen und Abermillionen, die gefoltert, gehängt, gesteinigt, erstochen, erwürgt, erschlagen, erschossen, verbrannt, vergiftet, vergast wurden? Ein einzigartiger Blutstrom zieht sich durch die Jahrhunderte, er ist der rote Faden in jener sinnlosen Aneinanderreihung von Mord und Totschlag, Ausbeutung und Gewalt, die sich Geschichte nennt.«[30]

Gewiss: Es wäre unfair, die Geschichte der Menschheit hierauf reduzieren zu wollen. In ihr gab es selbstverständlich auch Liebe, Freundlichkeit, Kooperation, Mut, Phantasie, Klugheit, Humor – all die wunderbaren Dinge, von denen dieses Buch handeln wird. Dennoch ist die schiere Allgegenwart von Ungerechtigkeit, Not, Ausbeutung und Gewalt in unserer Geschichte nicht zu leugnen – und es wäre unrealistisch zu erwarten, dass sich diese negativen Phänomene in Zukunft vollständig vermeiden ließen.

Solange die Menschen glauben konnten, dass die Ungerechtigkeit auf Erden durch eine höhere, jenseitige Gerechtigkeit aufgehoben würde, stellte sich das Gerechtigkeitsproblem nicht in dieser Schärfe. Gehen wir jedoch davon aus, dass das Leben des Menschen (als Individuum wie als Gattungswesen) *endlich* ist, müssen wir uns der verstörenden Tatsache stellen, dass mit dem Tod oft auch die schreiende Ungerechtigkeit der Welt das letzte Wort haben wird. Eine Vorstellung, die nur schwer zu ertragen ist, wie Johannes und Ursula Neumann in ihrem »neuen Glaubensbekenntnis« aufzeigten:

> »Das eigentlich Skandalöse des Glaubens an die Endgültigkeit des Todes ist nicht das Eingeständnis meiner Endlichkeit, sondern der damit implizierte Verzicht auf den Glauben an Gerechtigkeit. Wenn der Tod das letzte Wort ist, dann ist er es auch für jedes verhungerte Kind, auf dessen Kosten wir uns überfressen, jeden zu Tode Gefolterten, dessen Peiniger nach Verzehrung der staatlichen Pension seinen spätmöglichsten Tod unter bester medizinischer Betreuung stirbt, für jeden Arbeiter mit Staublunge, dessen Chef bewegt über die unerträglich hohen Lohnkosten Klage zu führen weiß, für jede Frau, die – ob mit Schleier oder ohne – in die Kategorie ›Mensch zweiter Klasse‹ von jenen eingeteilt wird, deren moralische Autorität allenthalben unbestritten ist und unter deren billigen Mahnworten die Mächtigen zusammenzucken.«[31]

Angesichts dieser unerträglichen Konsequenzen wünschten sich die beiden Autoren, sie brauchten sich nicht bloß mit dem »allzu schwachen Trost abspeisen, dass es doch schon viel ist, wenn ich

meinen Beitrag leiste, dass ein winziges Bisschen mehr Gerechtigkeit herrscht«.[32] Gerechtigkeit sollte Wirklichkeit sein – nicht
bloß ein Ziel, für das es sich zu kämpfen lohnt. Wer die Welt realistisch betrachtet, weiß, dass es dafür wenig Anhaltspunkte
gibt. Das zu akzeptieren fällt nicht leicht. Ist es da nicht verständlich, dass so viele von uns entgegen aller Evidenz daran
festhalten, »dass das Gute belohnt und das Böse bestraft wird,
dass die Gänseliesel den Prinzen heiratet und die treulose Magd
mit Schimpf und Schande aus dem Land gejagt wird«?[33]

Eigentlich wissen wir zu viel, um einer solchen Heile-Welt-
Idylle noch Glauben schenken zu können. Und doch: Wie Er-
trinkende, die im Kampf ums Überleben nach jedem Strohhalm
greifen, klammern sich noch immer Abermillionen von Menschen weltweit an die *Rettungsringe des Glaubens* – auch wenn
aus ihnen, objektiv betrachtet, längst alle Luft entwichen ist.
Wohl ahnen viele, dass sie sich mithilfe dieser metaphysischen
Rettungsringe nicht über Wasser halten können, doch nur wenige gestehen es sich ein. Zu groß ist die Angst, loslassen zu müssen und im Existenzstrudel ganz auf sich alleine gestellt zu sein.

Werfen wir also einen Blick auf die tragischen Rettungsversu-
che, mit denen der Mensch seit Jahrtausenden gegen die Abgründe des Lebens ankämpft. Erst sie komplettieren unser Bild
von den Nöten der menschlichen Existenz.

Der Seufzer der bedrängten Kreatur

Angesichts der »Erfahrung des Absurden«, der »Widrigkeiten
des Lebens« und der »Ungerechtigkeit der Welt« sehnen sich
viele ein »Happy End« herbei, das ihrer Existenz Sinn verleiht,
woraus sich bis heute die große Attraktivität der Religion speist.
Karl Marx (1818–1883) hat dies – anders als viele seiner Anhänger, die in der Religion nichts weiter sahen als ein Instrument der
politischen Herrschaft – klar erkannt: »Die Religion«, so schrieb
er 1844, »ist der Seufzer der bedrängten Kreatur, das Gemüt einer
herzlosen Welt, wie sie der Geist geistloser Zustände ist. Sie ist
das Opium des Volks.«[34]

Man übersieht leicht, dass in diesen berühmten Zeilen nicht

nur eine Kritik am illusorischen Charakter der religiösen Heils-versprechungen zum Ausdruck kommt, sondern auch ein tiefes Verständnis für die existenziellen Nöte, aus denen heraus der religiöse Glaube geboren wird. Wer diesen Aspekt ignoriert, ver-kennt die Gründe, warum sich so viele Menschen ein Leben ohne Religion nicht vorstellen können. Religion ist für sie eine unverzichtbare Lebensbewältigungsstrategie. Sie dient nicht nur zur Betäubung des Daseinsschmerzes oder zur Erklärung und Rechtfertigung des sozialen Elends. In ihr äußert sich auch der *ohnmächtige Protest gegen eine Welt, die so, wie sie ist, nicht sein sollte.*

In der strikten Weigerung, sich mit der Ungerechtigkeit der Welt abzufinden und das menschliche Leben als eine in jeder Hinsicht bedeutungslose Episode der kosmischen Geschichte zu entwerten, liegt der *humane Kern der Religion.* In dieser Hinsicht bietet sie ein Gegengift zur zynischen Lebensverachtung, die vor der Irrationalität der Welt voreilig kapituliert. Dies ist mir als Humanist höchst sympathisch – und so hätte ich gegen die Ver-abreichung der religiösen Arznei auch gar nichts einzuwenden, wären da nicht die vielfältigen Risiken und Nebenwirkungen, die mit ihrem Gebrauch unweigerlich verbunden sind.

Sämtliche Medikamente, die auf dem religiösen Markt zu fin-den sind, beruhen auf dem gleichen Wirkmechanismus: *der Bereitstellung eines überindividuellen Sinnangebots zur Blockade individueller Existenzzweifel.* Trotz dieses gemeinsamen Wirk-mechanismus sind die jeweiligen Rezepturen recht verschieden: So löst der Hinduismus das Gerechtigkeitsproblem der Welt auf gänzlich andere Weise als das Christentum. Der Buddhismus wiederum begegnet der Erfahrung der Vergeblichkeit mit einem grundsätzlich anderen Erlösungsversprechen als der Islam. Auch wenn sich in jeder religiösen Tradition höchst unterschiedliche Interpretationen entwickelt haben, die sich mitunter diametral widersprechen (ein signifikanter Hinweis darauf, dass die Reli-gionen den Zweifel nicht so gründlich eliminieren können, wie sie es versprechen), lassen sich doch einige Grundmuster erken-nen, die zumindest einen groben Überblick über die verschiede-nen, im religiösen Kontext entstandenen Diesseitsbewältigungs-strategien erlauben:

Der klassische *Hinduismus* beispielsweise deutet die Ungerechtigkeit der Welt in geradezu genialer Weise um, indem er die verstörende Ungleichverteilung von Lebenschancen in Natur und Kultur als *Ausdruck einer tiefer liegenden »kosmischen Gerechtigkeit«* interpretiert. Grundlegend hierfür sind die Vorstellungen von Samsara (wörtlich: »beständiges Wandern«, womit der »Kreislauf der Wiedergeburten« gemeint ist, dem angeblich jedes Lebewesen bis zur »Erlösung« unterworfen ist), Karma (wörtlich: »Wirken, Tat«, also den angenommenen Rückwirkungen vergangener Handlungen auf dieses oder auf kommende Leben) und Dharma (dem vermeintlichen kosmischen Gesetz, dem alle Lebewesen unterliegen und aus dem die jeweiligen religiösen und ethischen Pflichten des Menschen abgeleitet werden).

Auf der Basis dieser Konzepte lassen sich selbst die widrigsten Lebensumstände, mit denen ein Mensch zu kämpfen hat (Hunger, Armut, Krankheit, Tod der eigenen Kinder), als gerechte Folgen früherer karmischer Verfehlungen deuten. Das reduziert zwar das Engagement, katastrophalen Lebensumständen entgegenzuwirken, macht sie für die Betroffenen aber zugleich erträglicher, da sie sich einbilden können, durch die aktuellen Leiderfahrungen »schlechtes Karma« abzubauen und bei der nächsten Reinkarnation unter besseren Voraussetzungen starten zu können.

Diese eigentümliche Konstruktion erklärt auch, warum sich das indische Kastensystem so lange halten konnte. Während die Vorstellung, dass der soziale Status einer Person ein ganzes Leben lang davon abhängig sein soll, in welche Familie und damit auch in welche Kaste sie zufälligerweise hineingeboren wurde, das moderne Gerechtigkeitsempfinden grundlegend verletzt, stellt sich die Situation für traditionelle Hindus völlig anders dar, denn für sie ist die Geburt in eine spezifische Familie und Kaste keineswegs zufällig, sondern eine notwendige Folge des kosmischen Gesetzes. Sich dagegen aufzulehnen würde das Dharma verletzen und schwerwiegende Konsequenzen nach sich ziehen.

Auch der *Erfahrung des Absurden* begegnet der Hinduismus mit einer originellen Neuinterpretation: Während wir die Vergeblichkeit des menschlichen Strebens in der Regel darin erblicken, dass sich unsere Bemühungen nicht lohnen, weil am Ende nichts von dem bleibt, was wir waren und taten, sieht der Hinduismus gerade in dieser *finalen Aufhebung* die eigentliche Erlösung (Moksha), auf die all unser Streben ausgerichtet ist. Das große Übel ist aus hinduistischer Sicht nämlich nicht der *Tod*, sondern das *Leben*, das vor allem eines bedeutet: *Leiden*. Sich aus dem leidvollen Kreislauf von Geburt, Tod und Wiedergeburt zu befreien, gilt als das eigentliche Ziel des Lebens. Und so ist die Horrorvorstellung des westlichen Denkens, dass von unserem Tun am Ende nichts übrig bleiben wird, die *Idealvorstellung des Hinduismus*: Nach hinduistischer Vorstellung bedeutet das endgültige Verlöschen aller Belege der individuellen Existenz nämlich keineswegs, dass all unsere Bemühungen vergeblich waren, sondern im Gegenteil: dass es sich gelohnt hat, die Lasten des Daseins (über unzählige Reinkarnationen hinweg) zu tragen, um endlich von ihnen befreit zu werden.

Im *Buddhismus* finden wir ähnliche Konzepte vor: Auch für Buddha (Siddhartha Gautama, 563–483)[35] war das Leben vor allem durch Leiden gekennzeichnet. Auch ihm ging es darum, den leidvollen Kreislauf von Geburt, Tod und Wiedergeburt zu durchbrechen. Insofern gleicht die buddhistische Antwort auf die »Erfahrung des Absurden«, die »Widrigkeiten des Lebens« und die »Ungerechtigkeit der Welt« den hinduistischen Lösungsvorschlägen. Und doch gibt es bedeutsame Unterschiede: So kam der Buddhismus in seiner ursprünglichen Gestalt ohne Götter und Göttinnen aus, weshalb Buddha nachdrücklich darauf hinwies, dass seine Lehre auf einer kontemplativen Einsicht in die Natur der Dinge beruhe – nicht auf »Offenbarungswissen«. Zudem bestritt er die hinduistische Vorstellung einer »ewigen Seele« (Atta), ja sogar die Überzeugung, dass so etwas wie ein feststehendes, individuelles Selbst überhaupt existiere.

Die buddhistische Lehre vom »Nicht-Selbst« (Anatta) reduziert die Bedeutung, die der Kreislauf von Geburt, Tod und Wiedergeburt für das Individuum hat (schließlich wandert hier keine »ewige Seele« und auch kein »individuelles Bewusstsein« mehr von einer Existenzform zur anderen, sondern bloß ein abstrakter »karmischer Impuls«), stellt dafür aber das erlösende »Nirwana« schon zu Lebzeiten in Aussicht. Für diese Erlösung ist es nicht entscheidend, in welche Familie ein Mensch hineingeboren wurde (Buddhas Lehre widerspricht insofern dem hinduistischen Kastensystem), sondern ob er in seinem Leben die »Vier Edlen Wahrheiten« (Wahrheit vom Leiden, von der Ursache des Leidens, der Aufhebung des Leidens und dem Weg zur Aufhebung des Leidens) berücksichtigt und den »Edlen Achtfachen Pfad« (rechte Ansicht, rechtes Denken, rechte Rede, rechte Handlung, rechter Lebenserwerb, rechte Anstrengung, rechte Achtsamkeit, rechte Konzentration) beschreitet.[36]

Buddha lehrte: Wer sich auf diese Weise von den »Anhaftungen des Ich« befreit, findet schon zu Lebzeiten in einen Zustand tiefster innerer Ruhe, in dem alle Wünsche, alle Sehnsüchte, alle Unterscheidungen und damit auch alles Leid verschwunden ist. Dieses Nirwana *vor* dem Tod, in dem der »Erwachte« zwar noch essen, trinken, atmen muss, aber doch leidlos in einer Welt des Leids leben kann, ist gewissermaßen die Vorstufe zum vollständigen Erlöschen im absoluten Nirwana, das *nach* dem physischen Tod eintritt, wenn alle »karmischen Wirkungen« aufgehoben und die »fünf Daseinsgruppen« (Körper, Empfindungen, Wahrnehmungen, Geistesregungen und Bewusstsein) zur Ruhe gekommen sind.[37]

Die Lösung, die die *jüdische Religion* für die existenziellen Probleme des Menschseins fand, unterscheidet sich grundlegend von den hinduistischen und buddhistischen Vorschlägen. Im Unterschied zu ihnen ist das irdische Leben im jüdischen Glauben nicht grundsätzlich mit Leiden verknüpft, sondern kann, wie das »Hohelied Salomos« eindrucksvoll zeigt, sehr wohl mit höchsten Wonnen verbunden sein. Dadurch jedoch verschärft sich das Problem der Ungerechtigkeit: Denn weshalb können die einen ein Leben in Saus und Braus führen, während den anderen so viel Schreckliches widerfährt? Die Antwort, die das Judentum auf diese Frage gibt, ist ebenso einfach wie verstörend: *Weil ein allmächtiger Gott (Jahwe) es so und nicht anders wollte!*

In dieser Hinsicht wird den Menschen von Jahwe viel abverlangt. Besonders drastisch zeigt sich dies im *Buch Hiob* (Original: Ijob), das wie das »Hohelied Salomos« zum *Tanach*, den Quellentexten der »jüdischen Bibel«, gehört. Hiob, so lesen wir, war ein frommer und vermögender Mann, der Gott fürchtete und das Böse mied.[38] Aber war er vielleicht nur deshalb so fromm, weil er unter solch angenehmen Verhältnissen lebte? Satan (der im Judentum nicht als »der Teufel«, sondern eher als der Chefankläger der Menschheit im himmlischen Gerichtshof gilt) ging davon aus, Gott widersprach. Und so wurde Hiob auf die Probe gestellt: Zunächst verliert er seinen Reichtum, dann müssen seine sieben Söhne und drei Töchter sterben. Doch selbst diese schweren Schicksalsschläge, die Hiob am Boden zerstören, treiben ihn nicht dazu, Gott zu verfluchen. Im Gegenteil, er nimmt sie gottesfürchtig hin: »Nackt bin ich aus meiner Mutter Leib gekommen, und nackt kehre ich dahin zurück. Der Herr hat gegeben und der Herr hat genommen, der Name des Herrn sei gepriesen!«[39]

Daraufhin wird Hiob auch noch das Letzte genommen, was ihm geblieben war: seine Gesundheit. Bösartige Geschwüre »von der Fußsohle bis zum Scheitel« bedecken seinen Körper. Doch noch immer kommt kein gotteslästerliches Wort über seine Lippen. Erst als ihm Freunde vorwerfen, sein Elend rühre daher, dass er vor Gott gesündigt habe, verliert Hiob seinen Gleichmut. In bewegenden Worten, die zu den bedeutenden Schätzen der Weltliteratur zählen, beklagt er die Mühsal des Lebens, die Ungerechtigkeit der Welt sowie die Vergeblichkeit der Bemühungen selbst der besonders rechtschaffenen Menschen. Jahwes Antwort auf Hiobs bittere Klage fällt ernüchternd aus. Denn sie enthält keine Erklärung für Hiobs Leid, geschweige denn eine Entschuldigung, sondern besteht einzig und allein in einer ausschweifenden Darlegung darüber, wie groß und bedeutend Gott selbst und wie klein und unbedeutend Hiob ist: »Hast du denn einen Arm wie Gott, dröhnst du wie er mit Donnerstimme?«[40]

Derart eingeschüchtert sieht Hiob ein, dass der Allmächtige keinerlei Rechenschaft gegenüber seinen Geschöpfen ablegen muss, und widerruft seine Klagen »in Staub und Asche«. Für diese Unterwerfung wird Hiob von Gott reich belohnt: Die Krankheit verschwindet so schnell, wie sie gekommen war, und auch sein Reichtum kehrt zurück (Hiob erhält sogar das Doppelte von dem, was er einst verloren hatte). Außerdem werden Hiob sieben weitere Söhne sowie drei weitere Töchter geboren (was die Toten zwar nicht wieder lebendig macht, aber immerhin). Bei bester Gesundheit darf Hiob sogar noch die Geburt seiner Ur-Ur-Enkel erleben und stirbt erst 140 Jahre später »hochbetagt und satt an Lebenstagen«.[41]

Die Hiobserzählung macht deutlich, dass es im Rahmen der jüdischen Religion zwar als hilfreich gilt, gottesfürchtig zu sein, wenn man es im Leben zu etwas bringen will (wie Hiob, der, bevor all die Schicksalsschläge über ihn hereinbrachen, »alle Bewohner des Ostens« an Ansehen übertraf), dass ein solcher Erfolg aber niemals garantiert ist. *Glück und Unglück des menschlichen Lebens liegen allein in Gottes Hand.* Seine Pläne sind für den Menschen undurchschaubar, weshalb es eine schreckliche Anmaßung wäre, sie infrage zu stellen. Den Gläubigen bleibt daher keine andere Wahl, als sich den göttlichen Anweisungen zu unterwerfen. (Allerdings können sie die insgesamt 613 Gebote und Verbote der Thora durchaus in kreativer Weise umdeuten, was zum einen die besondere Debattierfreudigkeit jüdischer Gelehrter erklärt, zum anderen wohl auch ein Grund dafür ist, warum sich innerhalb der jüdischen Kultur eine so wunderbare Form des Humors entwickelte.)

Halten wir fest: Die jüdische Religion löst das Problem der Ungerechtigkeit der Welt, indem sie die Definitionsmacht vom Menschen auf Gott verschiebt. Was dem Menschen als ungerecht erscheint, entspricht einer höheren göttlichen Gerechtigkeit. Was wir als absurd erfahren, erfüllt in Wahrheit seinen Sinn im Rahmen des göttlichen Weltenplans. Trotz alledem ist die Heilserwartung des jüdischen Glaubens zutiefst *weltlich*: Die Ankunft des »Messias« soll auf Erden – nicht erst im Jenseits – Frieden und Gerechtigkeit bringen. Ohnehin ist der Glaube an ein jenseitiges Leben im Judentum verhältnismäßig schwach ausgeprägt. Noch zu Jesu Zeiten war die Idee einer »Auferstehung von den Toten« unter den Gelehrten höchst umstritten. Auch wenn heute wohl ein Großteil der gläubigen Juden von einem »Leben nach dem Tode« ausgeht, spielt dies im religiösen Bewusstsein eine eher untergeordnete Rolle. Für die meisten ist es sehr viel wichtiger, in ihren Nachkommen weiterzuleben, denn allein dadurch hat die Tradition des »auserwählten Volkes« eine Zukunft.

Hierin unterscheidet sich das *Christentum* wesentlich vom Judentum, aus dem es hervorgegangen ist. Denn die Lehre von der »Auferstehung der Toten« steht im Zentrum des christlichen Glaubens. Sie ist die »frohe Botschaft«, die das Neue Testament verkündet, für sie starb Jesus am Kreuz. Sie ist auch wesentlicher Bestandteil der Lösung, die das Christentum für das Problem der Ungerechtigkeit der Welt gefunden hat. Zwar gilt im Christentum ebenso wie im Judentum, dass »Gottes Wege unergründlich sind«, die entscheidende Pointe des Christentums ist jedoch, dass wir diese *»göttliche Gerechtigkeit« postmortal erfahren können* – dann nämlich, wenn Gott über uns richtet und »die Guten« in den »Himmel«, »die Bösen« in die »Hölle« kommen.

Die Idee einer solchen Endabrechnung vor dem Tribunal Gottes scheint zwar bereits in den späten alttestamentarischen (also jüdischen) Schriften auf,[42] sie kommt aber erst mit dem Christentum zur vollen Entfaltung. Immer wieder ermahnt der biblische Jesus seine Jünger, sich den göttlichen Geboten zu unterwerfen, denn andernfalls würden auch sie dem »ewigen Feuer« nicht entgehen: »Wenn dich dein rechtes Auge zum Bösen verführt, dann reiß es aus und wirf es weg! Denn es ist besser für dich, dass eines deiner Glieder verlorengeht, als dass dein ganzer Leib in die Hölle geworfen wird.«[43] An anderer Stelle heißt es nicht weniger drastisch: »Der Menschensohn wird seine Engel aussenden, und sie werden aus seinem Reich alle zusammenholen, die andere verführt und Gottes Gesetz übertreten haben, und werden sie in den Ofen werfen, in dem das Feuer brennt. Dort werden sie heulen und mit den Zähnen knirschen.«[44]

Man hat die Androhung ewiger Folterqualen zu Recht als *»den* Skandal der jesuanischen Ethik« bezeichnet.[45] Allerdings darf man in diesem Zusammenhang nicht übersehen, dass die Vorstellung eines solchen göttlichen Strafgerichts für viele entrechtete Menschen der damaligen Zeit *die einzige Hoffnung dafür bot, dass die Ungerechtigkeit am Ende doch nicht das letzte Wort haben werde.* Nicht ohne Grund fand die neue Lehre anfangs gerade auch in solchen Bevölkerungskreisen glühende Anhänger. Denn das Christentum schenkte ihnen die *Aussicht auf eine Gerechtigkeit, von der sie wussten, dass sie sie auf Erden niemals erfahren würden.* Sie konnten sogar darauf hoffen, dass sich die irdischen Verhältnisse im »Reich Gottes« umkehren würden, denn ebendas hatte Jesus versprochen: »Viele aber, die jetzt die Ersten sind, werden dann die Letzten sein, und die Letzten werden die Ersten sein.«[46]

In ebendiese Richtung zielen auch die berühmten Seligpreisungen der Bergpredigt: »Selig, die arm sind vor Gott, denn ihnen gehört das Himmelreich. Selig die Trauernden, denn sie werden getröstet werden. Selig, die keine Gewalt anwenden, denn sie werden das Land erben. Selig, die hungern und dürsten nach Gerechtigkeit, denn sie werden satt werden. (...) Selig, die um der Gerechtigkeit willen verfolgt werden, denn ihnen gehört das Himmelreich.« Auf diese Weise führte Jesus die Erfahrung des Absurden ad absurdum: Das Leid der rechtschaffenen Menschen ist nach christlicher Lehre keineswegs vergeblich, denn sie werden im Himmel für alle Mühen und Entsagungen des irdischen Lebens reich belohnt.

Unterstrichen wird diese »frohe Botschaft« dadurch, dass der Gottessohn selbst das Martyrium des Kreuzestodes auf sich nimmt. Der Gott des Neuen Testaments unterscheidet sich darin wesentlich vom Gott des Alten Testaments: Verlangte jener bloß seinen Kreaturen Leid ab (siehe Hiob), unterwirft sich dieser nun selbst dem Leid. An die Stelle des Herrschergottes, der seinen Geschöpfen mit »Donnerstimme« droht, tritt der »allgütige Vater«, der im wahrsten Sinne des Wortes mit ihnen mitleidet.

Umso dringlicher wird dadurch allerdings die Beantwortung der Frage, warum es all das Leid überhaupt gibt. Denn ein allmächtiger, allwissender, allgütiger Gott kann für die offenkundigen Übel der Welt nicht selbst verantwortlich sein. Aus diesem Grund erfährt der »Teufel« als Gegenspieler Gottes im Christentum eine enorme Aufwertung. Und so finden wir in vielen maßgeblichen Schriften der christlichen Theologie die Vorstellung, dass seit Anbeginn der Welt (genauer: seit dem »Sündenfall« des Menschen) ein »harter Kampf gegen die Mächte der Finsternis« tobt.[47] Letztlich, so heißt es, wird Gott die »Entscheidungsschlacht zwischen Gut und Böse« zwar gewinnen, aber bis es dazu kommt, können die »dämonischen Kräfte« (und alle, die sich ihnen verschrieben haben) viel Schaden anrichten, womit auch die Übel der Welt erklärt sind.

Offenkundig hielten viele Menschen diese *dualistische Vorstellung* eines Kampfes zwischen Gott und Teufel, Himmel und Hölle, Gut und Böse für überzeugend. Dies alleine erklärt jedoch nicht, warum sich das Christentum so viel stärker durchsetzen konnte als das Judentum, aus dem es hervorging. Hier nur auf die »Mission mit dem Schwert« zu verweisen wäre zu einfach gedacht. Denn es war nicht bloß ein historischer Zufall, dass die Herrscher der Vergangenheit auf das Christentum setzten statt auf das Judentum oder irgendeine andere Heilslehre der damaligen Zeit. Der christliche Glaube hatte vielmehr einen entscheidenden Vorteil, der seine Verbreitung ungemein begünstigte: Er war *dezidiert kosmopolitisch ausgerichtet*, beschränkte sich nicht bloß auf das Heil einer spezifischen Volksgruppe, sondern trat mit dem Anspruch auf, für *alle Menschen weltweit* zu gelten, unabhängig von ihrer kulturellen oder sozialen Herkunft.

Um diese kosmopolitische Ausrichtung des Glaubens hatte es in den christlichen Urgemeinden zunächst harte Auseinandersetzungen gegeben. Während die eine Fraktion die Ansicht vertrat, dass Jesus allein zum jüdischen Volk gesandt worden war (was mit dessen biblisch überlieferten Worten übereinstimmt[48]), kämpfte die andere unter Führung des Apostels Paulus ebenso entschieden für die »Heidenmission«, da Gott mit der Entsendung des Messias einen »neuen Bund« mit den Menschen geschlossen habe. Wie wir wissen, setzte sich Paulus, der vielen als der eigentliche Begründer des Christentums gilt,[49] am Ende durch. Andernfalls wäre das Christentum heute wahrscheinlich ähnlich unbekannt wie die zahlreichen anderen religiösen Sekten, die sich im ersten Jahrhundert unserer Zeitrechnung entwickelten.

Die Öffnung des Christentums für Nicht-Juden hatte weitreichende Konsequenzen, vor allem entfiel damit die für die jüdische Religion typische *Verregelung des Alltags*: Man konnte nun »Christ« sein, ohne die strengen Reglementierungen der Thora befolgen zu müssen (immerhin 365 Verbote und 248 Gebote – schon allein die Einhaltung der strikten jüdischen Speisegesetze hätte viele Heiden abgeschreckt). Begründet wurde dies ursprünglich nicht nur mit dem »neuen Bund«, sondern auch mit dem angeblich in naher Zukunft bevorstehenden »Jüngsten

Gericht«. Angesichts der jesuanischen »Naherwartung« (»Amen, ich sage euch: Es stehen einige hier, die werden den Tod nicht erleiden, bis sie gesehen haben, dass das Reich Gottes in seiner ganzen Macht gekommen ist«[50]) schien es nicht mehr notwendig zu sein, verbindliche Alltagsregeln für den neuen Glauben zu definieren. Dies ist einer der maßgeblichen Gründe dafür, warum dem christlichen Evangelium jene konkreten Verhaltensrichtlinien fehlen, die für die »Heiligen Schriften« der Schwesterreligionen Judentum und Islam typisch sind.

Paradoxerweise konnte sich das Christentum gerade *wegen dieses Mangels an verbindlichen Normen* so nachhaltig ausbreiten. Denn durch die damit verbundene lebensweltliche Offenheit war es dem Christentum möglich, sich an nahezu jede Kultur anzupassen und unter den unterschiedlichsten gesellschaftlichen und politischen Rahmenbedingungen zu funktionieren. Ob Sklavenhaltergesellschaft, Feudalismus oder Demokratie, ob Kapitalismus, Sozialismus oder Faschismus – wie ein Wechselbalg nahm das Christentum mal diese, mal jene Gestalt an.

Freilich gab es immer wieder Versuche, das inhärente Vakuum der christlichen Lehre mit konkreten Normen aufzufüllen. Politisch bedeutsam war dabei vor allem die Strategie der katholischen Kirche, die den Anspruch erhob, als Mittlerin zwischen Gott und den Gläubigen über den reinen Wortlaut der Bibel hinaus verbindliche Maßstäbe für das Zusammenleben der Menschen definieren zu können. Über Jahrhunderte hinweg wurde dieser Anspruch nur selten infrage gestellt, doch das änderte sich spätestens in der Zeit der Reformation, als Martin Luther (1483–1546) verkündete, dass jeder Mensch in einer direkten Beziehung zu Gott stehe und es daher keiner besonderen Vermittlungsagenturen, insbesondere keiner geweihten Priester, bedürfe. Die Heilige Schrift sei, so Luther, die einzige Richtschnur, der der Gläubige folgen müsse – was auch erklärt, warum wir gerade im evangelischen Spektrum heute so viele unterschiedliche Strömungen (vom Ultra-Liberalismus bis hin zum Ultra-Fundamentalismus) antreffen, die außer der Berufung auf die Bibel kaum Gemeinsamkeiten zu haben scheinen.

Auch im *Islam* steht das Individuum in direkter Beziehung zu Gott (Allah), weshalb sich auch hier höchst unterschiedliche

Glaubensformen entwickelt haben. Im Gegensatz zum Neuen Testament finden sich in den Heiligen Schriften des Islam, dem Koran und den Hadithen, jedoch recht klare Anweisungen, die der Gläubige im Alltag zu befolgen hat. Diese Differenz zwischen Christentum und Islam ist nicht zuletzt auf die unterschiedlichen Profile der jeweiligen Religionsstifter zurückzuführen: Während Jesus von Nazareth (4 v. Chr.–31) als frommer Wanderprediger mit einer kleinen Schar von Jüngern von Ort zu Ort zog, um das baldige Ende der Welt zu verkünden, stand Mohammed (570–632) in der medinischen Phase als religiöser Führer, politisches Oberhaupt und militärischer Oberbefehlshaber einer Gemeinschaft vor, die sich gegen rivalisierende Gruppen behaupten musste und nach und nach weite Landstriche eroberte.

Religiöse, politische und militärische Ziele sind bei Mohammed nicht voneinander zu trennen. Im Gegenteil: Der »Gesandte Gottes« sprach stets auch als Machtpolitiker. Im Bestreben, die arabischen Stämme in der »Umma«, der Gemeinschaft der Muslime, zu vereinigen, dienten die von ihm »übermittelten« religiösen Gesetze nicht zuletzt auch dazu, den Gruppenzusammenhalt unter den Gläubigen zu festigen und die Abgrenzung gegenüber den »Ungläubigen« zu schärfen. Schließlich mussten die Muslime gerüstet sein, den »Feinden des Glaubens« in der Schlacht ohne allzu großes Mitleid entgegenzutreten. Hier tut sich eine bemerkenswerte Parallele zur Entstehungsgeschichte des jüdischen Glaubens auf: Denn auch die Schriften der Thora wurden in der Absicht verfasst, die untereinander zerstrittenen jüdischen Stämme zusammenzuführen und gegenüber »äußeren Feinden« abzugrenzen.[51] Insofern ist es nicht verwunderlich, dass sich die Heiligen Schriften des Judentums und des Islams so stark ähneln.

Im Hinblick auf die »Verregelung des Alltags« (religiöse Speise-, Kleidungs-, Verhaltens-, Rechtsvorschriften) und der damit verbundenen *Betonung der kollektiven Identität* ist der Islam sehr viel »jüdischer« als das Christentum. Doch übernimmt er, indem er die jüdische Identitätsformel des »auserwählten Volkes« durch die »Umma« ersetzt, zugleich auch den *kosmopolitischen Charakter* des Christentums. Daher steht der Glaube an Allah explizit allen Menschen offen – gemäß der *Fitra* (der islamischen Vorstellung von der Natur des Menschen) wird sogar angenommen, dass ursprünglich jeder Mensch als Muslim (wörtlich: »der, der sich Gott unterwirft«) geboren wird und nur durch (falsche) äußere Einflüsse (beispielsweise: schlechte Erziehung) diesen »einzig wahren Glauben« verlieren kann.

Jüdische und christliche Elemente spiegeln sich auch in der Antwort wider, die der Islam auf die Nöte der menschlichen Existenz gibt. So übernahm der Islam vom Judentum die *innerweltliche Heilserwartung*: Das zeigt sich besonders deutlich im schiitischen Glauben an den 12. verborgenen Imam (einer Art islamischen »Messias«), dessen sehnsüchtig erwartete Wiederkehr der Welt Frieden und Gerechtigkeit bringen soll. Auch im sunnitischen Mehrheitsislam ist diese innerweltliche Heilserwartung stark verankert – nicht nur, weil Allah die Werke der Gläubigen segnet und die Unternehmungen der Ungläubigen scheitern lässt. Fromme Muslime dürfen zudem davon ausgehen, dass es im weiteren Verlauf der Geschichte zwangsläufig dazu kommen wird, dass *alle Menschen* muslimisch sein werden, womit für die Menschheit ein goldenes Zeitalter anbricht. Der einzelne Gläubige kann also in der Gewissheit sterben, dass die Umma, deren Teil er war, nicht nur überleben, sondern letztlich sogar den Sieg davontragen wird. Auch das kann helfen, mit den Frustrationen des Lebens besser zurechtzukommen.

Wichtiger aber noch ist der Glaube an das »Jüngste Gericht« und das »Leben nach dem Tod«. Wie das Christentum geht auch der Islam von einer göttlichen Endabrechnung aus, in deren Folge »die Guten« in den »Himmel« und »die Bösen« in die »Hölle« kommen. Von der Anlage her unterscheidet sich die muslimische Jenseitskonzeption nicht grundlegend von der christlichen, jedoch malt sie die »Freuden des Himmels« und die »Marter der Hölle« etwas phantasievoller aus. So erklärt der Koran, im »Paradies, das den Gottesfürchtigen versprochen ist«, gäbe es »Bäche mit Wasser, das nicht faul ist, andere mit Milch, die (noch) unverändert (frisch) schmeckt, andere mit Wein, den zu trinken ein Genuss ist, und (wieder) andere mit geläutertem Honig. Sie (d. h. die Gottesfürchtigen) haben darin allerlei Früchte und Barmherzigkeit von ihrem Herrn (zu erwarten).«[52]

»Auf golddurchwirkten Ruhebetten liegen sie (behaglich) einander gegenüber, während ewig junge Knaben unter ihnen die Runde machen mit Humpen und Kannen und einem Becher von Quellwasser, (mit einem Getränk) von dem sie weder Kopfweh bekommen noch betrunken werden, und (mit allerlei) Früchten, was (immer) sie wünschen, und Fleisch von Geflügel, wonach (immer) sie Lust haben. Und großäugige Huris (haben sie zu ihrer Verfügung), (in ihrer Schönheit) wohlverwahrten Perlen zu vergleichen. (Dies) zum Lohn für das, was sie (in ihrem Erdenleben) getan haben.«[53]

Wirklich übel ergeht es am »Jüngsten Tag« denjenigen, die sich Allah nicht unterworfen haben: »Wie schlecht ist es an jenem Tag um diejenigen bestellt, die (unsere Botschaft) für Lüge erklären und in (oberflächlichem) Geplauder (mit der Wahrheit) ihr Spiel treiben!«[54] Sie werden nicht nur »ins Feuer der Hölle gestoßen«,[55] sondern zusätzlich mit »Eiter«[56] und »heißem Wasser«[57] getränkt, das ihnen die »Eingeweide zerreißt«.[58] Ihre Kleider, so heißt es im Koran, sind »aus (Höllen)feuer zugeschnitten«:

»(Sie müssen sie sich anlegen), während ihnen heißes Wasser über den Kopf gegossen wird, wodurch zum Schmelzen gebracht wird, was sie im Bauch haben, und (ebenso außen am Körper) die Haut. Und Stöcke aus Eisen sind für sie da (mit denen man sie ins Höllenfeuer treibt). Sooft sie in ihrer Bedrängnis aus ihm herauskommen wollen, werden sie (mit Schlägen) wieder hineingebracht. Und (zu ihnen wird gesagt:) Ihr bekommt (jetzt) die Strafe des Höllenbrandes zu spüren.«[59]

Wie schon am Beispiel des Christentums ausgeführt, lässt sich eine derartige Androhung ewiger Folterqualen durch nichts rechtfertigen. Aber nochmals: *Gerade für Menschen, die sich von der Welt verraten fühlen, die unter Benachteiligungen leiden und keinerlei Möglichkeiten sehen, diese aufzuheben, ist die Aussicht auf »ausgleichende Gerechtigkeit« im Jenseits von großer Attraktivität.* Nicht ohne Grund sind Christentum und Islam die mit Abstand größten Religionen der Welt. Dies ist nicht nur auf die besonders eifrige Missionstätigkeit der Christen und Muslime zurückzuführen, sondern eben auch darauf, dass insbesondere Christentum und Islam all jenen Hoffnung geben, die sich vom irdischen Leben ansonsten nicht allzu viel erhoffen können. Kein Wunder also, dass der christlich-muslimische Glaube an Himmel und Hölle gerade dort am stärksten ausgeprägt ist, wo die soziale Ungerechtigkeit am deutlichsten zutage tritt. Denn je größer die existenzielle Bedrängung, desto heilsamer wirkt das Opium der Religion.

Gewiss: Bei nüchterner Betrachtung zeigt sich, dass die Versprechungen der Religionen keiner kritischen Überprüfung standhalten. Was sie uns zu glauben abverlangen, widerspricht über weite Strecken dem, was wir mittlerweile über die Welt herausgefunden haben. Zwar lässt sich das *einst Geglaubte* mit dem heute *besser Gewussten* mittels moderner Exegese (rhetorisch, nicht faktisch) einigermaßen in Einklang bringen, aber je *rationaler* eine solche Theologie auftritt, desto *geringer* fällt die Strahlkraft des Glaubens aus, den sie vermitteln kann. Über dieses Thema ist schon viel geschrieben worden, was an dieser Stelle nicht noch einmal wiederholt werden muss.[60] Ohnehin müssen wir wohl einräumen, dass eine *bloß rationale Überprüfung* des Glaubens nur sehr wenig an den religiösen Verhältnissen zu ändern vermag. Denn nur die allerwenigsten Menschen werden *trostlose Wahrheiten* an die Stelle *hoffnungsvoller Illusionen* setzen wollen.

Für die meisten wird ein Leben jenseits der althergebrachten Illusionen erst dann attraktiv erscheinen, wenn es *mehr* verspricht als bloße Vernünftigkeit, nämlich *Hoffnung und Geborgenheit*. Doch ist das möglich?

Karl Marx glaubte daran. Er meinte, die Religion sei bloß »eine illusorische Sonne, die sich um den Menschen bewegt, solange er sich nicht um sich selbst bewegt«.[61] Daher sei es »die Aufgabe der Geschichte, nachdem das *Jenseits der Wahrheit* verschwunden ist, die *Wahrheit des Diesseits* zu etablieren«.[62] Und so endete für ihn die Kritik der Religion »mit der Lehre, dass der Mensch das höchste Wesen für den Menschen sei, also mit dem kategorischen Imperativ, alle Verhältnisse umzuwerfen, in denen der Mensch ein erniedrigtes, ein geknechtetes, ein verlassenes, ein verächtliches Wesen ist«.[63] Ebendieses Ziel, so Marx, habe die humanistische Religionskritik seit jeher verfolgt, schließlich habe sie »die imaginären Blumen an der Kette zerpflückt, nicht damit der Mensch die phantasielose, trostlose Kette trage, sondern damit er die Kette abwerfe und die lebendige Blume breche.«[64]

Das ist schön, geradezu poetisch formuliert, beantwortet jedoch nicht die Frage, ob die diesseitig-humanistische Position tatsächlich attraktiv genug ist, um mit den klassischen religiösen Modellen ernsthaft konkurrieren zu können. Kann sie wirklich überzeugendere Antworten auf die Erfahrung des Absurden, die Widrigkeiten des Lebens und die Ungerechtigkeit der Welt liefern, als dies Hinduismus, Buddhismus, Judentum, Christentum und Islam vermochten? Und falls ja: Besteht hier nicht die Gefahr, dass der Humanismus selbst zu einer Heilslehre entartet, die sich (siehe Marxismus) über die realen Interessen der Menschen ähnlich erbarmungslos hinwegsetzt, wie es die klassischen Religionen allzu oft getan haben? Muss es vielleicht zwangsläufig zu solchen degenerativen Erscheinungen kommen, weil die Mehrheit der Menschen gar nicht dazu bereit ist, ein freies, selbstbestimmtes Leben zu führen? Scheitert das humanistische Projekt also womöglich an der »Natur des Menschen«, die eine nachhaltige Befreiung von religiösen oder politischen Ideologien gar nicht zulässt?

Kapitel 2

HUMANISMUS RELOADED:
DAS NEUE BILD DES MENSCHEN

Vor einigen Jahren fand ich in einer Tageszeitung eine kurze No-
tiz, die von den Erlebnissen eines US-Amerikaners erzählte, der
sich und der Welt beweisen wollte, dass der Mensch von Grund
auf »gut« sei. Er hatte sich vorgenommen, Hunderte von Kilometern zu marschieren – nur mit dem Notwendigsten ausgerüs-
tet, in der Hoffnung, dass er auf Artgenossen träfe, die ihm bereitwillig unter die Arme greifen würden. Da die lokalen Medien
recht ausführlich über das hoffnungsvolle Anliegen des guten
Mannes berichteten, wurde ihm beim Start ein fröhlich jubeln-
des Publikum beschert.

Kaum aber hatte er die Stadtgrenze erreicht, erlebte er sein
blaues Wunder. Es begann damit, dass ein Wagen neben ihm
anhielt. Die beiden Insassen fragten ihn, ob er der Mann sei, der
beweisen wolle, dass die Menschheit gut sei. Der ahnungslose
Menschenfreund bejahte die Frage und womöglich hoffte er insgeheim, ein paar aufmunternde Worte oder vielleicht sogar eine
kleine Weggabe zu erhalten. Doch weit gefehlt! Die beiden Männer sprangen aus dem Wagen, schlugen unseren Helden nach
Leibeskräften zusammen, beraubten ihn all seiner Habselig-
keiten und warfen ihn anschließend – als letzten Gipfel der
Boshaftigkeit – über die Brücke in den mehrere Meter darunter
liegenden Fluss. Glücklicherweise kam der amerikanische Menschenfreund letztlich doch noch mit einem »blauen Auge« davon: Passanten entdeckten ihn wenig später, leisteten Erste Hilfe
und brachten ihn in ein Krankenhaus, wo er sich allmählich von
den Strapazen seines gescheiterten Experiments erholte.

Wie lautet die »Moral von der Geschicht'«? Sollen wir davon
ausgehen, dass der Mensch im Kern eine »Bestie« ist, der man

nicht ungestraft über den Weg trauen darf? Nun, eine solche Interpretation wäre zweifellos verkürzt, denn sie ignoriert die Hilfeleistungen, die dem verletzten Menschenfreund eben auch zuteilwurden. Lernen kann man aus der Anekdote jedoch, dass man mit einem »blauäugigen« Humanismus, der die Realitäten verkennt, nicht allzu weit kommen wird.

Denn die Natur ist kein Wunschkonzert. Der Mensch wird nicht gut, freundlich, hilfsbereit (wahlweise auch gottesfürchtig, asketisch, monogam), nur weil wir dies von ihm erhoffen. Gehen wir von falschen anthropologischen Voraussetzungen aus, werden unsere Pläne zwangsläufig scheitern. Wir benötigen daher eine *realistische Sicht auf den Menschen* – auch wenn uns das Spiegelbild, das uns die Forscher vor die Nase halten, nicht immer gefallen mag.

Da jede Weltanschauung ein eigenes Bild vom Menschen zeichnet, ist kaum ein Gebiet der Wissenschaft ideologisch so hart umkämpft wie das der Anthropologie (Lehre vom Menschen). Umso wichtiger ist es, dass wir uns darum bemühen, der Frage nach dem Wesen des Menschen möglichst vorurteilsfrei zu begegnen. Auf jeden Fall sollten wir uns davor hüten, wissenschaftliche Prinzipien bloß deshalb aufzugeben, weil wir selbst Gegenstand der Untersuchung sind.

Ein solcher vorurteilsfreier Blick fällt nicht nur religiösen Menschen schwer. Auch nichtreligiöse Humanisten haben ihre liebe Not damit, all die narzisstischen Kränkungen zu verkraften, die die wissenschaftliche Forschung der menschlichen Selbstverliebtheit zugefügt hat. Eine besondere Herausforderung stellt dabei die Aufhebung der »sakrosankten Trennlinie« dar, die der klassische Humanismus zwischen Mensch und Tier gezogen hatte. Schon Cicero (106–43), der Urvater des Humanismus, hatte die besondere »Würde« des Menschen in scharfer Abgrenzung zum Tier begründet. Doch ebendiese Abgrenzung wurde durch die evolutionsbiologische Forschung zunehmend obsolet.[1]

»Ehemals suchte man zum Gefühl der Herrlichkeit des Menschen zu kommen, indem man auf seine göttliche Abkunft hinzeigte: dies ist jetzt ein verbotener Weg geworden, denn an seiner Tür steht der Affe.«[2] Mit diesen Worten versuchte Friedrich Nietzsche 1881 den dramatischen Perspektivwandel zu beschreiben, der durch die Veröffentlichung der Evolutionstheorie ausgelöst wurde. Über Jahrhunderte hinweg hatte sich der Mensch über das Tierreich erhaben gefühlt und daraus seine eigene Würde, Selbstachtung, Identität abgeleitet. Nun aber musste er sich selbst ins Tierreich einordnen. Die einstige *Krone der Schöpfung* entpuppte sich als *ungeplante, zufällig entstandene Tierart*, die sich von anderen Arten nicht grundlegend unterscheidet. Eine maßlose Enttäuschung, mit der sich viele bis heute nicht abfinden können.

Daher ist es nicht verwunderlich, dass noch immer Abermillionen von Menschen die Tatsache leugnen, dass wir von Affen abstammen. Der eigentliche Sachverhalt ist allerdings noch ein gutes Stück pikanter: Es ist nämlich nicht bloß so, dass unsere Vorfahren Affen *waren*, im biologischen Sinne sind wir Affen *geblieben*! Sogar die gängige Unterscheidung innerhalb der Menschenaffen-Familie (zwischen den Menschen einerseits und den Großen Menschenaffen andererseits) entbehrt jeder biologischen Grundlage: Schließlich sind wir Menschen mit den Schimpansen und Bonobos enger verwandt als diese mit den Gorillas.

Wenn man also die Familie der Großen Menschenaffen unbedingt in Unterfamilien aufteilen möchte, so müssten Menschen, Schimpansen und Bonobos zum *einen Teil*, Gorillas und Orang-Utans zum *anderen Teil der Verwandtschaft* gezählt werden. Schon allein dadurch wird die klassische Trennung zwischen Mensch und Tier hinfällig. Bildlich gesprochen sind Mensch und Schimpanse/Bonobo Geschwister, Gorillas gemeinsame Cousins, Orang-Utans Großcousins.[3] Wie eng die Verwandtschaftsbeziehung zwischen Mensch und Schimpanse tatsächlich ist (und wie absurd unsere hochnäsige Abgrenzung von »den« Tieren), mag das folgende Gedankenexperiment verdeutlichen:[4]

Stellen Sie sich vor, Sie reichen Ihrer Mutter die linke Hand, die wiederum ihrer eigenen Mutter die linke Hand gibt, die das Gleiche bei ihrer Mutter macht und so weiter und so fort. Auf diese Weise entsteht eine Menschenkette, vergleichbar mit jenen, die einst von Friedens- oder Umwelt-Aktivisten gegen die Stationierung von Raketen oder den Bau von Atomkraftwerken gebildet wurden – nur, dass diese spezielle Menschenkette ausschließlich aus Ihren weiblichen Vorfahren besteht. Gehen wir nun davon aus, dass jedes Individuum in dieser Kette genau einen Meter Platz für sich beansprucht und der durchschnittliche Abstand zwischen den Generationen 20 Jahre beträgt: Wie lange müssten Sie wohl die Reihe Ihrer Ur-Ur…-Großmütter entlanggehen, um auf jene bemerkenswerte Dame zu stoßen (nennen wir sie »Oma Chimpman«), die zugleich auch die Ur-Ur…-Großmutter der heutigen Schimpansen ist? Die Antwort ist verblüffend: Es sind bloß rund 300 Kilometer – etwa die Entfernung von München nach Würzburg oder von Hamburg nach Berlin.

Wohlgemerkt: *Eine Kette von Vorfahren, die aneinandergereiht von München nach Würzburg und wieder zurück nach München führt*[5] – *das ist alles, was Sie von heutigen Schimpansen trennt!* Das ist nicht sonderlich viel, sollte man meinen. Und doch bilden sich viele von uns ein, dass da irgendwo auf der Strecke zwischen Würzburg und München etwas Unglaubliches passiert sei: Irgendwer oder irgendwas soll irgendwann (man weiß nicht, wie, man weiß nicht, warum) eine »unsterbliche Seele«, einen »autonomen Geist«, einen »freien Willen« in eine dieser affenartigen Lebensformen eingehaucht haben.

»Ist ja ein Ding!«, denken Sie sich – und machen sich auf den Weg, um den Sachverhalt zu überprüfen. Sie gehen also Ihre mütterliche Ahnenreihe entlang, betrachten aufmerksam Generation für Generation, all die Mütter und Töchter, Großmütter und Enkelinnen, von denen Sie abstammen. Aber sosehr Sie sich auch bemühen, Sie werden in Ihrer Abstammungslinie keine plötzlichen Veränderungen finden, keinen Moment, in dem aus einem unbeseelten Wesen ein beseeltes würde. Sicher: Wenn ein Taxifahrer Sie alle dreißig Kilometer absetzen würde, würden Sie klare Unterschiede erkennen – nicht aber, wenn Sie den Weg

Generation für Generation abgehen. Die Großmütter gleichen stets den Müttern, den Töchtern, den Enkelinnen und so weiter. Kurzum: Sie werden auf Ihrem Marsch entlang Ihrer Abstammungslinie exakt das feststellen, was Evolutionsbiologen seit Langem darlegen, nämlich: *dass die Natur keine Sprünge macht.* (Diese Erfahrung würden Sie selbstverständlich auch machen, wenn Sie die Kette Ihrer Ahnen noch ein gutes Stück weiter gehen würden, um schließlich auch noch auf Mama Reptil, Großmama Lurch und Urgroßmutter Fisch zu treffen, aber wir wollen das Gedankenspiel hier nicht überstrapazieren.)

Fakt ist: Die Unterschiede zwischen den Lebewesen in einer evolutionären Kette sind nur *gradueller*, nicht *prinzipieller* Art. Das, was uns als Menschen auszeichnet, ist nicht plötzlich vom Himmel gefallen, sondern das Ergebnis eines *kontinuierlichen Prozesses kleinster Veränderungen*. Oma Chimpman, die Ur-Ur-…Großmutter der heutigen Schimpansen und Menschen, unterschied sich zwar in vielem von uns, jedoch müssen wir annehmen, dass sie nicht nur genetisch im höchsten Maße mit uns verwandt war, sondern auch alle grundlegenden Emotionen und viele Verhaltensweisen mit uns teilte.

Als sich die Abstammungslinien von Mensch und Schimpanse vor etwa fünf bis sieben Millionen Jahren teilten, fielen die Unterschiede zwischen ihnen lange Zeit kaum ins Gewicht. Die *Australopithecus*-Arten, aus denen vor rund zwei Millionen Jahren die verschiedenen Varianten der Gattung *Homo* hervorgingen, glichen in ihrem Verhalten, ihrem Körperbau und Gehirnvolumen eher dem Schimpansen als dem heutigen Menschen. Erst bei *Homo erectus* setzte ein *bemerkenswertes Hirnwachstum* ein (innerhalb von zwei Millionen Jahren vergrößerte sich das Denkorgan unserer Vorfahren von etwa 650 auf 1250 Kubikzentimeter – zum Vergleich: Bei ausgewachsenen Exemplaren unserer Art liegt das Gehirnvolumen zwischen 1100 und 1800 Kubikzentimetern).

Homo erectus war die erste Menschenart, die sich über Afrika hinaus ausbreitete und das Feuer aktiv nutzte. Dennoch war der technische Fortschritt im Verlauf der zwei Millionen Jahre seiner Existenz recht bescheiden. Auch *Homo sapiens*, der sich vor etwa 200 000 Jahren entwickelte, brachte zunächst keine bemerkenswerten technischen Innovationen hervor. Vielmehr nutzte der moderne Mensch zu 80 Prozent seiner Artgeschichte (mit nur leichten Modifikationen) ebenjene Steinwerkzeuge (Faustkeile, Schaber), die bereits Jahrhunderttausende zuvor erfunden worden waren.

Welchen Überlebensvorteil hatte also das erstaunliche Wachstum des so ressourcenintensiven menschlichen Denkorgans? Nun, die Jäger- und Sammler-Kultur, die sich bereits bei *Homo erectus* ausbildete, verlangte ein *hohes Maß an Kooperation in der Gruppe.* Soziale Intelligenz wurde somit zu einer wichtigen Überlebensressource, denn die Individuen waren abhängig davon, dass sie die anderen Gruppenmitglieder richtig einschätzten: Konnte man sich auf sie verlassen oder waren sie nur auf den eigenen Vorteil aus? Warteten sie vielleicht nur auf einen günstigen Moment, um ihre Überlegenheit ausspielen zu können? Mit wem sollte man sich verbünden? Wen eher meiden? Überlegungen dieser Art setzen nicht nur ein Bewusstsein des eigenen Selbst, sondern auch eine »Theory of Mind« voraus, also eine ungefähre Vorstellung davon, welche Gefühle, Bedürfnisse, Absichten andere Individuen haben könnten.

Wahrscheinlich besaß schon Oma Chimpman eine solche »Theory of Mind« – wenn auch in weit weniger komplexer Form als ihre Nachkommen *Homo erectus* und *Homo sapiens.* In dieser Hinsicht stand sie den heutigen Schimpansen zweifellos näher als uns. Deren Sozialintelligenz sollte man allerdings auch nicht unterschätzen: Denn Schimpansen wissen nicht nur um ihre eigene Existenz, sie können auch die Stärken und Schwächen ihrer Artgenossen recht genau einschätzen und zum eigenen Vorteil nutzen. Je nach Lage schmieden sie Koalitionen oder betreiben Mobbing, verhalten sich diplomatisch oder rebellisch. Mit einigen Artgenossen teilen sie kameradschaftlich, anderen spielen sie vor, nichts zu besitzen. Sie bluffen und betrügen, lieben und hassen, führen Kriege und versöhnen sich, spielen liebevoll mit ihren Kindern und amüsieren sich wie die Könige, wenn jemand auf ihre Scherze hereinfällt – ganz ähnlich, wie auch wir es tun.

Geblendet von einer Kultur, die die Brandenburgischen Konzerte, die »Allgemeine Erklärung der Menschenrechte«, die Relativitätstheorie und das Internet hervorgebracht hat, erscheinen die *Unterschiede zwischen uns und den Schimpansen größer, als sie auf der biologischen Ebene sind.* Ignorieren wir jedoch für einen Moment die kulturellen Errungenschaften der letzten zwanzigtausend Jahre (die ja auch nur zehn Prozent unserer Artgeschichte ausmachen), kommen die Gemeinsamkeiten mit unseren haarigen Verwandten sehr viel deutlicher zum Vorschein.

In den letzten Jahrzehnten wurde vieles von dem, was einst als »originär menschlich« galt, auch bei den Menschenaffen entdeckt: So zeigen Bonobos in der Natur den »aufrechten Gang« (auf den wir so stolz sind), während Schimpansen regelrechte Vernichtungsfeldzüge gegen feindliche Gruppen führen (was einst als rein menschliche Unart galt). Intelligentes Problemlösungsverhalten und Werkzeuggebrauch findet man gleichsam nicht nur beim Menschen (wie wir dachten), sondern auch bei den Großen Menschenaffen, ja sogar bei Tieren, die nur sehr entfernt mit uns verwandt sind, etwa bei den Rabenvögeln (der letzte gemeinsame Vorfahre von ihnen und uns lebte vor mehr als 300 Millionen Jahren).

Auch die Vorstellung, dass wir Menschen die einzigen »Kulturwesen« seien, hat sich als falsch erwiesen:[6] Freilanduntersuchungen belegen, dass sich in Schimpansengruppen unterschiedliche Kulturen ausgebildet haben, die an die jeweiligen Nachkommen weitergegeben werden und sich – wie Menschenkulturen – signifikant voneinander unterscheiden, etwa in der Art der Begrüßung, bei den bevorzugten Speisen, den Techniken der Werkzeugherstellung oder den »medizinischen Verfahren«, die bei Erkrankungen angewandt werden.

Spätestens seitdem wir mit Schimpansen, Bonobos, Gorillas und Orang-Utans mittels Zeichensprache kommunizieren, wissen wir zudem, dass sie sehr wohl in der Lage sind, abstrakte Zeichen zu benutzen und zukünftige Ereignisse zu antizipieren. Manche Computerspiele meistern sie sogar besser als wir, und einige von ihnen scheinen auch auf künstlerischem Gebiet bemerkenswerte Talente zu haben: So waren Musiker, die mit Menschenaffen zusammenarbeiteten (u. a. Peter Gabriel), von ihrem Verständnis für Rhythmik, Melodik und Sound ebenso beeindruckt wie bildende Künstler von ihrem ungewöhnlichen Gespür für Form und Farbe.

Gewiss: Schimpansen schreiben keine Sinfonien, Bonobos keine Sonette, Gorillas beschäftigen sich nicht mit Quantenmechanik und Orang-Utans schicken keine Satelliten ins All. Aber nochmals: Davon war auch in der Menschheitsgeschichte die längste Zeit überhaupt nichts zu erahnen. Und beinahe wäre es auch gar nicht dazu gekommen, stand *Homo sapiens* doch mehrmals kurz davor auszusterben. Um ein Haar wäre es uns ähnlich ergangen wie so vielen anderen Menschenarten (zuletzt dem Neandertaler und dem sogenannten »Hobbit-Menschen«, *Homo floresiensis*), von deren Existenz wir nur durch paläontologische Befunde wissen.

Wenn wir von der Hochkultur des 21. Jahrhunderts auf die vergleichsweise »primitiven« Kulturen freilebender Schimpansen herabschauen, verstellt dies den Blick auf das Wesentliche. Viel ergiebiger ist es, den beiden Nachkommenssträngen von Oma Chimpman auf ihrem Weg durch die Zeit zu folgen und sich zu fragen, welche Ursachen dafür verantwortlich waren, dass (um in der Logik unseres Gedankenspiels zu bleiben) die eine Verwandtschaftslinie in ein klimatisiertes Hotelzimmer in München führte und die andere ins Schimpansengehege des Tierparks Hellabrunn. Warum also schlugen Oma Chimpmans Nachkommen so unterschiedliche Richtungen ein?

Es begann wahrscheinlich damit, dass sich unsere Vorfahren verstärkt am Ufer von Flüssen und Seen ansiedelten, während die Vorfahren der heutigen Schimpansen und Bonobos sich in die durch Klimaveränderungen allmählich kleiner werdenden Regenwälder zurückzogen. Von den Bonobos, die uns im Bewegungsapparat besonders gleichen, wissen wir, dass sie, wenn sie im Wasser waten, fast ausschließlich aufrecht gehen. Bei unseren Vorfahren war dies ähnlich. Angewiesen auf ein Leben in Wassernähe, das hinreichend Nahrung bot, war der Selektionsdruck offenbar groß genug, sodass sich der *aufrechte Gang* bei den Australopithecinen schon vor etwa drei bis vier Millionen Jahren als bevorzugte Fortbewegungsweise durchsetzte.[7] Allerdings waren sie anfangs kaum in der Lage, größere Entfernungen zurückzulegen. Erst allmählich setzten jene anatomischen

Veränderungen ein, die es dem Frühmenschen erlaubten, längere Strecken auf zwei Beinen zu bewältigen.

Dies wurde überlebensnotwendig, als es vor etwa 2,5 Millionen Jahren im damaligen Afrika noch heißer wurde. Wasserstellen versiegten, und aus den üppigen Wäldern wurden zunehmend Busch- und Grassavannen. Infolge dieser klimatischen Änderungen starben viele Australopithecus-Arten aus. Einige aber konnten sich an die veränderten Umweltbedingungen anpassen: Die Paranthropus-Arten beispielsweise (para = abweichend von, anthropos = Mensch, ausgestorben vor etwa einer Million Jahren) spezialisierten sich auf das Essen von Pflanzen und Gräsern, während die Vertreter von *Homo habilis* (»der geschickte Mensch«, ausgestorben vor etwa 1,5 Millionen Jahren) sich mitunter auch von großen Säugetieren ernährten, deren Fleisch sie mithilfe von Steinsplittern vom Knochen schabten.

Als besonders erfolgreich sollte sich jedoch eine andere grazile Australopithecus-Art erweisen, aus der vor etwa zwei Millionen Jahren *Homo erectus* hervorging. Bei ihr war die anatomische Anpassung an den aufrechten Gang besonders weit vorangeschritten. Die Arme waren kürzer, die Beine länger als bei ihren Vorgängern, was einerseits die Kletterfähigkeit reduzierte, andererseits aber das Laufen auf zwei Beinen begünstigte. Noch eine zweite Eigenschaft unterschied *Homo erectus* schon auf den ersten Blick von anderen Primatenarten: Mit der Zeit verlor er immer mehr Körperbehaarung. *Mit ihm wurde der »nackte Affe« geboren.* Auch das war maßgeblich dem heißen Klima und den Bedingungen der Savannenlandschaft geschuldet. Denn durch die nackte Haut und die gleichzeitige Ausbildung ungewöhnlich vieler Schweißdrüsen war der Mensch in der Lage, selbst unter starker Hitzebelastung große Strecken zu laufen – eine wichtige Voraussetzung für die Ausdauer- oder Hetzjagd, auf die sich der Mensch spezialisierte und die auch heute noch von einigen urtümlich lebenden Völkern betrieben wird.

Wie gesagt: Die neue Existenzform des *Homo erectus* als Jäger und Sammler setzte ein hohes Maß an Kooperation innerhalb der Gruppe voraus. Dabei konnten sich die Menschen vor der Entwicklung der Sprache über Jahrhunderttausende hinweg nur mittels Mimik, Gestik und einigen mehr oder weniger artikulierten Lauten verständigen. Umso wichtiger wurde es, die Signale der anderen Gruppenmitglieder richtig zu deuten und sich in deren Lage hineinzuversetzen. Dieses für das Überleben notwendige Verständnis innerhalb der Gruppe führte nicht nur zur Entwicklung immer leistungsfähigerer Gehirne, es schuf auch die Voraussetzungen dafür, dass sich die Kulturen des »nackten Affen« später in eine völlig andere Richtung entwickelten als die seiner haarigen Verwandten.

Die Wurzeln der menschlichen Kultur

»Der Mensch ist der Affe, der am besten nachäffen kann.«[8] Kaum ein Satz, den ich je geschrieben habe, löste unter religionsfreien Menschen[9] so viel Empörung aus wie dieser. Für den Philosophen Norbert Hoerster war diese Aussage sogar derart empörend, dass er sich in einem Artikel der *Frankfurter Allgemeinen Zeitung* öffentlich von mir distanzierte und den Beirat der *Giordano-Bruno-Stiftung* verließ. Hoerster konnte und wollte nicht akzeptieren, dass der Mensch der nächste Verwandte des Schimpansen sei und ausgerechnet unsere besondere Eignung zum »Nachäffen« die »Grundvoraussetzung aller menschlichen Kulturleistungen« sein sollte. In seinem *FAZ*-Artikel erklärte er dazu: »Wenn ich etwa in Immanuel Kants ›Kritik der reinen Vernunft‹ lese oder die Musik des zweiten Aktes von Richard Wagners ›Tristan und Isolde‹ höre, kann ich dies schwer verstehen.« Auch deshalb, so Hoerster, könne er sich mit dem »Konzept der Giordano-Bruno-Stiftung und ihres Vordenkers (…) nicht identifizieren.«[10]

Nun hatte ich selbstverständlich niemals behauptet, Kants »Kritik der reinen Vernunft« oder Wagners Oper »Tristan und Isolde« seien Resultate bloßen Nachäffens gewesen. Es ging mir vielmehr darum, die biologischen Prinzipien zu verdeutlichen, auf die die unterschiedlichen Kulturentwicklungen von Menschen und Schimpansen zurückzuführen sind. Dass Immanuel Kant weit mehr war als ein großartiger Imitator vorangegangener Denker, versteht sich von selbst, aber: *Ohne die evolutionär gewachsene Bereitschaft des Menschen, andere perfekt zu imitieren, hätte auch Kant niemals eine Sprache erwerben, geschweige denn philosophische Kritiken verfassen können.* Wer die biologischen Befunde zur Kenntnis nimmt, sollte begreifen, dass die besondere Veranlagung des Menschen zu exakter Nachahmung die Grundlage für die Entwicklung komplexer Kulturtechniken wie Lesen, Schreiben oder Rechnen war. Ohne sie wäre auch Wagners berühmter »Tristanakkord« niemals erklungen.

Eben hier liegt der entscheidende Unterschied zwischen uns und den Schimpansen. Besonders schön verdeutlichte dies eine Studie von Victoria Horner und Andrew Whiten, die 2005 in der Fachzeitschrift *Animal Cognition* veröffentlicht wurde:[11] Horner und Whiten hatten junge Schimpansen und menschliche Kinder mit einer Box konfrontiert, die eine kleine Leckerei für sie enthielt. In einem Teil des Experiments war diese Box undurchsichtig, sodass der Mechanismus des Apparats von außen nicht zu erkennen war. Die Versuchsleiter brachten den Menschen- bzw. Schimpansenkindern nun eine Reihe von Verhaltensweisen bei, um die Leckerei zu erhaschen. Sie mussten mit einem Stab mal links, mal rechts klopfen, einen Riegel auf der Oberseite der Box beiseiteschieben, den Stab von oben einführen, dann eine kleine Klappe am unteren Teil öffnen, woraufhin sie ihre Belohnung aus der Apparatur herausholen konnten.

Menschen- wie Schimpansenkinder meisterten diese Aufgabe ähnlich gut (auch wenn bereits hier eine höhere Kopiergenauigkeit der menschlichen Imitationshandlungen auffiel). Weit bemerkenswerter allerdings waren die Ergebnisse des zweiten Teils des Versuchs: Hier nämlich war die Box durchsichtig und so von außen klar zu erkennen, dass alle Verhaltensweisen, die sich auf den oberen Teil des Apparats bezogen, für das erwünschte Ergebnis (das Erhalten der Belohnung) völlig irrelevant waren. Die Schimpansen erkannten dies sofort, weshalb sie auf alle unnötigen Handlungen, die man ihnen beigebracht hatte, verzichteten und die Leckerei ohne Umschweife aus der Box pulten. Die Menschenkinder hingegen behielten all die unnötigen, per Nachahmung erworbenen Verhaltensweisen bei, wodurch sie erst später in den Genuss der Belohnung kamen.

Was heißt das? Zeigte der Versuch, dass sich Schimpansen-kinder bei der Bewältigung solcher Aufgaben als intelligenter, smarter, pfiffiger erweisen als unser eigener Nachwuchs? Ja, durchaus. Allerdings – und das ist der entscheidende Punkt: Es ist gerade diese pragmatische Cleverness der Schimpansen, die der Weiterentwicklung ihrer Kulturen im Wege stand und steht.

Umgekehrt bildet gerade die *Bereitschaft des Menschen, nahezu alles – auch das scheinbar oder tatsächlich Sinnlose – nachzuahmen, die Grundlage für den erstaunlichen Höhenflug der menschlichen Kulturevolution.* Man sieht dies besonders schön an der Entwicklung unserer Kinder: Würden sie nicht von sich aus versuchen, Laute zu imitieren, deren Sinn sie nicht verstehen, könnten sie niemals eine Sprache erlernen – und ohne die Fähigkeit des Sprechens wäre die Menschheitsgeschichte ohne Zweifel komplett anders verlaufen, womöglich wären wir längst ausgestorben.

Wann hat sich die menschliche Sprache entwickelt? Genau beziffern lässt sich dies nicht. Einige Forscher meinen, dass *Homo-erectus*-Gruppen schon vor 500 000 Jahren über eine mehr oder weniger leistungsfähige »Protosprache« verfügten. Relativ sicher sein können wir aber, dass nicht nur der frühe *Homo sapiens*, sondern auch der *Neandertaler* zum Sprechen befähigt war. Woher wissen wir das? Nun, das Zungenbein des *Homo neanderthalensis* unterschied sich nicht gravierend von dem des *Homo sapiens*, zudem ergab eine DNA-Sequenzierung, dass sie die gleiche Mutation auf dem FOXP2-Gen aufwiesen, die uns die Artikulation komplexer Laute ermöglicht. Berechnungen zufolge ist diese geringfügige, aber folgenreiche Mutation erstmals vor 100 000 bis 200 000 Jahren aufgetreten und hat sich ungewöhnlich schnell in der menschlichen Population verbreitet. Vermutlich haben die Menschen zwar lange vor dieser Mutation schon ihre Mimik und Gestik durch Laute unterstützt, nun aber waren sie in der Lage, sich weit differenzierter zu artikulieren.

Anfangs gab es wohl nur einzelne Wörter, die auf konkrete Objekte, Empfindungen, Ereignisse verwiesen, keine feste syntaktische Struktur (Satzkonstruktionen), die diese Wörter in einen logischen Zusammenhang brachte. Allmählich aber bildete sich das Gerüst einer echten menschlichen Sprache aus, die

Subjekt, Prädikat und Objekt in Beziehung zueinander setzt. Dies verbesserte nicht nur die Kommunikation unter den Gruppenmitgliedern, sondern ermöglichte es ihnen auch, sich in anderer Weise zur Welt zu positionieren.

Wir wissen nichts darüber, wie die Menschen vor 100 000 Jahren dachten, aber archäologische Funde belegen, dass sie *(Homo sapiens* wie *Homo neanderthalensis)* spätestens in diesem Zeitraum anfingen, ihre Toten zu begraben. Etwa zur gleichen Zeit stellten sie erste Schmuckstücke aus Muschelschalen und Schneckenhäusern her. Allerdings brauchte es noch weitere 60 000 Jahre, bis sich das künstlerische Potenzial des Menschen in einer Weise entfalten konnte, die uns noch heute tief beeindruckt. Man denke nur an die berühmte »Venus vom Hohlefels«, die ein offenkundig hochbegabter Steinzeitkünstler vor 35 000 Jahren aus Elfenbein schnitzte.

Ebenfalls vor etwa 35 000 Jahren begannen unsere Vorfahren damit, Kleidung aus teilweise gefärbten Flachsfasern (Leinen) zu fertigen, wie ein Fund aus der Dzudzuana-Höhle in Georgien belegt. Allerdings hatten sie wohl schon sehr viel früher andere Formen der Bekleidung erfunden. Denn ohne Schutz durch Tierfelle hätten die »nackten Affen« die immer wieder über sie hereinbrechenden Kälteperioden kaum überstehen können.

Ohnehin spielten Klimaschwankungen eine bedeutende Rolle in der kulturellen Entwicklung der Menschheit. So ist es kein Zufall, dass die sogenannte *Neolithische Revolution*, der Übergang von der Jäger-und-Sammler-Existenz zu einer sesshaften Lebensweise, mit dem Ende der letzten Kaltzeit zusammenfällt. In der Regel wird dieser Übergang damit erklärt, dass durch Klimawandel und Überjagung Nahrungsquellen nicht mehr ganzjährig auf gleichem Niveau verfügbar waren. Möglicherweise aber gab es noch einen anderen Grund für die neue Sesshaftigkeit des Menschen, der sich weniger aus einem *Mangel* als aus einem besonderen *Genuss* ergab, nämlich dem Wunsch nach einem ordentlichen Bier. (Ja, Sie haben richtig gelesen: Die These, dass am Anfang der menschlichen Zivilisation gesellige Bierfeste standen, ist keineswegs so absurd, wie sie zunächst erscheinen mag.[12] Denn offenkundig tranken die Menschen bereits vergorenen Gerstensaft, bevor sie in der Lage waren, Brot zu backen. Nicht ohne Grund war die Gerste eine der ersten Getreidearten, die der Mensch anbaute.)

Wie dem auch sei: Die Neolithische Revolution markierte zweifellos einen fundamentalen Umbruch in der Menschheitsgeschichte. Die Entstehung von Ackerbau und Viehzucht, von Siedlungen und Kultstätten veränderte das Leben der Individuen in solch gravierender Weise, dass der Begriff »Revolution« hierfür absolut angemessen erscheint. Allerdings: Diese »Revolution« fand keineswegs von heute auf morgen statt, sondern erstreckte sich – mit starken regionalen Unterschieden – über etwa 5000 Jahre, was aus evolutionsbiologischer Sicht zwar unfassbar schnell ist (man setze diesen Zeitraum nur ins Verhältnis zu den zwei Millionen Jahren der Artgeschichte von *Homo erectus* und *Homo sapiens*), aus kultureller Perspektive jedoch eher gemächlich erscheint (schauen wir von heute 5000 Jahre zurück, landen wir bei Pharao Menes, dem legendären Begründer der ersten Dynastie des altägyptischen Reichs).

Wie verhältnismäßig langsam die kulturelle Evolution am Anfang voranschritt, lässt sich daran ermessen, dass vom Beginn der Neolithischen Revolution (vor rund 11 000 Jahren) bis zur *Erfindung der Schrift* mehrere Jahrtausende vergingen. Erst vor rund 6000 Jahren tauchten komplexere Schriftsysteme auf, vor 3500 Jahren (also etwa 1500 Jahre v. u. Z.) entstand das erste Alphabet – ein einschneidendes Ereignis in der menschlichen Kulturgeschichte, denn nun konnten Inhalte über Raum und Zeit hinweg konserviert werden, unterlagen also nicht mehr dem »Stille-Post-Prinzip« der mündlichen Überlieferung.

Überall dort, wo Schriftsysteme entwickelt wurden (insbesondere im alten Ägypten, in China, in Mittelamerika bei den Mayas, im Vorderen Orient und natürlich auch im antiken Griechenland), entstanden Hochkulturen, die innerhalb verhältnismäßig kurzer Zeit (verglichen mit den 5000 Jahren der Neolithischen Revolution) beeindruckende Leistungen auf den Gebieten der Wissenschaft, der Mathematik, Philosophie, Kunst, Architektur etc. erzielten. Die Kinder, zumindest der höheren Schichten, wurden in Lesen, Schreiben, Rechnen (mitunter auch in Geografie, Geschichte, Astronomie, Religion, Philosophie, Musik und Kunst) unterrichtet. In den Bibliotheken wuchs der

Fundus an Weltwissen immer weiter an und wurde zur Grundlage neuer bahnbrechender Entdeckungen und Erkenntnisse.

Wie entscheidend die *mediale Speicherung und Vermittlung tradierter Wissensbestände* ist, zeigte sich in der Menschheitsgeschichte vor allem, wenn mediale Zugänge, die die Menschen zuvor nutzen konnten, aufgrund veränderter politischer und sozialer Verhältnisse nicht mehr zur Verfügung standen oder wenn neue Medien entwickelt wurden, die eine noch schnellere und effektivere Verbreitung des Wissens ermöglichten. Ein gutes Beispiel für den erstgenannten Fall liefert der kulturelle Zusammenbruch in Westeuropa nach dem Ende des römischen Imperiums. Die massive Vernichtung antiker Schriften, die Verödung der Bibliotheken und die Schließung öffentlicher Schulen ab dem 5. Jahrhundert sorgten für einen einzigartigen kulturellen Niedergang, von dem sich Westeuropa erst tausend Jahre später, in der Zeit der Renaissance, nach dem Rückimport des antiken Wissens über den arabischen Kulturraum, wieder erholen konnte.[13]

Ein zu Recht immer wieder herausgehobenes Beispiel für den zweiten Fall ist die Erfindung des modernen Buchdrucks durch Johannes Gutenberg (um 1400–1468). Innerhalb weniger Jahrzehnte entstanden damals Druckereien in ganz Europa. Die Möglichkeit, Texte schnell und kostengünstig zu verbreiten, löste eine regelrechte Bildungsrevolution aus. Das Lesen wurde wieder (wie im antiken Griechenland und Rom) zu einer zentralen Kulturtechnik, was die Denkgewohnheiten der Menschen nachhaltig veränderte. Wissenschaft, Philosophie und Kunst fanden zu neuer Blüte. Durch Flugschriften und Bücher wurden allmählich weitere Bevölkerungsteile erreicht und in den »transformativen Kreislauf des Wissens«[14] eingebunden, was die kulturelle Evolution immens beschleunigte.

Rund 150 Jahre nach Gutenberg, zu Beginn des 17. Jahrhunderts, entstanden die ersten Wochenzeitungen, etwa 50 Jahre später die ersten Tageszeitungen. Zur Zeit der historischen Aufklärungsbewegung (18. Jahrhundert) erfreuten sich vor allem Zeitschriften – regelmäßig erscheinende Magazine, die neben politisch relevanten Nachrichten und Klatschgeschichten auch neueste Überlegungen der Gelehrten in eine allgemein verständliche Form brachten – großer Beliebtheit. Zudem sorgten verlegerische Großprojekte wie die von Denis Diderot (1713–1784) vorangetriebene *Enzyklopädie* für eine allmähliche Steigerung der Allgemeinbildung, was die politischen Herrscher immer stärker unter Druck setzte.

Welche Bedeutung dem geschriebenen Wort bei den großen Umwälzungen des späten 18. Jahrhunderts (Amerikanische und Französische Revolution) zukam, verrät nicht zuletzt der beispiellose Erfolg der Flugschrift *Common Sense* (»Gesunder Menschenverstand«), in der Thomas Paine (1736–1809) mit größter Vehemenz die Unabhängigkeit Amerikas und die Schaffung eines demokratischen Rechtsstaats auf der Basis allgemeiner Menschenrechte forderte. Veröffentlicht im Januar 1776, erreichte Paines Flugschrift innerhalb weniger Monate etwa die Hälfte aller Kolonisten (bei einer Bevölkerung von etwa drei Millionen Menschen kam die Schrift auf eine sagenhafte Auflage von 500 000 Exemplaren). War die Haltung gegenüber der englischen Monarchie zuvor gespalten, sorgten Paines Argumente rasch für einen Meinungsumschwung, der letztlich zu einem der wichtigsten Ereignisse der Neuzeit, nämlich der Unterzeichnung der *amerikanischen Unabhängigkeitserklärung* im Juli 1776, führte.

Im Zuge der »Industriellen Revolution«, maßgeblich ausgelöst durch die Verbesserung der Dampfmaschine durch James Watt 1769, kam es zu einer weiteren Beschleunigung des Informationsaustauschs. Mit der Erfindung der Fotografie (1826), des Telegrafen (1837), des Telefons (1876), der Schallplatte (1887), des Films (1888), des Radios (1896) und des Fernsehers (1923) wurden neue Möglichkeiten zur Speicherung und Verbreitung kultureller Inhalte geschaffen, die den Denkhorizont der Menschen in beträchtlichem Umfang erweiterten. Mit der Erfindung des Computers (1941) trat die Menschheit schließlich ins digitale Zeitalter ein, was den meisten allerdings erst in den 1980er-Jahren durch die Einführung von CDs und PCs bewusst wurde.

Ab 1991 begann dann der Siegeszug des *World Wide Web*, das die Welt in einer Geschwindigkeit und in einem Ausmaß veränderte, den wohl niemand für möglich gehalten hätte. Innerhalb weniger Jahre stieg die Anzahl der Websites und deren Nutzer explosionsartig an. Plötzlich war ein globaler Datentransfer in Echtzeit nicht nur für Technikfreaks möglich. Community-Projekte wie Wikipedia (gegründet 2001) und soziale Netzwerke wie Facebook (2004) und Twitter (2006) ermöglichten es immer mehr Nutzern, ihre eigenen Anschauungen zu publizieren und sich untereinander zu vernetzen. Mit der allmählichen Verbreitung von Notebooks (ab 2004), Smartphones (ab 2007) und Tablets (ab 2010) wurde der Zugriff auf das globale Datennetz auch von unterwegs möglich.

Das Internet hat die Mentalität vieler Menschen verändert. Sie denken heute weniger in nationalen Kategorien als noch vor einigen Jahrzehnten, stattdessen empfinden sie sich zunehmend als Bürgerinnen und Bürger eines »globalen Dorfs«. Das Wissen der Welt liegt für viele nur noch einen Klick entfernt, Informationen aus entferntesten Regionen erreichen uns, noch bevor sie von den großen Nachrichtenagenturen gemeldet werden. Daher ist es nicht verwunderlich, dass ziviler Widerstand heute maßgeblich über das Internet organisiert und verbreitet wird. Dagegen kommen selbst die raffiniertesten Spionageprogramme der Geheimdienste nicht wirklich an (ohne sie verharmlosen zu wollen), denn der Informationsfluss über das Netz erfolgt nicht nur rasend schnell, sondern hat längst Dimensionen angenommen, die kaum mehr zu erfassen sind: So lag 2012 das Volumen des täglichen Datentransfers bei rund einem Exabyte (= eine Milliarde Gigabyte), was ungefähr dem 2500-Fachen der Datenmenge sämtlicher Bücher entspricht, die jemals geschrieben wurden.[15]

Das Internet ist der vorläufige Höhepunkt einer Entwicklung, die mit der Entstehung der Schriftsysteme vor 6000 Jahren begann und das Zusammenleben der Menschen maßgeblich bestimmt hat. Warum aber haben Medien in der Geschichte der Menschheit eine solch tragende Rolle bei kulturellen Wandlungsprozessen gespielt? Die Antwort ist einfach, wenn man sich vor Augen hält, dass die kulturelle Evolution (im Unterschied zur biologischen Evolution) auf der *sozialen Weitergabe von Lernerfahrungen* beruht. Zwar kann diese Weitergabe auch unvermittelt von Individuum zu Individuum erfolgen (wie in heutigen Schimpansenkulturen oder in den ersten 190 000 Jahren der Artgeschichte von *Homo sapiens*), aber eine wirkliche Dynamik entfaltet die kulturelle Evolution erst mit der medialen Speicherung und Verbreitung des Wissens. Denn Medien können *erstens* die Erfahrungen ganzer Generationen speichern (nicht bloß die Erfahrungen eines einzelnen Individuums) sowie *zweitens* weit größere Zielgruppen erreichen als jede noch so kommunikative Einzelperson.

Ist ein effektives Medium erst einmal erfunden, führt dies nicht nur zu sozialen, politischen und gesellschaftlichen Veränderungen, sondern auch zur Entwicklung weiterer Medien, die die Zyklen des Wandels ihrerseits beschleunigen: So dauerte es von der Entwicklung der ersten Schriftsysteme in den antiken Hochkulturen bis zur Erfindung des Buchdrucks *Jahrtausende*, von der Gutenberg-Bibel bis zur Entstehung der audiovisuellen Massenmedien *Jahrhunderte*, vom Siegeszug des Radios und Fernsehens zum Internet nur noch *Jahrzehnte*. Gerade in den letzten 100 Jahren der Mediengesellschaft hat die kulturelle Evolution eine noch nie da gewesene Dynamik entfaltet. Niemals zuvor hat sich die Welt in einem solch atemberaubenden Tempo gewandelt wie in unseren Tagen – nicht nur technologisch, sondern auch politisch, ökonomisch und gesellschaftlich.

Für die Denker der Antike war es selbstverständlich nicht im Entferntesten vorstellbar, in welche Richtung sich die kulturelle Evolution der Menschheit einmal entwickeln würde. Wohl aber war schon ihnen bewusst, dass sich *die Potenziale des Menschen erst im kulturellen Kontext voll entfalten können*. Im *klassischen Humanismus* führte dies dazu, dass *nur der »kultivierte Mensch«* als *»wahrer Mensch« galt* – eine Haltung, die zwar einerseits den Menschen als aktiven Gestalter der Welt in den Mittelpunkt rückte und ihm damit auch eine gewisse »Würde« verlieh, die aber andererseits eine verheerende Abwertung ganzer Völker oder Bevölkerungsgruppen zur Folge hatte und einen Gegensatz zwischen Kultur und Natur, Mensch und Tier, etablierte, der vor dem Hintergrund heutiger Erkenntnisse nicht mehr aufrechterhalten werden kann.

Ebendiese negativen Aspekte des klassischen Humanismus machten es im 20. Jahrhundert notwendig, eine neue Form des Humanismus zu entwickeln. Doch bevor wir uns mit dieser neuen Variante beschäftigen können, wollen wir zunächst einen

Blick werfen auf die Geschichte des traditionellen Humanismus, der in der kulturellen Evolution der Menschheit eine maßgebliche Rolle spielte.

Aufstieg und Fall des Humanismus

Marcus Tullius Cicero (106–43 v. u. Z.), der »Urvater des Humanismus«, war ein brillanter Redner, Anwalt, Politiker und Schriftsteller, aber er hatte mit einem »Makel« zu kämpfen: Er entstammte nicht dem römischen Hochadel, sondern dem Stand der *eques* (»Reiter« oder »Ritter«), weshalb er von den alteingesessenen Patrizier-Familien als »Emporkömmling«, als *homo novus*, betrachtet wurde und in ihren Reihen niemals die Anerkennung fand, die ihm aufgrund seiner Leistungen für den römischen Staat hätte zukommen müssen.

Vermutlich war dies auch ein Grund dafür, warum Cicero der Bildung einen weit höheren Stellenwert einräumte als dem Stand, in den ein Mensch hineingeboren wurde. Als Kompensation seiner »niederen Geburt« vertiefte er sich mit besonderem Elan in das Studium des Rechts, der Literatur und der Rhetorik. Schon als Zwanzigjähriger begann er damit, die entscheidenden Begriffe der griechischen Philosophie – die, wie Cicero feststellte, eine größere Tiefe besaß als die römische – ins Lateinische zu übertragen. Und so beruhte auch der Begriff der »Humanität«, den Cicero in seiner Philosophie entwickelte und der zwei Jahrtausende später noch die Konzeption »humanistischer Gymnasien« prägen sollte, auf einer eigentümlichen Verbindung griechischen und römischen Gedankenguts.

Für Cicero stand fest, dass der Mensch erst durch geistige Anstrengung, durch Bildung, zum »wahren Menschen« werde, während »alle Übrigen bloß ›Menschen‹ heißen, nur die aber es wirklich sind, die sich in den für die Menschen bezeichnenden Wissenschaften und Künsten [alternative Übersetzung: »in den der humanitas eigenen Künsten«] gebildet haben«.[16] Unter dem Begriff »humanitas« verstand Cicero zweierlei, erstens *Menschlichkeit* (im Sinne von Hilfsbereitschaft, Fairness, Einfühlungsvermögen, nicht zuletzt auch Milde gegenüber dem unterlege-

71

nen Gegner) sowie zweitens *Gelehrsamkeit* (durch eine intensive Beschäftigung mit den Wissenschaften, der Philosophie, Rhetorik und Kunst sollte der Mensch sein Wesen verfeinern und zu einem kultivierten Mitglied der Gesellschaft heranreifen). Für Cicero waren diese beiden Aspekte untrennbar miteinander verbunden: Nur der kultivierte Mensch könne sich, wie er meinte, *wahrhaft menschlich* gegenüber seinen Mitmenschen verhalten, während die »barbarischen Völker« (jene ohne griechisch-römische Bildung) sich auch im zwischenmenschlichen Umgang als *barbarisch* (grausam, ohne jegliches Mitgefühl) erweisen würden.

Ciceros »humanitas«-Begriff diente allerdings nicht nur zur Abgrenzung des kultivierten Menschen von »dem Barbaren«, sondern enthielt auch eine unverhohlene Kritik am Zustand der römischen Republik. Denn von »Humanität« war im Rom des letzten vorchristlichen Jahrhunderts wenig zu spüren: Ciceros erste Erwähnungen von »humanitas« fallen in die Zeit der bereits in der Antike als besonders grausam und ungerecht empfundenen Massenmorde des Diktators Lucius Cornelius Sulla (138–78 v. u. Z.), der in den Jahren 82 und 81 Tausende seiner politischen Gegner liquidieren ließ. Was Cicero besonders empörte, war, dass viele Anhänger Sullas diese Gelegenheit nutzten, um sich am Hab und Gut der Opfer zu bereichern. Zu den Profiteuren der politischen Säuberungsaktionen gehörte auch Sullas einflussreicher Günstling Lucius Cornelius Chrysogonus, der heute vor allem deshalb bekannt ist, weil er in einen der spektakulärsten Mordprozesse der römischen Republik, nämlich die Affäre um die Ermordung des wohlhabenden römischen Bürgers Sextus Roscius, verwickelt war.

Da zum Zeitpunkt des Mordes die Liste der für vogelfrei erklärten Gegner Sullas bereits geschlossen war, gelang es nicht, Sextus Roscius nachträglich auf diese Liste zu setzen (eine zuvor immer wieder angewandte Strategie). Daher versuchten Chrysogonus und seine Komplizen, den gleichnamigen Sohn des Sextus Roscius für die Ermordung des Vaters verantwortlich zu machen (und dadurch sein Erbe an sich zu reißen). Aus Angst vor dem Diktator und dem Einfluss seines mächtigen Günstlings fand sich zunächst kein Verteidiger, der dem jungen Sextus Roscius beim Prozess zur Seite stehen wollte. Allein der zu diesem Zeitpunkt weithin unbekannte, gerade einmal 26-jährige Cicero bewies Zivilcourage – und ihm gelang, womit wohl niemand gerechnet hatte: Mit seiner Rede *Pro Sexto Roscio Amerino* (»Für Sextus Roscius aus Ameria«) überzeugte der junge Anwalt das Gericht sowohl von der Unschuld des Angeklagten als auch von den finsteren Absichten derer, die die Anklage gegen ihn angestrengt hatten.

Cicero war sich der heiklen politischen Dimension des Verfahrens natürlich bewusst, was an vielen Stellen seiner Gerichtsrede deutlich wird. So bemühte er sich klarzustellen, dass Sulla von den Untaten seines Untergebenen Chrysogonus nichts gewusst haben könne. Allerdings plädierte er am Schluss doch in einer erstaunlichen Offenheit, die dem Diktator nicht gefallen haben dürfte, für *Humanität und Rechtssicherheit* anstelle von *Grausamkeit und Willkür*:

> »Keiner ist unter euch, der nicht wüsste, dass das römische Volk,
> das einst als so überaus mild gegenüber seinen Feinden galt,
> heute an Grausamkeit [crudelitas] im Inneren leidet. Reißt diese
> aus dem Staat, ihr Richter! […] Denn wenn wir zu allen Stunden
> sehen und hören, wie etwas Grässliches geschieht, so verlieren
> selbst wir, die wir von Natur aus ganz milde sind, durch diese
> ständigen Widerwärtigkeiten allen Sinn für Menschlichkeit [humanitas] aus unserem Herzen.«[17]

Mit diesen Worten, die den Freispruch des Sextus Roscius bewirkten, war Cicero mit einem Schlag als brillanter Redner bekannt. Schon ein Jahr zuvor hatte er in seinem ersten Verfahren als Anwalt dargelegt, dass man einen Mitmenschen allein »um des gemeinsamen Menschseins willen« (»communis humanitatis causa«) schonen solle. Aus der grundlegenden Erkenntnis des »gemeinsamen Menschseins« folgerte Cicero später, dass man jedem Menschen, selbst dem »Barbaren«, mit Respekt begegnen müsse. So heißt es in einem Brief, den er im Winter 60/59 an seinen Bruder Quintus schrieb:

> »Hätte dich das Schicksal zum Herrn über Afrikaner oder Spanier oder Gallier gemacht, also ungebildete und barbarische Völker, so wäre es doch Aufgabe deiner humanitas, für ihre Vorteile zu sorgen und ihrem Nutzen zu dienen. Da wir nun aber über

eine Art von Menschen regieren [nämlich die Griechen], die nicht nur selber humanitas haben, sondern von denen sie auch, wie man glaubt, zu anderen gekommen ist, müssen wir sie (die humanitas) doch vor allem denen zukommen lassen, von denen wir sie empfangen haben.«[18]

Cicero war einer der ersten antiken Autoren, die eine gewisse Vorstellung von *Menschenwürde* entwickelten. Für ihn leitete sich die »überlegene Stellung und Würde« des Menschen aus seiner Vernunftbegabung ab – einer Eigenschaft, die den Tieren nach Ciceros Auffassung abging, denn »jene empfinden nichts als Vergnügen, und auf sie stürzen sie sich mit aller Kraft, der Geist des Menschen aber wächst durch Lernen und Denken«.[19] Allerdings müsse sich der Mensch seiner Würde, seiner »erhabenen Stellung« in der Natur, auch als würdig erweisen. So meinte Cicero, es sei würdelos und schändlich, »in Genusssucht sich treiben zu lassen«, ehrenhaft hingegen, »sparsam, enthaltsam, streng und nüchtern zu leben«.[20]

Cicero bemühte sich, seinen philosophischen Überzeugungen in der politischen Praxis treu zu bleiben, was jedoch in einer Zeit blutiger Bürgerkriege und politischer Intrigen schwerlich möglich war. Tödliche Konsequenzen hatte schließlich seine Feindschaft gegenüber Marcus Antonius (dt. Mark Anton; um 83–30 v. u. Z.), den er – wie zuvor Julius Caesar (100–44 v. u. Z.) – als Tyrannen und Feind der Republik gebrandmarkt hatte. Nachdem Mark Anton an die Macht gekommen war, wurde Cicero für »vogelfrei« erklärt und im Dezember 43 auf der Flucht ermordet. Sein Leichnam wurde verstümmelt und durch die Straßen Roms geschleift. Kopf und Hände des toten Feindes ließ Mark Anton als abschreckendes Beispiel auf dem *Forum Romanum* ausstellen – ein würdevolles Ende war dem Anwalt der Menschenwürde also nicht vergönnt.

In den Folgejahren wurde Ciceros Werk geächtet, doch schon im ersten Jahrhundert unserer Zeitrechnung entwickelte sich der sogenannte »Ciceronianismus«. Vor allem durch den römischen Rhetorik-Lehrer Quintilian (35–96) wurde der Name »Cicero« zum Inbegriff von Beredsamkeit und Bildung, an dem sich das öffentliche Schulsystem zu orientieren hatte. Mit der Einführung des Christentums als Staatsreligion durch Theodosius (347–395) verschwand der Ciceronianismus zwar vorerst von der Bildfläche, kehrte jedoch tausend Jahre später mit dem *Renaissance-Humanismus* zurück.

Ciceros Konzept von »humanitas«, die Vorstellung, dass der »gebildete Mensch« sein Schicksal selbst in die Hand nehmen könne und müsse, wurde ab dem 14. Jahrhundert zum Dreh- und Angelpunkt einer ganzen Epoche. Das zeigt schon die Formulierung des frühen Renaissance-Humanisten Francesco Petrarca (1304–1374): »Der Mensch ist ein gefährliches, unbeständiges, untreues Tier, wenn er nicht – was ein Geschenk Gottes ist – gelernt hat, die humanitas anzulegen und den tierischen Charakter abzulegen; kurz gesagt: wenn er nicht gelernt hat, vom bloßen Menschen zum Mann zu werden.«[21]

Wenig später brachte der einflussreiche Florentiner Kanzler und ausgewiesene Cicero-Kenner Coluccio Salutati (1331–1406) die Idee der »humanitas« in ähnlicher Weise auf den Punkt:

»Ich möchte sagen, dass das Licht deines Amtes und deiner Würde [Salutati richtete sich an den Fürsten von Rimini] keinen größeren Glanz auf dich wirft als das deiner Tugend (virtus) und Gelehrsamkeit (doctrina), die beide durch den einen Begriff ›humanitas‹ ausgedrückt sind. [...] Die besten Autoren – Cicero und andere mehr – gebrauchen diese Bezeichnung sowohl für Gelehrsamkeit wie für moralisches Wissen. Nicht verwunderlich – außer dem Menschen gibt es ja kein Lebewesen, das lernfähig ist. Ist es also dem Menschen eigen, zu lernen, und besitzen die Gelehrten mehr Menschliches (plus hominis habeant) als die Ungelehrten, so bezeichnen die Alten folgerichtig mit ›humanitas‹ auch die Gelehrsamkeit.«[22]

Salutati folgte Cicero auch darin, dass sich die Idee der »humanitas« in der politischen Praxis widerspiegeln müsse. Seine 1399 veröffentlichten Darlegungen zum Wesen einer rechtmäßigen politischen Herrschaft wirken erstaunlich modern, beinahe wie eine *Vorwegnahme der Präambel der amerikanischen Unabhängigkeitserklärung* von 1776: »Da die Menschen zu jener Glückseligkeit geboren sind, zu der niemand ohne die Beachtung der Gesetze gelangen kann, da sie es sind, die Maß und Regel für unser Leben geben, [...] ist es wichtig, Gesetze aufzustellen, die den Geist der Menschen so mit dem Gedanken der Gleichheit erfüllen, dass sie sich [ihnen] nicht nur gern, sondern auch erfolgreich unterwerfen.«[23]

Von diesen Überlegungen hin zu den revolutionären Umbrüchen in der Zeit der Aufklärung war es *theoretisch* nur ein kleiner Schritt – *praktisch* jedoch lagen dazwischen mehr als 350 Jahre. Ciceros Konzept der »humanitas« war die gemeinsame Klammer, die diese so unterschiedlichen Epochen miteinander verband. So war es kein Zufall, dass sowohl Voltaire (1694–1778), der große Vordenker der französischen Aufklärung, als auch Thomas Jefferson (1743–1826), der Verfasser der amerikanischen Unabhängigkeitserklärung, in besonderer Weise von Cicero beeinflusst waren. Auch Immanuel Kant (1724–1804), der Meisterphilosoph der Aufklärung in Deutschland, griff in seinen Darlegungen zum »pflichtgemäßen Handeln« sowie zur »Menschenwürde« auf Konzepte zurück, die Cicero fast zweitausend Jahre zuvor entwickelt hatte.

Die Entfaltung der »Humanität« wurde schließlich zum zentralen Anliegen der deutschen Klassik (Lessing, Herder, Goethe, Schiller) bzw. des sogenannten *Neuhumanismus*, der sich, wie schon der Renaissance-Humanismus 500 Jahre zuvor, am Leitbild der griechischen und römischen Antike orientierte. Dies äußerte sich insbesondere in der Gründung der sogenannten »humanistischen Gymnasien« durch Wilhelm von Humboldt (1767–1835). Humboldt hoffte, dass die Auseinandersetzung mit der griechischen und römischen Kultur zu einer vollen Entfaltung des Menschen im Sinne von Ciceros »humanitas« führen würde. Ein schöner Traum, der an den Kanten der Wirklichkeit jedoch bald zerschellte. Denn in der Praxis mutierte die Beschäftigung mit den alten Sprachen zum Selbstzweck, zum sturen Pauken griechischer und lateinischer Vokabeln. Mit den Prinzipien der »Humanität« hatte dies nur wenig zu tun.

Und so wurde Wilhelm von Humboldts ehrenwertes Ziel, »die Grenzen, welche Vorurteile und einseitige Ansichten aller Art feindselig zwischen die Menschen stellen, aufzuheben, und die gesamte Menschheit, ohne Rücksicht auf Religion, Nation und Farbe, als einen großen, nahe verbrüderten Stamm zu behandeln«,[24] durch den Neuhumanismus nicht verwirklicht. Im Gegenteil: Er ermöglichte sogar – wie schon die früheren Varianten des klassischen Humanismus seit Cicero – eine besonders wirksame (da philosophisch begründete) Abgrenzung zwischen den vermeintlich »wahren« (gebildeten) Menschen und der großen Masse der Ungebildeten, die die eigentliche Stufe des Menschseins angeblich noch nicht erklommen hatten.

Die europäische Oberschicht hatte sich aufgrund ihrer »höheren Kultur« (gleich ob diese nun über »christliche Sittlichkeit« oder »humanistische Bildung« begründet wurde) über Jahrhunderte schon über den Rest der Welt erhaben gefühlt, wodurch sich die Unterdrückung des »Pöbels« im eigenen Land wie auch der »Wilden« in den ausgebeuteten Kolonien ideologisch wunderbar rechtfertigen ließ. Tragischerweise wurde diese traditionelle Form der Abwertung im ausgehenden 19. Jahrhundert nicht nur durch den *Neuhumanismus*, sondern zusätzlich noch durch eine gravierende *Fehlinterpretation der Evolution* untermauert. Denn die ersten Vertreter der Evolutionslehre, u. a. auch Charles Darwin (1809–1882), waren fälschlicherweise von einer weitreichenden »Vererbung erworbener Eigenschaften« ausgegangen, woraus recht bald die Idee abgeleitet wurde, dass sich die »kultivierten Völker« im Zuge der Zivilisationsgeschichte der letzten Jahrtausende auch *im biologischen Sinne weiterentwickelt* hätten, während die sogenannten »primitiven Völker« auf einer »früheren Stufe der Evolution« stehen geblieben seien.

Den deutschen Evolutionsbiologen Ernst Haeckel (1834–1919) inspirierte dies fatalerweise dazu, eine *Hierarchie der Völker* vom »niederen Wilden« zum »höheren Kulturvolk« aufzustellen und den »Lebenswert des niederen Wilden« etwa auf dem Niveau der Menschenaffen anzusiedeln. So finden wir in Haeckels 1905 erschienenem Buch *Die Lebenswunder* (neben Erkenntnissen, die noch heute bedenkenswert sind) eine angeblich solide biologische Begründung der traditionellen europäischen Vorurteile. »Das, was den Menschen so hoch über die Tiere, auch die verwandten Säugetiere, erhebt«, schrieb Haeckel in einer merkwürdigen Verknüpfung humanistischer und evolutionistischer Denkfehler, »ist die Kultur, und die höhere Entwicklung der Vernunft, die ihn zur Kultur befähigt. Diese ist aber größtenteils nur Eigentum der höheren Menschenrassen und bei den niederen nur unvollkommen oder gar nicht entwickelt. Diese Naturmenschen stehen in psychologischer Hinsicht näher den Säugetieren (Affen, Hunden) als dem hochzivilisierten Europäer; darum ist auch ihr individueller Lebenswert ganz verschieden zu beurteilen.«[25]

Derartig irrige Überlegungen (wie auch die meist falsch verstandene Formel vom »Kampf ums Dasein«) führten dazu, dass die für unser Selbstverständnis bedeutendste wissenschaftliche Entdeckung der Neuzeit (als solche muss man die Evolutionslehre sicherlich bezeichnen) zur ideologischen Rechtfertigung von Rassismus, Eugenik, Imperialismus und Faschismus missbraucht werden konnte. Und so stand die Menschheit 40 Jahre nach Haeckels »Lebenswundern« vor dem Scherbenhaufen einer Zivilisation, die sich selbst als die »fortschrittlichste aller Zeiten« gewähnt hatte.

Ausgerechnet in Deutschland, dem »Land der Dichter und Denker«, das Goethe und Schiller, Kant und Herder hervorgebracht hatte, das den Neuhumanismus erfunden und die »Erziehung zur Humanität« in seinen »humanistischen Gymnasien« verankert hatte, waren Verbrechen gegen die Menschlichkeit in unvorstellbarem Ausmaß begangen worden. Ein schlechteres Zeugnis hätte der humboldtschen Bildungsreform kaum ausgestellt werden können: Denn es war offensichtlich, dass die »humanistische Bildung«, in deren Genuss viele Vertreter der Nazi-Elite gekommen waren (Himmlers Vater war sogar Rektor eines angesehenen »humanistischen Gymnasiums« in München), die inhumanen Exzesse des Regimes nicht verhindert, sondern den Überlegenheitswahn der »arischen Herrenmenschen« zusätzlich noch gefestigt hatte.

Spätestens nach den Exzessen des Zweiten Weltkriegs war klar, dass der klassische Humanismus die »Vernunft« des Menschen hoffnungslos überschätzt hatte. Karl Marx hatte dies schon ein Jahrhundert zuvor erkannt und mit Nachdruck darauf hingewiesen, dass »die Vernunft« des Menschen nicht im luftleeren Raum existiere, sondern »zu allen Zeiten ein historisches Produkt war«.[26] Folglich kritisierte er am klassischen Humanismus (wie auch am »materialistischen Humanismus« Ludwig Feuerbachs), dass dieser »den Menschen« als »Abstraktum« aufgefasst habe – so, als würden die Individuen unabhängig von gesellschaftlichen Verhältnissen existieren. Der Mensch, so Marx, sei aber »kein abstraktes, außer der Welt hockendes Wesen«,[27] sondern ein »Ensemble der gesellschaftlichen Verhältnisse«.[28] Statt also weiter in idealistischer Weise über eine abstrakte »Natur des Menschen« zu spekulieren, müsse ein neuer, ein »realer Humanismus« geschaffen werden, der an den realen Interessen des »wirklichen, individuellen Menschen« ansetze.[29] Dies allerdings könne nur gelingen, wenn man die beschränkte Perspektive der bürgerlichen Gesellschaft aufgebe und die gesamte Menschheit in den Blick nehme.[30]

Folgt man der marxistischen Analyse, diente die humanistische Rede vom »Wesen des Menschen« in erster Linie dazu, die Interessenunterschiede zu verschleiern, die zwischen den Angehörigen verschiedener Klassen in allen Gesellschaften existiert hatten. Dementsprechend meinte der deutsche Philosoph und Schriftsteller Werner Raith (1940–2001), die politische Funktion des Humanismus habe darin bestanden, »gesellschaftliche Widersprüche nach erfolglosen Versuchen repressiver Lösung sozusagen auf ›sanfte‹ Art verschwinden zu lassen – über den Kopf statt über das Hinterteil«. Genau dafür aber müsse definiert werden, »was ›der‹ Mensch ist, welches seine Ziele sind. [...] Nur mit Hilfe dieser Konstruktion lässt sich die Identität einer Schicht mit der Gesamtgesellschaft vortäuschen.«[31]

Für Raith war der Humanismus die entscheidende, ideologische Waffe des Bürgertums in seinem Jahrhunderte währenden »Kampf gegen den parasitären mächtigen Adel einerseits und gegen die von politischer Mitbestimmung ausgeschlossenen Unterschichten andererseits«.[32] Fasst man den Begriff des Bürgertums nicht allzu eng, lässt sich hier in der Tat ein weiter Bogen vom römischen »Emporkömmling« Cicero über den Florentinischen Kanzler Salutati bis hin zum preußischen Bildungsreformer Humboldt spannen. Insofern erstaunt es nicht, dass das humanistische Konzept des »wahren Menschen« über weite Strecken dem Selbstbild des gebildeten, europäischen Bürgers entsprach, der seine *eigenen Ziele und Werte zum Inbegriff höchster menschlicher Vervollkommnung machte.*

Falls also der Humanismus stets von Klasseninteressen, nämlich den sozialen, politischen und ökonomischen Ambitionen des Bürgertums, geprägt war, so stellt sich die Frage, wie sich eine solche parteiische Beschränkung umgehen lässt. Die Antwort, die Karl Marx und Friedrich Engels (1820–1895) auf diese Frage gaben, mutet einigermaßen paradox an: Ihr »realer Humanismus« sollte nämlich gerade deshalb *unparteiisch* sein, weil er *parteiisch* im Sinne des Proletariats war. Für Marx und Engels stand fest, dass das Klasseninteresse des Proletariats auf eine Aufhebung sämtlicher Klasseninteressen hinauslaufe. Warum? Weil der Arbeiterklasse die »weltgeschichtliche Rolle« zufalle, alle Formen der Ausbeutung zu überwinden – schließlich könne das Proletariat »seine eigenen Lebensbedingungen nicht aufheben, ohne alle unmenschlichen Lebensbedingungen der heutigen Gesellschaft, die sich in seiner Situation zusammenfassen, aufzuheben«.[33] Eben deshalb sei allein der »Kommunismus« ein »vollendeter Humanismus«[34], denn nur er könne eine wahrhaft humane Gesellschaft hervorbringen, in der »die freie Entwicklung eines jeden die Bedingung für die freie Entwicklung aller ist«.[35]

Wie wir wissen, hat sich diese Utopie nicht erfüllt. Auch wenn Marx und Engels den teils naiv-idealistischen, teils politisch-ideologischen Charakter des klassischen Humanismus treffend beschrieben hatten,[36] zeigte sich sehr bald, dass die sozialistischen Systeme, die sich auf die Werke der beiden beriefen, alles andere als einen »vollendeten Humanismus« hervorbrachten. Damit schied nach dem bürgerlichen auch der sozialistische Humanismus als Hoffnungsträger der Menschheit aus. Das Resultat war eine allgemeine Ernüchterung. Zwar konnte man Marx für den Archipel Gulag nicht direkt verantwortlich machen und Humboldt noch weniger für Auschwitz, aber nach den Erfahrungen des Zweiten Weltkriegs, des Holocaust und der stalinistischen Säuberungsaktionen war bei vielen Intellektuellen der Glaube geschwunden, dass die hochgesteckten Ideale der Humanität über den klassisch-bürgerlichen bzw. den sozialistisch-proletarischen Humanismus erreicht werden könnten.

Irgendwie musste es jedoch weitergehen. In der Verfassung der UNESCO, die 1945 von den Vereinten Nationen als Reaktion auf die zivilisatorischen Einbrüche des 20. Jahrhunderts gegründet worden war, wurde zu Recht darauf hingewiesen, dass ein

»ausschließlich auf politischen und wirtschaftlichen Abmachungen von Regierungen beruhender Friede die einmütige, dauernde und aufrichtige Zustimmung der Völker der Welt nicht finden [kann]. Friede muss – wenn er nicht scheitern soll – in der geistigen und moralischen Solidarität der Menschheit verankert werden.«[37] Doch auf welchem Fundament sollte diese für den Weltfrieden erforderliche »geistige und moralische Solidarität der Menschheit« aufgebaut werden?

Julian Huxley (1887–1975), der erste Generaldirektor der UNESCO, schilderte das Problem wie folgt:

»Im gegenwärtigen beängstigenden Zeitalter der verlorenen Illusionen, nach zwei großen Kriegen, haben wir einen weitgehenden Zusammenbruch überlieferter Glaubensüberzeugungen erlebt, aber gleichzeitig wurden wir uns in steigendem Maße bewusst, dass eine rein materialistische Anschauung keine angemessene Grundlage für das menschliche Leben bieten kann. Wir wurden aber auch Zeugen eines phantastischen Anwachsens wissenschaftlicher Erkenntnisse über die Materie des Universums, über das Leben und die Psyche, über die menschliche Natur und die menschliche Gesellschaft, über Kunst, Geschichte und Religion; doch große Bruchstücke dieses neuen Wissens liegen ungenutzt herum, sie werden nicht weiterverarbeitet oder zu fruchtbringenden Begriffen und Prinzipien zusammengefasst.«[38]

Huxley befürchtete, dass das Fehlen eines zeitgemäßen Weltbildes zu »Chaos, Verzweiflung oder zur Flucht aus der Wirklichkeit führen« werde. Daher müsse der Mensch »sein Leben im Rahmen eines befriedigenden Ideensystems wieder zu einer Einheit zusammenschließen«. Nur so sei es ihm möglich, »ein tragendes Gerüst für sein gegenwärtiges Dasein« sowie ein »ideales Ziel für seine künftige Entwicklung als Spezies« zu finden.[39] Erfreulicherweise beließ es Huxley nicht bei dem Appell. Schon 1945 hatte er in einem UNESCO-Grundsatzpapier ein »einheitliches Ideengebäude« skizziert, aus dem 1961 der sogenannte *evolutionäre Humanismus* hervorging. Dies war die Geburtsstunde eines neuen, zeitgemäßen Humanismus, der einen entscheidenden Vorteil hatte: Von Anfang an war er darum bemüht, die Fehler seiner Vorgänger zu vermeiden.

Sir Julian Sorell Huxley, der Begründer des evolutionären Humanismus, war eine ähnlich schillernde Persönlichkeit wie der Vater des klassischen Humanismus, Marcus Tullius Cicero. Allerdings hatte er nicht mit dem »Makel einer niederen Geburt« zu kämpfen, sondern mit dem gegenteiligen Problem – der Befürchtung, dass er den hohen Erwartungen, die man aufgrund seiner Herkunft an ihn stellte, womöglich nicht gerecht werde.

Denn Julian Huxley entstammte einer der berühmtesten Gelehrtenfamilien Englands: Sein Großvater Thomas Henry Huxley (1825–1895) hatte als einer der wichtigsten Weggefährten Darwins die Evolutionslehre mitbegründet (T. H. Huxley belegte noch vor Darwin die gemeinsame Abstammung von Mensch und Affe), sein Großonkel Matthew Arnold (1822–1888) galt als einer der einflussreichsten britischen Dichter und Kulturkritiker des 19. Jahrhunderts, sein Bruder Aldous Huxley (1894–1963) errang Weltruhm als Autor u. a. des berühmten Science-Fiction-Romans *Brave New World* (»Schöne neue Welt«), sein Halbbruder Andrew Huxley (1917–2012) wurde 1963 mit dem Nobelpreis für Physiologie/Medizin ausgezeichnet.

Zunächst sah es so aus, als würde Julian Huxley ganz in die Fußstapfen seines Großvaters Thomas treten:[40] So waren seine frühen Verhaltensbeobachtungen an Seetauchern und Reihern grundlegend für die Entwicklung der Ethologie (Tierverhaltensforschung), und mit dem Werk *Evolution: the Modern Synthesis* avancierte er zu einem der Begründer der modernen, »synthetischen« Evolutionstheorie, die Darwins Selektionstheorie mit den Erkenntnissen der Genetik in Einklang brachte. Für seine herausragenden Beiträge auf dem Gebiet der Biologie wurde Julian Huxley vielfach geehrt, u. a. erhielt er die *Darwin-Medaille* der *Royal Society*, mit der sechs Jahrzehnte zuvor auch sein Großvater ausgezeichnet worden war.

Wie Thomas Huxley, der für sein entschiedenes öffentliches Eintreten für die Evolutionslehre als »Darwins Bulldogge« bezeichnet wurde, war auch sein Enkel ein brillanter Vermittler wissenschaftlicher Erkenntnisse. Dieser Aspekt seiner Arbeit war ihm so wichtig, dass er 1927 seine Professur für Zoologie am

Londoner *King's College* aufgab, um mit H. G. Wells (1866–1946), Autor der Science-Fiction-Klassiker *Die Zeitmaschine* und *Krieg der Welten*, das mehrbändige, populärwissenschaftliche Werk *The Science of Life* (»Die Wissenschaft des Lebens«) zu verfassen. Im Bestreben, wissenschaftliche Denkansätze in der Bevölkerung zu verbreiten, schrieb Huxley unzählige Zeitungsartikel, hielt öffentliche Vorträge, ging ins Radio und ins Fernsehen, sogar als Dokumentarfilmer machte er von sich reden: Der unter seiner Regie entstandene Film *The Private Life of the Gannets* (»Das private Leben der Tölpel«) wurde 1938 mit dem *Oscar* für den besten Kurzfilm des Jahres ausgezeichnet – die erste Tierdokumentation, der diese Ehre zuteilwurde.

Wie Thomas Huxley, der den Begriff »Agnostizismus« als philosophische Gegenposition zum festen Glauben an Gott geprägt hatte, war auch Julian Huxley ein entschiedener Kritiker des religiösen Establishments. In seinem 1927 erschienenen Buch *Religion without Revelation* (»Religion ohne Offenbarung«) untersuchte er die Wurzeln der religiösen Glaubenssysteme sowie die Gründe dafür, dass sie so schnell zu Dogmatismus führen (was Huxley zufolge auch auf »Ersatzreligionen« wie den Marxismus zutraf). Darüber hinaus beteiligte er sich an der Gründung säkular-humanistischer Vereinigungen: So leitete er den Gründungskongress der IHEU (»International Humanist and Ethical Union«, der internationalen Dachorganisation humanistischer, atheistischer und freidenkerischer Organisationen), war erster Präsident der *British Humanist Association* und (zusammen mit Albert Einstein, John Dewey und Thomas Mann) Gründungsbeirat der *First Humanist Society of New York*.

Anders als sein Großvater mischte sich Julian Huxley allerdings auch mit großem Engagement in die internationale Politik ein. So warb er im Herbst 1941 auf einer Vortragsreise in den USA für den Eintritt Amerikas in den Krieg gegen Nazideutschland, was eine parlamentarische Anfrage und wütende Proteste vonseiten der amerikanischen Bevölkerung auslöste, die sich erst einige Wochen später mit dem Angriff auf Pearl Harbour legten. Kurz nach dem Abwurf der Atombombe auf Hiroshima und Nagasaki warnte er im *Madison Square Garden* vor zehntausend Zuhörern vor der militärischen Nutzung der Kernkraft, die die Zukunft der gesamten Menschheit gefährde. Wenig später sollte er eine tragende Rolle bei der Gründung der UNESCO spielen.

Schon im Vorfeld (1944) hatte Huxley darauf hingewirkt, dass aus der geplanten »UN-Organisation für Erziehung und Kultur« (angedachter Kurztitel: UNECO) eine »UN-Organisation für Erziehung, *Wissenschaft (Science)* und Kultur« (also: UNESCO) wurde. 1945 wurde ihm die Leitung des interdisziplinären Teams anvertraut, das die immense Aufgabe zu bewältigen hatte, ein Konzept für die Struktur der UNESCO zu erarbeiten. 1946 wählte ihn die Generalversammlung zum ersten Generaldirektor der neuen Weltorganisation.

Es zeigte sich bald, dass Huxley genau der richtige Mann für diesen Posten war. Zwar war auch er vor zeitbedingten Irrtümern nicht gefeit,[41] insgesamt aber bewies er auf vielen Gebieten bemerkenswerte Weitsicht: So erkannte er als einer der ersten Autoren weltweit (lange vor dem *Club of Rome*) das Ausmaß der Zerstörung natürlicher Ressourcen und der Artenvielfalt durch den Menschen, weshalb er u. a. die Gründung der IUCN (»Internationale Union für die Bewahrung der Natur und natürlicher Ressourcen«) und des WWF (»World Wildlife Fund«) forcierte. Auch begriff er früher als die meisten anderen die dramatischen Folgen des weltweiten Bevölkerungswachstums, was ihn bereits in den 1920er-Jahren dazu veranlasste, den unermüdlichen Kampf der amerikanischen Frauenrechtlerin Margaret Sanger (1879–1966) für Geburtenplanung und sexuelle Aufklärung zu unterstützen. Als er in seiner Zeit als Generaldirektor versuchte, dieses Thema zu einer zentralen Aufgabe der UNESCO zu machen, scheiterte er jedoch am Widerstand der katholischen Kirche – erst später wurde Huxley dafür geehrt.

Dafür konnte er sich mit seinem Einsatz gegen rassistische Ideologien auf UN-Ebene durchsetzen. Schon 1935 hatte er in einem viel beachteten Text dargelegt, dass der Rassismus auf pseudowissenschaftlichen Mythen beruhe, die keiner wissenschaftlichen Überprüfung standhalten.[42] Da die biologischen Unterschiede unter den Menschen viel zu klein seien, um von unterschiedlichen »Menschenrassen« sprechen zu können, hatte Huxley vorgeschlagen, den Begriff der »Rasse« durch den der

»ethnischen Gruppe« zu ersetzen. Auf seine Anregung hin verabschiedete die UNESCO 1950 ein entsprechendes Statement zur »Rassenfrage«, das der vorgeschlagenen Sprachregelung folgte und dem Rassismus (zumindest auf dem Papier) ein Ende bereitete.

Dass er auf so unterschiedlichen Gebieten Erfolge feiern konnte (Huxley gilt zu Recht als einer der bedeutendsten Evolutionsbiologen, Ökologen, Tierschützer, Humanisten und Sachbuchautoren des 21. Jahrhunderts), führte er selbst darauf zurück, dass er »unter sehr vorteilhaften genetischen und kulturellen Bedingungen geboren [wurde]«.[43] Allerdings hatte ihm sein berühmter Großvater nicht nur großes Talent, sondern auch eine starke Veranlagung zu manisch-depressivem Verhalten vererbt, weshalb Julian Huxley trotz der weltweiten Anerkennung, die ihm zuteilwurde, zeitlebens durch ein Wechselbad der Gefühle gehen musste. Phasen grandioser Arbeitswut wechselten sich ab mit dramatischen Zusammenbrüchen, die ihn mitunter für Monate lähmten (mehrfache Klinikaufenthalte und quälende Elektroschockbehandlungen eingeschlossen).

Paradoxerweise, so meinte Huxley am Ende seines Lebens, habe er seine »vielseitige und seltsame Karriere« zum Teil auch seiner labilen psychischen Verfassung zu verdanken:

> »Rückblickend könnte ich meinen, von einem Dämonen besessen gewesen zu sein, der mich in Tätigkeiten jeglicher Art trieb und ungeduldig auf Beendigung des jeweils Begonnenen drängte – eine Ungeduld, die, wie ich fürchte, diejenigen unter meinen Kollegen ärgerlich belastete, die lieber mehr systematisch vorgingen. Man hat mich beschuldigt, meine Kraft in zu viele Richtungen verzettelt zu haben, und doch war es sicherlich diese Vielseitigkeit, die mich zu dem machte, was ich bin, und mich auf die Arbeit in der UNESCO vorbereitete.«[44]

Diese Vielseitigkeit war es auch, die Huxley dazu befähigte, das Konzept des evolutionären Humanismus zu entwerfen. Wichtige Vorarbeiten dazu hatte er bereits 1945 geleistet, als er die Aufgaben und die Philosophie der UNESCO in einem 60-seitigen Grundlagentext skizzierte. Huxley beschrieb in diesem Papier nicht nur die zentralen Funktionen, die die Organisation erfüllen müsse (Kulturaustausch, Förderung unterentwickelter Länder etc.), sondern wies auch nachdrücklich darauf hin, dass dies nur auf der Basis eines auf den *Prinzipien von Wissenschaft und Humanismus beruhenden Rahmenkonzepts* gelingen könne. Die UNESCO dürfe sich in ihrer Arbeit nicht auf die sich gegenseitig ausschließenden (und hartnäckig bekämpfenden) Religionen bzw. philosophischen Denkschulen stützen, sondern müsse eine kosmopolitische Perspektive entwickeln, einen »wissenschaftlichen Welt-Humanismus«, der die Gräben zwischen den Traditionen auf der Basis einer vereinheitlichenden, evolutionären Sicht auf die menschliche Natur und Kultur überwinden könne.[45]

Eigentlich hätte dieser Text als offizielles Dokument der UNESCO gedruckt werden sollen, doch im letzten Moment wurde dies verhindert, da einige Kommissionsmitglieder sich darüber empörten, dass Huxley einen »als Humanismus verkleideten Atheismus« zur Grundlage der UNESCO machen wolle.[46] Trotz dieser Abfuhr hielt Huxley ein derartiges Rahmenkonzept weiterhin für erforderlich. Und so versammelte er nach seinem Ausscheiden aus der UNESCO eine Gruppe von Freunden und Kollegen aus verschiedenen Fachbereichen um sich (darunter einige der führenden Forscher des 20. Jahrhunderts),[47] mit denen er über ein geeignetes Ideensystem für die Weiterentwicklung der Menschheit diskutierte. 1961 konnte er das Ergebnis dieses kollektiven Denkprozesses – den *evolutionären Humanismus* – der Öffentlichkeit vorstellen.

Huxley erklärte, dass dieser *neue Humanismus* – im Unterschied zu seinen Vorgängern, die von dem *Dualismus* von Mensch und Tier, Körper und Geist, Natur und Kultur ausgegangen waren – notgedrungen *monistisch* (anti-dualistisch, einheitlich) ausgerichtet sei, »da er die Einheit von Seele und Körper voraussetzt; er fordert nicht eine Sonderstellung des Menschen, sondern ist universal, da er den Zusammenhang des Menschen mit den übrigen Lebewesen und des Lebens überhaupt mit dem ganzen Weltall bejaht; er vertritt nicht den Supranaturalismus [also die Annahme, es gäbe übernatürliche Phänomene wie »Wunder«], sondern den Naturalismus, da er die Einheit von Geist und Materie betont; er ist weltumspannend, nicht trennend, da er sich auf die Einheit des Menschengeschlechts gründet«.[48]

Evolutionär war Huxleys neu gefasster Humanismus-Begriff in zweifacher Hinsicht, *erstens*, weil er selbstverständlich davon ausging, »dass der Mensch Teil eines umfassenden Evolutions-prozesses ist«,[49] weshalb evolutionäre Prinzipien auch im kultu-rellen Bereich berücksichtigt werden müssten, *zweitens*, weil er von vornherein als ein *dynamisches* Rahmenkonzept konzipiert war, das sich mit der Zeit evolutionär weiterentwickeln müsse. »Anders als die meisten theologischen Lehrgebäude«, schrieb Huxley, »akzeptiert das neue Denksystem Wandel und Fort-schritt als unvermeidbar, ja als erwünscht, da ihm jede Neue-rung willkommen ist, selbst wenn sie althergebrachten Denk-weisen zuwiderläuft«.[50]

Dementsprechend habe der evolutionäre Humanismus nichts zu tun »mit Absolutem, einschließlich absoluter Wahrheit, abso-luter Moral, absoluter Vollkommenheit und absoluter Autori-tät«.[51] Jedoch gehe er auch nicht von der gegenteiligen, relativis-tischen Auffassung aus, dass alle menschlichen Vorstellungen und Verhaltensweisen gleichermaßen »vernünftig« oder »ge-recht« seien. Huxley betonte, dass wir durchaus in der Lage seien, »geeignete Maßstäbe zu finden, auf die wir uns in unseren Hand-lungen und Absichten beziehen können«.[52]

Bei allem Optimismus wusste Huxley allerdings sehr wohl um die vielen Probleme, die dem evolutionär-humanistischen Projekt im Wege standen. In seinem Basistext von 1961 stellte er folgende *Liste der maßgeblichen Probleme der Menschheit* auf: »Die Gefahr eines superwissenschaftlichen Kriegs mit nuklea-ren, chemischen und biologischen Waffen; die drohende Über-völkerung; der Aufstieg und die Anziehungskraft der kommu-nistischen Ideologie, besonders in den unterentwickelten Staaten und in minder bevorzugten Volksschichten der Welt; (…) die übermäßige Ausbeutung der natürlichen Hilfsquellen; der Schwund der kulturellen Vielfalt; (…) die ständig sich weitende Kluft zwischen den Besitzenden und den Habenichtsen, zwi-schen den reichen und den armen Nationen.«[53]

Heute, mehr als 50 Jahre später, fällt die Liste der Probleme kaum anders aus als 1961 – der wesentliche Unterschied besteht darin, dass der *religiöse Fundamentalismus* mittlerweile an die Stelle der *kommunistischen Ideologie* getreten ist. Auch in anderer Hinsicht ist Huxleys Problemanalyse nach wie vor gültig: Denn die von ihm skizzierten Menschheitsprobleme sind in der Tat keine *Einzelphänomene*, die man isoliert betrachten könnte, sondern »Symptome einer neuen evolutionären Situation«,[54] denen man nur gemeinsam begegnen kann. (Ich werde hierauf in Kapitel 7: *Quo vadis, Menschheit?* näher eingehen.)

Viele neigen angesichts des gewaltigen Ausmaßes der Probleme, vor denen wir stehen, zu voreiliger Resignation. Julian Huxley aber war davon überzeugt, dass die Menschheit das Potenzial besäße, diese Herausforderungen zu meistern, wobei sich seine Zuversicht vornehmlich aus seiner profunden Kenntnis *evolutionärer Prozesse* speiste. Denn wer gelernt habe, evolutionär zu denken, dem werde, so Huxley, nicht nur »die lange Dauer unseres Aufstiegs im Laufe der Evolution« bewusst, sondern auch die enorme Evolutionsspanne, »die noch vor unserer Spezies liegt, wenn sie sich nicht selbst zugrunde richtet oder die ihr gegebenen günstigen Möglichkeiten ungenutzt lässt«.[55]

Schon in der Vergangenheit habe die »wachsende Einsicht des Menschen und die zunehmend bessere systematische Ordnung unseres Wissens« Großes ermöglicht, »etwa die Bekämpfung der Infektionskrankheiten oder die Bewältigung großer Entfernungen im Nachrichtenverkehr«.[56] Doch noch immer verfüge der Mensch über »ungeheure Reserven wirksamer Kräfte«, die er nur unzureichend erschlossen habe, vor allem »Intelligenz, Phantasie und Bereitschaft zur Zusammenarbeit«.[57] Mithilfe dieser Ressourcen könne der Mensch die drängenden Weltprobleme lösen und seiner wachsenden planetaren Verantwortung gerecht werden.

An dieser Hoffnung hat Huxley bis zum Schluss festgehalten. So verwundert es nicht, dass die letzten Worte seiner Autobiografie, die er kurz vor seinem Tod fertigstellte, der Zuversicht gewidmet waren, dass der Mensch im Zuge seiner weiteren Entwicklung über sich selbst hinauswachsen und »vom *Homo sapiens* zum *Homo humanus* fortschreiten« werde: zum »Treuhänder unserer eigenen und der planetarischen evolutionären Zukunft«.[58]

Zyniker werden dies als *unrealistische Erwartung* abtun, tatsächlich aber handelt es sich um eine *faktenbasierte Hoffnung*.

Denn genau das ist es, was Huxleys Alternative grundlegend von allen vorangegangenen religiösen oder klassisch-humanistischen Utopien unterscheidet: *Der evolutionäre Humanismus ist die wohl erste Weltanschauung, die Hoffnung vermittelt, ohne den Blick auf die Realität zu trüben.*

Hoffnung jenseits der Illusionen

Im ersten Kapitel *(Der Seufzer der bedrängten Kreatur)* hatte ich dargelegt, dass nur die allerwenigsten Menschen bereit sind, *trostlose Wahrheiten* an die Stelle *hoffnungsvoller Illusionen* zu setzen – einer der Gründe dafür, warum die traditionellen Religionen noch immer so beliebt sind. Doch lässt sich die Alternative, vor der wir heute stehen, auch ganz anders formulieren, nämlich als Wahl zwischen *hoffnungsvollen Wahrheiten* und *trostlosen Illusionen.*

Dies ist die neue Option, die der evolutionäre Humanismus eröffnet. Er macht klar, dass wir die Augen vor der Wirklichkeit nicht verschließen sollten, wenn wir in ihr einen Platz finden wollen, der unseren Bedürfnissen entspricht. Viel zu lange schon haben falsche Annahmen über den Menschen, die Natur, den Kosmos und daraus resultierende unbegründete Ängste und Hoffnungen die Geschicke der Menschheit bestimmt. Verwunderlich ist das nicht, denn in früheren Zeiten hatten die Menschen keine andere Wahl, als ihre Herkunft, ihr Schicksal, ihren Lebenssinn mithilfe religiöser Mythen zu erklären. Mittlerweile aber hat die kulturelle Evolution ein Stadium erreicht, das den Rückgriff auf solche Erklärungsmodelle unnötig macht, ja, im Grunde sogar verbietet.

Gewiss: Viele hängen noch immer den alten metaphysischen Erklärungsmodellen an, da sie das Bild, das rationale Philosophen und Wissenschaftler von der Welt zeichnen, als derart trostlos empfinden, dass sie es vorziehen, sich hinter den Mauern ihrer Glaubensburgen zu verschanzen. Jedoch: *Keine Mauer ist hoch genug, um das Eindringen von Rationalität und Skepsis gänzlich zu verhindern.* Momentan zeigt sich dies insbesondere in den sogenannten »islamischen Ländern«, in denen

sich säkular denkende Menschen mehr und mehr zusammenschließen, um dem religiösen Tugendterror entgegenzuwirken.
Wie weit die Entzauberung der Religion vorangeschritten ist,
äußert sich allerdings nicht nur in ihrem mutigen Einsatz gegen
die Tyrannei, sondern auch in den Handlungen ihrer Kontrahenten.

Mein Stiftungskollege Hamed Abdel-Samad (*1972), der jetzt,
da ich dies schreibe (Juni 2013), von einer Todes-Fatwa in Ägypten bedroht ist, hat zu Recht darauf hingewiesen, dass der isla-
mische Fundamentalismus »nur ein Vorhang [ist], der das Verschwinden der Religion verdecken soll«.[59] Die »aggressive
Zurschaustellung der islamischen Symbole« sei kein Ausdruck
des Aufstiegs, sondern »des Rückzugs der Religion«,[60] ein
»klare[s] Zeichen des Mangels an Selbstbewusstsein und Hand-
lungsoptionen«.[61] Der Versuch der »Re-Islamisierung der Welt«
gleiche insofern dem »verzweifelte[n] Anstreichen eines Hauses,
das kurz davorsteht, in sich zusammenzustürzen«.[62]

Dies lässt sich leicht auf andere Formen des Fundamentalismus übertragen, denn wohin wir auch schauen, überall zeigt
sich, dass sich gerade die militanten Formen des Glaubens aus
einer uneingestandenen Angst vor dem Glaubensverlust speisen.
*In »den Ungläubigen« bekämpfen Fundamentalisten all jene
Zweifel, die sie selbst in sich tragen, ohne sich dies eingestehen zu
können.* Der Fundamentalismus ist insofern kein Ausdruck der
Macht, sondern vielmehr der *Ohnmacht* der Religion. Er ist der
verzweifelte Versuch, Gewissheiten zu stärken, die längst ins
Wanken geraten sind.

Der Zahn der Zeit nagt eben auch an den Religionen. Zwar
sind sie, wie ich einmal schrieb, »kulturelle Schatzkammern der
Menschheit«, in denen man noch immer vieles findet, was bedenkenswert ist.[63] Jedoch ist es unübersehbar, dass die Fundamente des Glaubens dem hohen Druck der Erkenntnisfortschritte der letzten 200 Jahre kaum mehr standhalten können.
Die aufopferungsvollen Sanierungsarbeiten, die Generationen
kluger Theologen leisteten, um dem Zerfall des Glaubens entgegenzuwirken, konnten die immer größer werdenden Risse in
der ideologischen Bausubstanz nicht schließen. Es gelang ihnen
bloß, die *Außenfassade des Glaubens* zu retten, sodass man sich

schon bemühen muss, *hinter* diese Fassade zu blicken, um zu erkennen, wie sehr das dahinterstehende theologische Denkgebäude bereits in sich zusammengebrochen ist.

Den meisten Menschen ist das wahre Ausmaß des kulturellen Zusammenbruchs der Religionen nicht bewusst (sie haben in ihrem Alltag auch Dringlicheres zu tun, als sich mit theologischen Fragestellungen zu beschäftigen), aber kaum einer blieb wohl unberührt von den gewaltigen Fortschritten der Forschung, die in den letzten Jahrzehnten zu einer regelrechten Explosion des Wissens über die Welt geführt haben (man denke nur an die bahnbrechenden Erkenntnisse der Kosmologie, Teilchenphysik, Evolutionsbiologie, Anthropologie, Genetik oder Hirnforschung). In dem Maße, in dem sich dieses Wissen ausbreitete, sank die Überzeugungskraft der religiösen Weltbilder, die – wie sich immer deutlicher zeigt – auf Annahmen gründen, die mit den Ergebnissen der Forschung beim besten Willen nicht in Einklang zu bringen sind (Schöpfungsidee, Wunderglaube, Dämonologie, Trennung von Körper und Geist, Leben nach dem Tod etc.).

Mit dem Verlust an Glaubwürdigkeit ging auch das wertvollste Kapital verloren, das die Religionen seit jeher besaßen, nämlich ihr Vermögen, den Menschen angesichts der »Erfahrung des Absurden«, der »Widrigkeiten des Lebens« und der »Ungerechtigkeit der Welt« Hoffnung, Trost und Geborgenheit zu spenden. Zwar lautet ein alter Leitspruch der christlichen Theologie »Credo quia absurdum est« (»Ich glaube, weil es widervernünftig ist«), in der Praxis jedoch fällt es den allermeisten Menschen schwer, an etwas zu *glauben*, von dem sie *wissen*, dass es mit an Sicherheit grenzender Wahrscheinlichkeit niemals eintreten wird.

In vielen Gesprächen, die ich in den letzten Jahren mit Vertretern unterschiedlichster Konfessionen geführt habe, kam dies immer wieder zum Vorschein. Zwar waren die meisten Theologen in der Lage, ihre Religion wortreich gegen Kritik zu verteidigen, doch auf die Frage, ob sie denn *wirklich* persönlich daran glauben könnten, dass sie nach dem Erlöschen ihrer Hirnfunktionen ihre Liebsten wiedersehen würden oder dass der »allmächtige Gott« am Ende aller Tage alle Ungerechtigkeiten der Welt beheben werde, wichen sie (bis auf wenige Ausnahmen) aus. Allem Anschein nach war es ihnen peinlich, sich persönlich zu den Kernaussagen der Religion zu bekennen, die sie nach außen hin so offensiv vertraten.

Das ist kein Zufall. Offenkundig leben wir in einer Zeit, in der ein *bloß simulierter Glaube* zunehmend an die Stelle des *wirklichen Glaubens* tritt. Ein solcher »Als-ob-Glaube« hat den Vorteil, dass er weniger naiv wirkt, zugleich aber den Nachteil, dass er keinen Trost mehr spendet: Denn wer nur *so tut, als ob* er an die Auferstehung von den Toten glauben würde, empfindet keine Freude bei dem Gedanken, dass der jüngst verstorbene Vater, Bruder oder Sohn nun die »Herrlichkeit Gottes« erfahren darf, sondern betrauert den schmerzlichen Verlust eines geliebten Menschen, von dem er – trotz aller zur Schau gestellten Religiosität – nur zu gut weiß, dass er ihn niemals wiedersehen wird. Wer *bloß so tut, als ob* er daran glauben würde, dass die Ungerechtigkeit der Welt durch »Gottes Heilsplan« aufgehoben würde, wird aus dieser Vorstellung keinerlei Hoffnung schöpfen können, sondern sogar noch schlimmer leiden. Denn Illusionen, die als solche enttarnt sind, bieten nicht nur keinen Trost, sie schaffen zusätzliches Leid, indem sie die Erinnerung an utopische Heilsversprechungen wachhalten, von denen das ent-täuschte Individuum weiß, dass sie niemals real werden.

Wenn also weder der »wahre Glaube« noch der »Als-ob-Glaube« vernünftige Optionen im 21. Jahrhundert darstellen, heißt dies dann, dass wir uns von *allen Formen* des Glaubens verabschieden sollten? Nein. Denn unter dem Begriff »Glaube« kann sehr Unterschiedliches verstanden werden, nämlich *erstens* der *rationale Glaube im Sinne von* »*Vermutung*« (wer etwas in diesem Sinne »glaubt«, ist sich seiner Sache nicht ganz sicher, weshalb er nach Belegen sucht, die seine Überzeugungen entweder untermauern oder entkräften könnten – eine Haltung, die für das wissenschaftliche Denken charakteristisch ist) sowie *zweitens* der *irrationale Glaube im Sinne eines* »*unbedingten Für-wahr-Haltens*« (wer etwas in diesem Sinne »glaubt«, ist sich seiner Sache so sicher, dass er meint, alle Gegenbelege ignorieren zu können – eine Haltung, die wir in allen dogmatischen Denksystemen wiederfinden und die wir dringend überwinden sollten).[64]

Darüber hinaus gibt es noch eine *dritte Variante des Glaubens*, die nicht minder bedeutsam ist, nämlich den *Glauben im*

Sinne eines »hoffnungsvollen Vertrauens auf irgendetwas oder irgendjemanden« (in diesem Sinne »glaubt« man nicht bloß »etwas«, sondern »an etwas« – wobei dieser Glaube sowohl *rational* als auch *irrational* sein kann, je nachdem, worauf sich die jeweilige Hoffnung richtet).

Es war zweifellos die große Stärke (und zugleich auch die große Gefahr) der Religionen wie auch der verschiedenen Humanismen der Vergangenheit, dass sie auf einem solchen *Glauben an etwas* gründeten. Ihre Attraktivität für die Menschen rührte nicht zuletzt daher, dass sie sich mit dem Ist-Zustand der Welt nicht zufriedengaben, sondern eine Perspektive anboten, die grundlegende Besserung versprach. Das Problem der traditionellen Weltanschauungen bestand jedoch darin, dass sie ihre Hoffnungen auf Illusionen gründeten, die sie im Sinne eines irrationalen Glaubens (»unbedingtes Für-wahr-Halten«) dogmatisierten: So vertrauten die Religionen (abgesehen vom ursprünglichen Buddhismus) auf das *Wirken der Götter*, von denen man dachte, dass sie aktiv ins Weltgeschehen eingreifen würden (was freilich zu keinem Zeitpunkt der Geschichte festgestellt werden konnte); der klassische Humanismus glaubte an die *Segnungen der griechisch-römischen Bildung*, von der man hoffte, dass sie uns dazu verhelfen würde, unsere »tierische Natur« abzulegen (was ebenfalls ein verhängnisvoller Trugschluss war); der sozialistische Humanismus setzte auf die *Diktatur des Proletariats*, von der man erwartete, dass sie alle Formen von Ausbeutung beseitigen würde (was *de facto* aber nur andere, nicht minder schreckliche Formen von Ausbeutung hervorbrachte).

Keine Weltanschauung, die nicht voreilig vor der Irrationalität der Welt kapituliert, kann auf einen solchen *Glauben an etwas* verzichten – auch nicht der *evolutionäre Humanismus*. So glaubensfern er ansonsten auch sein mag, in seinem Zentrum steht ebenfalls ein Glaube, nämlich der *Glaube an die Entwicklungsfähigkeit des Menschen*. Evolutionäre Humanisten vertrauen darauf, dass die Menschheit lebensfreundlichere, gerechtere Verhältnisse herstellen kann, als wir sie heute vorfinden. Ohne einen solchen Rückgriff auf das »Prinzip Hoffnung« kommt auch der evolutionäre Humanismus nicht aus, allerdings legt er – und das ist neu – größten Wert darauf, dass seine Hoffnungen nicht auf *kulturellen Fiktionen*, sondern auf *empirischen Belegen* gründen.

In dieser Hinsicht dreht der evolutionäre Humanismus den Spieß um: Während traditionelle Weltanschauungen *nur solche empirischen Befunde gelten ließen, die den jeweiligen Vorstellungen entsprachen*, lässt der evolutionäre Humanismus *nur solche Vorstellungen gelten, die empirischen Befunden entsprechen*. Der evolutionäre Humanismus wendet sich damit nachdrücklich gegen den sogenannten »kulturistischen Fehlschluss«, d. h. die häufig anzutreffende Vorstellung, dass aus dem, was aus einer bestimmten kulturellen Perspektive *sein soll*, abgeleitet werden könne, was *tatsächlich ist*.[65]

Kulturistische Fehlschlüsse nach dem Motto: »Es kann nicht sein, was nicht sein darf!« haben die Wissenschaften (insbesondere die Naturwissenschaften) ständig begleitet. So behaupteten Heerscharen christlicher und muslimischer Theologen, dass die Erkenntnisse der Kosmologie und Evolutionsbiologie nicht wahr seien, da sie der religiös offenbarten »Sonderstellung des Menschen« widersprachen. In den 1940er-Jahren bestritten sozialistische Ideologen wie Trofim Lyssenko (1898–1976) die Ergebnisse der modernen Genetik, weil sie mit der offiziellen Parteilinie nicht übereinstimmten.

Auch heute noch sind derartige Fehlschlüsse gang und gäbe: So attackieren »Humanisten«, die dem Menschen einen »ursachenfreien Willen« andichten wollen, die Ergebnisse der Hirnforschung, die zeigen, dass unser Denken von unbewussten, neuronalen Prozessen gesteuert wird. Besonders heftigem Gegenwind sind Soziobiologen ausgesetzt, die sozial geächtete Verhaltensweisen wie Vergewaltigung und Kindstötung als evolutionäre Überlebensstrategien beschreiben. Dass die Forscher keineswegs beabsichtigen, Vergewaltigung und Kindstötung zu legitimieren, übersehen kulturistisch Empörte ebenso gerne wie die Tatsache, dass gerade durch die Aufdeckung solcher biologischer Grundmuster die Chancen steigen, dass wir wirksame Gegenmaßnahmen ergreifen können, um derartige Verhaltensweisen einzudämmen.

Ausgehend von solchen kulturistischen Denkmodellen entwickelten die traditionellen Weltanschauungen ein höchst ambivalentes Verhältnis zu den empirischen Wissenschaften: *Einerseits* wurden sie als nützliche Hilfsmittel zur Entwicklung neuer Technologien geschätzt, *andererseits* als ideologische Störquellen gefürchtet. Deshalb wurde die empirische Forschung schon früh unter *weltanschauliche Quarantäne* gesetzt. Man ließ die empirischen Wissenschaftler zwar mehr oder weniger frei forschen – allerdings nur unter der Bedingung, dass sie sich keinesfalls auf politisches oder weltanschauliches Terrain vorwagten. Sehr deutlich kam dies beispielsweise in den Statuten der *Royal Society* von 1633 zum Ausdruck, in denen es heißt: »Gegenstand und Ziel der *Royal Society* ist es, Kenntnisse von natürlichen Dingen, von nützlichen Künsten, Produktionsweisen, mechanischen Praktiken, Maschinen und Erfindungen durch Experimente zu verbessern – ohne sich in Theologie, Metaphysik, Moral, Politik, Grammatik, Rhetorik oder Logik einzumischen.«[66]

Aus der Angst vor der empirischen Widerlegung der herrschenden Dogmen entwickelte sich eine *Politik der Nichteinmischung*, die zur Ausbildung zweier konträrer Wissenskulturen (der geisteswissenschaftlich-literarischen Kultur auf der einen sowie der naturwissenschaftlich-technischen Kultur auf der anderen Seite)[67] sowie zur Entwicklung des sogenannten *NOMA-Konzepts* führte,[68] das behauptet, dass wissenschaftliche Forschung und (religiöse) Weltanschauung zwei unterschiedlichen Gebieten angehören, die sich nirgendwo überlappen (weshalb es zwischen ihnen niemals zu echten Konflikten kommen könne).

Der evolutionäre Humanismus hält derartige Trennungsversuche für verfehlt, da sie *erstens* zur Aufrechterhaltung von Illusionen beitragen, die die Menschheit in ihrer Entwicklung keinen Schritt voranbringen, und *zweitens* die Tatsache verkennen, dass Natur und Kultur unaufhebbar miteinander verwoben sind. Daher setzt der evolutionäre Humanismus statt auf die Ideologie der »getrennten Wissenssphären« auf das Prinzip der »Einheit des Wissens«.[69] Das heißt: Er geht davon aus, dass Aussagen, die bereits auf physikalischer oder biologischer Ebene falsch sind, auf philosophischer Ebene nicht plötzlich richtig sein können. Das heißt nicht, dass wir kulturelle Phänomene *restlos* auf biologische, chemische oder gar physikalische Prozesse zurückführen könnten, aber es heißt sehr wohl, dass wir anerkennen sollten, dass es jenseits des physikalisch, chemisch oder biologisch Möglichen schlichtweg keine kulturellen Phänomene geben kann und wird. (Wir werden uns mit diesem Sachverhalt im dritten Kapitel noch etwas ausführlicher auseinandersetzen.)

Eben deshalb zielt auch die klassisch-humanistische Utopie, der Mensch könne mittels Bildung seine »tierische Natur« ablegen, an der Realität vorbei. *Denn die Kultur steht nicht im Widerspruch zur Natur des Menschen, sondern ist Ausdruck seiner biologischen Veranlagung.* Wie ich bereits in den vorangegangenen Ausführungen über den »nackten Affen« und die »Wurzeln der menschlichen Kultur« angedeutet habe, hat sich die Kulturfähigkeit des Menschen über Jahrmillionen evolutionär entwickelt (maßgeblich dabei war, wie gesagt, ein Selektionsdruck, der soziales Einfühlungsvermögen sowie die Bereitschaft zur exakten Imitation förderte). Die *Kultur* ist also kein bloßes *Beiwerk*, das unserer »animalischen Natur« von außen künstlich übergestülpt würde, sondern ein *integraler Bestandteil unserer biologischen Existenz.* Sie ist so sehr Teil unserer Natur, dass wir uns einen Menschen ohne Kultur ebenso wenig vorstellen können wie einen Elefanten ohne Rüssel oder einen Schmetterling ohne Flügel.

Dass die traditionellen Weltanschauungen einen so scharfen Gegensatz zwischen Natur und Kultur konstruierten, beruhte auf der Fehlannahme, dass die »höheren geistigen Funktionen« des Menschen, insbesondere seine Gerechtigkeitsvorstellungen, nicht auf biologischen Wurzeln gründeten, sondern gewissermaßen aus einem höheren »kulturellen Himmel« gefallen seien (wofür die einen »Gott«, die anderen die »griechisch-römische Kultur« oder die »Entwicklung der Produktivkräfte« verantwortlich machten).

Paradoxerweise hat die Veröffentlichung der darwinischen Evolutionslehre, die den Graben zwischen Natur und Kultur eigentlich hätte schließen müssen, zunächst zu einer weiteren Verfestigung dieser Fehlannahme geführt. Denn im allgemeinen Bewusstsein blieb hängen, dass es in der natürlichen Evolution angeblich bloß um einen harten »Kampf ums Dasein« ginge, um »Fressen und Gefressen-Werden«, einen unbarmherzigen Selektionsprozess, der zum »Überleben der Tüchtigsten« und zur gnadenlosen Auslöschung der »Schwachen und Untauglichen« führe.

Dass sich die Menschen angesichts eines solch düsteren Naturbildes umso mehr abgrenzen wollten und auf die »Segnungen der Kultur« hofften, ist leicht nachvollziehbar. Allerdings spiegelte diese (von Sozialdarwinisten in zynischer Weise ausgeschlachtete) Sichtweise der Evolution die realen Verhältnisse in der Natur nur höchst verzerrt wider. Sie widersprach auch den wegweisenden Erkenntnissen, die Charles Darwin in seinem zweiten evolutionstheoretischen Hauptwerk *Die Abstammung des Menschen* dargelegt hatte. In diesem Buch nämlich hatte Darwin betont, wie sehr die Menschen nicht nur in ihrem Körperbau, sondern auch in ihren geistigen Fähigkeiten anderen Säugetieren gleichen, wobei er insbesondere die *sozialen Instinkte der Tiere* hervorhob, ihre Bereitschaft zu Liebe, Hingabe, Kooperation.[70] In der Evolution geht es eben nicht nur um Räuber-Beute-Beziehungen, nicht nur um einen erbitterten Kampf um knappe Nahrungsressourcen, sondern auch um Geselligkeit, Hilfsbereitschaft und Schönheit, was Darwin insbesondere – und zu Recht, wie wir heute wissen – auf die Mechanismen der *sexuellen Selektion* zurückführte.[71]

Leider geriet das optimistischere Bild der Natur, das Darwin in seinem zweiten evolutionstheoretischen Hauptwerk gezeichnet hatte, nach seinem Tod (1882) in Vergessenheit. Schon Ende des 19. Jahrhunderts dominierte die Auffassung, dass in der Natur ein »Kampf aller gegen alle« vorherrsche. Jedoch gab es einen Mann, der sich vehement gegen diese ideologische Verzerrung der Evolutionstheorie zur Wehr setzte: Pjotr Kropotkin (1842–1921).

Der russische Universalgelehrte, der als einer der führenden Geologen seiner Zeit wissenschaftlich geschätzt, zugleich aber als »Fürst des Anarchismus« politisch gefürchtet wurde, zeigte in seinem 1902 erschienenen Buch *Gegenseitige Hilfe in der Tier- und Menschenwelt* anhand unzähliger Beispiele auf, dass kooperatives Verhalten nicht nur bei allen erdenklichen Tierarten (inklusive des Menschen) zu beobachten ist, sondern dass das *Prinzip der Kooperation* in der Evolution eine mindestens ebenso bedeutsame Rolle gespielt hat wie der Wettstreit untereinander.

Aus dieser Erkenntnis leitete Kropotkin in seinem Spätwerk *Ethik – Ursprung und Entwicklung der Sitten* die Grundlagen einer »evolutionistischen Ethik« ab, die die verhängnisvolle Spaltung zwischen Natur und Kultur überwinden sollte. Wie kaum ein anderer Autor vor ihm hatte Kropotkin erkannt, welch fatale Konsequenzen es nach sich ziehen musste, wenn man kontrafaktisch unterstellte, dass der »Triumph des sittlichen Gefühls« (Altruismus, Hilfsbereitschaft) nur durch einen »Sieg des Menschen über die animalische Natur« (Egoismus, Selbsterhaltungstrieb) zu erreichen sei.

Denn wer von solchen Vorstellungen ausgehe, der habe, so Kropotkin, als Ethiker kaum eine andere Wahl, »als den mildernden Einfluss der nach Barmherzigkeit rufenden Sittenlehrer zu preisen« und das Heil »außerhalb der Natur, außerhalb und über der uns zugänglichen Sphäre« zu suchen.[72] Den wenigen, die in der Geschichte auf eine derartige »Unterstützung durch übernatürliche Kräfte« verzichtet hatten, sei nur die Option geblieben, »dem strafenden Einfluss des von genialen Gesetzgebern geleiteten Staates besondere Bedeutung zuzuschreiben, was letzten Endes darauf hinauslief, dass der Besitz der ›Wahrheit‹ nicht mehr dem Priester, wohl aber dem Gesetzgeber zugeschrieben wurde«.[73]

Kropotkin setzte diesem autoritären, obrigkeitsfixierten Denken entgegen, dass es weder einer religiösen Überschreitung noch einer staatlichen Zähmung der menschlichen Natur bedürfe, um den Menschen zu gegenseitiger Hilfe, Respekt und solidarischem Verhalten zu animieren. All dies bringe er nämlich bereits von seiner natürlichen Veranlagung her mit:

> »Man sagte uns, dass es keine höhere Tugend, keinen höheren Triumph des Geistigen über das Körperliche gäbe, als die Selbstaufopferung für das Wohl der Menschen. In Wirklichkeit aber ist die Selbstaufopferung für das Wohl des Ameisenhaufens oder für die Sicherheit einer Vogelschar, einer Antilopenherde, einer Affengemeinschaft eine *zoologische, in der Natur täglich wiederkehrende Tatsache*, für die bei Hunderten und Tausenden von Tierarten nichts anderes verlangt wird, als eine naturgemäße wechselseitige Sympathie bei den Mitgliedern derselben Art.«[74]

Wie wir noch sehen werden (siehe dazu auch Kapitel 6), war Kropotkins Interpretation des Prinzips der gegenseitigen Hilfe ein wenig zu optimistisch, im Grundsatz aber hatte er recht: Tatsächlich helfen Menschen einander nicht deshalb, weil sie erwarten, dass »Gott« sie dafür im Jenseits belohnen wird oder weil ihnen das altruistische Verhalten von »der Kultur« mühsam antrainiert werden musste, *sondern weil Freundlichkeit, Hilfsbereitschaft, Einfühlungsvermögen als Bestandteile unseres evolutionären Erbes bereits in unseren Genen liegen.*

Dies ist eine der vielen *hoffnungsvollen Wahrheiten*, die der evolutionäre Humanismus an die Stelle *trostloser Illusionen* setzt. Er zeigt auf, dass es überhaupt keinen Grund dafür gibt, vor der Realität zurückzuschrecken und in irreale Traumwelten zu flüchten. Wir brauchen unsere Hoffnungen nicht auf *Illusionen* zu gründen, sondern können auf *Tatsachen* zurückgreifen, die in vielerlei Hinsicht ermutigend sind. Denn der Mensch ist nicht nur eine *von der Natur bedrängte*, sondern auch *reich von ihr beschenkte* Spezies.

Dies wird erst richtig klar, wenn wir uns von der limitierten Perspektive unseres individuellen Zeitgefängnisses lösen und eine evolutionäre Sichtweise einnehmen: Schließlich ist es nicht allzu lange her, dass der Mensch die Höhlen verlassen hat, doch in der bemerkenswert kurzen Zeit seither hat er auf vielen Gebieten wahrhaft Erstaunliches zuwege gebracht – und er wird im weiteren Verlauf der Evolution zweifellos noch weit Erstaunlicheres zuwege bringen, wenn er denn seine von der Natur mitgegebenen Anlagen sinnvoll zu nutzen versteht.

Der hier zum Ausdruck kommende *Glaube an die Entwicklungsfähigkeit des Menschen* ist, wie gesagt, wesentlicher Bestandteil der Antwort, die der evolutionäre Humanismus auf die Grundfragen der menschlichen Existenz gibt. Wir werden uns mit dieser Antwort im dritten Teil des Buchs ausführlicher beschäftigen. Zuvor aber wollen wir einen Blick auf die *Belege* werfen, auf die sich evolutionäre Humanisten stützen können, um ihren *Glauben an die Menschheit* – trotz aller offenkundigen Manifestationen von Grausamkeit und Irrsinn in der menschlichen Geschichte – zu begründen.

Teil 2

DIE UNTERSCHÄTZTE SPEZIES

Kapitel 3

DAS KLUGE TIER:
DEN GEHEIMNISSEN DES
UNIVERSUMS AUF DER SPUR

In meiner Zeit als Dozent an der Universität Trier schockierte ich die Studierenden nicht nur mit seltsamen Ausführungen über die »Absurdität des Lebens« (siehe Kapitel 1: *Die Erfahrung des Absurden*), sondern ich erlaubte mir auch den Luxus, Seminare anzubieten, für die es keine »Scheine« gab, die man im Rahmen der geltenden Prüfungsordnungen hätte einreichen können. Es freute mich, dass gerade diese Kurse regelmäßig überfüllt waren, denn dies zeigte, dass viele Studierende nicht nur ein *Scheinstudium* (im doppelten Sinne des Wortes) absolvieren, sondern tatsächlich *studieren*, sich also ernsthaft um Erkenntnis bemühen wollten (lat. »studere« = »nach etwas streben, sich um etwas bemühen«).

Eines dieser »Luxus-Seminare« für Hörer aller Fachbereiche trug den Titel »Wie studieren und sich nicht verlieren?«.[1] Meine Absicht war es, den Studierenden ein paar »Überlebenstipps für den Dschungel der Wissenschaft« zu vermitteln, denn ich hatte festgestellt, dass viele von ihnen der Wissenschaft mit übergroßer Ängstlichkeit gegenübertraten – so, als sei sie etwas völlig »Fremdes«, zu dem sie im Alltag keinerlei Bezug hätten. Um das Eis zu brechen, spielte ich ihnen die Erkennungsmelodie der *Sesamstraße* vor: »Wer, wie, was / Wieso, weshalb, warum / Wer nicht fragt, bleibt dumm«. Im Grunde, so erklärte ich, sei Wissenschaft kaum mehr als dies: *ein systematisches Fragen nach dem Wer, Wie, Was, Wieso, Weshalb, Warum* – eigentlich etwas *Kinderleichtes*. Insofern gehe es in der Wissenschaft auch nicht nur darum, etwas *Neues zu erlernen*, sondern ebenso darum, etwas *Altes nicht zu verlernen*, nämlich jene grenzenlose Neugier, mit der wir schon als Babys der Welt begegnet sind.

Dass Kleinkinder tatsächlich »kleine Philosophen« bzw. »Forscher in Windeln« sind, haben entwicklungspsychologische Untersuchungen in den letzten Jahrzehnten eindrucksvoll bestätigt.[2] Bereits im Babyalter erstellen wir »kognitive Karten« unserer Umgebung, die wir erweitern und revidieren, sobald uns neue Zusammenhänge bewusst werden, die in Konflikt mit unserem vorherigen »Weltwissen« stehen. Sehr früh entwickeln wir außerdem ein gewisses Vorverständnis für Naturgesetze, weshalb schon die Allerkleinsten verdutzt aus der Wäsche blicken, wenn ein Ball auf einer schiefen Ebene plötzlich nach oben statt nach unten rollt.

Von Kindesbeinen an bemühen wir uns auf eine durchaus wissenschaftliche Weise, Probleme zu lösen – nicht nur durch Versuch und Irrtum, sondern auch durch gezielte Analyse, Berechnung und Planung. Natürlich unterlaufen uns dabei immer wieder Fehler, indem wir Zusammenhänge in der Welt vermuten, die real gar nicht vorhanden sind. In dieser Hinsicht ergeht es uns nicht sehr viel anders als der berühmten »abergläubischen Ratte«, von der Paul Watzlawick (1921–2007) berichtete.[3]

Worum ging es in diesem Versuch? Nun, Watzlawicks Ratte (eigentlich müsste man sagen: B. F. Skinners Ratte, denn der »Vater des Behaviorismus« führte die ursprünglichen Versuche durch)[4] stand vor dem Problem, dass sie Futter nur erhielt, wenn sie exakt 10 Sekunden nach ihrem Eintritt in den Käfig (nicht früher und nicht später) am Napf ankam. Da sie für den Weg eigentlich nur zwei Sekunden gebraucht hätte, musste sie die restlichen acht Sekunden irgendwie überbrücken, was, so Watzlawick, zu »einer Art Echternacher Springprozession« führte. Zwar war es für den Fresserfolg völlig irrelevant, *was* die Ratte in diesen acht Sekunden tat, aber dies blieb ihr verborgen. Sie unterstellte vielmehr einen *ursächlichen Zusammenhang zwischen ihrem Tanz und der Belohnung*, weshalb sie die zufälligen Tanzschritte, die bei ihrem ersten erfolgreichen Versuch zu einem vollen Futternapf geführt hatten, in späteren Anläufen unbeirrbar wiederholte.

Die Parallelen zu den Ritualen, die Menschen zelebrieren, um die »Götter«, die »Natur« oder das »Schicksal« gnädig zu stimmen, sind offensichtlich. Allem Anschein nach ist unser Gehirn so sehr auf die Herstellung von Sinnzusammenhängen programmiert, dass wir leicht der Versuchung unterliegen, einer zufälligen Abfolge von Ereignissen tiefere Bedeutung zuzuschreiben (eine Neigung, die von der Esoterik-Branche leidlich ausgenutzt wird).[5] Allerdings hat der Mensch wirksame Strategien entwickelt, um den Realitätsgehalt seiner Vermutungen zu überprüfen, was im Zuge der kulturellen Evolution zu bemerkenswerten Erkenntnisfortschritten geführt hat.

Am Anfang dieses Prozesses verfügte der Mensch noch über ein sehr bescheidenes Wissen über die Welt, das so unvollständig war, dass er es mit (aus heutiger Sicht) oftmals wirren Spekulationen auffüllen musste. Im Laufe der Zeit jedoch gelangte er zu immer klareren Erkenntnissen, die sich nicht bloß auf Spekulationen, sondern auf systematisch erhobene empirische Befunde stützen konnten. Letztlich stieß er damit in Dimensionen vor, die keinem anderen Tier auf diesem Planeten auch nur ansatzweise zugänglich sind: Er sprengte die beschränkte, *mesokosmische Perspektive*, die die Evolution uns aufrecht gehenden Affen »zugedacht« hatte, indem er sowohl in die *mikrokosmische Welt der Atome* wie auch in die *makrokosmische Welt des Universums* vordrang.

In der Regel machen wir uns nicht bewusst, wie mühsam der Weg war, den die Menschheit gehen musste, um zu ihrem heutigen Wissensstand zu gelangen. *Wir halten vieles für selbstverständlich, was noch vor wenigen Jahrzehnten als unvorstellbar galt.* Werfen wir also einen Blick auf die erstaunliche Entfaltung des menschlichen Wissens im Zuge der kulturellen Evolution, denn nur wer sich diese allmähliche Entwicklung der Erkenntnis vor Augen führt, wird erahnen können, welche Früchte der menschliche Forschergeist in Zukunft noch hervorbringen könnte.

»Der Affe, der keine realistische Wahrnehmung von dem Ast hatte, nach dem er sprang, war bald ein toter Affe – und gehört daher nicht zu unseren Urahnen«, meinte der berühmte amerikanische Paläontologe und Zoologe George Gaylord Simpson (1902–1984).[6] Dass sich ein gewisses Gespür für physikalische Gesetzmäßigkeiten in der Natur lange vor der Entstehung unserer Spezies entwickelt hat, ist evident. Aber der Mensch ist das einzige Lebewesen auf diesem Planeten, das die Gesetze der Natur *auch unabhängig von direkten, praktischen Verwertungsinteressen* erforscht, um zu verstehen, »was die Welt im Innersten zusammenhält« (um dies herauszufinden, ließ sich Goethes »Faust« sogar auf einen Pakt mit dem »Teufel« ein).

Wir wissen nicht, zu welchem Zeitpunkt der Evolution dieser spezifisch menschliche Forschergeist entstanden ist. Sicher ist aber, dass bereits die Babylonier vor etwa 3500 Jahren den Sternenhimmel so systematisch beobachteten, dass sie zuverlässig Mondfinsternisse vorhersagen konnten. Zudem besaßen sie (was auch für die alten Ägypter und Chinesen gilt) bereits bemerkenswerte mathematische Kenntnisse. Einen entscheidenden Schritt voran kam der Mensch jedoch erst im antiken Griechenland, wo der menschliche Wille zur Erkenntnis zu erstaunlichen geistigen Höhenflügen führte. So entwickelte Demokrit (er wurde um das Jahr 460 vor unserer Zeitrechnung geboren und soll das bemerkenswerte Alter von 100 Jahren erreicht haben) bereits vor 2500 Jahren die revolutionäre Idee, dass alle Materie aus kleinsten unzerstörbaren Teilchen – *Atomen* – aufgebaut sei, die sich in ständiger Bewegung in einem ansonsten leeren Raum befänden und sich zu jenen festen Körpern zusammenschlössen, die wir in der Welt wahrnehmen.

Demokrits »atomistischer Materialismus« wurde später von Epikur (341–270) weiterentwickelt, aber die meisten hielten den Atomismus bloß für eine spekulative Idee. Der bedeutende Physiker und Philosoph Ernst Mach (1838–1916) – nach ihm wurde die sogenannte »Mach-Zahl« benannt, die die Geschwindigkeit eines Körpers im Verhältnis zur Schallgeschwindigkeit wiedergibt – raunzte noch Ende des 19. Jahrhunderts »jeden an, der es wagte, von Atomen zu sprechen«.[7]

Weit einsichtiger war für die Menschen der Antike (und diese Vorstellung blieb über die Alchemisten letztlich bis ins 17. Jahrhundert hinein erhalten) die *Vier-Elemente-Lehre* des Empedokles (um 490–430 v. u. Z.), der meinte, dass alle Materie auf die Elemente *Feuer, Wasser, Erde, Luft* zurückgehe. Diese Konzeption wurde auch von Aristoteles (384–322 v. u. Z.) übernommen, einem der bedeutendsten Väter der Philosophie, der Wissenschaftstheorie sowie der Geistes-, Sozial- und Naturwissenschaften.

In der Menschheitsgeschichte gab es nur wenige Genies vom Format des Aristoteles – und doch gelangte er aufgrund des begrenzten Wissensstands seiner Zeit zu einigen aus heutiger Sicht recht absonderlichen Schlüssen: So meinte er, dass gegenständliche Körper nur so lange in Bewegung blieben, solange sie mit dem Beweger in Berührung stünden, oder dass das Gehirn in erster Linie dazu diene, den Körper abzukühlen. Auch ging er felsenfest davon aus, dass der Mann edler sei als die Frau, da deren Blut »dicker und schwärzer« sei (was beim Manne nur auf die »unedleren« unteren Körperteile zutreffe). Zudem war Aristoteles, der immerhin schon die Kugelform der Erde bewiesen hatte, ein entschiedener Vertreter des *geozentrischen Weltbildes*. Dass die Erde im Mittelpunkt des Universums stand, schien für ihn allein schon aufgrund der Schwerkraft evident zu sein. Denn zeigte die Erfahrung nicht eindeutig, dass alle Körper, die man in die Luft warf, unweigerlich wieder auf den vermeintlichen Mittelpunkt der Welt, die Erde, zusteuerten?

Über die zahlreichen Fehlannahmen des intellektuell so brillanten Aristoteles könnte man ganze Bücher schreiben. (Einige haben dies auch getan.) Allerdings dauerte es zwei Jahrtausende, bis die meisten dieser Irrtümer als solche enttarnt werden konnten. Das gilt auch für die Kosmologie: Zwar hatte bereits der geniale griechische Astronom Aristarch (310–230 v. u. Z.) dargelegt, dass sich die Erde um die Sonne dreht (und nicht umgekehrt), aber diese Sicht der Dinge fand zunächst kaum Anhänger. Erst knapp 1800 Jahre später griff Nikolaus Kopernikus (1473–1543) Aristarchs Konzept eines heliozentrischen Weltbildes wieder auf.

Zunächst wurde die Kosmologie des Kopernikus als mathematisch interessante, aber letztlich irrelevante Hypothese abgetan. Doch nach der Verfeinerung der Berechnungen durch Johannes Kepler (1571–1630), der erkannte, dass sich die Planeten nicht in perfekten Kreisbahnen, sondern in *Ellipsen* um die Sonne bewegen, und den empirischen Befunden des Galileo Galilei (1564–1642), der den Sternenhimmel erstmals mit einem leistungsfähigen *Teleskop* beobachten konnte, wurde das kopernikanische System zu einer ernsthaften Bedrohung für das von religiösen Dogmen bestimmte Weltbild.

Hatte die katholische Kirche die kosmologische Forschung zuvor toleriert, ja sogar gefördert, änderte sich die Stimmung nun merklich: 1616 eröffnete die Römische Kongregation für den *Index der verbotenen Bücher (Index Librorum Prohibitorum)* ein Untersuchungsverfahren, das zu dem Urteil gelangte, dass die kopernikanische Astronomie »falsch und der Heiligen Schrift zuwiderlaufend« sei (ein typischer »kulturistischer Fehlschluss«, siehe Kapitel 2: *Hoffnung jenseits der Illusionen*). 1633 wurde auf dieser Basis Galilei der Prozess gemacht. Dass er (anders als Giordano Bruno, der drei Jahrzehnte zuvor auf dem Scheiterhaufen der Inquisition verbrannt wurde) der Hinrichtung entkam und »bloß« zu lebenslanger Festungshaft (wenig später sogar abgemildert in Hausarrest) verurteilt wurde, lag daran, dass er (anders als Bruno) seinen »abscheulichen Fehlern« abschwor und öffentlich gelobte, nie wieder derartige »Irrlehren« zu verbreiten. (Erst 1992 wurde Galilei von der katholischen Kirche formal rehabilitiert, bei Bruno ist dies bis heute nicht geschehen, obgleich Papst Johannes Paul II. im Jahr 2000 erklärte, seine Hinrichtung sei aus kirchlicher Sicht »Unrecht« gewesen.)

Galilei gilt zu Recht als einer der Begründer der empirisch arbeitenden und auf exakten mathematischen Berechnungen fußenden Naturwissenschaften. Er widerlegte zahlreiche Irrtümer des Aristoteles, die zu seiner Zeit als ähnlich unantastbar galten wie die Aussagen der Bibel. Anders als Kepler, der wohl an den Wahrheitsgehalt der Horoskope glaubte, die er in seiner Eigenschaft als Berufsastrologe erstellte, meinte Galilei (wie zuvor schon Epikur), man solle nichts glauben, wofür es keine strapazierbaren Beweise gebe (eine Ausnahme bildete der christliche Glaube, den Galilei nicht prinzipiell infrage stellte, wenn er auch dafür plädierte, die Bibel nicht buchstabengetreu zu interpretieren).

Galilei ging wohl, wie zuvor bereits Giordano Bruno, davon aus, dass die Sonne nur ein Stern unter Milliarden ähnlicher Sterne sei und daher nicht im Mittelpunkt des Universums stehen könne, aber er war lebensklug genug, angesichts des Schicksals, das Bruno erleiden musste, für eine solch »ketzerische« Behauptung nicht öffentlich zu streiten. Die Summe der Erkenntnisse, die Galilei nicht nur auf dem Gebiet der Astronomie, sondern auch auf dem Gebiet der Mechanik beisteuerte (man denke nur an seine maßgeblichen Arbeiten zum *Gesetz des freien Falls*), sind wahrhaft beeindruckend. Und doch finden wir auch in seinen Darlegungen erstaunliche Irrtümer: So weigerte er sich, die weit genaueren Berechnungen Keplers anzuerkennen, weil er dessen elliptische Planetenbahnen als Widerspruch zum kopernikanischen Weltbild deutete. Gravierender aber noch war, dass ausgerechnet der angeblich stärkste Beleg, den Galilei gegen das geozentrische Weltbild vorbrachte, auf einer Fehlannahme gründete: Denn Ebbe und Flut werden nicht, wie Galilei glaubte, durch die Zentrifugalkraft (die durch die Rotation der Erde entstehende Fliehkraft) erzeugt, sondern durch die Gravitationskräfte von Mond und Sonne. Dies zu erkennen war jedoch einem anderen Jahrtausendgenie vorbehalten, das wenige Monate nach Galileis Tod geboren wurde: Isaac Newton (1643–1727).

Newton verdanken wir bahnbrechende Erkenntnisse sowohl auf dem Gebiet der *Mathematik* – etwa zeitgleich mit Gottfried Wilhelm Leibniz (1646–1716) entwickelte er die *Infinitesimalrechnung*, die es erstmals ermöglichte, komplexe physikalische Vorgänge mathematisch korrekt zu beschreiben – als auch auf dem Gebiet der *Optik* – seine Lichtbrechungsexperimente brachten ihn zu der Einsicht, dass weißes Licht aus unterschiedlichen Farben zusammengesetzt ist, womit Newton das zuvor oft religiös gedeutete Naturphänomen des Regenbogens wissenschaftlich erklären konnte. Newtons wichtigster Beitrag zum Erkenntnisfortschritt war aber zweifellos seine Begründung der *klassischen Mechanik*, mit der sich nicht nur die Bewegung sämtlicher Körper auf der Erde berechnen ließ, sondern auch die Bewegung von Planeten und Kometen bestimmt werden konnte, womit die alte aristotelische Vorstellung, im Himmel herrschten andere Gesetze als auf der Erde, endgültig entkräftet wurde.

Newtons revolutionär neue Sicht des Universums fand sehr bald allgemeine Anerkennung, sodass die katholische Kirche schon im 18. Jahrhundert ihre Verteidigung des geozentrischen Weltbildes aufgeben musste. Obgleich Newton selbst tief religiös war (wenn auch nicht im Sinne des traditionellen Christentums – so lehnte er die Vorstellung eines dreifaltigen Gottes als »Gotteslästerung« ab), wurde seine Mechanik zur Grundlage einer streng materialistischen Weltsicht, die die Natur allein aus sich heraus erklärte und jedes Eingreifen übernatürlicher, magischer Kräfte ablehnte. Dies spiegelte sich nicht nur im Aufschwung der materialistischen Philosophie im 18. Jahrhundert wider – von besonderer Bedeutung waren hier Julien Offray de La Mettrie (1709–1751) und Paul Thiry d'Holbach (1723–1789) –, sondern auch in den immer ausgefeilteren Modellen der naturwissenschaftlichen Forschung.

Schon 1647 hatte der bedeutende französische Wissenschaftler und Theologe Pierre Gassendi (1592–1655), der eine wichtige Inspirationsquelle für Newton gewesen war, eine einflussreiche Biografie über Epikur veröffentlicht, die dessen *Atomlehre* wieder ins Bewusstsein der Forscher rückte. Auf der Basis des antiken atomistischen Modells entwickelte der englische Naturwissenschaftler John Dalton (1766–1844) Anfang des 19. Jahrhunderts die *Grundlagen der modernen Chemie*. Dalton ging davon aus, dass es so viele unterschiedliche Atome wie chemische Elemente gebe und dass sich die verschiedenen Atome durch ihre jeweilige Masse unterscheiden würden. Mit dieser atomistischen Begründung vollzog sich endgültig der Bruch zwischen der *naturwissenschaftlich arbeitenden Chemie* und der *esoterischen Alchemie*, die noch Isaac Newton mit großer Leidenschaft betrieben hatte.

1869 veröffentlichte der russische Chemiker Dmitri Mendelejew (1834–1907) – dem wir, was hier nicht unterschlagen werden soll, auch eine qualitative Verbesserung des Wodkas zu verdanken haben – das bis heute gültige *Periodensystem der Elemente*, das die damals bekannten 63 Elemente (bis heute ist ihre Zahl auf 118 angewachsen) nach ihrer Atommasse und ihren jeweiligen chemischen Eigenschaften anordnete. Damit war die Menschheit bei der Beantwortung der Frage, was die Welt im Innersten zusammenhält, einen großen Schritt vorangekommen.

Allerdings war den Forschern noch immer nicht klar, was man unter »Atomen« genau verstehen sollte. (Ernst Mach hielt sie, wie gesagt, noch Ende des 19. Jahrhunderts für einen Spuk.) Doch dann kam den Wissenschaftlern eine ebenso spektakuläre wie zufällige Entdeckung zu Hilfe: Wilhelm Conrad Röntgen (1845–1923) bemerkte 1895 bei seinen Experimenten mit Entladungsröhren an der Universität Würzburg einen grünlichen Schimmer auf einem benachbarten Arbeitstisch, der mit dem Abschalten der Röhre wieder verschwand. Offenbar rührte das Leuchten von fluoreszierenden Kristallen, die zufällig dort lagen. Das Merkwürdige war, dass die seltsame Strahlung aus der Röhre Bücher, Holz oder Glas zu durchdringen vermochte (denn die Kristalle leuchteten auch, wenn Röntgen sie mit diesen Materialien von der Röhre abschirmte), nicht jedoch Blei, Platin oder (was sich später als sehr nützlich erweisen sollte) menschliche Knochen. Im Zuge seiner Untersuchungen entdeckte Röntgen, dass die mysteriösen Strahlen zudem in der Lage waren, Fotoplatten zu schwärzen. Und so schoss Röntgen am 22. 12. 1895 mit einer Aufnahme der Hand oder besser gesagt: *der Handknochen* seiner Ehefrau Bertha eines der berühmtesten Bilder der Menschheitsgeschichte, das nicht nur die Chirurgie, sondern auch die moderne Physik revolutionierte. Für die Entdeckung der sogenannten *X-Strahlen*, die in Deutschland bald in *Röntgenstrahlen* umbenannt wurden, erhielt Wilhelm Conrad Röntgen 1901 den ersten Nobelpreis für Physik, obgleich er die Wirkungsweise der nach ihm benannten Strahlung, wie sich später zeigte, falsch gedeutet hatte.

Röntgens Entdeckung sprach sich schnell herum. Bereits 1896 begann der französische Forscher Antoine Henri Becquerel (1852–1908), der ein anerkannter Fachmann auf dem Gebiet der Fluoreszenz war, mit verschiedenen fluoreszierenden Substanzen zu experimentieren. Seine Versuchsanordnung war recht simpel: Becquerel verpackte eine »unbelichtete Fotoplatte in schwarzes, lichtdichtes Papier, legte ein Kupferkreuz darauf und streute darüber der Reihe nach alle ihm bekannten fluoreszierenden Substanzen. Dann setzte er das Paket jeweils der Sonnenstrahlung aus, denn Fluoreszenz benötigt zu ihrer Anregung Licht.«[8] Allerdings waren Becquerels Experimente zunächst nicht von Erfolg gekrönt, erst als er Uransalz auf das Paket streute, zeigte sich auf der Fotoplatte der Schatten eines Kreuzes. Das eigentlich bedeutsame Ergebnis dieser Versuchsreihe stellte sich wiederum durch Zufall ein:

> »Angeblich wollte Becquerel das Phänomen weiter untersuchen und präparierte dazu mehrere Fotoplatten mit Uransalz. Da das Wetter trüb war, legte er sie in eine Schublade. Bei einer Überprüfung stellte er zu seiner Überraschung fest, dass auch diese Platten den Schatten des Kreuzes zeigten, ohne dass sie in der Sonne gelegen hatten. Es musste sich also nicht um die erwartete Lumineszenzstrahlung handeln, sondern um eine ständig vorhandene, selbsttätige Ausstrahlung des Urans.«[9]

Merkwürdigerweise übergab Becquerel die weitere Untersuchung dieses seltsamen Phänomens seiner Doktorandin – was sich jedoch als ein besonderer Glücksfall der Forschungsgeschichte erweisen sollte, denn diese Doktorandin war niemand anderes als die geniale, wenige Jahre zuvor aus Polen eingewanderte Physikerin Marie Curie (1867–1934). Gemeinsam mit ihrem Mann Pierre (1859–1906) stellte Madame Curie in mühsamster (leider auch gesundheitsgefährdender) Kleinarbeit fest, dass verschiedene Materialien hohe Energiemengen ausstrahlen, was sie unter dem Begriff »Radioaktivität« fasste. Darüber hinaus entdeckte sie wenig später zwei weitere radioaktive Elemente: Polonium (benannt nach ihrem Heimatland) und Radium. Für diese Grundlagenarbeit wurde Marie Curie 1903 (gemeinsam mit ihrem Mann Pierre und Antoine Henri Becquerel) mit dem Physik-Nobelpreis und 1911 zusätzlich noch mit dem Chemie-Nobelpreis ausgezeichnet. (Damit war sie nicht nur die erste Frau, die den Physik-Nobelpreis erhielt, sondern der einzige Mensch überhaupt, der sowohl mit dem Physik- als auch mit dem Chemie-Nobelpreis geehrt wurde.)

Angeregt durch die Arbeiten Curies, entdeckte der aus Neuseeland stammende Physiker Ernest Rutherford (1871–1937) den *radioaktiven Zerfall* (wofür er 1908 den Nobelpreis für Chemie erhielt). Mithilfe der sogenannten *Halbwertszeit* (der Zeitspanne, innerhalb derer die Hälfte einer radioaktiven Materialprobe zerfällt) gelang es Rutherford, das Alter eines Stücks Uranerz auf etwa 700 Millionen Jahre zu datieren, womit er 1904 bei einem Vortrag in London große Irritationen auslöste, denn damals gingen die Experten – allen voran Lord Kelvin (1824–1907), einer der führenden Forscher auf dem Gebiet der Thermodynamik, nach dem u. a. die Temperaturmaßeinheit »Kelvin« benannt wurde – davon aus, dass die Erde gerade einmal 24 Millionen Jahre alt sei (was zwar deutlich mehr war als die 6000 Jahre der Bibel, aber dem tatsächlichen Alter der Erde von 4,6 Milliarden Jahren nur unwesentlich näher kam).

1911 hielt Rutherford einen noch aufsehenerregenderen Vortrag in London, der die physikalische Weltsicht geradezu aus den Angeln hob. Denn Rutherford konnte nachweisen, dass die Atome keine festen Geschosse sind, wie man damals dachte (man stellte sie sich wie kleine, durch den Raum rasende Billardkugeln vor), sondern vielmehr aus einem *winzigen, massiven Kern im Zentrum, viel leerem Raum* und einer schmalen *äußeren Hülle* bestehen. Der amerikanische Bestsellerautor Bill Bryson (*1951) beschrieb die abenteuerlichen Größen- und Gewichtsverhältnisse, die Rutherford seinen Kollegen offenbarte, folgendermaßen: »Würde man ein Atom auf die Ausmaße einer Kathedrale vergrößern, wäre der Kern nur ungefähr so groß wie eine Fliege – aber die wäre viele tausend Mal schwerer als die Kathedrale.«[10]

Die Vorstellung, dass die uns bekannte feste Materie überwiegend aus »leerem Raum« besteht, ist noch heute – mehr als 100 Jahre nach Rutherfords Entdeckung – höchst irritierend, denn es widerspricht völlig unseren Alltagserfahrungen: »Wenn ich auf einem Stuhl sitze«, bringt es Bryson auf den Punkt, »sitze ich eigentlich nicht dort, sondern ich schwebe in einer Höhe von ungefähr einem Ångström (einem Hundertmillionstel Zentimeter) darüber, weil meine Elektronen und die des Stuhls sich jedem engeren Kontakt widersetzen.«[11] Kein Wunder, dass die Physiker nach Rutherfords Vortrag einigermaßen perplex waren.

Bereits 1897 hatte Rutherfords Lehrer J. J. Thomson (1856–1940) das negativ geladene *Elektron* entdeckt. Rutherford und seine Mitarbeiter konnten Anfang der 1920er-Jahre aufzeigen, dass der Atomkern aus positiv geladenen *Protonen* sowie elektrisch neutralen Teilchen, den *Neutronen*, bestehen muss. (Die Existenz der Neutronen konnte Rutherfords Mitarbeiter James Chadwick erst 1932 nachweisen, wofür er 1935 mit dem Physik-Nobelpreis ausgezeichnet wurde). Doch damit war die Suche nach der Basis der Materie noch längst nicht abgeschlossen: Allmählich erkannten die Forscher, dass selbst die winzigen Bestandteile des Atoms aus einer Unzahl sehr viel kleinerer Elementarteilchen zusammengesetzt sind bzw. durch diese zusammengehalten werden und dass neben den an sich schon unfassbar vielen »normalen« Materieteilchen ebenso viele verschiedene *Antimaterie-Teilchen* existieren (um hier von solch skurrilen Phänomenen wie »dunkler Materie« oder »dunkler Energie« ganz zu schweigen).

Wie seltsam die subatomare Welt aufgebaut ist, hatte der dänische Physiker Niels Bohr (1885–1962), ein weiteres prominentes Mitglied aus Rutherfords Team, bereits 1913 erkannt. Im *bohrschen Atommodell* kreisen Elektronen auf genau festgelegten Bahnen um den Atomkern, wobei sie von einer Bahn zur anderen *unvermittelt*, also ohne den Raum zwischen den Bahnen zu durchqueren (!), wechseln können. Dieser sogenannte *Quantensprung* (in der Umgangssprache absurderweise zur Bezeichnung eines besonders großen Wandels benutzt, obwohl es sich tatsächlich um eine winzige Änderung auf subatomarer Ebene handelt!) machte deutlich, dass in der mikrokosmischen Welt andere Gesetzmäßigkeiten gelten als in der uns bekannten makrokosmischen Welt (ob der Quantensprung aber tatsächlich *akausal* ist, wie Bohr und sein Kollege Werner Heisenberg annahmen, darüber streiten sich die Gelehrten bis heute).[12] 1922, in dem Jahr, in dem er mit dem Nobelpreis für Physik ausgezeichnet wurde, konnte Bohr mit dem *Schalenmodell des Atoms* (die Elektronen-Bahnen sind wie Zwiebelschalen um den Atomkern angeordnet) den Aufbau des Periodensystems der Elemente und ihre chemischen Eigenschaften erklären (wofür er eigentlich auch noch den Nobelpreis für Chemie verdient hätte).

So phantastisch die wissenschaftlichen Leistungen von Bohr, Rutherford oder Curie auch waren – sie wurden in den Schatten gestellt von einem »technischen Experten dritter Klasse« beim Schweizer Patentamt in Bern, einem Mann, der in dem Jahr, in dem er das physikalische Weltbild erstmals revolutionierte, weder Zugang zu einem Labor noch zu einer großen wissenschaftlichen Bibliothek hatte: 1905 veröffentlichte der 26-jährige Albert Einstein (1879–1955) – zu diesem Zeitpunkt noch ohne Doktortitel – Arbeiten zu vier unterschiedlichen physikalischen Grundproblemen, von denen *jede einzelne nobelpreiswürdig gewesen wäre*. Tatsächlich erhielt er 1921 den Physik-Nobelpreis für *eine* dieser Arbeiten, die sich mit dem »photoelektrischen Effekt«, der Wechselwirkung von Licht und Materie, beschäftigte und in der Einstein den Begriff des *Lichtquants* (später umbenannt in *Photon*) einführte – eine Arbeit, die u. a. die bis dahin rätselhafte Wirkung der Röntgenstrahlung erklären konnte und auch die spätere *Quantenphysik* maßgeblich beeinflusste.

Von noch weitreichenderer Bedeutung waren allerdings zwei andere Arbeiten Einsteins aus dem »Wunderjahr« 1905: Mit seiner Abhandlung *Zur Elektrodynamik bewegter Körper*,[13] die die *Spezielle Relativitätstheorie* begründete, legte Einstein dar, dass es weder absoluten Raum noch absolute Zeit gibt, sondern dass Längen- und Zeitmaße nur in Relation zum Bewegungszustand eines Beobachters gelten. Und als würde dies allein nicht schon genügen, formulierte er in dem kurz darauf erschienenen, bloß dreiseitigen Nachtrag *Ist die Trägheit eines Körpers von seinem Energieinhalt abhängig?*[14] auch noch das Prinzip der *Äquivalenz von Masse und Energie*, das er wenig später (1907)[15] auf die wohl berühmteste wissenschaftliche Formel aller Zeiten brachte: $E=mc^2$ (die Ruheenergie eines Körpers entspricht seiner Masse mal der Lichtgeschwindigkeit zum Quadrat – was u. a. bedeutet, dass in Ihrem Körper, auch wenn Sie sich momentan möglicherweise etwas schwächlich fühlen mögen, eine Energie gespeichert ist, die ungefähr der Sprengkraft von 30 großen Wasserstoffbomben entspricht).[16]

Einsteins elegante Formel erklärte, warum radioaktive Stoffe so hohe Strahlung abgeben (sie wandeln Materie auf effiziente Weise in Energie um), und sie warf zudem ein Licht darauf, wie unterschiedliche Formen von Materie aus Energie entstehen können (die genauen Zusammenhänge wurden allerdings erst sehr viel später erkannt). Darüber hinaus erlaubte die Gleichung $E=mc^2$ erstmals die Vorstellung, dass das Universum bereits einige Milliarden Jahre alt ist (zuvor hatte man gedacht, dass Sterne allenfalls einige Millionen Jahre leuchten können, bevor ihnen der Brennstoff ausgeht).

Nachdem Einstein als Hobbyphysiker am Feierabend einige der größten Rätsel des Kosmos gelöst hatte, kehrte er morgens wieder zurück in seinen Job als Angestellter des Schweizer Patentamtes. Erst 1909 erhielt er eine Professur für Physik. 1915/1916 vollendete er seine *Allgemeine Relativitätstheorie*, mit der er in bis dahin unbekannte physikalische Dimensionen vorstieß. Als seine Berechnungen der Lichtablenkung im Gravitationsfeld der Sonne während der Sonnenfinsternis 1919 empirisch bestätigt wurden, löste dies Schlagzeilen in vielen internationalen Medien aus, was Einstein über Nacht zu einer globalen Berühmtheit machte.

Mit der Allgemeinen Relativitätstheorie löste Einstein vor allem das Problem der *Gravitation*, das in der Speziellen Relativitätstheorie unberücksichtigt geblieben war. Im Unterschied zu Newton, der davon ausgegangen war, dass sich die Himmelskörper unter dem Einfluss der Schwerkraft in einem *unveränderlichen, passiven Raum* bewegen, entwickelte Einstein das Konzept eines *dynamischen Raums*, in dem die Himmelskörper auch ohne Unterstellung einer »magisch« wirkenden Schwerkraft in Bewegung gebracht werden. Einsteins geniale Grundidee war, dass jede Form von Materie, vom winzigen Atom bis zum gewaltigen Stern, den Raum um sich herum krümmt, »wobei die Stärke der Krümmung mit der Masse des Körpers zunimmt und mit wachsender Entfernung von ihm abnimmt«.[17] (Dass mit dieser *Raumkrümmung* auch eine *Zeitdehnung* einhergeht, weshalb wir korrekterweise von einer vierdimensionalen, in der Umgebung von Massen gekrümmten Raum-Zeit sprechen müssen, sei hier nur am Rande vermerkt.)

Aus Einsteins Berechnungen ergab sich, dass sich das Universum entweder *zusammenziehen* oder *ausdehnen* müsse, was allerdings den Vorstellungen der damaligen Astronomen widersprach, die von einem statischen Kosmos ausgingen. Wenig später jedoch mehrten sich die Anzeichen dafür, dass das Universum entgegen allen Erwartungen doch expandiert. Um dies zu erkennen, musste die kosmologische Forschung allerdings noch einen gewaltigen Schritt voranschreiten.

Erstaunlicherweise gingen die Forscher noch bis in die 1920er-Jahre (!) hinein davon aus, dass *die Milchstraße die einzige Galaxie im Universum sei.* Dann aber erkannte der amerikanische Astronom Edwin Hubble (1889–1953), dass der Andromeda-Nebel weit außerhalb der Milchstraße liegt und dass die sogenannten Spiralnebel *eigenständige Galaxien mit Millionen von Sternen sind.* Dabei entdeckte er u. a., dass sich diese Galaxien umso schneller von uns fortzubewegen scheinen, je weiter sie von uns entfernt sind. Die entscheidenden theoretischen Schlüsse aus dieser bahnbrechenden Erkenntnis wollte Hubble selbst jedoch nicht ziehen. Diese Arbeit war – ein weiteres Mal – einem wissenschaftlichen Außenseiter, nämlich dem belgischen Theologen und Astrophysiker Georges Lemaître (1894–1966), vorbehalten.

Bereits 1927 hatte Lemaître nicht nur die *Expansion des Universums* postuliert, sondern zugleich den Schluss gewagt, *dass sich das Universums ursprünglich aus einem winzig kleinen, extrem verdichteten Zustand* (einem »Uratom«, wie er es nannte) *entwickelt habe* – eine Vorstellung, für die der britische Astronom und entschiedene Lemaître-Kritiker Fred Hoyle (1915–2001) später den Begriff »Big Bang« (wörtlich »Großer Krach« oder »Urknall«) prägte. Lemaîtres Arbeit, die er in einem wenig bekannten belgischen Fachmagazin veröffentlichte, wurde zunächst kaum wahrgenommen. Später wurde sie von vielen Forschern aus zwei Gründen abgelehnt, einem *weltanschaulichen,* weil sie vermuteten, Lemaître wolle mit seiner Theorie den christlichen Schöpfungsakt durch die Hintertür in die Physik hineinschmuggeln (auch Einstein hatte zunächst solche Vorbehalte), sowie einem *wissenschaftlichen,* weil sie meinten, dass die Anfangsbedingungen, die Lemaîtres Modell voraussetzte, physikalisch keinen Sinn ergeben würden.

1948 jedoch entwickelten der amerikanische Physiker Ralph Alpher (1921–2007) und sein Doktorvater, der aus der Ukraine stammende Physiker George Gamow (1904–1968), der seine Lehrjahre einst bei Bohr und Rutherford absolviert hatte, eine mit Lemaîtres Modell kompatible Theorie der Entstehung des Kosmos aus einem *heißen Anfangszustand*, die sowohl den *Anteil von Helium im Universum* als auch die Existenz einer *kosmischen Hintergrundstrahlung* (die aus der Zeit etwa 380 000 Jahre nach dem Urknall herrührt) korrekt vorhersagte. Tatsächlich konnte die Hintergrundstrahlung im Jahr 1964 (also erfreulicherweise noch *vor* dem Tod Lemaîtres und Gamows) empirisch bestätigt werden.

Allerdings geschah dies wieder einmal durch reinen Zufall: Denn eigentlich wollten die beiden Physiker Arno Penzias (*1933) und Robert Woodrow Wilson (*1936) mithilfe einer neuen empfindlichen Antenne Experimente mit künstlichen Erdsatelliten durchführen, was jedoch aufgrund eines störenden Geräusches, das aus allen Richtungen gleichzeitig zu kommen schien, kaum möglich war. Ein Jahr lang suchten die beiden vergeblich nach der Ursache des Rauschens, denn weder die Befreiung der Antenne von Taubendreck noch technische Wartungsarbeiten ließen das störende Geräusch verschwinden. Einigermaßen verzweifelt kontaktierten sie daraufhin den Astrophysiker Robert Henry Dicke (1916–1997), der zu dieser Zeit selbst auf der Suche nach der kosmischen Hintergrundstrahlung war. Dicke erkannte sofort, dass Penzias und Wilson nichts Geringeres als das »Echo des Urknalls« entdeckt hatten (wofür sie einige Jahre später mit dem Physik-Nobelpreis ausgezeichnet wurden).

Seit ich mich mit Fragen der Wissenschaftsgeschichte beschäftige, fasziniert mich die Tatsache, dass zahlreiche maßgebliche Forschungsergebnisse auf eher zufällige Entdeckungen zurückgehen (wir haben dies nicht nur an der Hintergrundstrahlung, sondern auch am Beispiel der Röntgenstrahlung und der Radioaktivität gesehen). Wie groß die Rolle des Zufalls tatsächlich ist, wurde mir allerdings erst 2011 bewusst, als mich der amerikanische Physiker Lawrence Krauss (*1954) bei einem Abendessen darauf hinwies, dass wir in den letzten Jahrzehnten nur deshalb in der Lage waren, der Entstehung und Entwicklung des Universums auf die Schliche zu kommen, weil wir *zufälliger-*

weise in einem Zeitfenster leben, in dem die Expansion des Kosmos feststellbar ist.

In zwei Billionen Jahren – gewiss, eine lange Zeit, aber manche Sterne werden (im Unterschied zu unserer Sonne) deutlich älter – wird die Expansion der Raumzeit schon so weit vorangeschritten sein, dass von der Milchstraße aus keine der etwa 100 Milliarden fernen Galaxien mehr beobachtet werden kann. Da sich die Galaxien unserer lokalen Gruppe (Milchstraße, Andromeda-Galaxie und etwa 60 Zwerggalaxien) bis dahin zu einer Megagalaxie vereinigt haben und neben den fernen Galaxien auch alle anderen Belege für den Urknall (etwa die Hintergrundstrahlung) verschwunden sein werden, werden potenzielle extraterrestrische Forscher der Zukunft – ähnlich wie wir in der jüngeren Vergangenheit – von einem *ewigen, statischen Universum* ausgehen, das aus einer einzigen, großen Galaxie besteht. Im Unterschied zu uns werden sie diese Fehleinschätzung jedoch *niemals korrigieren können*, da sämtliche empirischen Belege, die das Gegenteil beweisen könnten, sich bis dahin in den unendlichen Weiten des expandierenden Raums verflüchtigt haben werden.

Lawrence Krauss hat dieses faszinierende Argument in den letzten Jahren in verschiedener Form vorgetragen. Wenige Monate nach unserem Treffen in Zürich publizierte er es auch in seinem Buch *A Universe from Nothing*, das 2013 in deutscher Übersetzung erschien.[18] Der Clou dieses Buchs besteht nicht in diesem etwas irritierenden Blick in die Zukunft, die, wie Krauss scherzt, »auch nicht mehr das ist, was sie einmal war«, sondern in einem erhellenden Blick zurück auf die Embryonalphase unseres Universums. Denn wie der Titel bereits andeutet, beschäftigt sich der Physiker in seinen Ausführungen vornehmlich mit der Frage, *warum es überhaupt irgendetwas gibt und nicht vielmehr nichts*. Um dieses von Theologen und Philosophen in der Vergangenheit immer wieder aufgeworfene Problem zu klären, sieht er es als zweckmäßig an, zunächst einmal zu klären, was man aus naturwissenschaftlicher Perspektive vernünftigerweise unter dem Begriff »Nichts« verstehen kann und was eben nicht.

In der Natur gibt es nur *einen* Zustand, der in etwa dem entspricht, was wir uns unter dem »Nichts« vorstellen, nämlich das *Vakuum des leeren Raums*. In diesem »echten Vakuum« gibt es kein einziges Staubkörnchen, keine Luft, nicht einmal ein einziges kleines Wasserstoffatom. Selbst die Strahlung kann man durch Abkühlen weitestgehend eliminieren. Allerdings hat die Quantenphysik gezeigt, dass auch in diesem scheinbaren »Nichts« ständig »etwas« ist, denn das Vakuum ist vor allem eines: *dynamisch*. Fortwährend treten im leeren Raum *Quantenfluktuationen* auf, d. h. es entstehen dauernd virtuelle Teilchen und Antiteilchen, die sich sofort nach ihrer Entstehung gegenseitig wieder auslöschen – und das führt zu messbaren Effekten.

Man mag hier vielleicht einwenden, dass ein leerer Raum noch kein absolutes »Nichts« sei, da sich dieses »Nichts« ja immerhin *in* etwas, nämlich im »Raum«, befindet. Spekulativen Szenarien der Quantenkosmologie zufolge könnten jedoch sogar *ganze Universen* durch Quantenfluktuationen aus dem »Nichts« bzw. einem »Quantenvakuum« entstehen. Das haben theoretische Physiker wie beispielsweise Stephen Hawking (*1942) und Alan Guth (*1947) mit verschiedenen Modellen gezeigt.[19]

Auch für die Entstehung und Dominanz der Materie gegenüber der Antimaterie im frühen Universum gibt es Erklärungsversuche. So weist Lawrence Krauss darauf hin, dass ein leichtes anfängliches Missverhältnis von einer Milliarde und eins Teilchen zu einer Milliarde Antiteilchen ausreichen würde, um den Überschuss an Materie in unserem Universum zu erklären. Für jedes Proton im Universum existieren nämlich etwa eine Milliarde Photonen (Einsteins »Lichtquanten«) in der kosmischen Hintergrundstrahlung, die (dem Modell zufolge) aus der gegenseitigen Vernichtung von Materie und Antimaterie in den ersten Minuten nach dem Urknall übrig geblieben sind.[20] Krauss postuliert auf der Basis solcher Annahmen, dass ein »raum- und zeitloses Nichts« nicht nur virtuelle Teilchen, sondern auch *virtuelle Universen* hervorbringen kann. Allerdings dürften solche »virtuelle Universen« (ähnlich wie virtuelle Teilchen) nur für extrem kurze Zeit bestehen – es sei denn, es kommt zu jenem bemerkenswerten Vorgang, den Alan Guth Anfang der 1980er-Jahre entdeckte und als »kosmische Inflation« bezeichnete.[21]

Den Berechnungen der Inflationstheoretiker zufolge blähte

sich unser zu Beginn mikrokosmisch kleines All innerhalb von nur 10^{-30} Sekunden auf das 10^{30}-Fache aus – das ist etwa so, »als würde sich eine ein Zentimeter große Münze auf das Zehnmillionenfache der Milchstraße vergrößern«, wie der deutsche Wissenschaftsjournalist Rüdiger Vaas (*1966) schreibt.[22] (Wer meint, bei einem solchen Vorgang könne es nicht mit »rechten Dingen« zugehen, täuscht sich: Denn erstens ist diese immense Vergrößerung mit Einsteins bislang immer wieder bestätigter Allgemeiner Relativitätstheorie vereinbar, welche die Expansion durch eine Art »Antigravitationseffekt« beschreiben kann. Und zweitens verstößt sie auch nicht gegen die Annahme, dass sich nichts schneller als das Licht im Vakuum ausbreitet, da die Geschwindigkeitsbegrenzung von rund 300 000 Kilometern pro Sekunde nur für die Bewegung *im Raum* gilt, nicht aber für die *Ausbreitung des Raumes selbst.*)

Die Inflationstheorie hat unter Kosmologen schnell Verbreitung gefunden, da sie nicht nur mehrere Tests erfolgreich bestanden hat, sondern auch auf sehr elegante Weise die Struktur unseres heutigen Universums (etwa die gleichmäßige Verteilung der Materie und seine »flache« Geometrie) erklären kann. Umstritten ist jedoch, ob die Inflation nach einer kurzen dramatischen Phase aufhörte oder ob sie, wie u. a. der russische Inflationstheoretiker Andrei Linde (*1948) meint, in einigen Teilen des Universums noch immer fortdauert. Recht genau wissen wir aber, was nach der (ersten) dramatischen Episode der Inflation (so es sie gegeben hat) im jungen Universum geschah: Das sogenannte »falsche Vakuum« des Inflationfeldes wandelte sich in das bekannte »echte Vakuum«, wobei durch die freigesetzte Energie die ersten Elementarteilchen entstanden.[23]

Die Physiker haben errechnet, dass die leichten Elemente, vor allem Wasserstoff und Helium, die etwa 99 Prozent der gewöhnlichen Materie des Weltalls ausmachen, schon innerhalb der ersten 15 Minuten nach dem Urknall geboren wurden. Alle sonstigen, schwereren Elemente (u. a. Kohlenstoff, Stickstoff, Sauerstoff, Eisen) wurden erst später im Inneren der Sterne erbrütet, noch schwerere Elemente, etwa Gold und Platin, bedurften sogar der gewaltigen Energie, die bei der Explosion von Sternen freigesetzt wird.

Nachdem die verschiedenen Atomkerne durch diese (mittlerweile gut verstandenen) Prozesse der *Nukleosynthese* entstanden waren, bildeten sie schließlich alle erdenklichen Formen von Materie – selbstverständlich auch jene, die wir heute auf der Erde antreffen: Felsen, Ozeane, Pflanzen, Tiere, Wolkenkratzer, Smartphones usw. Und einige dieser vor langer Zeit geborenen Atome (es sind sogar mehr als 10^{27}, also Milliarden mal Milliarden mal Milliarden Atome pro Person) haben sich – als eine von unzähligen Zwischenstationen auf ihrer langen Reise durch die Raumzeit – just in diesem Moment zusammengefunden, um Sie und mich hervorzubringen. Insofern lässt sich tatsächlich mit Fug und Recht sagen, dass wir allesamt *Sternenstaub* sind, ja womöglich sogar *Kinder des Quanten-Nichts*.[24]

Macht man sich all dies bewusst, weiß man nicht so recht, worüber man sich *mehr* wundern soll – darüber, dass das gigantische Universum (um vom möglicherweise existierenden Multiversum ganz zu schweigen!) mit seinen Milliarden von Galaxien, seinen unzähligen Sternen und Planeten aus dem unscheinbaren Quanten-Nichts entstanden ist – oder darüber, dass der *Mensch* (eine vor wenigen kosmischen Sekunden aus dem ursprünglichen Quanten-Nichts hervorgegangene Kohlenwasserstoff-Verbindung) in der Lage ist, diese komplexe Entwicklung vom Allerkleinsten zum Allergrößten zu ergründen.

Eines jedoch steht fest: Wir wissen heute (trotz vieler noch immer vorhandener Erkenntnislücken) sehr viel mehr darüber, »was die Welt im Innersten zusammenhält«, als es sich Goethe bei der Niederschrift des *Faust* hätte erträumen können – und dies gilt selbstverständlich nicht nur für das Gebiet der Physik, sondern, wie wir gleich sehen werden, auch für das nicht minder interessante Feld der Biologie.

Das Rätsel des Lebens

Was ist Leben? Wie und wann entstand es? Warum gibt es so viele unterschiedliche Lebensformen? Und in welchem Verhältnis steht der Mensch zu ihnen? Diese Fragen beschäftigen die Menschheit ebenso lange wie die Fragen nach der Entstehung und der Beschaffenheit der physischen Welt – und wie in der Physik tappte der Mensch auch hier lange Zeit im Dunkeln.

Eigentlich ist dies verwunderlich. Schließlich begannen unsere Vorfahren schon vor mehr als 10 000 Jahren, Pflanzen und Tiere zu züchten. Dennoch dauerte es bis ins 19., ja genau genommen sogar bis ins 20. Jahrhundert hinein, bis der Mensch allmählich die grundlegenden Gesetze der Vererbung und des evolutionären Wandels verstand. Wie ist das zu erklären? Um diese Frage zu beantworten, ist es sinnvoll, zu dem Mann zurückzukehren, dem wir bereits in unserer Erkundung der Forschungsgeschichte der Physik begegnet sind: *Aristoteles.*

Es ist sicherlich nicht übertrieben, Aristoteles als den »Vater der Biologie« zu bezeichnen.[25] Ein Drittel seines umfangreichen Gesamtwerkes war biologischen – vorwiegend zoologischen – Fragestellungen gewidmet, wobei er sich nicht nur auf die Berichte anderer verließ, sondern selbst viele Tiere im Hinblick auf Gemeinsamkeiten und Unterschiede in ihrem Verhalten und ihrer Anatomie akribisch untersuchte. Insgesamt beschrieb Aristoteles über 500 Arten – zum Teil in einer bis heute verblüffenden Präzision. In seinem Versuch eines biologischen Klassifikationssystems der Tiere unterschied er zwischen »Blutlosen« und »Bluttieren« in einer Weise, die in etwa unserer heutigen Unterscheidung zwischen »Wirbellosen« und »Wirbeltieren« entspricht, und fasste die darunter subsumierten Arten aufgrund ihrer anatomischen Gemeinsamkeiten wieder in einzelnen Gruppen zusammen, was die Tiersystematik bis in die Neuzeit hinein prägen sollte.

Tatsächlich muss man wohl sagen, dass nach Aristoteles fast 2000 Jahre lang (bis ins 17. Jahrhundert hinein) kaum Fortschritte auf dem Gebiet der Biologie erzielt wurden, was leider auch zur Folge hatte, dass die Irrtümer, die Aristoteles aufgrund des begrenzten Wissensstands seiner Zeit notgedrungen unterlaufen mussten, von einem Jahrhundert zum nächsten weitertransportiert wurden. So blieb beispielsweise der Glaube an Fabelwesen wie Einhörner (Aristoteles hatte entsprechende Erzählungen unkritisch übernommen) bis ins 19. Jahrhundert erhalten. Auch die aristotelische Vorstellung einer »Urzeugung« (er war davon ausgegangen, dass »niedere Lebewesen« wie Würmer und Insekten spontan unter dem Einfluss von Wärme, Luft und Wasser entstehen) war bis ins 19. Jahrhundert hinein virulent, was noch Immanuel Kant dazu veranlasste, das Fenster in seinem Schlafzimmer permanent geschlossen zu halten.[26]

Der gravierendste Fehler jedoch, der Aristoteles – zweifellos auf Basis der empirischen Erfahrung, dass Hühner immer Hühner und Pferde immer Pferde hervorbringen – unterlief, war, dass er fest an die *Konstanz der Arten* glaubte und die Idee eines allmählichen Wandels vehement zurückwies. Tatsächlich hatte es solche Vorstellungen schon *vor* Aristoteles gegeben. So ging der vorsokratische Philosoph und Astronom Anaximander (um 610–547 v. u. Z.) davon aus, dass die Menschen aus fischähnlichen Tieren entstanden seien. Noch sehr viel erstaunlicher: Der griechische Philosoph Epikur, den wir schon im vorangegangenen Unterkapitel als weitsichtigen Vordenker der Atomlehre gewürdigt haben (wir werden ihm ein weiteres Mal als ebenso weitsichtigem Vordenker der Ethik begegnen), formulierte wenige Jahrzehnte *nach* Aristoteles bereits das *Prinzip der natürlichen Auslese* und damit das Herzstück der darwinischen Evolutionslehre, die erst 2000 Jahre später entwickelt wurde. In dem berühmten Lehrgedicht *De rerum natura* (»Über die Natur der Dinge«) des römischen Dichters Lukrez (97–55 v. u. Z.) wird *Epikurs verblüffende Vorwegnahme des evolutionären Selektionsprinzips* folgendermaßen zusammengefasst:[27]

»Einstmals schuf auch die Erde noch zahlreiche Wundergestalten, wie zum Versuch, an Gestalt wie an Gliedern seltsam gebildet […] die Natur verweigerte ihnen den Nachwuchs, denn zur ersehnten Blüte vermochten sie nicht zu gelangen, noch sich die Nahrung zu schaffen, noch gar sich in Liebe zu paaren. Denn gar vielerlei muss, wie wir sehen, zusammen sich finden, soll sich ein sterblich Geschlecht fortpflanzen und weiter vermehren. […] Damals mussten wohl viele der lebenden Gattungen ausgehn, da sie imstand nicht waren, für Nachwuchs weiter zu sorgen. Denn die Geschöpfe, die jetzt sich erfreun des belebenden Odems, können von Jugend auf nur so das Geschlecht sich erhalten, dass sie durch Kraft sich und List und endlich durch Schnelligkeit schützen. […] Aber die Tiere, die nichts von solcher natürlichen Mitgift mitbekamen, […] verfielen dem Raub und der Beute der andern, [...] bis die Natur solch schwaches Geschlecht zum Untergang führte.«[28]

Bedauerlicherweise konnte sich die epikureische Sichtweise, die wohl eine sehr viel frühere Formulierung der Evolutionstheorie ermöglicht hätte, gegen das dominante aristotelische Weltbild nicht durchsetzen (wie wir ja schon im Fall der Atomlehre gesehen haben). Das lag nicht zuletzt an den politischen Verhältnissen: Schon in der römischen Kaiserzeit war der Epikureismus in den herrschenden Kreisen einigermaßen verpönt (in seiner freundlich bescheidenen Art widersprach er allzu sehr dem heroischen Tugendbild der Römer), doch mit der Durchsetzung des Christentums avancierte er geradezu zum Inbegriff der Ketzerei, hatte doch Epikur weder an die Macht der Götter noch an Wunder, noch an die Unsterblichkeit der Seele geglaubt.

Das galt zwar mit gewissen Abstrichen auch für Aristoteles, aber immerhin hatte dieser an der Konstanz der Arten festgehalten, was sich wunderbar mit der Schöpfungsgeschichte der Bibel verbinden ließ. Fatalerweise festigte die Kirche die Lehre von der Unveränderlichkeit der Arten zusätzlich, indem sie (im Unterschied zu Aristoteles, der noch von einer natürlichen Entstehung der Arten ausgegangen war) behauptete, dass »Gott« alle Pflanzen und Tiere in liebevoller Kleinarbeit einzeln erschaffen habe, wodurch alternative Sichtweisen für lange Zeit undenkbar wurden.

Es muss daher nicht verwundern, dass die naturwissenschaftliche Forschung unter dem Diktat der Theologie in den folgenden Jahrhunderten fast gänzlich zum Erliegen kam. Erst mit der kulturellen Öffnung in der Zeit der Renaissance (damals wurde auch das oben zitierte Lehrgedicht des Lukrez wiederentdeckt, siehe hierzu auch Kapitel 6: *Emanzipation und Fortschritt*) begannen sich die Menschen wieder mehr für naturwissenschaftliche Themen zu interessieren, ab dem 16. Jahrhundert wurden erste Werke über Pflanzen und Tiere gedruckt, erste empirische Studien ab dem 17. Jahrhundert betrieben.

Eine der Vorreiterinnen dieser neuen Naturwissenschaftsbewegung war die Insektenforscherin und Malerin Maria Sibylla Merian (1647–1717). Schon 1679 hatte Merian mit ihrem Buch *Der Raupen wunderbare Verwandlung und sonderbare Blumen-*

nahrung gezeigt, welche Farben- und Formenpracht die eigentlich verpönten »niederen Insekten« aufweisen. Und 1699 tat die mutige Dame noch etwas sehr viel Ungewöhnlicheres: 100 Jahre vor der Amerika-Reise Alexander von Humboldts und mehr als 130 Jahre vor Darwins Reise mit der Beagle brach sie – noch dazu ohne männlichen Beistand, nur begleitet von ihrer Tochter, was gegen alle geltenden Konventionen verstieß – zu einer Entdeckungsreise nach Südamerika auf, um die exotische surinamische Tierwelt (insbesondere die dort lebenden Insekten) zu erforschen. Das daraus resultierende Werk *Metamorphosis insectorum surinamensium oder Verwandlung der surinamischen Insekten* stieß vor allem aufgrund der außergewöhnlichen Illustrationen, die Merian angefertigt hatte, bei ihren Zeitgenossen auf große Bewunderung und heizte die Suche nach unentdeckten Pflanzen- und Tierarten weiter an.

Im Verlauf des 18. Jahrhunderts stieg die Zahl der bekannten Spezies auf mehrere Tausend an. Da es keine festen Regeln für die Benennung und Einordnung dieser neu entdeckten Arten gab, wurde die Situation zunehmend unübersichtlich. Glücklicherweise betrat in diesem Moment ein Mann die Bildfläche, der Ordnung ins Chaos der Biologie bringen sollte: Carl von Linné (1707–1778). In seinem bahnbrechenden Werk *Systema Naturae* fasste Linné die Tier- und Pflanzenwelt systematisch nach den Kategorien *Klasse, Ordnung, Gattung, Art, Varietät* und führte (ab der 10. Auflage) die bis heute gültige *binäre Nomenklatur* ein, die den wissenschaftlichen Namen einer Spezies lediglich über *zwei Wörter* definiert, den (großgeschriebenen) Gattungsnamen (Beispiel: *Homo*) und die spezifische (kleingeschriebene) Artbezeichnung innerhalb der Gattung (Beispiel: *sapiens*).

Linnés Modell fand schnell allgemeine Anerkennung, obgleich ihr Verfechter eine bemerkenswert freigeistige Denkungsart an den Tag legte: So gab der große Biologe, fasziniert von seiner Entdeckung des *Sexualsystems der Pflanzen*, einigen Arten recht obszöne Namen und beschrieb den »pflanzlichen Geschlechtsverkehr« mitunter derart lüstern,[29] dass sogar der ansonsten nicht besonders prüde Goethe sich darüber mokierte: »Wenn unschuldige Seelen [...] botanische Lehrbücher in die

Hand nehmen, können sie nicht verbergen, dass ihr sittliches Gefühl beleidigt sei; die ewigen Hochzeiten, die man nicht loswird, wobei die Monogamie, auf welche Sitte, Gesetz und Religion gegründet sind, ganz in vage Lüsternheit sich auflöst, bleibt dem reinen Menschensinn unerträglich.«[30]

Von seiner Freigeistigkeit zeugte auch, dass Linné in größter Unbefangenheit *den Menschen in das Tierreich einordnete* – was seit Aristoteles niemand mehr gewagt hatte. Ab der 10. Auflage der *Systema Naturae* rechnete Linné den Menschen der *Ordnung der Primaten* zu, wobei er zwischen zwei Menschenarten unterschied, dem Nachtmenschen *Homo nocturnus* oder *Homo troglodytes* (worunter er den Orang-Utan fasste – vom Schimpansen, der später den Namen *Pan troglodytes* erhielt, wusste Linné noch nichts) sowie dem Tagmenschen *(Homo diurnis)*, dem Linné 1758 den Artnamen *Homo sapiens* gab.

Zwar glaubte Linné selbst noch fest daran, dass »der Schöpfer« die verschiedenen Arten so erschaffen hatte, wie sie heute existieren, aber nachdem der Mensch nun bereits offiziell der Ordnung der Primaten zugerechnet wurde, war es nur noch eine Frage der Zeit, bis auch dieses Dogma erschüttert werden sollte. 1809 war es so weit: Rund 30 Jahre nach Linnés Tod veröffentlichte der französische Botaniker und Zoologe Jean-Baptiste de Lamarck (1744–1829) seine *Philosophie zoologique*, die erste *Theorie des Artwandels* mit wissenschaftlichem Anspruch.

Allerdings ging es in Lamarcks Konzept nur um den allmählichen Wandel *innerhalb* der Arten – die Idee, dass alle existierenden Arten aus gemeinsamen primitiven Urformen hervorgegangen sein könnten, kam ihm nicht in den Sinn. Stattdessen unterstellte er – ganz im Sinne des Aristoteles – eine »Urzeugung« vieler verschiedener primitiver Arten. Diese, so Lamarck, hätten sich auf der Basis der »Vererbung erworbener Eigenschaften« immer weiter »vervollkommnet«, bis sie ihre heutige Gestalt angenommen hätten. Beispielsweise meinte er, dass einst sehr viel kurzhalsigere Giraffen existiert hätten, die auf der Suche nach Nahrung in hohen Bäumen immer stärkere Halsmuskeln entwickelt und diese an ihre Nachkommen vererbt hätten – ein Prozess, der sich von Generation zu Generation wiederholt habe, wodurch die Hälse der Giraffen immer länger geworden seien.

Lamarcks Transformationslehre war eine wichtige Vorstufe zur modernen Evolutionstheorie, aber sie hatte gravierende Mängel. Vor allem: Wie sollte man es sich erklären, dass die Erde so viele unterschiedliche Urformen durch »Urzeugung« hervorbringen konnte? Und: Worauf sollte man den nach der »Urzeugung« stattfindenden Transformationsprozess ursächlich zurückführen? Lamarcks Antwort, dass die Organismen einem inneren »Vervollkommnungstrieb« folgen würden, hatte offenkundig mehr mit Theologie zu tun als mit empirischer Wissenschaft.

Erst Charles Darwin (1809–1882) konnte plausible Antworten auf diese Fragen liefern. Allerdings scheute er sich lange, seine Theorie zu veröffentlichen – nicht, weil er die Schlussfolgerungen, zu denen er gelangt war, anzweifelte, sondern weil er befürchtete, dass sie einen Sturm der Empörung auslösen würden (was letztlich auch zutraf). Einem seiner engsten Freunde, dem Botaniker Joseph Hooker (1817–1911), vertraute er an, eine solche Theorie zu publizieren sei in etwa so, »als ob man einen Mord gesteht«.[31] Also hielt Darwin den 230-seitigen Entwurf zur Evolutionstheorie, den er bereits 1844 vollendet hatte, jahrelang unter Verschluss. Eine Zeit lang liebäugelte er sogar mit dem Gedanken, die weltanschauliche Bombe der Abstammungslehre erst nach seinem Ableben platzen zu lassen. (Seiner Frau hatte er vorsorglich die Anweisung gegeben, das Manuskript im Falle seines Todes zu veröffentlichen.)

Doch die Freunde, die Darwin in seine Gedankengänge eingeweiht hatte, drängten ihn zunehmend, das explosive Material zu publizieren – vor allem, als sich herausstellte, dass der britische Naturforscher Alfred Russel Wallace (1823–1913) unabhängig von Darwin zu ganz ähnlichen Schlüssen gelangt war. Daher blieb dem chronisch magenkranken Gelehrten nichts anderes übrig, als seine Aufzeichnungen möglichst schnell mit neuem Material anzureichern und für den Druck vorzubereiten. Und so erschien 1859, 15 Jahre (!) nach der Fertigstellung des ersten Manuskripts, Darwins epochales Werk *Über die Entstehung der Arten* – ein Buch, das das Selbstverständnis des Menschen wohl in stärkerem Maße verändert hat als jedes andere Buch, das in der Menschheitsgeschichte publiziert wurde.

Trotz seiner weitreichenden Folgen waren die Grundideen, die Darwin in seinem Werk darlegte und anhand unzähliger Belege dokumentierte, von bestechender Einfachheit. Genau genommen bestand die neue Lehre aus fünf elegant miteinander verwobenen Elementen:[32]

1. *Abstammungslehre:* Alle heute existierenden Arten sind miteinander verwandt, da sie von primitiven Urformen abstammen, die vor langer Zeit entstanden sind.[33]

2. *Prinzip der natürlichen Auslese:* Da die Organismen mehr Nachkommen produzieren, als unter dem Diktat begrenzter Ressourcen überleben können, kommt es in der Natur zu einem »Kampf ums Dasein«, aus dem nur *die* Lebensformen erfolgreich hervorgehen, die an die jeweiligen Lebensbedingungen hinreichend (besser als die Konkurrenz) angepasst sind.

3. *Lehre von der Veränderung der Arten:* Da sich die Umweltbedingungen ändern (etwa durch Klimaveränderungen oder das Auftreten neuer Fressfeinde) stehen die Arten unter permanentem Anpassungsdruck, weshalb sie nicht konstant bleiben können, sondern sich verändern müssen (Arten, die sich nicht an veränderte Umstände anpassen können, sind dem Untergang geweiht).

4. *Konzept des Gradualismus:* Alle evolutionären Veränderungen vollziehen sich langsam in unzählig vielen, kleinen Schritten – von heute auf morgen entstehen weder neue Organe noch neue Arten.

5. *Konzept der Artbildung und Artvermehrung:* Auf Populationen derselben Art können solch unterschiedliche Anpassungsdrücke wirken, dass sich diese Populationen mit der Zeit so weit voneinander entfernen, dass ihre Mitglieder sich nicht mehr untereinander fortpflanzen können – aus einer Art können also zwei oder mehrere Tochterarten hervorgehen, was die Vielfalt der Lebensformen auf der Erde erklärt.

Mit diesen empirisch gestützten Überlegungen erschütterte Darwin das traditionelle Weltbild bis ins Mark. Es bedurfte eben *keiner göttlichen Absicht*, nicht einmal eines lamarckschen »Vervollkommnungsdrangs«, um die Mannigfaltigkeit des Lebendigen hervorzubringen. Dies alles ließ sich auf ein *sinnblindes, natürliches Selektionsprinzip* zurückführen, das aufgrund der unterschiedlichen Fortpflanzungsfähigkeit der Organismen bestimmte Eigenschaften förderte und andere eliminierte. Darwin selbst fasste diese ernüchternde Erkenntnis wie folgt zusammen: »So geht aus dem Kampfe der Natur, aus Hunger und Tod unmittelbar die Lösung des höchsten Problems hervor, das wir zu fassen vermögen, die Erzeugung immer höherer und vollkommenerer Tiere.«[34]

Dass Darwin mit den »höheren und vollkommeneren Tieren« gerade auch *Homo sapiens* meinte, war Eingeweihten sofort klar. Vor allem seine wichtigsten Mitstreiter Thomas Henry Huxley und Ernst Haeckel ließen keinen Zweifel daran aufkommen, dass auch die Entstehung des modernen Menschen evolutionstheoretisch gedeutet werden müsse.[35] Er selbst hielt sich in dieser Angelegenheit zunächst zurück und wartete – wohl auch aus Rücksicht auf seine christlich geprägte Gattin – zwölf weitere Jahre, bis er mit *Die Abstammung des Menschen und die geschlechtliche Zuchtwahl* sein zweites evolutionstheoretisches Hauptwerk veröffentlichte.

Mit diesem Buch, in dem er den Frevel beging, auch die sogenannten »höheren geistigen Eigenschaften« des Menschen konsequent über evolutionäre Prinzipien zu erklären, schuf Darwin nicht nur ein *Standardwerk der wissenschaftlichen Anthropologie* – mindestens ebenso bedeutsam war, dass er mit seinen Darlegungen zur *Partnerwahl* (dem eigentlichen Hauptthema des Buchs) das *Prinzip der natürlichen Selektion* durch ein nicht minder wichtiges zweites Prinzip ergänzte, ohne dessen Berücksichtigung sich das evolutionäre Geschehen nicht verstehen lässt, nämlich das *Prinzip der sexuellen Selektion*.

Trotz seiner enormen Bedeutung bezweifelte Darwin, dass dieses Prinzip unter den Biologen in absehbarer Zeit Anerkennung finden würde, womit er (wieder einmal) recht behalten sollte: Tatsächlich begannen die Forscher erst 100 Jahre nach Darwins Tod, in den 1970er-Jahren, allmählich zu begreifen, welch fulminante Bedeutung der Sexualität in Natur und Kultur zukommt. (Wir werden uns mit diesem Thema im fünften Kapitel intensiver auseinandersetzen, denn unser »Sinn für das Schöne« wäre – wie vieles andere auch – ohne die von Darwin beschriebene »geschlechtliche Zuchtwahl« gar nicht erst entstanden.)

Darwins Lehre fand (abgesehen vom Prinzip der sexuellen Selektion) in Fachkreisen schnell Anerkennung, aber es zeigte sich bald, dass die Theorie mit einigen ernsthaften Problemen belastet war. So meinten wissenschaftliche Kritiker, dass die Erde nicht alt genug sei (wir erinnern uns: Lord Kelvin zufolge sollte sie erst vor 24 Millionen Jahren entstanden sein), um all die vielen kleinen evolutionären Veränderungen hervorzubringen, die Darwin beschrieben hatte. Wie bereits geschildert, löste sich dieses Problem Anfang des 20. Jahrhunderts in Wohlgefallen auf, als Physiker und Geologen (dank Einsteins Formeln und Rutherfords neuen Messmethoden) erkannten, dass die Erde sehr viel älter sein musste, als man zuvor angenommen hatte.

Für die Lösung des zweiten gravierenden Problems der Abstammungslehre konnten die Biologen jedoch nicht auf fachfremde Schützenhilfe hoffen. Das Problem bestand darin, dass Darwins Theorie zwar erklären konnte, *warum* sich die physischen Eigenschaften und Verhaltensweisen der Organismen im Laufe der Zeit verändern mussten, jedoch keinerlei Erklärung dafür bot, *wie* diese Veränderungen biologisch hervorgerufen und an die Nachkommen weitergegeben werden. Kurzum: Der darwinischen Lehre vom evolutionären *Erbe* fehlte noch ein zentrales Element, nämlich eine wissenschaftlich fundierte Theorie der *Vererbung*.

Kurioserweise waren die Fundamente zu einem solchen Vererbungskonzept schon zu Darwins Lebzeiten gelegt worden, ohne dass einer der führenden Evolutionstheoretiker davon Wind bekam. Das lag vor allem daran, dass ihr Entdecker, der österreichische Augustinermönch Gregor Mendel (1822–1884) ein noch viel größerer Außenseiter war als der Entdecker des Urknalls, Georges Lemaître. Während Lemaître immerhin in Physik promoviert hatte und sich sogar mit Einstein treffen konnte, war der Amateurforscher Mendel zweimal bei der Lehramtsprüfung gescheitert und konnte seine in den 1860er-Jahren veröffentlichten Forschungsergebnisse mit kaum jemand anderem diskutieren als mit den Mitgliedern des örtlichen Naturforscher-Vereins.

Umso bemerkenswerter ist die Sorgfalt, mit der Mendel seine langjährigen Erbsenzüchtungsexperimente betrieb und statistisch auswertete. Der besondere Clou seiner Herangehensweise bestand darin, dass er sich in seinen Untersuchungen auf die jeweiligen Details der Pflanzen konzentrierte, wodurch Mendel etwas wahrhaft Bedeutsames erkennen konnte, nämlich *dass ein und derselbe Organismus unterschiedliche Merkmale in sich trägt, die unabhängig voneinander vererbt und neu kombiniert werden können.*

Aufgrund seiner Entdeckung des »dominant-rezessiven Erbgangs« wird Mendel häufig als »Vater der Genetik« bezeichnet, was angesichts seiner Pionierleistungen auf dem Gebiet der Vererbung angemessen ist, jedoch hatte Mendel selbst noch keinerlei Vorstellung von Genen, Chromosomen oder gar der DNA. Erst Anfang des 20. Jahrhunderts entwickelten der amerikanische Arzt Walter Sutton (1877–1916) und der deutsche Biologe Theodor Boveri (1862–1915) die *Chromosomentheorie der Vererbung*, die die kurz zuvor wiederentdeckten mendelschen Regeln auf die Teilung des Chromosomensatzes (Meiose) und die anschließende Rekombination der elterlichen Erbanlagen im Zuge der Befruchtung zurückführen konnte.

Dass die Durchmischung mütterlicher und väterlichen Erbanlagen eine der entscheidenden Quellen für die *Variabilität der Anlagen und Eigenschaften* der Organismen ist, an der die natürliche Auslese ansetzt (ohne eine solche Variabilität gäbe es ja nichts zum Auslesen), hatte der deutsche Evolutionsbiologe August Weismann (1834–1914) schon Ende des 19. Jahrhunderts erkannt. Weismann gelang es auch, die These von der Vererbung erworbener Eigenschaften (von der nicht nur Lamarck, sondern auch Darwin und Haeckel ausgegangen waren) empirisch zu widerlegen (u. a. schnitt er mehreren Generationen von Mäusen die Schwänze ab, was zwar alles andere als tierfreundlich war, aber zeigen konnte, dass solche Modifikationen nicht dazu führen, dass Mäuse ohne Schwänze geboren werden).

Auf dem jungen Forschungsgebiet der Genetik (der Begriff wurde 1906 eingeführt) wurden ab 1907 durch den amerikanischen Genetiker Thomas Hunt Morgan (1866–1945) bahnbrechende Fortschritte erzielt. Bei seinen Kreuzungsversuchen mit Taufliegen (aufgrund ihrer hohen Reproduktionsrate bis heute beliebte Forschungsobjekte der Genetiker) erkannte Morgan, dass die *Gene hintereinander auf den Chromosomen ange-ordnet* sind und dass im Fortpflanzungszyklus der Taufliegen mitunter *geringfügige Mutationen* auftreten, was Darwins An-nahme eines allmählichen Artwandels empirisch untermauerte.

Ab den 1930er-Jahren war klar, dass die Evolution insbeson-dere auf der *Rekombination und Mutation des genetischen Mate-rials* fußt (Evolution ließ sich also auf die Formel *Variation, Mu-tation und Selektion* bringen), was eine wesentliche Neuerung gegenüber Darwins altem Entwicklungsmodell war. Es war da-her an der Zeit, die darwinische Evolutionstheorie neu zu for-mulieren, was in den 1940er-Jahren im Rahmen der sogenannten *Synthetischen Evolutionstheorie* geschah, die viele vorher unver-bundene wissenschaftliche Teilgebiete (u. a. Genetik, Popula-tionsbiologie, Paläontologie, Embryologie, Zellbiologie, Öko-logie, Geologie, Geografie) zu einem großen einheitlichen Theoriegebäude zusammenführte.[36]

Aber damit war die *Evolution der Evolutionstheorie* längst noch nicht abgeschlossen. Auf vielen Gebieten ging es erst jetzt richtig zur Sache: So stellte sich beispielsweise heraus, dass es in der Erdgeschichte immer wieder Zeitspannen gegeben hatte, in denen sich der *evolutionäre Wandel massiv beschleunigte.* Dies erschien zunächst als ein großes Rätsel (und als Widerspruch zum gut belegten Gradualismus), dann aber erkannte man, dass derartige Entwicklungsbeschleunigungen durch plötzliche, dras-tische Umweltveränderungen ausgelöst werden können, etwa infolge des Ausbruchs eines Supervulkans oder des Einschlags eines großen Himmelskörpers auf der Erde.

Die Einsicht in den *Zusammenhang von Erd- und Evolutions-geschichte* ist sehr viel jünger, als man vielleicht vermuten würde: Erst 1980 stellten der Physik-Nobelpreisträger Luis Alvarez (1911–1988) und der Geologe Walter Alvarez (*1940) die These auf, dass die Dinosaurier vor 65 Millionen Jahren durch den Einschlag eines 10 Kilometer großen Asteroiden ausgelöscht wurden – ein epochales Ereignis, dem wir Menschen unsere heutige Existenz zu verdanken haben, denn erst die globale Ka-tastrophe, die zum Untergang der Dinosaurier führte, machte den Weg frei für den Aufstieg der Säugetiere. Zunächst höchst umstritten, ist die These von Luis und Walter Alvarez heute weitgehend akzeptiert. Die Pioniere der Evolutionstheorie (von Darwin bis Julian Huxley) wussten von all dem nichts. Sie hatten noch keine Ahnung von den verschiedenen Phasen des Massenaussterbens in der Erdgeschichte sowie von den verheerenden Wirkungen, die von Supervulkanen oder Kometeneinschlägen ausgehen – Faktoren, die in einer zeitgemäßen Fassung der Evolutionstheorie selbstverständlich berücksichtigt werden müssen.[37]

Auch auf dem Gebiet der *Verhaltensforschung* kamen neue Fakten ans Licht, die eine Revision der alten Modelle erforderlich machten: So hatten klassische Ethologen wie der österreichische Nobelpreisträger Konrad Lorenz (1903–1989) das altruistische Verhalten im Tierreich auf einen angeborenen »Arterhaltungstrieb« zurückgeführt, mit dessen Hilfe sie u. a. erklärten, weshalb es innerhalb einer Art angeblich nur höchst selten zu tödlichen Konflikten komme. Folgt man dem Bild, das Lorenz in seinen Büchern vermittelte, geht es in der Natur geradezu »ritterlich« zu, während »böse« Verhaltensweisen allein beim (kulturell verdorbenen) Menschen zu beobachten seien. Dieses romantische Naturbild wurde jedoch in den letzten Jahrzehnten gründlich widerlegt, denn zahlreiche Untersuchungen bewiesen, dass ethisch »anrüchige« Verhaltensweisen wie Betrug, Vergewaltigung oder Krieg eben nicht nur beim Menschen, sondern auch bei vielen nichtmenschlichen Tierarten in bemerkenswerter Häufigkeit auftreten.

Ein gutes Beispiel hierfür ist der *Infantizid* (Kindstötung): Bei nahezu allen Gattungen wurde die Tötung fremden Nachwuchses dokumentiert (bei einigen Arten kommt nahezu ein Drittel der Nachkommen auf diese Weise um), was sich mit einem angeborenen »Arterhaltungstrieb« schwerlich erklären lässt – wohl aber mit der *genzentrierten Sichtweise der Soziobiologie*, die in den 1970er-Jahren von William D. Hamilton (1936–2000), Edward O. Wilson (*1929) und Richard Dawkins (*1941) entwickelt wurde: Dass ein Löwe bei der Übernahme eines Rudels sämtliche Jungtiere tötet, ist aus der Perspektive des *genetischen Eigennutzes* leicht nachvollziehbar, da durch die Tötung des fremden Nachwuchses die Chancen steigen, dass sich die Gene des »kindsmordenden« Löwen in den nachkommenden Generationen stärker verbreiten. (Dass die Löwinnen nach der Tötung ihrer Jungen gleich wieder fruchtbar werden, mag unser ethisches Empfinden verletzen, aber die *Natur ist nun einmal –* um es hier noch einmal zu betonen – *kein Wunschkonzert!*)

Bahnbrechende Fortschritte wurden in den vergangenen Jahrzehnten nicht zuletzt auch auf dem Gebiet der *Genetik und Entwicklungsbiologie* erzielt: Seltsamerweise hatten die Forscher der DNA (Desoxyribonukleinsäure) bis Anfang der 1950er-Jahre keine besondere Aufmerksamkeit geschenkt, da sie davon ausgegangen waren, dass eine so einfach strukturierte Säure (sie besteht im Wesentlichen bloß aus einer Aneinanderreihung von vier organischen Basen) keine wichtigen Erbinformationen enthalten könne. 1953 jedoch entdeckten James Watson (*1928) und Francis Crick (1916–2004) die *Doppelhelix-Struktur der DNA*, was die Sichtweise der Genetiker grundlegend änderte. (Pikanterweise war dieser bahnbrechenden Entdeckung ein kleines Ganovenstück vorausgegangen: Watson und Crick hatten sich nämlich insgeheim Zugang zu den unveröffentlichten Laborergebnissen der britischen Biochemikerin Rosalind Franklin (1920–1958) verschafft. Leider starb Franklin sechs Jahre später im Alter von nur 37 Jahren an Eierstockkrebs, sodass sie für ihren entscheidenden Beitrag an der Entdeckung der DNA niemals geehrt wurde – hätte sie vier Jahre länger gelebt, wäre sie wohl zusammen mit Watson und Crick mit dem Nobelpreis ausgezeichnet worden.)

Auch wenn die Entdeckung der DNA-Struktur ethisch nicht einwandfrei verlaufen war, so zeugte sie doch von der genialen Auffassungsgabe des damals erst 24-jährigen Watson und des mit 36 Jahren ebenfalls noch recht jungen Crick. Denn die beiden erkannten nicht bloß die Struktur der Desoxyribonukleinsäure, sondern vermuteten bereits zu Recht, dass *die Erbinformation durch die Anordnung der vier Basen Adenin, Thymin, Guanin und Cytosin codiert wird.* Auf dieser Einsicht aufbauend, starteten einige Wissenschaftlerteams bald darauf den Versuch, Verfahren zur *DNA-Sequenzierung* zu entwickeln, was jedoch erst in den 1970er-Jahren gelang: 1977 konnte der britische Biochemiker Frederick Sanger (*1918), der bereits 1958 mit dem Chemie-Nobelpreis für die Entschlüsselung des Insulins ausgezeichnet worden war, *das vollständige Erbgut (Genom) eines Bakterienvirus* veröffentlichen, wofür er 1980 mit einem zweiten Nobelpreis in Chemie geehrt wurde.

In der Folgezeit nahmen die Forscher das Erbgut komplexerer Organismen unter die Lupe, und 1990 startete (zunächst unter der Leitung von James Watson) das *Humangenomprojekt*, bei dem rund 1000 Forscher aus 40 Ländern zusammenarbeiteten, um das Erbgut des Menschen vollständig zu entschlüsseln. (Parallel dazu hob der amerikanische Biochemiker Craig Venter ein erfolgreiches privates Projekt zur Sequenzierung des menschlichen Genoms aus der Taufe, was zu einer weiteren Beschleunigung des Verfahrens beitrug.)

Im April 2003 war es dann endlich so weit: Das Rätsel um den Erbcode des Menschen schien gelüftet! Allerdings mutete das Ergebnis anders an, als man erwartet hatte: Denn beim Start des Projekts waren die Forscher noch davon ausgegangen, dass der Mensch mindestens 120 000 Gene besäße, nun aber zeigte sich, dass es allenfalls 25 000 waren – immerhin viermal so viele Gene wie die Hefe (6000), aber schon ein gutes Stück weniger als der Wasserfloh (31 000) und nicht einmal ein Viertel des gewöhnlichen Blumenkohls (100 000)! Zwar konnte der Mensch sich kurzfristig einbilden, in seinem Genom zehnmal mehr Basenpaare zu besitzen als der Kohl, aber auch mit dieser Eigenschaft nimmt der Mensch keinesfalls eine Spitzenposition ein: Der Teichmolch beispielsweise verfügt über das Zehnfache an Basenpaaren, der Äthiopische Lungenfisch sogar über das Vierzigfache!

Nun könnte man vielleicht meinen, dass der Mensch auf genetischer Ebene, wenn auch nicht *quantitativ* (Anzahl der Gene und Basenpaare), so doch zumindest *qualitativ* (in der Anordnung der Basenpaare in der DNA) mehr zu bieten habe als andere Lebewesen. Aber auch diese Vermutung hat sich als weitgehend falsch erwiesen: Denn das Erbgut des Menschen stimmt (je nach Untersuchungsmethode) nicht nur zu fast 99 Prozent mit dem des Schimpansen überein (was man bei der engen Verwandtschaft der beiden Spezies vielleicht vermutet hätte), sondern entspricht erstaunlicherweise zu 95 Prozent dem der Mäuse – und noch verblüffender – zu 30 bis 50 Prozent dem der Hefe!

Allerdings wird wohl niemand in einem Streuselkuchen oder einem Bier einen »nahen Verwandten« erkennen. Wie also lassen sich die auffälligen Unterschiede in der *Erscheinungsform (dem Phänotyp)* angesichts der erstaunlichen Übereinstimmungen in der *Erbinformation (dem Genotyp)* erklären? Allem Anschein nach war die von der Synthetischen Evolutionstheorie favorisierte Idee einer weitgehenden Entsprechung von Genotyp und Phänotyp zu kurz gedacht. Spätestens nach den Vergleichen des menschlichen Erbguts mit anderen Organismen war klar, dass sich die *phänotypischen Unterschiede der Organismen nicht alleine über die Basenpaare der DNA erklären lassen*, sondern dass es von mindestens ebenso großer Bedeutung ist, *wie diese Erbinformationen ausgelesen werden.*

Auf die zentrale Rolle dieses Ausleseprozesses hatte der britische Entwicklungs- und Evolutionsbiologe Conrad Hal Waddington (1905–1975) bereits in den 1940er-Jahren hingewiesen. Waddington, der auch als Philosoph in Erscheinung trat und u. a. Julian Huxley bei der Formulierung des Konzepts des evolutionären Humanismus unterstützte,[38] erkannte als erster Forscher weltweit, dass *Veränderungen im Erbgut nicht notwendigerweise zu Änderungen des Phänotyps führen* – und umgekehrt: dass *maßgebliche Veränderungen im Erscheinungsbild eines Organismus auftreten können, ohne dass sich der Genotyp unmittelbar zuvor in gravierender Weise geändert hat.*

Beide Phänomene beruhen auf einem Prozess, den Waddington als *Kanalisierung* bezeichnete. Kanalisierung bewirkt, dass bei der Entwicklung einer befruchteten Eizelle zum vollständigen Organismus ein etablierter Entwicklungspfad auch dann beibehalten wird, wenn das Erbgut bereits modifiziert wurde. Mit anderen Worten: Die *reale genetische Vielfalt ist in der Regel phänotypisch maskiert*, kommt also im Erscheinungsbild des Organismus gar nicht zum Ausdruck. Allerdings können solche verborgenen Erbinformationen unter bestimmten Umständen recht schnell *demaskiert*, also zur Bildung neuer phänotypischer Merkmale herangezogen werden.

Waddingtons Sichtweise kann u. a. erklären, weshalb die Pflanzen- und Tierarten in den verschiedenen Phasen des beschleunigten evolutionären Wandels – etwa im Zuge der »kambrischen Explosion« oder nach dem Einschlag des Asteroiden vor 65 Millionen Jahren – in der Lage waren, innerhalb verhältnismäßig kurzer Zeit neue Entwicklungspfade einzuschlagen: *Sie trugen nämlich die Bauanleitungen für die Ausbildung neuer phänotypischer Merkmale bereits in ihrem genetischen Rucksack* – hätten sich diese Bauanleitungen erst unter den veränderten Umweltbedingungen per zufälliger Mutationen neu entwickeln müssen, wären in der Zeit des ökologischen Umbruchs wahrscheinlich noch sehr viel mehr Arten ausgestorben.

Waddington bezeichnete die Prozesse, die für das Auslesen (das An- und Ausschalten) der Erbinformationen sowie die damit zusammenhängende Ausdifferenzierung der einzelnen Zelltypen verantwortlich sind – trotz gleicher Erbinformation im Zellkern unterscheiden sich Haut-, Nerven-, Muskel- oder Leberzellen beträchtlich voneinander – als *epigenetisch*. Und er kämpfte hart darum, dass der Erforschung der *Epigenetik* die gleiche Aufmerksamkeit zukommen müsse wie der Erforschung der *Genetik*. Doch mit diesem Anliegen konnte sich Waddington zu Lebzeiten nicht durchsetzen. Zwar war er (im Unterschied zu Lemaître und Mendel) kein Außenseiter (immerhin leitete er eine der führenden Genetik-Forschungsabteilungen der Welt), doch seine Erkenntnisse widersprachen allzu sehr der großen Euphorie, die die Entdeckung der DNA ausgelöst hatte.

Erst Jahrzehnte nach Waddingtons Tod wurde die immense Bedeutung seiner Forschung erkannt. Auf ihr fußen heute zwei der wohl spannendsten Arbeitsfelder der aktuellen Biologie: a) die *Epigenetik*, von der man sich u. a. neue medizinische Heilmethoden erhofft (beispielsweise Verfahren, die die Programme zur unkontrollierten Verbreitung von Tumorzellen ausschalten), sowie b) die *evolutionäre Entwicklungsbiologie* (kurz: *Evo Devo*, abgeleitet von *Evolutionary Developmental Biology*), die die Kenntnisse über das Zusammenwirken genetischer und epigenetischer Programme im Zuge der *Individualentwicklung (Ontogenese)* nutzt, um die *Stammesgeschichte der Arten (Phylogenese)* zu rekonstruieren.

Die Evo-Devo-Forschung, die unser Bild der Evolution geradezu revolutionierte, erhielt in den letzten Jahren starken Auftrieb durch die Entdeckung, dass die sogenannten *Hox-Gene*, die

die Entwicklung des Embryos entlang der Längsachse steuern, in allen vielzelligen Tieren (von der Stubenfliege bis zum Elefanten und vom Bandwurm bis zum Menschen) nahezu identisch sind. Zu ihrem Erstaunen mussten die Wissenschaftler feststellen, dass sich diese *Masterregulationsgene* seit mindestens 530 Millionen Jahren, d. h. seit der kambrischen Explosion, als sich die Vielfalt der Arten schlagartig vergrößerte, kaum verändert haben.

Im Zuge dieser Entdeckung wurde den Forschern bewusst, dass die Natur offenbar nur einen sehr kleinen »Werkzeugkasten« braucht, um die unterschiedlichsten Lebensformen hervorzubringen.[39] Der amerikanische Entwicklungsbiologe Sean B. Carroll (*1960) demonstrierte dies u. a. am Beispiel des Hox6-Gens, das festlegt, wo während der Entwicklung des Embryos die Baupläne für die Halswirbel aufhören und die Baupläne für die Brustwirbel anfangen: Die bloße Verschiebung der Zone, auf die das *Hox6-Gen* einwirkt, sorgt für die unterschiedlichen (relativen) Halslängen der Wirbeltiere. Bei Mäusen beispielsweise liegt die Expressionszone des Hox6-Gens sehr viel weiter in Richtung Schädelbasis als bei Hühnern oder Gänsen, weshalb ihr Hals im Verhältnis zum Körper sehr viel kürzer ist. Bei Schlangen ist die Expressionszone des Hox6-Gens so weit in Richtung Schädelbasis verschoben, dass sie gar keinen Hals besitzen und die Brustwirbel gleich hinter dem Kopf anfangen.

Evo Devo hat eindrucksvolle neue Belege für die gemeinsame Abstammung der Arten geliefert. Auch deshalb können wir die Prozesse, die zur Ausdifferenzierung des Lebens beigetragen haben, heute sehr viel besser nachvollziehen, als dies zur Zeit Darwins möglich war. Weit weniger gut verstanden sind allerdings bisher die Vorgänge, die vor über drei Milliarden Jahren zur *Entstehung des Lebens* selbst geführt haben. Aber auch bei der Beantwortung dieser Frage tappen wir nicht mehr so sehr im Dunkeln wie noch vor einigen Jahrzehnten.

Bereits 1953 konnte der damals erst 23-jährige Chemiestudent Stanley Miller (1930–2007), unterstützt durch den Chemie-Nobelpreisträger Harold Urey (1893–1981), in einem der berühmtesten Experimente der Wissenschaftsgeschichte nachweisen, dass unter den atmosphärischen Bedingungen der Ur-Erde aus *anorganischen Substanzen* (Wasser, Methan, Ammoniak, Wasserstoff und Kohlenstoffmonoxid) *organische Moleküle*, d. h. die Grundbausteine des Lebens, entstehen konnten. Spätere Untersuchungen ergaben, dass auf der Basis des von Miller beschriebenen Prozesses pro Jahr etwa 10 Milliarden Kilogramm organische Materie synthetisiert werden konnten, wobei die »Ursuppe« zusätzlich noch durch Kometeneinschläge und Vulkanausbrüche angereichert wurde, sodass wir davon ausgehen können, dass vor etwa 3,8 Milliarden Jahren alle notwendigen Ingredienzen für die Entstehung des Lebens vorlagen.[40]

Wie aber entstanden aus den neu gebildeten Biomolekülen erste *Protozellen*? Eine überzeugende Antwort auf diese Frage wurde erst in den letzten Jahren gefunden: Wahrscheinlich wurden *Lipidmoleküle* vom umgebenden Wasser zu *mikroskopisch kleinen Bläschen* (Vesikeln) zusammengedrückt, die in ihrem Inneren Biomoleküle enthielten.[41] Die allermeisten dieser Vesikel waren weder zum Selbsterhalt noch zur Vermehrung fähig, aber einige von ihnen enthielten zufällig einen Satz von Nukleinsäuren, die Kopien von sich selbst anfertigen konnten. Die genauen Prozesse, die dabei stattfanden, sind noch nicht vollständig geklärt, doch immerhin konnte der kanadische Molekularbiologe und Nobelpreisträger Jack Szostak (*1952) 2008 anhand von Modellversuchen nachweisen, dass derartige Vesikel tatsächlich alle erforderlichen Eigenschaften besitzen, um die Stoffwechselprozesse des Lebens zu ermöglichen.

Die ersten primitiven (Quasi-)Lebewesen, die auf diese Weise entstanden, waren vermutlich *Ribocyten* – winzig kleine Protozellen, die noch keine DNA, dafür aber kurze RNA-Ketten besaßen, die zur Replikation fähig waren. Da die RNA als Speichermedium der DNA unterlegen ist, wurden die Ribocyten später durch *Protocyten* (Zellen ohne Zellkern, aber schon ausgestattet mit DNA-Molekülen) verdrängt, oder besser: *absorbiert* – ein Vorgang, von dem wir noch heute profitieren, denn *jede* Zelle *jedes* Lebewesens, das heute existiert (vom Wasserfloh über den Blumenkohl bis zum Menschen), trägt das *evolutionäre Erbe der Ribocyten* in sich, nämlich in Gestalt der *Ribosomen*, ohne die kein irdischer Organismus funktionieren kann.

Mit der Entstehung der Protocyten hatte die Natur die *Stufe der bakteriellen Lebensform* erklommen – und dabei sollte es erst einmal bleiben. Die längste Zeit der Evolutionsgeschichte existierten auf der Erde nur *Bakterien und Archäen* (früher »Urbakterien« genannt). Daran hätte sich wohl auch nichts geändert, wäre es vor etwa 2,2 bis 1,8 Milliarden Jahren nicht zur *Entstehung von Eucyten* (Zellen mit Zellkern und Zellorganellen) gekommen – ein Ereignis, das von der amerikanischen Biologin Lynn Margulis (1938–2011) Ende der 1960er-Jahre erstmals plausibel erklärt werden konnte: Demnach gingen kleinere Bakterien eine sogenannte *Endosymbiose* mit größeren Wirtszellen ein, d. h. sie wurden zunächst zu beiderseitigem Nutzen in die Wirtszellen integriert, wo sie sich im weiteren Verlauf von eigenständigen Bakterien zu zelleigenen *Mitochondrien* (den Kraftwerken heutiger tierischer Zellen) bzw. *Plastiden* (den Photosynthese-Generatoren heutiger Pflanzen) weiterentwickelten.

Von diesem Zeitpunkt an dauerte es noch mehr als eine Milliarde Jahre, bevor sich die *einzelligen Eucyten* zu *mehrzelligen Pflanzen und Tieren* vereinigen sollten. (Die ersten *mehrzelligen Tiere* waren vermutlich *Schwämme* – insofern dürfen wir »SpongeBob Schwammkopf« zu unseren Vorfahren zählen.) Der evolutionäre Vorteil mehrzelliger Organismen bestand wahrscheinlich darin, dass die Zellen besser vor Fressfeinden geschützt waren, allerdings gingen mit der mehrzelligen Organisationsform auch gravierende Nachteile einher: Schließlich verlieren die Zellen in einem solchen Verbund nicht nur ihre Selbstständigkeit als Lebewesen (sie können außerhalb des Organismus nicht mehr überleben), die meisten von ihnen müssen sich unter dem Diktat des Organismus bis zur völligen Selbstaufopferung (»programmierter Zelltod«) altruistisch engagieren, damit einige ihrer Geschwister (die Keimzellen) die gemeinsame Erbinformation in die nächste Generation transportieren können. (Kein Wunder, dass sich die Einzeller die Sache mit der Vielzelligkeit eine Milliarde Jahre lang »überlegen« mussten, bevor sie sie in Angriff nahmen – wobei die allermeisten von ihnen ohnehin zu anderen »Schlüssen« kamen, weshalb das einzellige Leben zahlenmäßig noch immer die klar dominante Lebensform auf der Erde ist und es mit Sicherheit auch bleiben wird.)

Lynn Margulis bezeichnete uns als »Kinder der Bakterien« – und so ist es tatsächlich: Der menschliche Körper besteht nicht nur aus etwa 100 Billionen Zellen, die auf den Bauanleitungen ehemaliger Bakterien beruhen, sondern er beherbergt zudem rund 100 Billionen fremder Bakterien, ohne deren freundliche Unterstützung (beispielsweise im Verdauungstrakt) wir nicht überleben könnten. Im Grunde genommen ist der Mensch also ein *Konglomerat unzähliger Kleinstlebewesen.* Dass diese Kleinstlebewesen in der Regel so wunderbar zusammenarbeiten, ist darauf zurückzuführen, dass auf der einen Seite unsere Zellen untereinander den gleichen Gensatz teilen, weshalb sie ihr eigenes Leben für den Fortpflanzungserfolg des Gesamtorganismus hingeben (genetischer Eigennutz), während sich die Bakterien auf der anderen Seite von den Abfallprodukten der körperlichen Prozesse auf so nützliche Weise ernähren, dass sie als Trittbrettfahrer des Körpers gerne geduldet werden (erweisen sie sich als schädlich, werden sie von unseren Zellen, vor allem den Leukozyten, gnadenlos gejagt und, sofern möglich, zur Strecke gebracht).

Es ist erstaunlich, dass ein System, das so viele unterschiedliche Lebewesen in sich vereinigt, trotz der großen Heterogenität seiner Teile eine singuläre Identität, gar ein Ich-Bewusstsein, entwickeln kann – zumal die atomare, molekulare und zelluläre Struktur, die diesem Ich zugrunde liegt, einem permanenten Wandel unterliegt. So meinen wir zwar, ungefähr die Gleichen zu sein, die wir gestern, vorgestern oder vor zehn Jahren waren, tatsächlich aber sind wir heute sowohl auf physikalischer, chemischer wie auch biologischer Ebene völlig neu zusammengesetzt, etwa alle sieben Jahre sind wir auf atomarer Ebene »rundumerneuert«.

Wie aber kann dies sein? Wie kann unser Ich stabil bleiben, wenn sich die materielle Basis, die dieses Ich hervorbringt, ständig ändert? Gibt es etwa ein eigenes »Reich der Ideen«, das den schnöden Gesetzmäßigkeiten der Materie nicht unterworfen ist? Oder ist eine solche (idealistische) Vorstellung Humbug? Falls ja: In welchem Verhältnis stehen Sein und Bewusstsein dann zueinander? Auch mit diesen Fragen haben sich Menschen seit Jahrtausenden auseinandergesetzt – und wie in der Physik oder in der Biologie sind sie auch auf diesem Gebiet allmählich zu immer schlüssigeren Antworten gelangt.

Die Evolution von Sein und Bewusst-Sein

Die mehr als 10^{27} Atome Ihres Körpers haben schon viel durchgemacht: Nach ihrer Entstehung vor 13,7 Milliarden Jahren wurden sie zu Bestandteilen von Sternen, Gaswolken und Kometen, von Felsen, Ozeanen und Wolken, von Bakterien, Pflanzen, Dinosauriern und Regenwürmern. Einige von ihnen wirbelten in unveränderter Form bereits in den Körpern von Epikur, Jesus, Mohammed und Buddha, Cäsar, Caligula und Nero, von Aristarch, Archimedes und Giordano Bruno oder auch im Körper des Henkers, der Bruno zum Scheiterhaufen führte.

Wie um alles in der Welt ist es zu erklären, dass Atome, die in der Vergangenheit so viele unterschiedliche Formen hervorbrachten, nun ein spezifisches Gebilde (nämlich Sie) erzeugen, das auf ganz eigene Weise (nämlich Ihre) denkt, handelt, empfindet, und das just in diesem Moment ein Buch liest, das sich mit solch seltsamen Fragen beschäftigt? Um einer Lösung dieses Rätsels näher zu kommen, müssen wir ein weiteres Mal zu jenem Mann zurückkehren, dem wir so viele wichtige Erkenntnis-Impulse (leider aber gleichzeitig schwerwiegende Irrtümer) zu verdanken haben: Auch Aristoteles hat sich nämlich über dieses Thema schon den Kopf zerbrochen (trotz der Tatsache, dass er den Atomismus ablehnte). Auf ihn geht die bis heute gebräuchliche Redewendung »Das Ganze ist mehr als die Summe seiner Teile« zurück, die sich im Originalwortlaut folgendermaßen liest:

> »Das was aus Bestandteilen so zusammengesetzt ist, dass es ein einheitliches Ganzes bildet, nicht nach Art eines Haufens, sondern wie eine Silbe, das ist offenbar mehr als bloß die Summe seiner Bestandteile. Eine Silbe ist nicht die Summe ihrer Laute; *ba* ist nicht dasselbe wie b plus a, und Fleisch ist nicht dasselbe wie Feuer plus Erde [Aristoteles glaubte ja, dass die Materie aus den Elementen Wasser, Feuer, Erde, Luft zusammengesetzt sei]. Denn zerlegt man sie, so ist das eine, das Fleisch und die Silbe,

nicht mehr vorhanden, aber wohl das andere, die Laute, oder Feuer und Erde. Die Silbe ist also etwas für sich; sie ist nicht bloß ihre Laute, [...] und das Fleisch ist nicht bloß Feuer und Erde [...], sondern noch etwas Weiteres.«[42]

Mit diesen Worten beschrieb Aristoteles ein Phänomen, das wir heute als *Emergenz* bezeichnen. *Emergenz* (von lateinisch: *emergere* = auftauchen, entstehen) meint das Auftauchen neuer Eigenschaften, die sich von den Eigenschaften seiner Einzelteile grundlegend unterscheiden. So hat beispielsweise Wasser Eigenschaften, die seine Bestandteile Wasserstoff und Sauerstoff nicht besitzen. (Versuchen Sie einmal mit Wasserstoff ein Feuer zu löschen – oder besser: Lassen Sie es bloß sein! Denn Wasserstoff ist im Gegensatz zu Wasser hochentzündlich, wie das berühmte Unglück des Luftschiffes`Hindenburg` am 6. Mai 1937 zeigte.)

Aristoteles wusste noch nichts über die molekulare Zusammensetzung des Wassers, aber emergente Phänomene (die er nicht so nannte – der Begriff kam, wie wir noch sehen werden, erst zwei Jahrtausende später auf) konnte er sehr wohl erkennen. Deshalb war er auch überzeugt, dass die Gesetze der Physik nicht ausreichen würden, um zu erklären, wie aus einem Hühnerei ein Huhn wird. Er schloss daraus, dass die physikalische und die biologische Welt unterschiedlichen Prinzipien folgen, die mit unterschiedlichen Forschungsmethoden untersucht werden müssten, weshalb er Physik und Biologie als strikt voneinander getrennte Bereiche ansah.

Wo aber liegen die Unterschiede zwischen der Welt des *bloß Physikalischen* und der Welt des *Lebendigen*? Aristoteles meinte, dass sich die belebte von der unbelebten Natur dadurch unterscheide, dass sie *beseelt* sei. Seiner Ansicht nach besaßen alle Lebewesen, ob Pflanzen, Tiere oder Menschen, eine Seele, wobei er drei Stufen des Seelenlebens voneinander abgrenzte: Pflanzen verfügen nach Aristoteles über eine *vegetative Seele*, die sie zu Ernährung, Wachstum und Fortpflanzung befähige, Tiere zusätzlich über eine *sensitive Seele*, die Empfindung, Wahrnehmung und Bewegung ermögliche, Menschen darüber hinaus über eine *Vernunftseele*, die abstraktes Denken erlaube.

Im Unterschied zu Platon (428–348 v. u. Z.), der von einem strikten *Körper-Geist-Dualismus* ausgegangen war, also glaubte, dass die Seele *unabhängig vom Körper* existiere und deshalb auch nach dem Tod des Körpers weiterleben könne, hielt Aristoteles die Seele für eine (wie wir heute sagen würden: emergente) Eigenschaft des lebenden Organismus, die *untrennbar mit dem Schicksal des Körpers verbunden ist*. Daraus folgerte er, dass es *keine unsterbliche individuelle Seele* geben könne, was später eine ganze Reihe von Theologen in arge Verlegenheit brachte, da sie die aristotelische Seelenlehre entweder (trotz der allgemeinen Wertschätzung des Aristoteles) verdammen oder aber Hilfskonstruktionen erfinden mussten, um sie mit der christlichen Weltsicht in Einklang zu bringen.

Ansetzen konnten sie dabei an der folgenden Überlegung des Aristoteles: Während er davon ausging, dass sich die Eigenschaften der vegetativen und sensitiven Seele der Tiere (Ernährung, Fortpflanzung, Empfindung, Bewegung) aus sich selbst heraus ergeben würden (weshalb sie von den Lebewesen nicht erst erlernt werden müssten), hielt er das menschliche Denkvermögen für eine bloß *potenzielle Fähigkeit*, die sich erst durch *Anregung von außen* entfalte. Der menschliche Geist, so Aristoteles in einer berühmten Formulierung, gleiche bei der Geburt einer *unbeschriebenen Wachstafel* (»Tabula rasa«), die mit allen erdenklichen Inhalten gefüllt werden könne.

Nun lässt sich diese aktive »Anregung von außen« rein *säkular interpretieren* (Denkprozesse werden durch sinnliche Wahrnehmungen bzw. durch kulturelle Vermittlung von Ideen ausgelöst), sie kann aber auch *theologisch gedeutet* werden: In diesem Fall wird »Gott«, den Aristoteles abstrakt als »unbewegten Beweger« und Letztursache aller Erscheinungen im Kosmos begriff, als Quelle aller Vernunfttätigkeit betrachtet. Thomas von Aquin (1224–1275), der sich wie kaum ein anderer Kirchenlehrer darum bemühte, aristotelisches Gedankengut mit christlichen Glaubensdogmen zu verbinden, schloss daraus, dass die »Geistseele« des Menschen nicht nur in Kontakt zu »Gott« stehe, sondern durch diese Verbindung ebenso unsterblich sei wie der »Schöpfer« selbst. Zwar folgte Thomas der aristotelischen Kritik am platonischen Leib-Seele-Dualismus (wie Aristoteles meinte er, dass die Seele *keine unabhängige Substanz*, sondern vielmehr das *Formprinzip des Körpers* sei), aber wirklich überwinden konnte er den Dualismus nicht – andernfalls nämlich hätte er den *Glauben an eine den biologischen Tod überdauernde Seele* aufgeben müssen, was zur Folge gehabt hätte, dass Thomas von Aquin nicht als Heiliger, sondern als Ketzer in die Kirchengeschichte eingegangen wäre.

Was sich bei Thomas von Aquin zeigte, wurde auch bei späteren Denkern offensichtlich: *Unter der Voraussetzung des Unsterblichkeitsparadigmas war es schlichtweg unmöglich, Körper und Geist als untrennbare Einheit zu denken.* Besonders markant kam dies im Menschenbild des brillanten französischen Philosophen und Mathematikers René Descartes (1596–1650) zum Vorschein, der strikt zwischen dem *materiellen Körper* und der vermeintlich *immateriellen Seele* des Menschen unterschied. Der Körper, so glaubte Descartes, nachdem er gründliche anatomische Studien betrieben hatte, sei eine von Gott konstruierte Maschine, die nach rein mechanischen, naturwissenschaftlich beschreibbaren Regeln funktioniere. Der gleichfalls von Gott erschaffene menschliche Geist (den man aufgrund seiner Immaterialität naturwissenschaftlich nicht erfassen könne) steuere diese Maschine etwa so, wie ein Kutscher seinen Wagen lenkt, wobei Descartes fest davon ausging, dass der Geist des Menschen im Moment des Todes die funktionsuntüchtig gewordene körperliche Maschine verlassen und in die Arme seines »Schöpfers« zurückkehren würde.

Descartes gelang es zwar, einige Funktionen des Gehirns und der Nervenbahnen erstaunlich korrekt zu beschreiben, allerdings war klar, dass sein Modell mit schwerwiegenden Problemen verknüpft war. Vor allem fragte man sich, wie es denn möglich sei, dass ein *immaterieller Geist* einen *materiellen Körper* bewege. Wäre damit nicht jede einzelne Handlung des Menschen ein unerklärliches Wunder? Der deutsche Universalgelehrte Gottfried Wilhelm Leibniz (1646–1716) versuchte dieses Problem zu umgehen, indem er unterstellte, dass *geistige und materielle Ereignisse parallel zueinander ablaufen würden*, was er sich ungefähr so ausmalte: Wenn wir ein Glas Wasser trinken wollen, so greift unsere Hand nicht deshalb nach dem Glas, weil der immaterielle Geist den materiellen Körper in diese Richtung steuert, sondern weil »Gott« es in seiner allumfassenden Weisheit so eingerichtet hat, dass die Welt des Geistigen (etwa unsere Gedanken und Empfindungen) und die Welt des Materiellen (beispielsweise unsere Körperbewegungen) wie perfekt synchronisierte Uhren aufeinander abgestimmt sind.

Dieses Konzept war zweifellos eleganter als das Modell des René Descartes, aber kaum überzeugender. Der ebenso geniale wie umstrittene französische Arzt und Philosoph Julien Offray de La Mettrie (1709–1751) vollzog daher wenige Jahrzehnte später einen radikalen Bruch mit der Tradition der spekulativen Philosophie: Er erklärte in schonungsloser Offenheit, dass nicht nur der menschliche Körper, sondern *der ganze Mensch eine Art Maschine* sei und seine »Seele« bloß ein Produkt komplexer Körperfunktionen. Geistiges, so La Mettrie, könne ohne eine materielle Basis gar nicht existieren, wodurch er mit einem Schlag nicht nur den *Glauben an die unsterbliche Seele*, sondern auch den *Glauben an einen personalen Gott* ad absurdum führte. (Dass sich La Mettrie mit diesen Ansichten nicht eben viele Freunde machte, kann man sich vorstellen: 1746 musste er aus Frankreich fliehen, 1747 aus den liberalen Niederlanden. Zwar fand er schließlich Asyl am Hofe Friedrichs des Großen, aber auch dort eckte er trotz seiner ungewöhnlich heiteren und freundlichen Art zunehmend an, was möglicherweise – die genauen Umstände lassen sich heute nicht mehr rekonstruieren – der Grund dafür war, dass er 1751 unter höchst mysteriösen Umständen ums Leben kam.)

Julien Offray de La Mettrie, der unerschrockene Vordenker der wissenschaftlichen Anthropologie und Physiologie, war seiner Zeit offenkundig zu weit vorausgeeilt, was auch erklärt, warum er zu den meistverfemten Philosophen der Geschichte zählt (wie Epikur, mit dem La Mettrie auch inhaltlich in vielen Punkten übereinstimmte). Aber letztlich war der Siegeszug der materialistischen Weltsicht dank der bahnbrechenden Erfolge der naturwissenschaftlichen Forschung im 19. und 20. Jahrhundert nicht aufzuhalten. Selbst im Bereich der Geistes- und Sozialwissenschaften, wo die Vorbehalte gegen den Materialismus von Anfang an besonders groß waren (schließlich musste man um die eigene Forschungsdomäne fürchten), zeichnete sich im 19. Jahrhundert allmählich ein Wandel ab.

Vorreiter waren hier vor allem Karl Marx und Friedrich Engels, die das philosophische Weltbild geradezu auf den Kopf (oder wie sie meinten, vom Kopf auf die Füße) stellten, indem sie nicht nur das individuelle Bewusstsein, sondern sämtliche Religionen, Philosophien, politische Ideologien oder geltende Moralnormen auf die materiellen Lebensverhältnisse der Menschen zurückführten. So schrieben sie im Jahr 1845:

»Das Bewusstsein kann nie etwas Andres sein als das bewusste Sein, und das Sein der Menschen ist ihr wirklicher Lebensprozess. [...] Auch die Nebelbildungen im Gehirn der Menschen sind notwendige Sublimate ihres materiellen, empirisch konstatierbaren und an materielle Voraussetzungen geknüpften Lebensprozesses. Die Moral, Religion, Metaphysik und sonstige Ideologie und die ihnen entsprechenden Bewusstseinsformen behalten hiermit nicht länger den Schein der Selbständigkeit. [...] Nicht das Bewusstsein bestimmt das Leben, sondern das Leben bestimmt das Bewusstsein.«[43]

Spätestens mit Marx und Engels erhob der Materialismus den Anspruch, selbst die »heiligsten Gipfel« des menschlichen Geistes erklären zu können. Doch als so fruchtbar sich der materialistische, empiristische Forschungsansatz auch erwies, ein grundlegendes Problem war nicht von der Hand zu weisen, allem Anschein nach gingen »die« Materialisten in ihren Untersuchungen von sehr unterschiedlichen materiellen Voraussetzungen aus: Für Marx waren es die *gesellschaftlichen Produktionsverhältnisse*, für Darwin die *biologischen Arten und Einzellebewesen*, für Dalton die *chemischen Elemente und Verbindungen*, für Rutherford die *Atome und ihre Bestandteile*. In welcher Beziehung, so musste man sich fragen, standen (und stehen) diese unterschiedlichen Materie-Formen zueinander?

Plausibel erschien es, das Größere aus dem Kleineren bzw. das Spätere aus dem Früheren abzuleiten, woraus sich ein gewisses *Schichtenmodell der Wirklichkeit* ergab: Demzufolge bringen die Elementarteilchen die Atome hervor, die Atome die Moleküle, die Moleküle die Zellen, die Zellen die einzelnen Lebewesen und die Lebewesen soziale Gruppen (beim Menschen inklusive gesellschaftlicher Verhältnisse, kultureller Moden, Philosophien, Religionen etc.).

Die eigentlich spannende Frage war und ist mit einem solchen Schichtenmodell allerdings nicht beantwortet. Sie lautet: *Lassen sich die größeren Einheiten vollständig aus den kleineren ableiten, d. h. auf sie reduzieren?* Sind soziale Phänomene (etwa die Einführung der Sozialistengesetze unter Bismarck) oder individuelle Empfindungen (etwa die Freude, die wir beim Betrachten einer gut gemachten Komödie empfinden) tatsächlich *nichts weiter als* Resultate der Bewegungen von Elementarteilchen auf mikrokosmischer Ebene?

Es gab (und gibt) durchaus *radikale Reduktionisten*, die so argumentier(t)en. Sie stießen (und stoßen) mit ihrer Argumentation jedoch immer wieder auf vehementen Widerspruch. Im 18. und 19. Jahrhundert traten ihnen vor allem die sogenannten *Vitalisten* entgegen, die felsenfest davon überzeugt waren, dass die Vorgänge in lebenden Organismen etwas so Besonderes seien, dass sie in keinster Weise mit physikalischen oder chemischen Prozessen erklärt werden könnten (sie radikalisierten gewissermaßen die Unterscheidung zwischen Physik und Biologie, die bereits Aristoteles vorgenommen hatte).

Ausgelöst durch die Fortschritte auf dem Gebiet der Hirnforschung ist in unseren Tagen eine ähnliche Grundsatzdebatte entflammt: Während die reduktionistische Fraktion, die das Gehirn vor allem aus der Außenperspektive betrachtet, meint, dass Gedanken und Empfindungen nichts weiter seien als *Epiphänomene neuronaler Aktivitäten*, behauptet die Gegenfraktion, die sich auf die Innenperspektive der Person konzentriert, dass die sogenannten »*Qualia« der Wahrnehmung* (etwa unsere Geschmacksempfindungen beim Genuss eines guten Rotweins) mit den zugrunde liegenden neuronalen Aktivitäten auf gar keinen Fall gleichgesetzt werden dürften.[44]

Obgleich es ein Leib-Seele- bzw. Gehirn-Geist-Problem (ein großes Streitthema der Philosophie seit Jahrhunderten) bei genauerer Betrachtung ebenso wenig gibt wie ein »Körper-Bewegungs-Problem« oder ein »Lungen-Atmungs-Problem«,[45] haben beide Seiten teilweise recht. Um dies zu verstehen, ist es sinnvoll, einen mittlerweile weitgehend in Vergessenheit geratenen britischen Philosophen, Literaturwissenschaftler und Naturforscher in die Diskussion mit einzubinden, der bereits in den

1870er-Jahren nach neuen Wegen suchte, um das Rätsel des Bewusstseins zu lösen: George Henry Lewes (1817–1878).

Der vielseitig interessierte britische Universalgelehrte, der heute (wenn überhaupt) nur noch durch seine (in der damaligen Zeit) skandalöse, offene Beziehung mit der Bestsellerautorin George Eliot bekannt ist, hatte sich in seinem Leben mit unterschiedlichsten Themengebieten befasst – von der Physik über die Biologie bis hin zur Psychologie, Soziologie, Literaturgeschichte und Schauspielkunst. Bei seinen Studien war ihm aufgefallen, dass auf allen Ebenen des Seins ein und dasselbe Phänomen aufzutreten schien: Wohin er auch schaute, überall fand er Bestätigungen für die alte aristotelische These, dass das *Ganze oft mehr ist als die Summe seiner Teile*, wofür der ausgewiesene Aristoteles-Kenner Lewes nun einen passenden Begriff prägte: »Emergenz«.[46]

Mithilfe des Emergenz-Begriffs gelang es Lewes, eine *einheitliche (monistische, anti-dualistische) Theorie* zu entwickeln, die die verschiedenen Erscheinungen von der Physik bis hin zur Sozialpsychologie unter einen Hut brachte und die auf elegante Weise zwischen den Reduktionisten und ihren Gegnern vermittelte. Denn die Emergenztheorie machte zweierlei deutlich: *Erstens* dass das menschliche Bewusstsein notwendigerweise auf biologischen Vorgängen gründet, die ihrerseits auf chemische und physikalische Prozesse zurückzuführen sind (was reduktionistische Erklärungen erst möglich und sinnvoll macht), *zweitens* dass trotz alledem Versuche, das Bewusstsein *allein* über biologische, chemische oder physische Prinzipien zu erklären, zum Scheitern verurteilt sind (was reduktionistischen Erklärungsmustern Grenzen setzt). Man könnte die auf Lewes zurückgehende emergentistische Position etwa so zusammenfassen: Zwar gibt es emergente Phänomene (etwa Bewusstsein oder Kultur) *niemals außerhalb des physikalisch Möglichen*, aber sie sind eben doch *mehr als bloße Physik*.

Worin aber liegt dieses »Mehr« begründet? Diese Frage ist nicht leicht zu beantworten, und viele Emergenztheoretiker haben sich seit Lewes den Kopf darüber zerbrochen. Die kürzeste Antwort, die ich auf diese Frage geben kann,[47] lautet folgendermaßen: Das »Mehr« komplexer (emergenter) Systeme resultiert aus ihrem *höheren Grad an Information* – wobei unter »Information« kein immaterielles, geistiges Prinzip verstanden werden soll, sondern das *»In-Formation-Gebrachtsein« der materiellen Bestandteile eines Systems.*

Dies klingt wahrscheinlich einigermaßen kryptisch, klärt sich aber auf, wenn wir uns anschauen, worauf dieses höhere »In-Formation-Gebrachtsein« der Teile gründet – nämlich auf einer *Ansammlung geschichtlicher Ereignisse.* Die *universelle Evolution der Materie* musste auf jeder neuen Stufe der Entwicklung auf den Ergebnissen bereits vorangegangener Stufen aufbauen. Die Welt, in der wir leben, ist also deshalb *geschichtet* (Schichtenmodell), weil sie *geschichtlich* gewachsen ist.

Was damit gemeint ist, wird besser verständlich, wenn wir uns im Schnelldurchlauf die maßgeblichen Entwicklungsstufen der *universellen Evolution* vor Augen führen: Wie bereits geschildert, begann die Geschichte unseres Universums vor rund 13,7 Milliarden Jahren mit einem leichten Übergewicht von Teilchen über Antiteilchen. Einige Forscher – u. a. Lee Smolin (*1955) und Gerhard Vollmer (*1943)[48] – vermuten, dass der Geburt des Universums ein *Selektionsprozess* vorausging, der jenem ähnelt, der zur Entstehung und Veränderung biologischer Arten führte. Entsprechend der *Multiversums*-Hypothese, die heute von vielen theoretischen Physikern akzeptiert wird, entstehen ständig neue Universen, von denen einige nur für extrem kurze Zeit existieren, während andere sehr viel langlebiger sind.

Man geht in diesem spekulativen Szenario davon aus, dass die grundlegenden physikalischen Parameter in den verschiedenen Universen unterschiedlich eingestellt sind, sodass nur in einigen von ihnen exakt jene Bedingungen vorherrschen, die die Entstehung von komplexen Systemen, von Sternen, Planeten oder gar von Leben ermöglichen. Unser Universum gehört offenkundig zu den langlebigen und prinzipiell lebensfreundlichen Universen – ansonsten wären wir nicht da. Demnach gingen aus der *kosmischen Evolution* nicht nur Raum und Zeit hervor, sondern auch die physikalischen Gesetze, nach denen sich seither alle Materie (ob belebt oder unbelebt) richtet. Auf Basis dieser Gesetze kam es kurz nach dem Urknall zur *intergalaktischen Evolution*, die allmählich Sterne und Galaxien entstehen ließ. Auch hier traten Selektionsprozesse auf, denn einige Himmelskörper verschwanden schon nach kurzer Zeit, während andere noch für Jahrmilliarden, ja sogar Jahrbillionen fortexistieren werden.

Dieser Aufstieg und Niedergang der Sterne war, wie wir wissen, für die spätere Entwicklung auf der Erde von entscheidender Bedeutung. Denn erst im Inneren der Sterne bzw. bei ihren dramatischen Untergängen wurden die schweren Elemente geboren (Nukleosynthese), die dank ihrer besonderen Eigenschaften zu den Triebkräften der *chemischen Evolution* wurden.

Wie bei der kosmischen und intergalaktischen Evolution fanden auch bei der chemischen Evolution Selektionsprozesse statt, denn einige Verbindungen der Elemente erwiesen sich als flüchtig, andere als höchst stabil. Als besonders bindungsfreundlich entpuppte sich das Kohlenstoffatom, auf dem alle organischen Moleküle und irdischen Lebensformen aufgebaut sind. Nachdem sich in den warmen Tümpeln der jungen Erde im Zuge der chemischen Evolution aus anorganischen Verbindungen immer mehr organisches Material gebildet hatte, kam schließlich die *biomolekulare Evolution* in Gang, bei der sich zwei Biomoleküle aufgrund ihrer Eignung zur Replikation (Vervielfältigung) als besonders durchsetzungsfähig zeigten: RNA und DNA.

Die ersten Proto-Lebewesen, die vor etwa drei Milliarden Jahren auf der Basis von RNA-Verdoppelungen entstanden (Ribocyten), sowie die ersten Lebewesen mit DNA (Bakterien und Archäen) unterschieden sich von ihrer unbelebten Umwelt nicht dadurch, dass ihnen eine wie auch immer geartete »Seele« eingehaucht worden wäre, sondern schlicht und ergreifend durch den höheren Grad der in ihnen gespeicherten Information (also das komplexere »In-Formation-Gebrachtsein« ihrer Bestandteile). Denn ihr Aufbau beruhte nicht bloß auf den Ergebnissen der kosmischen, intergalaktischen und chemischen Evolution, sondern zusätzlich auf den langwierigen Selektionsprozessen, die während der biomolekularen Evolution stattgefunden hatten.

Im Zuge der nun beginnenden *biologischen Evolution* fanden weitere folgenreiche geschichtliche Ereignisse statt, u. a. die *Endosymbiose* vor etwa 1,8 bis 2,2 Milliarden Jahren (woraus die ersten Zellen mit Zellkern und Organellen hervorgingen), die *Entstehung der Mehrzeller* (Algen und Schwämme) vor etwa 600 Millionen Jahren (womit die zuvor eigenständigen Lebewesen unter das Diktat des Organismus gebracht wurden) sowie die *Erfindung der Sexualität* etwa im gleichen Zeitraum[49] (die durch die nun mögliche Kombination von mütterlichen und väterlichen Genen maßgeblich zur Vielfalt der Arten beitrug und unser heutiges Lebensgefühl fundamental bestimmt).

Die weitaus längste Zeit war die biologische Evolution mit der Hervorbringung einfach strukturierter, einzelliger Lebewesen beschäftigt, die Entwicklung mehrzelliger Organismen verlief demgegenüber recht flott: Schon vor 540 Millionen Jahren schwammen die ersten Fische im Wasser, vor 415 Millionen Jahren betraten mit den Amphibien die ersten Wirbeltiere das Land, vor 360 Millionen Jahren entstanden die ersten Reptilien, vor etwa 250 Millionen Jahren die ersten Dinosaurier. All dies wäre nicht möglich gewesen ohne die Entwicklung von Organen und die damit verbundene Ausdifferenzierung unterschiedlicher Zelltypen, also durch eine weitere Erhöhung des Informationsgrades, wodurch das *nächste Level im evolutionären Spiel* erreicht wurde.

Auf dieser höheren biologischen Spielebene evolvierten zunächst einfache *Nervennetze* zu komplexeren *Nervensystemen*, aus denen später (bei Arten, die einem entsprechenden Selektionsdruck ausgesetzt waren) immer *leistungsfähigere Gehirne* erwuchsen, die es den Organismen ermöglichten, sehr viel flexibler auf Umweltreize zu reagieren. Mit dieser immer ausgefeilteren neuronalen Struktur ging eine kontinuierliche *Veränderung des tierlichen Bewusstseins* einher – von der eher diffusen Wahrnehmung angenehmer und unangenehmer Reize hin zu fein ausdifferenzierten, komplexen Gefühlswelten, von schematischen instinktiven Verhaltensweisen hin zu flexiblen kognitiven Verarbeitungsmustern, die den Individuen die Entwicklung intelligenter Problemlösungsstrategien erlaubten.

Besonders weit führte dieser Prozess bei einer anfangs recht unauffälligen Gruppe kleiner pelziger Landwirbeltiere, die sich nach dem Untergang der Dinosaurier über den ganzen Erdball ausbreiteten. Vor 23 Millionen Jahren gingen aus ihnen die ersten Menschenaffen-Arten (die Vorläufer der heutigen Orang-Utans, Gorillas, Schimpansen, Bonobos und Menschen) hervor, die sich bereits durch deutlich komplexere Gehirne auszeichneten. Eine *dramatisch fortschreitende Hirnentwicklung* trat allerdings erst vor zwei Millionen Jahren mit der Entstehung des *Homo erectus* auf. Offenkundig besetzte er eine ökologische Nische, in der die Hirnentwicklung mit besonderen Überlebensvorteilen verbunden war. Jedenfalls wurden die menschlichen Gehirne über Jahrhunderttausende dahingehend optimiert, dass sie zunehmend besser in der Lage waren, *neue Lernerfahrungen zu machen und das Gelernte an nachrückende Generationen weiterzugeben* – womit schließlich auch die Voraussetzungen für den Start der *kulturellen Evolution* erfüllt waren.

Wie bereits im ersten Teil des Buchs geschildert, verlief der kulturelle Evolutionsprozess anfangs recht schleppend (hierin durchaus vergleichbar mit dem Beginn der biologischen Evolution, die ebenfalls lange brauchte, um richtig in Gang zu kommen). Doch mit der Erfindung von Medien, die es ermöglichten, Informationen auch außerhalb biologischer Systeme (Erbinformationen, Gehirne) zu speichern, beschleunigte sich die Prozessgeschwindigkeit deutlich. Die Menschen schufen im Zuge der kulturellen Evolution, die mit dem Aufstieg und Untergang unterschiedlichster Organisationsformen verbunden war, immer komplexere gesellschaftliche Institutionen, Religionen, Philosophien, Technologien usw. Diese lösten etwa ab dem Jahr 1800 so starke globale Veränderungen aus, dass die Menschheit zu einem *geologischen Faktor* wurde, weshalb sich die Geologen mittlerweile gezwungen sehen, von einem *neuen Erdzeitalter* zu sprechen, dem *Anthropozän*.

Das Anthropozän ist nichts, worauf sich der Mensch viel einbilden könnte (schließlich ist das neue Erdzeitalter bislang durch den Verlust der Artenvielfalt, Vermüllung und Klimaveränderungen gekennzeichnet), aber das Faktum zeigt deutlich, dass es neben der allseits bekannten *aufwärtsgerichteten Verursachung* (Atome erzeugen Moleküle, Moleküle erzeugen Zellen, Zellen erzeugen Organismen, Organismen erzeugen Gruppen, Gruppen erzeugen Kultur) eine nicht minder bedeutsame *abwärtsgerichtete Verursachung* gibt: Denn wenn wir Menschen durch kulturelle Produktions- und Konsumtionsweisen zum Aussterben biologischer Arten beitragen, so heißt dies, dass spezifische Molekülketten, die für diese Arten kennzeichnend waren, aufgrund des Auftretens einer bestimmten Kulturform vom Erdboden verschwinden (wir haben es also mit einer Rückwirkung kultureller Phänomene auf die basalere molekulare Ebene zu tun).

Nun ist »abwärtsgerichtete Verursachung«, d. h. der Einfluss des Ganzen auf seine Teile, kein Spezifikum menschlicher Kultur»leistungen«, sondern *typisch für emergente Systeme jeglicher Art*. Hierfür lassen sich unzählige Beispiele finden. Ich möchte es nachfolgend bei dreien belassen, die die Wechselwirkung von aufwärts- und abwärtsgerichteter Verursachung auf verschiedenen Ebenen demonstrieren:

Beispiel 1: Atome bilden die Grundlage für die Entstehung von Molekülen, werden aber zugleich von Molekülen gebunden. (Dies ändert nichts an den physikalischen Eigenschaften des Atoms, es bestimmt aber, in welcher Umgebung ein Atom bevorzugt auftritt.)

Beispiel 2: Zellen erzeugen den Organismus, werden von diesem aber in eine Systemstruktur gepresst, der sie nicht entkommen können. (Der Organismus hat natürlich keinen Einfluss auf den evolutionär sehr viel früher entstandenen internen Aufbau der Zellen, wohl aber darauf, welche Zelltypen an welcher Stelle mit welchen Eigenschaften auftreten.)

Beispiel 3: Komplexe Gesellschaften beruhen zwar auf vielen unterschiedlichen Individuen, diese werden in ihrem Denken und Handeln jedoch maßgeblich von gesellschaftlichen Institutionen bestimmt. (Auch hier ist die emergente Wirkung indirekter Art: Gesellschaften haben naturgemäß keinen Einfluss darauf, wie Gedanken über neuronale Aktivitäten hervorgebracht werden, wohl aber beeinflussen sie, welche neuronalen Verschaltungen in vergesellschafteten Individuen bevorzugt auftreten, was zu einem Phänomen führt, das der Sozialpsychologe Erich Fromm bereits vor vielen Jahrzehnten sehr treffend mit dem Begriff des »Gesellschaftscharakters« umschrieben hat.)[50]

Langer Rede – kurzer Sinn: Es gibt, wie ich meine, viele triftige Argumente dafür, *dass das, was in der Welt passiert, einerseits* rein physikalisch ist, andererseits jedoch auch sehr viel mehr ist als *bloße Physik* – womit wir auch zur Ausgangsfrage dieses Unterkapitels zurückkommen können: Selbstverständlich ist die Art, wie Sie denken, empfinden oder handeln *nicht allein bestimmt* durch die Bewegung der Atome (auch wenn *ohne sie* niemand existieren würde, der *in irgendeiner Form* denken, empfinden oder handeln könnte). Die spezifische Weise, in der Sie die Welt betrachten und in ihr agieren, ist vielmehr das *Ergebnis unzähliger Selektionsprozesse, die im Verlauf der kosmischen, intergalaktischen, chemischen, biomolekularen, biologischen und kulturellen Evolution* stattgefunden haben und die in der einen oder anderen Form bestimmt haben, wer oder was Sie heute sind.

Diese *zufällige* (weil von niemandem geplante oder auch bloß vorhergesehene) und zugleich *notwendige* (weil auf unzähligen Ursachenketten beruhende) Anordnung von Kausalfaktoren, die in Ihrer Lebensgeschichte wirksam wurden, hat auch dazu geführt, dass Sie jetzt, in diesem Moment, genau diesen (von mir mit besonders vielen Klammern ausgestatteten) Satz kognitiv verarbeiten müssen – und nicht etwa die (auf andere Weise sicherlich ebenfalls erhellenden und mit weniger Klammern durchsetzten) Enthüllungen der Autobiografie von Dieter Bohlen.

Noch ein letztes Wort zu diesen abstrakten Sachverhalten, bevor wir uns im nächsten Kapitel handfesteren Dingen zuwenden: Wir sind versucht, die *evolutionäre Entwicklung von einfachen zu komplexen Systemen* (etwa vom Bakterium zum Menschen) im Sinne eines *kontinuierlichen Fortschritts* zu interpretieren. Dabei handelt es sich jedoch, wie u. a. Stephen Jay Gould (1941–2002) und Franz M. Wuketits (*1955) darlegten,[51] um eine Wahrnehmungstäuschung: Wenn wir Fortschritt möglichst wertfrei als *Komplexitätssteigerung* definieren (auch darüber ließe sich natürlich streiten), so ist es zwar evident, dass die universelle Evolution in ihrem Verlauf *immer komplexere Formen* hervorbrachte (allein schon deshalb, weil ihr komplexe Systeme anfangs nicht zur Verfügung standen), aber das heißt nicht, dass es innerhalb des evolutionären Prozesses keine *Rückentwicklungen* gegeben hätte. Tatsächlich haben *Komplexitätsverluste* immer wieder stattgefunden, sowohl auf *biologischer*

Ebene (beispielsweise die Entwicklung von Parasiten, die weit weniger komplex sind als ihre nicht parasitär lebenden Vorfahren) als auch auf *kultureller Ebene* (so gingen, wie geschildert, im Mittelalter wesentliche kulturelle, wissenschaftliche, künstlerische und zivilisatorische Errungenschaften der Antike verloren).

Es ist auch nicht so, dass man von einem »generellen Fortschrittstrend mit wenigen Einbrüchen« sprechen könnte. Denn letztlich läuft die Evolution (siehe die Ausführungen im ersten Teil) auf den *vollständigen Untergang aller komplexen Systeme* hinaus, zunächst auf der Erde (infolge der Strahlungszunahme der Sonne), später im gesamten Kosmos – wobei hier mindestens drei verschiedene Szenarien zur Auswahl stehen: Entweder wird unser Universum aufgrund der Entropie den »Wärmetod« sterben (»Big Freeze«), im Zuge der beschleunigten Expansion auseinandergerissen werden (»Big Rip«) oder (falls sich die Gravitationskräfte als stärker als die Expansionskräfte erweisen sollten) irgendwann in sich zusammenstürzen (»Big Crunch«).

Evolution ist, wie wir aus der Evolutionsbiologie wissen, stets mit dem Aufstieg und Untergang von Arten verbunden – und diese Gesetzmäßigkeit scheint auch für unser Universum zu gelten. Auch seine Lebensdauer ist begrenzt. Allerdings schließt das natürlich nicht aus, dass *Fortschritt innerhalb gewisser Zeitfenster möglich ist!* Ich habe versucht, dies im vorliegenden Kapitel am Beispiel der fortschreitenden Verbesserung der Erkenntnis zu demonstrieren. Zweifellos wissen wir heute sehr viel mehr über die Struktur des Universums und über die Entwicklung des Lebens auf der Erde, als der blitzgescheite Aristoteles wissen konnte. Könnte man ihn in unsere Gegenwart transportieren, käme er wohl aus dem Staunen nicht mehr heraus angesichts der unzähligen spektakulären Dinge, die die Menschheit in der Zwischenzeit herausgefunden hat.

Wahrscheinlich würde sich Aristoteles über einen anderen Aspekt des Fortschritts jedoch noch sehr viel erstaunter zeigen, nämlich über die *technischen Innovationen*, die der Mensch in den letzten 2000 Jahren hervorgebracht hat. Ein antiker Grieche, so ist zu vermuten, würde sich über das rätselhafte Verhalten des *Higgs-Teilchens* weniger wundern als über den Anblick eines schnöden *Farbfernsehers*. Werfen wir also einen Blick auf die technologischen Fortschritte, mit deren Hilfe es der einfallsreichen Spezies Mensch im Laufe der kulturellen Evolution zunehmend besser gelang, sich die Mühen des Lebens zu erleichtern.

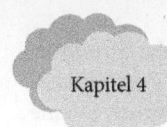

Kapitel 4

DAS ERFINDERISCHE TIER:
DIE TECHNOLOGIE
DES GUTEN LEBENS

Vor wenigen Jahren, ich schrieb gerade an meinem vorletzten Buch, brach eines Abends ein heftiges Gewitter über uns herein, das die örtliche Stromversorgung für Stunden lahmlegte. Eigentlich hatte ich mir vorgenommen, das Kapitel abzuschließen, an dem ich gearbeitet hatte, aber das war nicht mehr möglich. Da wir keine Taschenlampen, nicht einmal größere Kerzen im Haus hatten, zündete ich einige Teelichter an, die ich irgendwo in der Küche gefunden hatte. Ich hatte gehofft, in ihrem Schein wenigstens ein paar Bücher lesen zu können, die ich für die nachfolgenden Kapitel hätte verwenden können, aber das erwies sich als derart mühsam, dass ich das Vorhaben schon nach wenigen Minuten aufgab. Da es ohne Strom auch nicht möglich war, einen Film anzuschauen oder Musik zu hören, goss ich mir einigermaßen frustriert ein nicht mehr allzu kaltes Bier ein (der Kühlschrank war ja auch nicht mehr in Betrieb) und ging ungewohnt früh ins Bett.

Am nächsten Morgen, der ohne Kaffee beginnen musste, waren die Lebensmittel im Gefrierschrank aufgetaut, dafür aber die Raumtemperatur empfindlich gesunken, da ohne Strom auch die Heizung nicht anspringen wollte. Dank des Tageslichts war es zwar immerhin möglich zu lesen, aber ich hätte doch liebend gerne gewusst, wie lange es mit der Wiederherstellung der Stromversorgung noch dauern würde. Allerdings gab es ohne Strom logischerweise auch kein Telefon und somit keine Kommunikation nach außen (ich hatte wie so oft vergessen, das Handy rechtzeitig aufzuladen). Umso erfreuter war ich, als kurze Zeit später der Strom wieder zur Verfügung stand und das Leben seinen gewohnten Gang gehen konnte.

Die wenige Stunden dauernde Unterbrechung der Stromversorgung in meinem Eifeldörfchen war gewiss kein dramatisches Ereignis, aber sie katapultierte mich kurzfristig zurück in eine Zeit, in der die Menschen sich in ihrem Verhalten noch sehr viel stärker an den natürlichen Ablauf von Tag und Nacht anpassen mussten, als es noch keine Glühbirnen, keine Telefone, keine Fernseher, keine Stereoanlagen, keine Computer, keine Zentralheizungen, keine Kühlschränke gab. Diese Zeit vor der Elektrifizierung erscheint uns heute als derart fremd, dass sich das Gefühl einschleicht, es handle sich dabei um eine lang zurückliegende Epoche der Menschheitsgeschichte. Tatsächlich aber ist es nur wenige Jahrzehnte her, dass elektrische Apparate den Alltag eroberten und das Leben der Menschen revolutionierten.

Vom Faustkeil zum Smartphone

»Man muss das Rad ja nicht noch einmal neu erfinden«, lautet eine bekannte Redensart, die anzeigen soll, dass man auf Bewährtes zurückgreifen und sich unnötige Arbeit ersparen sollte. Tatsächlich aber wurde das Rad gleich mehrfach an verschiedenen Orten neu erfunden: Vor rund 6000 Jahren tauchten Wagenräder nahezu zeitgleich in Mesopotamien sowie Ost- und Mitteleuropa auf. Die Erfindung des Rades veränderte nicht nur das Transportwesen der Menschen von Grund auf (zuvor hatten sie Lasten tragen oder mit Schlitten über den Boden ziehen müssen), sondern beflügelte auch ihre Phantasie, wie die sogenannten »Wagengräber« zeigen (wahrscheinlich hoffte man, den Verstorbenen durch die Grabbeigabe eines Wagens eine standesgemäße »Weiterreise im Jenseits« zu ermöglichen).

Das Rad war zweifelsohne eine elementare Erfindung der Menschheit, aber keineswegs die erste: Schon vor etwa zweieinhalb Millionen Jahren hatten frühe Menschenarten (*Homo habilis* und *Homo rudolfensis*) begonnen, sogenannte *Chopper* (einseitig abgeschlagene Steinwerkzeuge mit einer scharfen Kante zum Zerlegen von Fleisch oder zum Spalten von Nüssen) herzustellen, die sich im Grad der Bearbeitung deutlich von den Werkzeugen anderer Menschenaffen unterschieden. Aus den

Choppern entwickelten sich später die zweiseitig abgeschlagenen *Chopping Tools*, aus denen vor etwa 1,7 Millionen Jahren die ersten *Faustkeile* hervorgingen. Kein Werkzeug wurde von der Menschheit länger und häufiger verwendet: Faustkeile waren so etwas wie die Schweizer Taschenmesser der Alt- und Mittel-Steinzeit, sie wurden zum Hacken, Schneiden, Schaben, Schlagen, mitunter sogar zum Werfen benutzt.

Vor rund 500 000 Jahren hatte *Homo erectus* bereits *Speere* entwickelt, mit denen sich die Jagd weit erfolgreicher bestreiten ließ, auch wusste er, das *Feuer* zu nutzen. Einen bedeutsamen Schub erfuhr die technologische Entwicklung allerdings erst vor 40 000 Jahren mit dem Beginn der Jungsteinzeit. Damals traten vermehrt *komplexere Werkzeuge* auf, die aus unterschiedlichen Materialien (meist Stein und Holz, Knochen oder Elfenbein) zusammengesetzt waren: Steinmesser, Steinbeile, Steinhämmer, Steinsägen, Steinsicheln etc.

Der nächste große technologische Sprung vollzog sich im Rahmen der *Neolithischen Revolution*, als die Menschen nicht nur begannen, *Pflanzen und Tiere zu züchten* und *Vorratsbehälter aus Ton* herzustellen, sondern allmählich auch lernten, *metallische Materialien* zu nutzen (zunächst zur Verzierung und als Schmuck, später auch zur Herstellung von Alltagsgegenständen). Nach einer Übergangsphase, in der in Europa neben Stein, Keramik und Holz vor allem *Kupfer* Verwendung fand (Kupfersteinzeit), ließ die Menschheit mit der Erfindung der *Bronze* vor etwa 5000 Jahren die Steinzeit endgültig hinter sich (Bronzezeit).

Wir wissen nicht, wer auf die Idee kam, eine Legierung aus Kupfer und Zinn herzustellen (einige Befunde sprechen dafür, dass der Ursprung im Kaukasus zu suchen ist), aber es war zweifellos eine der folgenreichsten Erfindungen der Menschheitsgeschichte. Denn Bronze erwies sich als sehr viel härter und wetterbeständiger als Kupfer und war hervorragend geeignet für die Produktion von Gegenständen aller Art (u. a. Werkzeuge, Waffen, Rüstungen, Münzen, Schmuckstücke, Denkmale, Musikinstrumente). Rund 3000 Jahre war Bronze das bevorzugte Material, bis es gelang, *Eisen* aus Erz herzustellen, was sich als sehr viel günstiger erwies, da das seltene und dadurch wertvolle

Zinn, das bei der Legierung von Bronze benötigt wurde, zur Eisenverhüttung nicht erforderlich war.

Im Zuge der neuen Möglichkeiten, die sich durch die Nutzung der Metalle eröffneten, und der sozialen Veränderungen, die sich daraus ergaben (Ausweitung von Arbeitsteilung und Handel etc.), kam es in der Bronze- und Eisenzeit zu bemerkenswerten Fortschritten: Schon vor 3500 Jahren stellten die Ägypter *Glas* her und bauten die ersten *Wasserleitungssysteme.* Sie waren es auch, die das *Rad noch einmal neu erfanden*, indem sie an die Stelle des alten *Scheibenrads* (das aus einer durchgängigen Holzscheibe bestand) das leichtere und dennoch stabile *Speichenrad* setzten, das in nahezu unveränderter Form auch heute noch in Gebrauch ist. Nicht minder bedeutsam war, dass ihnen die Herstellung von *Papyrus* gelang, das sich schnell zum wichtigsten Schreibmedium der Antike entwickelte. (Das *Papier* wurde zwar schon vor rund 2200 Jahren in China erfunden, gelangte jedoch erst im 8. Jahrhundert unserer Zeitrechnung in den arabischen Kulturraum und von dort im 12. Jahrhundert nach Europa.)

Der erste große Erfinder der Menschheit, der uns namentlich bekannt ist, war zugleich einer der größten Mathematiker und Physiker der Geschichte: Archimedes (um 287–212 v. u. Z.). Eigentlich beschäftigte sich Archimedes sehr viel lieber mit mathematischen und physikalischen Grundlagenproblemen als mit praktischen Dingen – was der Legende nach auch zu seiner Ermordung im Jahr 212 v. u. Z. geführt hat, denn Archimedes war angeblich bei der Plünderung seiner Heimatstadt Syrakus derart in seine Berechnungen versunken, dass er die heranstürmenden feindlichen Soldaten nicht bemerkte und einen von ihnen mit dem berühmten Ausspruch »Störe meine Kreise nicht« so sehr provozierte, dass dieser ihn erschlug.

Mit der exakten Formulierung des *Hebelgesetzes* hatte Archimedes die Basis für Mechanik und Statik gelegt, auf deren Grundlage u. a. die Wurfgeschosse konstruiert wurden, mit denen sich die Bewohner von Syrakus außergewöhnlich lange der römischen Belagerung widersetzen konnten. Eine besondere Spezialität des Archimedes bestand darin, dass er es wie kein anderer seiner Zeit verstand, verschiedene Einzelerfindungen wie *Flaschenzüge, Seilwinden und Zahnräder* auf geschickte Weise miteinander zu kombinieren, um die gewünschte Wirkung zu erzielen. So gelang es ihm, den sogenannten *archimedischen Punkt* (»Gib mir einen Punkt, auf dem ich stehen kann, und ich werde dir die Welt aus den Angeln heben«) eindrucksvoll zu demonstrieren, indem er Flaschenzüge und Seilwinden so arrangierte, dass ein einzelner Mann ein voll beladenes Schiff bewegen konnte. Auf dieser Basis entwickelten schon die antiken Griechen erstaunlich leistungsfähige *Baukräne*, die später von den römischen Ingenieuren noch einmal verbessert wurden, was die Errichtung der Monumentalbauten des römischen Reichs erst ermöglichte.

Eine weitere maßgebliche Erfindung des Archimedes war die nach ihm benannte *archimedische Schraube*. Dabei erlaubte es eine rotierende Schraube im Inneren eines Rohrs, Wasser auf ein höheres Niveau zu transportieren, was neue Möglichkeiten für die Be- und Entwässerung schuf. Der Überlieferung zufolge war Archimedes allerdings an den praktischen Konsequenzen seiner Erfindungen weit weniger interessiert als an dem damit einhergehenden theoretischen Erkenntnisgewinn, was in gewisser Weise typisch für die griechische Kultur war, die sich in diesem Punkt wesentlich von der sehr viel pragmatischeren römischen Zivilisation unterschied.

Die Anstrengungen, die die Römer unternahmen, um ein möglichst komfortables Leben führen zu können, beeindrucken noch heute: So schufen sie bis zu 100 Kilometer lange *Aquädukte*, um die Städte des Reichs mit frischem Wasser zu versorgen. Allein in Rom waren elf Aquädukte notwendig, um den hohen Trinkwasserverbrauch (der Pro-Kopf-Verbrauch war etwa dreimal so hoch wie in Deutschland heute!) zu ermöglichen. Dass die römischen Bürgerinnen und Bürger so viel Wasser benötigten, lag vor allem an ihrer ausgiebigen Badekultur (in Rom zählte man im Jahr 400 elf luxuriös ausgestattete öffentliche Badeanstalten und fast 900 halböffentliche Privatbäder). Reichere Bürger verfügten dank eines ausgeklügelten *Druckleitungssystems* bereits über fließendes Wasser in ihren Häusern, ärmere mussten sich mit den etwa 1400 öffentlichen Brunnen der Stadt begnügen.

Mit dem Niedergang des römischen Imperiums und der Machtzunahme der Kirche fand in Europa nicht nur der Badespaß, sondern auch die erste Hochphase der technischen Entwicklung ein Ende. Maßgebliche Neuerungen mussten in den nächsten Jahrhunderten in anderen Teilen der Welt hervorgebracht werden, vor allem in China, wo im 7. Jahrhundert das *Porzellan* und dreihundert Jahre später das *Schwarzpulver* erfunden wurde, sowie im arabischen Kulturraum, wo der brillante Mathematiker und Physiker Ibn al-Haitham (um 964–1039) schon vor 1000 Jahren die *Lupe* und die *Lochkamera* konstruierte.

Erst mit der Renaissance erwachte Europa aus dem kulturellen Dornröschenschlaf. Kaum ein Mensch repräsentiert den Geist dieser neuen Epoche eindrucksvoller als Leonardo da Vinci (1452–1519), der nicht nur als einer der größten Maler und Bildhauer, sondern auch als bedeutender Naturphilosoph, Anatom, Architekt und Ingenieur in die Geschichte einging. Obgleich da Vinci heute vor allem als Künstler verehrt wird, galt sein besonderes Interesse der naturwissenschaftlichen Forschung (vor allem im Bereich der Biologie und Geologie) sowie der Erfindung neuer Apparaturen, die das Leben der Menschen erleichtern sollten. Von seinen unzähligen technischen Skizzen wurden zu Leonardos Lebzeiten allerdings nur die allerwenigsten umgesetzt – und zwar jene, die für seine jeweiligen Auftraggeber von direktem Nutzen waren (etwa seine Erfindungen im Bereich der Waffentechnik, zur Trockenlegung von Sümpfen und zur Verbesserung der Wasserversorgung bzw. der Kanalisation) oder die zumindest einen gewissen Unterhaltungswert besaßen (wie seine Konstruktion eines mechanischen Löwen, der sich selbsttätig bewegen konnte).

Leonardo war seiner Zeit so weit voraus, dass es noch Jahrhunderte dauern sollte, bis einige seiner Ideen realisiert werden konnten (siehe u. a. seine Entwürfe zu Fahrrädern, Flugmaschinen oder Robotern). Dennoch nahm die technologische Evolution nach der revolutionären *Erfindung des Buchdrucks* durch Gutenberg (siehe Kapitel 2: *Die Wurzeln der menschlichen Kultur*) allmählich Fahrt auf: So wurde Anfang des 16. Jahrhunderts die *Taschenuhr* erfunden, am Ende des Jahrhunderts das *Mikroskop*. Galileo Galilei schuf im 17. Jahrhundert die *Pendeluhr*, während der französische Mathematiker und Physiker Blaise Pascal (1623–1662) seiner Zunft einen großen Dienst durch die Konstruktion einer *Rechenmaschine* erwies, die 1679 von dem deutschen Universalgelehrten Gottfried Wilhelm Leibniz noch einmal verbessert wurde.

Dem unermüdlichen Leibniz haben wir ohnehin viel zu verdanken: Er verbesserte u. a. den *Schließmechanismus von Türschlössern*, entwickelte die *Endloskette* zur einfacheren Beförderung des Erzes im Bergbau, schuf zahlreiche neue mathematische Verfahren, darunter das *Dualzahlensystem*, auf dem der binomische Code heutiger Computer basiert, und hatte bei all seinen Arbeiten auf unterschiedlichsten Gebieten auch noch Zeit und Muße, sich Gedanken darüber zu machen, wie man *Gebäck* durch Wasserentzug haltbarer machen kann (was Hermann Bahlsen, den Gründer des gleichnamigen Backwarenunternehmens, 250 Jahre später dazu veranlasste, sein erfolgreichstes Produkt unter der Bezeichnung *Leibniz-Butterkeks* zu vermarkten).

Keine technologische Neuerung jedoch hatte nach der Erfindung des Buchdrucks solch weitreichende Folgen wie die Entwicklung der *Dampfmaschine* durch die englischen Erfinder Thomas Savery (1650–1715), Thomas Newcomen (1663–1729) und James Watt (1736–1819). Es war der Startschuss zur *industriellen Revolution*: Erstmals in der Geschichte waren die Menschen nicht mehr auf die eigene Kraft bzw. auf die Unterstützung durch Lasttiere oder Naturkräfte wie Wind (etwa in der Schifffahrt) oder Wasser (Wassermühlen) angewiesen, sondern konnten auf neuartige Maschinen zurückgreifen, die die Arbeit übernahmen.

Nach der Patentierung der verbesserten Dampfmaschine durch Watt im Jahr 1769 dauerte es nur dreieinhalb Jahrzehnte, bis der geniale, am Ende jedoch völlig verarmte britische Erfinder Richard Trevithick (1771–1833) eine *Dampflokomotive* in einem Bergwerk einsetzte. 1808 schuf Trevithick zudem eine Dampflok, die Passagiere transportierte. Sie wurde jedoch nicht für den Nahverkehr, sondern zur Publikumsbelustigung eingesetzt (für geringes Entgelt konnten die Passagiere mit der Lok im Kreis fahren). 1825 fand (ohne Beteiligung Trevithicks) in Nordostengland die *erste öffentliche Eisenbahnfahrt* statt. Anfangs noch skeptisch betrachtet (James Watt wollte die Konstruktion von dampfmaschinengesteuerten Fahrzeugen aufgrund der damit verbundenen Gefahren sogar verbieten lassen), revolutionierte die Eisenbahn innerhalb weniger Jahrzehnte das Verkehrs- und Transportwesen in Europa und Nordamerika.

Auch in der Warenproduktion läutete die Dampfmaschine eine neue Ära ein. An die Stelle von Einzelprodukten, die mühsam in Handarbeit hergestellt werden mussten, traten allmählich *industriell gefertigte Massenwaren*. Zusätzlich beschleunigt wurde die technologische Evolution dadurch, dass die Menschen zunehmend das Wesen der Elektrizität erkannten und für sich zu nutzen lernten. Eines der ersten Einsatzgebiete betraf die Kommunikation: Bereits 1833 war es dem Physiker Wilhelm Eduard Weber (1804–1891) in Zusammenarbeit mit dem überragenden deutschen Mathematiker Carl Friedrich Gauß (1777–1855) gelungen, eine *telegrafische Verbindung* zwischen der Göttinger Sternwarte und dem Physikalischen Institut herzustellen und zur Nachrichtenübermittlung zu nutzen. Wenig später entwickelte der amerikanische Maler und Erfinder Samuel Morse (1791–1872) den nach ihm benannten *Telegrafen* (Morseapparat), mit dessen Hilfe 1844 die erste Nachricht zwischen Baltimore und Washington gesendet wurde. Das Telegrafieren mithilfe des *Morsealphabets* erwies sich als derart nützlich, dass schon bald die ersten Land- und Seekabel für die Telekommunikation gelegt wurden. 1870 waren bereits weite Teile der Welt verkabelt, sodass es nicht mehr lange dauerte, bis sich Nachrichten in Windeseile über den ganzen Erdball verbreiteten.

Auf dem Gebiet der Telegrafie erwarb Anfang der 1870er-Jahre auch ein Mann seine ersten Patente, der – obwohl er nicht einmal über eine abgeschlossene Grundschulausbildung, geschweige denn über ein Universitätsstudium verfügte – zu einem der erfolgreichsten Erfinder aller Zeiten werden sollte: Thomas Alva Edison (1847–1931). Nachdem Edison die Übertragungsgeschwindigkeit der Telegrafen verbessert hatte, erfand er 1877 den *Phonographen* (mit dem Stimmen und Musik aufgenommen und wiedergegeben werden konnten, womit Edison zum Impulsgeber der Musikindustrie wurde) sowie das *Kohlekörnermikrofon*, mit dem er das im Jahr zuvor von Graham Bell (1847–1922) patentierte *Telefon* verbesserte. 1879 folgte die Erfindung der *Kohlefaden-Glühbirne*, für die er 1881 die bis heute verwendete *Schraubfassung* (das Edison-Gewinde) entwickelte. Da die Glühbirne nur auf der Basis eines funktionierenden Stromnetzes erfolgreich sein konnte, war Edison in den 1880er-Jahren maßgeblich an der Schaffung einer *Infrastruktur für die Elektrifizierung (Stromgeneratoren, -verteiler und -zähler)* beteiligt. 1891 entwickelte er (bzw. sein Chefingenieur William Dickson) mit dem *Kinetographen* und dem *Kinetoskop* die erste funktionstüchtige *Filmkamera* sowie das erste *Filmvorführgerät* der Welt, 1893 errichtete er das erste *Filmstudio*. Da Elektrizität zunehmend auch mobil verwendet wurde (vor allem in den allmählich sich durchsetzenden *Automobilen*), wandte sich Edison Anfang des 20. Jahrhunderts vermehrt der Herstellung von *Batterien* zu (allein auf diesem Gebiet erwarb er mehr als 140 Patente).

Edison verdankte seinen Erfolg nicht nur der eigenen Erfindungsgabe, sondern vor allem auch dem Geschick, *interdisziplinäre Teams* aus Handwerkern, Ingenieuren und Wissenschaftlern zusammenzustellen, die gemeinsam an der Lösung technischer Probleme arbeiteten (ein Prinzip, das später von den Forschungsabteilungen vieler Unternehmen übernommen wurde).[1] In der Regel erkannte Edison schnell die Talente seiner Mitarbeiter und förderte sie entsprechend – eine bemerkenswerte Ausnahme bildete der geniale wie skurrile serbische Elektroingenieur und Physiker Nikola Tesla (1856–1943), den Edison nach wenigen Monaten entließ und der später zu einem seiner härtesten Konkurrenten wurde (so setzte sich Tesla im sogenannten »Stromkrieg« mit dem Konzept des *Wechselstroms* gegen Edisons *Gleichstrom* durch).

Bei all seinem Erfolg als Erfinder traf Edison als Unternehmer einige bemerkenswerte Fehlentscheidungen: Mitunter steckte er viel Geld in fixe Ideen (etwa den Bau von Betonfertighäusern und -möbeln), während er weit aussichtsreichere Erfindungen völlig vernachlässigte. So hatte er bereits 1885 ein Patent für die Übertragung elektromagnetischer Wellen beantragt, das ihm 1891 erteilt wurde. Statt jedoch selbst an der *drahtlosen Kommunikation* zu arbeiten, verkaufte er das Patent 1903 an den italienischen Funkpionier Guglielmo Marconi (1874–1937) – wohl auch, um seinem Konkurrenten Tesla, der ebenfalls auf diesem Gebiet forschte, ein Schnippchen zu schlagen. Nachdem der deutsche Physiker Ferdinand Braun (1850–1918) eine Funkbrücke zwischen Cuxhaven und Helgoland über eine Entfernung von 62 Kilometern hergestellt hatte, gelang Marconi 1901 die erste transatlantische Übertragung eines Funksignals, wofür er 1909 (zusammen mit Braun) mit dem Physik-Nobelpreis geehrt wurde.

Damit waren die Grundlagen sowohl für den *internationalen Funkverkehr* als auch für das *Radio* geschaffen. Allerdings ließen sich mit Marconis und Brauns Technik zunächst nur Morsezeichen übermitteln. Die *drahtlose Übertragung von Tönen* gelang 1904 erstmals dem dänischen Physiker Valdemar Poulsen (1869–1942). Fünf Jahre später (1909) wurde in den USA bereits das erste *Radioprogramm* ausgestrahlt, das sich schnell zum ersten elektronischen Massenmedium entwickelte.

Das *Fernsehen* ließ nicht lange auf sich warten: Bereits 1906 hatte der deutsche Physiker Max Dieckmann (1882–1960) gezeigt, dass sich die von seinem Doktorvater Ferdinand Braun entwickelte *Kathodenstrahlröhre* (Braunsche Röhre) auch als Bildschreiber eignete, was Dieckmann ein Jahr später zum Bau des *ersten elektronischen Fernsehers* veranlasste. Ferdinand Braun jedoch war über diese »unwissenschaftliche« Spielerei seines Doktoranden, in der er beim besten Willen keinen Nutzen für die Menschheit erkennen konnte, so verärgert, dass Dieckmann sein 1906 erworbenes Patent verfallen ließ.

Der schottische Erfinder John Logie Baird (1888–1946) konnte sich 20 Jahre später über sehr viel größeren Zuspruch freuen: Die Mitglieder der britischen *Royal Institution* waren von Bairds Vorführung eines Fernsehgeräts (1926) so beeindruckt, dass sie ihm alle erforderlichen Mittel zur Weiterentwicklung der Fernsehtechnik zur Verfügung stellten. Bereits 1928 gelang Baird die erste *transatlantische Übertragung eines Fernsehbildes* von London nach New York – und schon Mitte der 1930er-Jahre wurden in Deutschland, England, Frankreich und den USA regelmäßige Fernsehprogramme ausgestrahlt.

Ein erster Meilenstein der Fernsehgeschichte waren die *Liveübertragungen* von den Olympischen Spielen 1936 in Berlin, die allerdings nur wenige Tausend Zuschauer erreichten. Mit dem Zweiten Weltkrieg geriet die Entwicklung der Fernsehtechnik zunächst ins Stocken, danach aber avancierte der Fernseher schnell zum Massenmedium. Vor allem in Großbritannien und den USA schnellten die Verkaufszahlen für Fernsehempfänger sprungartig in die Höhe: Die Krönung von Elisabeth II. im Jahr 1953 konnten schon 27 Millionen Briten live vor dem Fernseher verfolgen. Die *erste weltweite Livesendung* über Satellit *Our World* vom 25. Juni 1967, in der u. a. Maria Callas und Pablo Picasso auftraten und die Beatles ihre Friedenshymne *All you need is love* präsentierten, erreichte bereits über 400 Millionen Zuschauer.

Wenige Wochen nach dieser ersten weltweiten Liveübertragung begann in Großbritannien und Deutschland die Ära des Farbfernsehens. Die entsprechenden Empfangsgeräte waren anfangs jedoch noch so teuer, dass selbst in den USA, wo das Farbfernsehen sehr viel früher eingeführt worden war, die Bevölkerungsmehrheit bis in die Mitte der 1970er-Jahre hinein mit Schwarz-Weiß-Bildern vorliebnehmen musste. Im Laufe der Zeit fielen die Preise für Fernseher allerdings so schnell, wie sich die Technik verbesserte. Heute verfügen rund 1,5 Milliarden Haushalte weltweit über einen oder mehrere Farbfernseher – Ferdinand Braun, dessen Röhre jahrzehntelang in jedem Fernsehgerät zu finden war, wäre über diese Entwicklung sicherlich im höchsten Maße erstaunt gewesen.

Doch der Fernseher war keineswegs das einzige Gerät, das die privaten Haushalte im 20. Jahrhundert eroberte. Rund hundert Jahre vor dem Siegeszug des Farbfernsehens hatte der deutsche Ingenieur Carl von Linde (1842–1934) die Grundlagen für ein Gerät geliefert, das heute in kaum einem modernen Haushalt fehlen dürfte: den *Kühlschrank*. Man vergisst leicht, welche Erleichterungen diese Erfindung mit sich brachte. Vor der Verbreitung künstlicher Kühlsysteme hatten die Menschen noch große Anstrengungen unternehmen müssen, um Eis aus den kälteren in die wärmeren Regionen zu transportieren, damit das kostbare Gut in Eiskellern zur Kühlung verderblicher Nahrungsmittel bzw. zur Herstellung erfrischender Getränke genutzt werden konnte. (Schon im antiken Rom galt eisgekühlter Wein als ein besonderer Luxus.) Mit Carl von Lindes Verbesserung der Kühltechnik wurde es endlich möglich, Eis auch auf künstlichem Wege herzustellen. Allerdings war sein Verfahren zunächst nur für industrielle Zwecke geeignet, erst in den späten 1930er-Jahren konnten sich Kühlschränke allmählich in Privathaushalten durchsetzen.

Etwa zeitgleich mit dem Kühlschrank fand auch der *Elektroherd* seinen Weg in die privaten Haushalte. Die vollelektronische *Waschmaschine* kam in den 1950er-Jahren hinzu, ebenso der *Staubsauger* und die *Kaffeemaschine*. Der *Geschirrspüler*, den Josephine Cochrane (1839–1913) bereits 1886 erfunden hatte (angeblich, weil sie sich darüber ärgerte, dass ihre Hausmädchen immer wieder kostbares Geschirr zerbrachen), erreichte die europäischen Privathaushalte erst 90 Jahre später. In den USA jedoch hatte der Trend zur Automatisierung der Küchenarbeit schon ein gutes Stück früher stattgefunden. Dort wurden Mitte der 1970er-Jahre bereits millionenfach *Mikrowellenherde* verwendet, die sich in Europa erst Ende der 1980er-Jahre durchsetzen sollten.

Dass wir heute von so vielen kleinen und größeren elektrischen Helfern umgeben sind, deren Ausfall wir beim Ausbleiben der Stromversorgung schmerzlich zu spüren bekommen, ist nicht nur auf die von Thomas Edison, Nikola Tesla und Werner von Siemens (1816–1892; Erfinder des *Stromgenerators* und *Elektrokabels*) vorangetriebene *Elektrifizierung* zurückzuführen, sondern auch auf die Jahrzehnte später einsetzende *Digitalisierung*. Wie bereits erwähnt, greift die Digitalisierung auf das von Gottfried Wilhelm Leibniz Ende des 18. Jahrhunderts dargelegte *Dualsystem* zurück, das es erlaubt, beliebige Zahlen und Zahlenoperationen durch die Ziffern 1 und 0 auszudrücken (10=2, 11=3, 100=4, 101=5, 110=6, 111=7 usw.). Leibniz interessierte sich für diese Zahlendarstellung vornehmlich aus mathematischen und metaphysischen Gründen (so sah er im Wechselspiel von 1 und 0 eine Widerspiegelung der Dualität von Sein und Nichtsein). Im 20. Jahrhundert jedoch erkannte man, dass sich die Einsen und Nullen des Systems leicht durch das Erzeugen oder Verhindern elektrischer Spannungen umsetzen lassen (Spannung = 1, keine Spannung = 0), was das binäre System technologisch sehr interessant machte.

1937/38 baute der 27-jährige Ingenieur Konrad Zuse (1910–1995) die erste auf der Basis des binären Codes beruhende *Rechenmaschine* (die sogenannte Z1), 1941 den ersten *universell programmierbaren Computer* (Z3). Die ersten Zuse-Anlagen sowie die wenig später in den USA gefertigten digitalen Röhrencomputer waren Großapparaturen, die Unmengen von Strom verbrauchten und aus heutiger Sicht geradezu lächerlich geringe Rechenleistungen erbrachten, was wohl der Grund dafür war, dass der damalige Chef der Informationstechnologiefirma IBM, Thomas Watson, 1943 behauptete, es gebe einen »weltweiten Bedarf an vielleicht fünf Computern«. Dank der Mitte der 1940er-Jahre einsetzenden Entwicklung der *Transistoren* (kleine elektrische Bauteile zum Schalten und Verstärken elektrischer Signale) wurden die Rechner jedoch immer kleiner, preiswerter und effizienter, was viele neue Anwendungsgebiete eröffnete.

1971 brachte die amerikanische Firma *Intel* den ersten *Mikroprozessor* auf den Markt. Der *Intel 4004* war ein winziger 4-Bit-Prozessor mit 2300 Transistoren und einer Taktfrequenz von bis zu 740 kHz (740 000 Zyklen pro Sekunde). Dies war zweifellos ein gewaltiger Fortschritt gegenüber den vorherigen Röhrenprozessoren, die ganze Schrankwände ausfüllten und nur mit 100 Kilohertz getaktet waren – und doch wirkt die Leistung des Intel 4004, von heute aus betrachtet, äußerst bescheiden. Wie sehr sich die Technik seither verändert hat, zeigt der Vergleich mit dem 40 Jahre später (2011) vertriebenen *Intel-Core-i7-Prozessor*, der auf seinem Chip statt 2300 rund 2,3 Milliarden Transistoren versammelte (eine Steigerung um den Faktor eine Million) und Rechenoperationen nicht nur mit 740 Kilohertz, sondern mit 3,6 Gigahertz (also rund 5000-mal schneller) durchführte.

In den 1970er-Jahren begannen die Hersteller, *Mikroprozessoren* und *Mikrocontroller* in die unterschiedlichsten Geräte einzubauen, sodass die *digitale Revolution* allmählich alle Lebensbereiche erfasste. Als sich zeigte, dass sich der binäre Code nicht nur dazu eignete, Zahlen und Buchstaben, sondern auch Bilder und Töne darzustellen, ließen entsprechende Produkte nicht mehr lange auf sich warten: Anfang der 1980er-Jahre erschienen die ersten *Audio-CDs*, Mitte der 1990er-Jahre die ersten *Video-*

DVDs, Mitte der 2000er-Jahre die ersten *Blu-ray Discs*. Parallel dazu entwickelten sich die *Homecomputer*, die zuvor vorwiegend zur Kalkulation und Textverarbeitung genutzt worden waren, zu universellen *Multimedia-Geräten*.

In rasender Geschwindigkeit verlief auch die Entwicklung der *Mobiltelefone*: Als Ende der 1980er-Jahre die ersten halbwegs erschwinglichen, jedoch noch immer klobigen Handys auf den Markt kamen, konnte man mit ihnen mit Müh und Not telefonieren. Heute sind ihre eleganten Nachfahren, die *Smartphones*, wahre Alleskönner: Telefon, Webbrowser, Kommunikationszentrale, Digitalkamera, Diktiergerät, Spielekonsole, Multimediaplayer, Taschencomputer, Terminplaner, Wecker, Stoppuhr und Navigationsgerät in einem. Wir machen es uns in der Regel nicht bewusst, aber tatsächlich übertrifft das kleine Gerät, das wir in der Hosentasche mit uns herumtragen, bei Weitem die Rechenleistung sämtlicher Computer, die die NASA bei ihren Mondflügen einsetzte.

Inzwischen hat die digitale Revolution die entlegensten Winkel der Welt erreicht. Jetzt, da ich diese Zeilen schreibe, sitze ich gerade in einem kleinen, scheinbar von aller Zivilisation abgeschnittenen, italienischen Bergdorf. Bis Anfang der 1950er-Jahre, so sagte man mir, gab es noch keine Straßen, die in diesen Ort führten, alles, was nicht selbst hergestellt werden konnte, musste mühsam mit Eseln den Berg heraufgebracht werden. Auf den Komfort, den die Städter dank der Elektrifizierung genossen, mussten die hiesigen Anwohner lange verzichten, weshalb die junge Generation dem Dorf mit dem herrlichen Ausblick allmählich den Rücken kehrte. Mittlerweile hat sich dies geändert, denn jetzt ist man auch hier an diesem idyllischen Ort inmitten der Welt. Ohne dass man irgendetwas von der Hektik der Großstadt spüren würde, kann man Satellitenfernsehen empfangen und via WLAN mit Geschäftspartnern in New York, London oder Berlin kommunizieren und gemeinsam mit ihnen online Daten bearbeiten.

Die erstaunlichen Fortschritte, die in den letzten 150 Jahren auf dem Gebiet der Technik erzielt werden konnten, korrespondieren nicht ohne Grund mit den ebenso erstaunlichen Fortschritten auf dem Gebiet der Wissenschaft, denn beide Prozesse haben sich gegenseitig befruchtet: So führte etwa die Erfindung leistungsfähigerer Teleskope zur Entdeckung des expandierenden Weltalls und des Urknalls. Umgekehrt lieferte die wissenschaftliche Grundlagenforschung die Basis für unzählige technische Neuerungen. Selbst Einsteins Relativitätstheorie, die so unendlich weit von unserem Erleben entfernt zu sein scheint, hat Einzug in den Alltag gefunden, denn ohne die Berücksichtigung der einsteinschen Formeln würde kein GPS-System korrekt funktionieren und wir würden uns weiterhin hoffnungslos im Labyrinth der Großstädte verirren.

Die Koevolution von Wissenschaft und Technik hat nicht zuletzt auch auf dem Gebiet der Medizin gewaltige Fortschritte hervorgebracht, ohne die die meisten von uns ein sehr viel unangenehmeres Leben führen würden oder ohne die wir vielleicht längst schon gestorben wären – Grund genug, einen Blick auch auf diese Erfolgsgeschichte zu werfen.

Eine kurze Geschichte der Medizin

Wäre ich 100 Jahre früher geboren worden, hätte ich meine Kindheit wahrscheinlich nicht überlebt. Vermutlich wäre ich an einem Blinddarmdurchbruch gestorben – wie der Besitzer des Hauses, in dem meine Familie früher wohnte (der alte Mann hatte sich beharrlich geweigert, zum Arzt zu gehen), oder wie der geniale deutsche Mathematiker Hermann Minkowski (1864–1909), der das vierdimensionale *Raum-Zeit-Kontinuum* konzipierte, das Einstein später in seiner *Allgemeinen Relativitätstheorie* übernahm. Minkowski hatte das Pech, dass Blinddarmoperationen 1909 in weiten Teilen Deutschlands noch nicht üblich waren. Und so bedeutete die Diagnose des Blinddarmdurchbruchs für ihn den sicheren Tod. Minkowski blieben nur noch wenige Stunden, in denen er sich von seiner Familie verabschiedete und hektisch versuchte, unfertige Manuskripte zu vervollständigen, bevor er am 12. Januar 1909 in Göttingen starb.

In unserer Zeit ist es zu einem Volkssport geworden, sich über die »Halbgötter in Weiß« bzw. über die »skrupellosen Geschäfte der Pharmaindustrie« zu mokieren. Als »Arztmuffel«,

der die Macht multinationaler Konzerne (gerade auch auf phar-
mazeutischem Gebiet) mit großer Sorge sieht,[2] kann ich dies
zwar gut nachvollziehen, allerdings sollten wir bei aller Kritik
nicht übersehen, welch unverschämtes Glück wir haben, in einer
Zeit zu leben, in der es Antibiotika, evidenzbasierte Heilverfah-
ren und wirksame Schmerzbekämpfungs- und Narkosemittel
gibt! In Zeiten, in denen all dies noch nicht zur Verfügung stand,
zeigte sich das Leben sehr viel häufiger von seiner unangenehmen Seite, sodass vielen Menschen kaum eine andere Wahl
blieb, als zum *Vademekum der Religion* zu greifen, um wenigstens in ihrer Phantasie dem »irdischen Jammertal« entfliehen zu
können.

Wie sehr die Allgegenwart des Leids das Bewusstsein der
Menschen bestimmte, lässt sich daran erkennen, dass nicht nur
die Religionen, sondern auch die weltlichen Philosophien der
Antike grundsätzlich pessimistisch ausgerichtet waren: Nicht
ohne Grund erhob der *Stoizismus*, der von Zenon von Kition
(333–262 v. u. Z.) bis Marc Aurel (121–180) mehr als 500 Jahre
lang das Denken und Empfinden gebildeter Griechen und Römer bestimmte, das heroisch-gelassene (eben: *stoische*) Ertragen
des Schmerzes zum Ideal. Selbst im vergleichsweise optimistischen, sinnfreudigen *Epikureismus* galt Schmerzfreiheit (nicht
etwa der sexuelle Höhepunkt) als der Gipfel des menschlichen
Glücks, was angesichts des bescheidenen Stands der damaligen
Medizin leicht nachvollziehbar ist.

Stoiker und Epikureer suchten nach Möglichkeiten, Schmerzen entweder kognitiv zu verarbeiten oder durch achtsame
Lebensführung zu vermeiden. Lange zuvor aber hatten die Menschen bereits begonnen, die körperlichen Ursachen des Schmerzes bzw. anderer Krankheitssymptome zu bekämpfen. Wahrscheinlich nutzten schon frühe Menschenarten die *Heilwirkung
von Pflanzen* etwa bei der Wundbekämpfung oder bei Durchfall-
erkrankungen (Ähnliches kann man heute auch bei wild lebenden Schimpansen beobachten). Im Zuge der Entwicklung der
prähistorischen Jäger- und Sammlerkulturen entstand vermutlich schon vor einigen Hunderttausend Jahren der »Berufsstand«
des *Schamanen*, der so unterschiedliche Qualifikationen wie die
des Priesters, des Arztes, des Pharmazeuten, Psychotherapeuten,

Weltdeuters, Lehrers und Künstlers in sich vereinigte. Über Jahrzehntausende hinweg war die ärztliche Heilkunst eng mit magischen Vorstellungen verbunden, etwa der Überzeugung, dass Krankheiten durch »böse Geister«, »Dämonen« etc. hervorgerufen würden. Erst im vierten vorchristlichen Jahrhundert entwickelten sich im antiken Griechenland allmählich die Vorläufer einer modernen evidenzbasierten Medizin, die auf derartige Konzepte verzichten konnte.

Als Begründer der wissenschaftlichen Medizin gilt der griechische Arzt Hippokrates (460–370 v. u. Z.), der sein Wissen durch ausgiebige Reisen in Griechenland und Kleinasien kontinuierlich vermehrte. Hippokrates' Methode war einerseits modern, da er von den Ärzten verlangte, dass sie ihre Patienten gründlich untersuchen, befragen und beobachten sollten, bevor sie eine Diagnose stellen und eine Therapie vorschlagen. Andererseits jedoch beruhte sein zentrales Erklärungsmodell für Krankheiten auf einer gravierenden Fehlannahme, die über viele Jahrhunderte hinweg kaum kritisch hinterfragt wurde und zu oftmals fatal wirkenden Therapieverfahren führte. Ausgehend von der *Vier-Elemente-Lehre* des Empedokles (siehe Kapitel 3: *Was die Welt im Innersten zusammenhält*) glaubte Hippokrates, dass Krankheiten aus einem *Ungleichgewicht der vier Körpersäfte* Blut, Schleim, gelbe und schwarze Galle entstehen würden, gegen das die hippokratischen Ärzte nicht nur mit merkwürdigen Diätvorschlägen, sondern auch mit oftmals tödlich wirkenden Prozeduren wie dem (bis ins 19. Jahrhundert hinein praktizierten) *Aderlass* vorgingen.

Immerhin: Trotz der zugrunde liegenden Fehlannahmen konnten Hippokrates' Nachfolger einige bemerkenswerte Fortschritte erzielen. So erkannte Herophilos (330–255 v. u. Z.), der die ersten wissenschaftlichen Obduktionen an Mensch und Tier vornahm, bereits die Grundlagen des *Blutkreislaufs* und die *diagnostische Bedeutung des Pulses*. Aulus Cornelius Celsus (25 v. u. Z.–50 n. u. Z.) entdeckte die wesentlichen Anzeichen der *Entzündung* und schuf die Grundlagen der heutigen *medizinischen Fachsprache*, indem er die griechischen Fachbegriffe ins Lateinische übertrug. Zwei Jahrhunderte später fasste Galenos von Pergamon (um 129–216, auch Galen genannt) die Kennt-

nisse (und Irrtümer) der antiken Medizin in seinem groß angelegten Werk (insgesamt rund 400 Einzelschriften) zusammen.

Galenos stützte sich in seiner Darlegung der antiken Dia-
gnose- und Therapieverfahren nicht nur auf genauere Beschrei-
bungen der einzelnen Krankheitssymptome, sondern auch auf
recht präzise anatomische Kenntnisse (so war er sich bereits
über die prinzipielle Funktion des Nervensystems im Klaren).
Tragischerweise aber baute Galen vor allem die Hippokratische
Vier-Säfte-Lehre weiter aus, die er u. a. um die *Vier-Temperamen-
ten-Lehre* (Übergewicht der gelben Galle = Choleriker, der
schwarzen Galle = Melancholiker, des Bluts = Sanguiniker, des
Schleims = Phlegmatiker) ergänzte, was noch Jahrhunderte später zu absurden, mitunter lebensgefährlichen Behandlungs-
formen führte. Um Ungleichgewichte im Körper auszugleichen
bzw. »verdorbene Körpersäfte« auszuscheiden, empfahl Galen
nicht nur (wie Hippokrates) eine Umstellung der Ernährung sowie die Einnahme diverser Arzneimittel, sondern schlug auch
chirurgische Eingriffe vor, wodurch sich das Berufsbild des Arztes nachhaltig änderte. (Zuvor waren Chirurgen nicht in die Gilde
der Ärzte, sondern in die der Handwerker eingeordnet worden,
was auch erklärt, warum chirurgische Tätigkeiten im *hippokratischen Eid* kategorisch ausgeschlossen wurden.)

Sieht man von den herausragenden Leistungen der persischen
Ärzte Al-Razi (864–925; auch Rhazes genannt) und Avicenna
(980–1037) ab, die bereits das Wesen *ansteckender Erkrankungen*
erkannten und die *Wirksamkeit von Medikamenten experimen-
tell überprüften*, gab es nach Galen eineinhalb Jahrtausende lang
keine nennenswerten Verbesserungen auf medizinischem Gebiet. Im Gegenteil: Durch den kulturellen Zusammenbruch, der
auf den Untergang des römischen Imperiums folgte, gingen in
Mitteleuropa zentrale Erkenntnisse der antiken Medizin verloren. Erst durch den im 13. Jahrhundert beginnenden Rückimport des antiken Wissens erreichte Europa wieder das Niveau
der antiken Hochkulturen. Im Zuge dessen avancierte Galen in
der Medizin zu einer ähnlich unhinterfragbaren Autorität wie
Aristoteles in der Philosophie. Der flämische Arzt und Anatom
Andreas Vesalius (1514–1564) erkannte zwar bereits im 16. Jahrhundert die Fehler, die Galen in seinen anatomischen Studien

unterlaufen waren, auf die ärztliche Heilkunst hatte dies aber zunächst keinen Einfluss.

Es dauerte tatsächlich bis ins 19. Jahrhundert hinein, bis wirklich bedeutende Fortschritte auf medizinischem Gebiet erzielt werden konnten. Einer der wichtigsten Vorreiter dieser Entwicklung war der deutsche Arzt und Politiker Rudolf Virchow (1821–1902), der in den 1840er-Jahren maßgebliche Arbeiten zur Erklärung der *Thrombose* und der *Leukämie* vorlegte. Auf diesen Erkenntnissen sowie den Studien von Friedrich Günzburg (1820–1859) und Robert Remak (1815–1865) aufbauend, entwickelte Virchow in den 1850er-Jahren die sogenannte *Zellularpathologie*, die die Entstehung von Krankheiten auf *Funktionsstörungen der Körperzellen* zurückführt – ein Meilenstein hin zur modernen Medizin, mit der die Vier-Säfte-Lehre des Hippokrates nach fast 2500 Jahren endlich fallengelassen wurde.

Virchow war ein in vielerlei Hinsicht fortschrittlich denkender Mensch. Nachdem er sich 1848 aktiv an der Märzrevolution beteiligt hatte, avancierte er später zu einem der schärfsten linksliberalen Gegner Bismarcks (angeblich forderte der beleidigte Bismarck ihn sogar zu einem Duell heraus, was Virchow elegant mit dem Hinweis ablehnte, dass dies wohl kaum eine zeitgemäße Form der Diskussion sei). Als Mitglied der *Deutschen Fortschrittspartei* setzte er sich u. a. für den Bau kommunaler Krankenhäuser, die Einrichtung von Parks und Spielplätzen für Arbeiterfamilien, die Verbesserung der hygienischen Bedingungen, die Stärkung bürgerlicher Freiheiten und die Zurückdrängung des, wie Virchow meinte, schädlichen Einflusses der katholischen Kirche ein (in diesem Zusammenhang prägte er den Begriff »Kulturkampf«). Doch bei aller Fortschrittlichkeit stieß auch Virchow mitunter an seine Grenzen, was insbesondere im Fall seiner ablehnenden Haltung gegenüber den Erkenntnissen des österreichisch-ungarischen Arztes Ignaz Semmelweis (1818–1865) tragische Folgen hatte.

Semmelweis hatte als 28-jähriger Assistenzarzt im Wiener Allgemeinen Krankenhaus nach den Ursachen des *Kindbettfiebers* gesucht, an dem mehr als 12 Prozent der jungen Mütter starben (in anderen Kliniken lag die Todesrate sogar bei 30 bis 50 Prozent). Dabei fiel ihm auf, dass Patientinnen, die nicht in

Berührung mit Ärzten kamen, sondern nur von Hebammen betreut wurden, sehr viel seltener an Kindbettfieber erkrankten. Irgendwie, so schloss er, musste die Sepsis in Verbindung zur Tätigkeit der Ärzte stehen. Zur Gewissheit wurde dieser Verdacht, als der mit Semmelweis befreundete Gerichtsmediziner Jakob Kolletschka (1803–1847) nach einem ungewollten Schnitt, den ihm ein Student bei der Obduktion einer Leiche zugefügt hatte, an einer Blutvergiftung starb.

Semmelweis wies deshalb seine Studenten an, sich die Hände nach Obduktionen gründlich zu *desinfizieren*, wodurch die Sterblichkeitsrate in seiner Abteilung von 12 auf 3 Prozent gesenkt werden konnte. Als er wenig später feststellen musste, dass trotz dieser Maßnahme erneut zwölf Wöchnerinnen innerhalb kürzester Zeit erkrankten, erkannte er, dass die Vergiftung offenkundig nicht nur durch indirekten Kontakt mit Leichen ausgelöst wurde. Also verschärfte Semmelweis die Hygienevorschriften ein weiteres Mal: Von nun an sollten die Hände vor *jeder Untersuchung* desinfiziert werden, wodurch die Sterblichkeitsrate noch einmal halbiert werden konnte (sie lag schließlich bei 1,3 Prozent).

Trotz dieses großen Erfolgs (immerhin eine Reduktion der Mortalitätsrate bei Wöchnerinnen um fast 90 Prozent!) wurden Semmelweis' Erkenntnisse von den meisten Kollegen, u. a. von Virchow, nicht anerkannt – wohl auch, weil sie sich sonst hätten eingestehen müssen, dass sie selbst aufgrund mangelnder Hygiene für den Tod vieler Frauen verantwortlich waren. Jedenfalls stellten sich nur wenige renommierte Ärzte hinter Semmelweis. Eine dieser seltenen Ausnahmen war der deutsche Gynäkologe Gustav Adolf Michaelis (1798–1848), der allerdings unter der Vorstellung, unbeabsichtigt den Tod junger Mütter verursacht zu haben, so sehr litt, dass er sich am 8. August 1848 das Leben nahm.

Semmelweis selbst erging es nicht viel besser: Ausgegrenzt und verspottet von einem Großteil der Ärzteschaft, wurde er mit der Zeit immer verbitterter, und seine Angriffe auf Virchow & Co., denen er vorwarf, »Mörder« zu sein, nahmen einen zunehmend rauen Ton an. 1865 brach er schließlich unter der psychischen Belastung zusammen. Möglicherweise aufgrund einer

Intrige wurde Semmelweis Ende Juli 1865 in die Irrenanstalt Döbling bei Wien eingeliefert, wo er nach nur zwei Wochen angeblich an einer »Blutvergiftung« im Alter von 47 Jahren starb. (Hartnäckig hielt sich das Gerücht, dass er von den Pflegern der Anstalt zu Tode geprügelt worden war – wofür auch die zahlreichen Frakturen sprechen, die bei einer späteren Exhumierung seiner Leiche festgestellt wurden.)

Zwei Jahre nach Semmelweis' tragischem Tod entdeckte der schottische Arzt Sir Joseph Lister (1827–1912), dass sehr viel weniger Patienten starben, wenn sie unter *aseptischen Bedingungen operiert wurden*. Zug um Zug machte sich Lister deshalb daran, die *Krankenhaushygiene* zu verbessern, was unzähligen Menschen das Leben rettete und auch zur posthumen Rehabilitierung von Ignaz Semmelweis führte. Dass die Ärzteschaft allmählich die Bedeutung *steriler Arbeitsmethoden* erkannte, lag allerdings nicht nur an Listers unbestreitbaren Erfolgen, sondern auch an den Fortschritten, die ab Mitte der 1860er-Jahre auf einem neuen Forschungsgebiet erzielt wurden, das neben Virchows Zellularpathologie zum zweiten Pfeiler der modernen Medizin werden sollte: der *Mikrobiologie*.

Zwar hatte schon der römische Universalgelehrte Marcus Terentius Varro (116–27 v. u. Z.) 2000 Jahre zuvor die Vermutung aufgestellt, dass kleine Tierchen, die man mit bloßem Auge nicht wahrnehmen kann, schwere Krankheiten verursachen könnten, wenn man sie durch Nase und Mund aufnehme (weshalb Varro davon abriet, Häuser in der Nähe von Sümpfen zu erbauen), aber erst Louis Pasteur (1822–1895) und Robert Koch (1843–1910) konnten den wissenschaftlichen Nachweis erbringen, dass Infektionskrankheiten tatsächlich durch *bakterielle oder virale Erreger* ausgelöst werden. Schon in den 1880er-Jahren wurden auf der Basis der Entdeckungen von Pasteur und Koch die ersten *Impfstoffe* gegen Tollwut, Diphtherie und Wundstarrkrampf entwickelt.

1897 erkannte der erst 23-jährige französische Militärarzt Ernest Duchesne (1874–1912) die *antibiotische Wirkung von Schimmelpilzen*, die er u. a. am Beispiel eines Meerschweinchens demonstrierte, das dank der *Injektion eines Penicillin-Stamms* eine normalerweise tödliche Infektion mit Typhus-Bazillen überlebte. Aus unerfindlichen Gründen (vielleicht weil Duchesne in der

Wissenschaft ein Unbekannter war oder weil man sich partout nicht vorstellen konnte, dass Pilzkulturen einer Gattung, die ansonsten zur Herstellung von Weichkäse verwendet wurden, eine solche medizinische Wunderwirkung entfalten können) wurde Duchesnes Doktorarbeit vom renommierten *Institut Pasteur* in Paris nicht angenommen – sicherlich eine der dramatischsten Fehlentscheidungen der Geschichte. Andernfalls nämlich wären wirksame Antibiotika womöglich schon Anfang des 20. Jahrhunderts auf den Markt gekommen, was Millionen von Menschen das Leben gerettet hätte – wohl auch das von Ernest Duchesne, der 1904 an Tuberkulose erkrankte und seine letzten sieben Jahre in einem Sanatorium verbringen musste, in dem er 1912 im Alter von 37 Jahren starb.

So aber dauerte es noch bis zum 28. September 1928, bis die keimtötende Wirkung von Schimmelpilzen der Gattung *Penicillium* zufällig wiederentdeckt wurde. An diesem Tag fiel dem schottischen Bakteriologen Alexander Fleming (1881–1955) auf, dass sich in den Staphylokokken-Kulturen,[3] die er Wochen zuvor angelegt hatte, Schimmelpilze eingeschlichen und die Bakterien abgetötet hatten. Seltsamerweise stieß Flemings Fund in Fachkreisen zunächst nicht auf besonderen Widerhall. Erst nachdem der deutsche Mikrobiologe Gerhard Domagk (1895–1964) die antibakterielle Wirkung des Farbstoffs *Prontosil* nachgewiesen hatte (wofür er 1939 den Nobelpreis für Medizin erhielt), erwachte das Interesse an Flemings Entdeckung.

1938 starteten Howard Florey (1898–1968), Ernst Chain (1906–1979) und Norman Heatley (1911–2004) in Oxford umfangreiche Studien zur Wirkung des Penicillins. Dank der Unterstützung des amerikanischen Militärs, das die kriegswichtige Bedeutung des neuen Medikaments erkannte, wurde eine weltweite Suche nach besonders ergiebigen Penicillin-Stämmen in Gang gesetzt. Auf einer verschimmelten Zuckermelone, die man auf dem Markt von Peoria (Illinois) entdeckte, wurde man schließlich fündig: *Penicillium chrysogenum* erwies sich als sehr viel fruchtbarer als die Stämme, mit denen Florey, Chain und Heatley zuvor experimentiert hatten. Während die Penicillin-Produktion im Juni 1942 gerade einmal ausgereicht hatte, um etwa zehn Personen zu behandeln, standen im Frühjahr 1944 bereits 2,3 Millionen Dosen zur Verfügung. 1945 wurden Fleming, Florey und Chain für die Entdeckung und Weiterentwicklung des Penicillins mit dem Nobelpreis für Medizin ausgezeichnet. Wahrscheinlich hat kein Medikament mehr Menschenleben gerettet als dieses Breitbandantibiotikum, das die Behandlung von Infektionskrankheiten revolutionierte.

Rund 100 Jahre vor dem Siegeszug der Antibiotika hatte eine andere medizinische Neuerung entscheidend zur Linderung des Leids beigetragen: die *Anästhesie*. Wir machen uns heute kaum bewusst, mit welchen Torturen chirurgische Eingriffe über Jahrtausende hinweg verbunden waren. Wegen der unerträglichen Schmerzen mussten die Patienten mit Gewalt festgehalten oder gefesselt werden, damit sie überhaupt operiert werden konnten. Schon der Besuch beim Zahnarzt war reinste Folter. Deshalb war dieser lange Zeit von Handwerkern (sogenannten »Zahnbrechern« oder »Zahnreißern«) ausgeübte Job, bei dem man täglich mit fürchterlich schreienden, jammernden, zappelnden Klienten konfrontiert wurde, bis weit ins 19. Jahrhundert hinein keine Angelegenheit für zarte Gemüter. Kein Wunder also, dass es anfangs vor allem Zahnärzte waren, die als Pioniere der Anästhesie in Erscheinung traten.

1844 fiel dem amerikanischen Zahnarzt Horace Wells (1815–1848) bei einer Jahrmarktsvorführung auf, dass ein Mann, der zur Belustigung des Publikums *Lachgas* inhaliert hatte, nach einem Sturz auf den Kopf keinerlei Schmerzen verspürte. Wenig später setzte Wells Lachgas bei seinen Patienten ein, wenn er ihnen die Zähne zog (die Hauptaufgabe der Zahnärzte in der damaligen Zeit). 1845 wollte er diese Entdeckung durch eine öffentliche Vorführung am *General Hospital* in Boston bekannt machen, jedoch scheiterte sein Experiment dramatisch, da er bei dem Patienten eine zu geringe Dosierung wählte, sodass dieser während des Eingriffs vor Schmerzen schrie, wodurch Wells' Ruf ruiniert war und sein Schicksal eine dramatische Wende nahm: Nach einem Nervenzusammenbruch begann Wells, für andere Anästhetika wie Chloroform zu werben, wobei er chloroformabhängig wurde. Nachdem er zwei Frauen im Rausch mit Säure bespritzt hatte, setzte er seinem Leben in einem New Yorker Gefängnis mit gerade einmal 33 Jahren ein Ende.

Sein Kollege und Schüler William Morton (1819–1868) hatte zunächst mehr Glück: Seine Vorführung einer *Äther-Narkose* (ebenfalls am *General Hospital*), bei der dem Patienten Gilbert Abbot am 16. Oktober 1846 ein Tumor unterhalb des linken Unterkiefers entfernt wurde, gilt als die Geburtsstunde der modernen Anästhesie. Viele Chirurgen waren zunächst allerdings skeptisch, da sie dachten, dass der Schmerz ein notwendiger Bestandteil des Heilungsprozesses sei, und weil sie Äther, Lachgas und Chloroform (die Partydrogen des frühen 19. Jahrhunderts) als unseriös einschätzten. Doch allmählich breiteten sich die Narkosetechniken international aus – nicht zuletzt auch deshalb, weil erst sie komplexere Operationsverfahren (von der Blinddarmoperation bis hin zur Herztransplantation) erlaubten. Viele lebensverlängernde chirurgische Eingriffe wären ohne Narkose (bzw. die später entwickelten Verfahren der *Lokalanästhesie*) gar nicht möglich geworden. William Morton indes konnte von den weitreichenden Folgen seiner Entdeckung nicht in dem Maße profitieren, wie er es erhofft hatte. Er starb 1868 verbittert und verarmt an den Folgen eines Schlaganfalls.

Aufbauend auf den Pionierleistungen des 19. und frühen 20. Jahrhunderts konnte die Medizin in den letzten Jahrzehnten große Fortschritte sowohl auf dem Gebiet der Diagnostik wie auch auf dem Gebiet der Therapie erzielen. (Man vergleiche nur die *Elektroschock-Torturen*, denen sich Julian Huxley in seinen depressiven Phasen unterziehen musste, mit den modernen *Hirnschrittmachern*, die heute auch bei stark depressiven Patienten eingesetzt werden.) So ist es in erster Linie den Fortschritten in der Medizin zu verdanken, dass die durchschnittliche Lebenserwartung in Mitteleuropa seit 1840 von 40 Jahren auf über 80 Jahre gestiegen ist.

Ein Ende dieser Entwicklung ist nicht in Sicht. Vielmehr ist zu vermuten, dass die neuen Erkenntnisse im Bereich der Genetik, Epigenetik und Hirnforschung in absehbarer Zeit zu weit effektiveren Diagnose- und Therapieformen führen werden, die maßgerecht auf das jeweilige Individuum zugeschnitten sind (»personalisierte Medizin«). Möglicherweise wird mit dieser Entwicklung auch eine Veränderung in der Medizin einhergehen, über die bereits heute heftig debattiert wird: nämlich der

Einsatz medizinischer Verfahren nicht nur zur *Behebung oder Minderung krankheitsbedingter Übel* (das klassische Feld der ärztlichen Heilkunde), sondern auch zur *Optimierung von Eigenschaften, von denen sich das Individuum ein besseres Leben verspricht* (oder von denen sich Eltern – siehe Präimplantationsdiagnostik – ein besseres Leben für ihre Kinder versprechen).[4]

Zu großen Teilen gelten derartige Optimierungsstrategien derzeit (noch?) als unlauter, da sie dem jeweiligen Nutznießer einen ungerechtfertigt erscheinenden *Wettbewerbsvorteil gegenüber möglichen Konkurrenten* verschaffen, etwa bei intellektuellen Leistungen *(Neuro-Enhancement)* oder – besonders geächtet – im Sport *(Doping)*. Interessanterweise gibt es jedoch einen Bereich, in dem solche Optimierungsstrategien mittlerweile schon weitgehend akzeptiert sind, nämlich auf dem Gebiet der *Schönheitschirurgie.*

Ursprünglich war auch die plastische Chirurgie vorwiegend *kurativ* ausgerichtet: Ihre Hauptaufgabe lag in der *Rekonstruktion von Organen*, die infolge von Unfällen, Kriegsverletzungen, Tumorbildungen oder Operationen zerstört worden waren, sowie in der *Korrektur embryonaler Fehlbildungen* wie der Lippen-Kiefer-Gaumen-Spalte (umgangssprachlich »Hasenscharte« genannt). Diese Anwendungen sind heute nicht minder wichtig, bilden jedoch längst nicht mehr die Haupteinnahmequelle plastischer Chirurgen. Denn inzwischen erfolgen die meisten Operationen nicht mehr aus *funktionellen* (medizinisch indizierten), sondern aus *ästhetischen* Gründen. So werden nach Angaben der *Deutschen Gesellschaft für Ästhetisch-Plastische Chirurgie* (DGÄPC) nur etwa 10 Prozent der in Deutschland eingesetzten Brustimplantate für »rekonstruktive Eingriffe, zum Beispiel nach einer Brustkrebserkrankung, benötigt«,[5] die weitaus meisten Implantate dienen der *kosmetischen Brustvergrößerung* – einer Prozedur, der sich bereits mehr als 10 Millionen Frauen weltweit unterzogen haben (mit steigender Tendenz trotz der diversen Skandale um gesundheitsgefährdende Implantate).

Die Schönheitschirurgie ist heute ein Multimilliarden-Geschäft. Allein in den USA wurden 2012 über 12,7 Millionen kosmetische Behandlungen durchgeführt, darunter 1,7 Millionen chirurgische Operationen (u. a. 330 000 Brustvergrößerungen,

313 000 Fettabsaugungen, 156 000 Hautstraffungen und 143 000 Nasenkorrekturen). Bei den minimal-invasiven Verfahren stand die Injektion von faltenglättenden Botulinum-Präparaten wie *Botox* mit über 4,1 Millionen Anwendungen an der Spitze. Wie die *Amerikanische Gesellschaft für ästhetisch-plastische Chirurgie* im März 2013 bekannt gab, ist damit die Zahl der kosmetischen Behandlungen in den USA seit 1997 um 250 Prozent gestiegen, was 2012 – allein in den USA – zu einem (in den kommenden Jahren sicherlich noch ausbaufähigen) Umsatzrekord von 11 Milliarden Dollar führte.[6]

Warum, so muss man sich fragen, setzen Menschen (vor allem Frauen, mittlerweile aber auch zunehmend Männer, deren Anteil an den kosmetischen Behandlungen in den USA 2012 bei 10 Prozent lag) so viel Geld ein, warum nehmen sie so viel Schmerzen in Kauf, warum riskieren sie gar ihre Gesundheit, nur um nach der Behandlung vielleicht (in manchen Fällen lässt sich darüber durchaus streiten) ein wenig besser auszusehen? Manche meinen, dass der Preis, der für die Schönheit gezahlt werde, viel zu hoch ausfalle (und verweisen u. a. auf die Todesfälle, die infolge kosmetischer Operationen auftraten), andere halten dagegen, dass die Ressource »Schönheit« so viel wert sei, dass sich jede noch so teure Investition lohne.

Es ist gewiss nicht die Aufgabe des vorliegenden Buchs, über den Sinn und Unsinn der Schönheitschirurgie zu urteilen, aber die dahinterstehende Grundsatzfrage ist es wert, dass wir ihr unsere Aufmerksamkeit schenken: *Denn warum – um alles in der Welt – bringen Menschen so unendlich viel Zeit und Energie auf, um ästhetisch ansprechende Formen zu erschaffen bzw. zu erfahren?* Klar ist: Wer der Menschheit gerecht werden will, darf sich nicht allein auf ihre Erkenntnisfähigkeit und Erfindungsgabe konzentrieren, sondern muss auch den tief in uns verankerten *Sinn für das Schöne* berücksichtigen, der, wie wir im nächsten Kapitel sehen werden, die biologische und kulturelle Evolution unserer Spezies in weit stärkerem Maße geprägt hat, als allgemein angenommen wird.

Kapitel 5

DAS SINNLICHE TIER:
DIE WUNDERWELT DER KUNST

Im Juli dieses Jahres hielt ich einen Vortrag im Rahmen der sogenannten *Ouverture spirituelle*, mit der die *Salzburger Festspiele 2013* eröffnet wurden. Abends war ich zur Aufführung der 8. Sinfonie von Gustav Mahler im Großen Festspielhaus eingeladen. Obwohl ich Mahlers Musik seit meiner Kindheit außerordentlich schätze (einen Großteil meines nicht gerade üppigen Taschengeldes investierte ich in den Erwerb von Mahler-Schallplatten), zählte die pompöse Achte, die sogenannte »Sinfonie der Tausend«, für die ganze Hundertschaften von Musikern und Sängern benötigt werden, nicht unbedingt zu meinen Lieblingswerken. Daher waren meine Erwartungen an das Konzert nicht besonders hoch gesteckt – doch die Leidenschaft, mit der die vielen Mitwirkenden die gewaltige Musik zu Gehör brachten, riss mich derart mit, dass ich zu den Ersten im ausverkauften Festspielsaal gehörte, die nach dem Schlussakkord von den Sitzen aufsprangen, um die Solisten, die Chöre, das Orchester und den Dirigenten mit minutenlangen Standing Ovations zu feiern.

Ein Zuhörer, der meinen religionskritischen Vortrag am Vormittag mit gemischten Gefühlen verfolgt hatte (er verstand sich selbst als gläubigen Christen), fragte mich angesichts der Begeisterung, die das Konzert bei mir ausgelöst hatte, ob ich denn nicht auch das »Wirken des Heiligen Geistes« beim Hören dieser »himmlischen Musik« verspürt habe (eine Anspielung darauf, dass der erste Satz der Sinfonie auf dem lateinischen Pfingsthymnus *Veni creator spiritus* beruht) und ob ich denn allen Ernstes ein solches »Wunderwerk« mit dem profanen Wirken der Evolution erklären wolle. Ich antwortete, dass es tatsächlich keine bessere Erklärung für diese eindrucksvolle Musik gebe als

Darwins Theorie, da sie gezeigt habe, dass der *Sinn für das Schö-*
ne mit der Erfindung der Sexualität vor 600 Millionen Jahren[1] *zu*
einer treibenden Kraft des evolutionären Geschehens geworden sei.
Der entgeisterte Gesichtsausdruck meines Gesprächspartners
verriet, dass er mich ob dieser Antwort nicht für ganz zurech-
nungsfähig hielt, aber ich beließ es dabei, da mir nach dem Konzert eher nach einem Glas Wein zumute war als nach einer an-
strengenden und wohl auch weithin unergiebigen Diskussion.

Dass mein Gesprächspartner in Salzburg so gar keinen Sinn
in meiner Antwort erkennen konnte, verwunderte mich nicht,
denn die Auffassung, dass Kunst und Evolution im Gegensatz
zueinander stünden, ist weit verbreitet: Gemeinhin nämlich
wird Kunst als *zweckfreies Spiel der Kultur* verstanden, das angeblich keinen direkten Überlebensinteressen dient, während
Evolution als *zweckgerichteter Überlebenskampf in der Natur* gilt,
in dem es vorrangig um knappe Ressourcen, nicht aber um
Schönheit geht. Beide Vorstellungen beruhen jedoch auf schwerwiegenden Missverständnissen, wie die nachfolgenden Überlegungen zeigen werden.

Der Sinn des Schönen

Ginge es in der Evolution allein darum, dass die Eigenschaften
derjenigen Organismen überleben, die an ihre Umwelt am besten angepasst sind *(»Survival of the Fittest«),* sähe unsere Welt
deutlich trister aus: Es gäbe in ihr keine Paradiesvögel mit prächtigem Gefieder, keine Löwen mit mächtigen Mähnen, keinen
Gesang der Nachtigall – und wir Menschen wären wahrscheinlich überhaupt nicht erst entstanden, geschweige denn, dass wir
irgendwelche Kunstwerke hervorgebracht hätten.

Charles Darwin hat dies früh erkannt. Ihm war bewusst, dass
es für die Fortpflanzung eines Organismus keineswegs ausreicht,
im Kampf ums Dasein lange genug zu überleben (etwa Räubern
zu entfliehen oder Beute zu erhaschen), denn um Nachkommen
hervorzubringen, muss es den Individuen zusätzlich gelingen,
potenzielle Geschlechtspartner von der Qualität der eigenen Erb-
anlagen zu überzeugen. Bevorzugen die Sexualpartner dabei be-

stimmte Eigenschaften, führt auch dies zu einer allmählichen Veränderung des Erscheinungsbildes einer Art. Die Evolution wird also (seit der Erfindung der Sexualität) nicht nur vom heroischen »Kampf ums Überleben« gesteuert *(natürliche Auslese)*, sondern auch von den libidinösen Interessen der Lebewesen *(sexuelle Auslese)*.

Bereits in seinem ersten evolutionstheoretischen Hauptwerk *Über die Entstehung der Arten* kam Darwin auf dieses Prinzip zu sprechen. So wies er darauf hin, »dass weibliche Vögel, indem sie Tausende Generationen hindurch den melodiereichsten und schönsten Männchen, je nach ihren Begriffen von Schönheit, bei der Wahl den Vorzug geben, [...] einen merklichen Effekt bewirken können«.[2] Allerdings führte Darwin 1859 das *Prinzip der geschlechtlichen Zuchtwahl* nicht weiter aus – vermutlich, weil er ohnehin schon mit massiver Gegenwehr rechnete und die viktorianische Leserschaft nicht zusätzlich noch durch eine Darlegung der fundamentalen Bedeutung der Sexualität brüskieren wollte.

In seinem zweiten Hauptwerk *Die Abstammung des Menschen* nahm Darwin in dieser Hinsicht jedoch kein Blatt mehr vor den Mund. Ausführlich schilderte er anhand zahlreicher Fallbeispiele, wie sich im Verlauf der Zeit die Eigenschaften unterschiedlichster Arten durch die geschlechtliche Partnerwahl verändert hatten. Insbesondere bei der Evolution des Menschen, so meinte er, habe die Bevorzugung sexuell attraktiver Eigenschaften bei der Partnerwahl eine solch bedeutende Rolle gespielt, »dass von allen Ursachen, welche zu den Verschiedenheiten in der äußeren Erscheinung zwischen den Rassen des Menschen und in einem gewissen Grade auch zwischen dem Menschen und den niederen Tieren geführt haben, die geschlechtliche Zuchtwahl bei Weitem die wirksamste gewesen ist«.[3]

Dabei machte Darwin die sexuelle Selektion nicht nur für das Auftreten körperlicher Merkmale (etwa der Nacktheit der Haut oder der Fülle des Kopfhaares), sondern auch für die Entstehung kognitiver, emotionaler wie künstlerischer Fähigkeiten verantwortlich: »Mut, Kampfsucht, Ausdauer, Kraft und Größe des Körpers, Waffen aller Arten, musikalische Organe, sowohl vokale als instrumentale, glänzende Farben und ornamentale Anhänge, alles ist indirekt von dem einen oder dem andern Geschlechte erlangt worden, und zwar durch den Einfluss der Liebe und Eifersucht, durch die Anerkennung des Schönen im Klang, in der Farbe oder der Form.«[4]

Indem Darwin die *sexuelle Auslese* an die Seite der *natürlichen Auslese* stellte, machte er klar, dass es in der Evolution nicht nur um das genetische *Überleben der Bestangepassten (Survival of the Fittest)*, sondern auch um das *Überleben der Attraktivsten (Survival of the Sexiest)* geht – was nebenbei auch erklärt, warum Brustvergrößerungs-OPs (siehe das vorangegangene Kapitel) trotz der damit verbundenen Kosten so erstaunlich populär sind. (Schon Darwin war die »Neigung, jede natürliche Eigentümlichkeit zu übertreiben« bei den Schönheitsidealen der Völker aufgefallen, weshalb er sich über den Erfolg der kosmetischen Chirurgie wohl kaum gewundert hätte.)

Für seine Zeitgenossen war die Darlegung des Prinzips der geschlechtlichen Zuchtwahl eine doppelte Provokation – nicht nur weil Darwin (Jahrzehnte vor Sigmund Freuds *Psychoanalyse* und Magnus Hirschfelds Begründung der *Sexualwissenschaft*) der Sexualität eine solch entscheidende Bedeutung zuwies, sondern auch, weil er klarmachte, dass die »Herren der Schöpfung« in ihren zentralen Eigenschaften *durch die Partnerwahl der Frauen herangezüchtet* worden waren, was dem patriarchalen Denken des 19. und frühen 20. Jahrhunderts diametral widersprach. (Kein Wunder also, dass es etwa ein Jahrhundert – bis zum Start der »sexuellen Revolution« in den späten 1960er-Jahren – dauerte, bis Darwins wegweisende Darlegungen zur geschlechtlichen Zuchtwahl die Beachtung fanden, die sie verdienen.)

Heute ist die Bedeutung des Prinzips der sexuellen Selektion in Fachkreisen unumstritten. Es ist evident, dass sie gerade bei der Evolution des Menschen eine entscheidende Rolle gespielt hat. Denn hätte in den letzten vier Millionen Jahren keine sexuelle Zuchtwahl durch Frauen stattgefunden (stattdessen nur ein Kampf der Männer um den Fortpflanzungserfolg), so wären Männer heute, wie die Evolutionsbiologen Sabine Paul (*1968) und Thomas Junker (*1957) ausführten, »durchschnittlich 2,15 Meter groß und hätten lange, vampirartige Eckzähne.

[...] Zwischen den Männern gäbe es weder Kooperation noch Freundschaft, sondern sie würden alleine oder höchstens zu zweit einen Harem aus mehreren Weibchen eifersüchtig bewachen. [...] Der erigierte Penis der Männer wäre 3 cm lang und mit einem Knochen versehen, der Geschlechtsverkehr würde etwa eine Minute dauern.«[5]

Umgekehrt besäßen Frauen, wenn sie allein durch natürliche Auslese geformt worden wären (und nicht durch die Partnerwahl der Männer), einen unauffälligen, funktionalen Körperbau: Sie hätten weder »lange Kopfhaare noch eine glatte, weiche, nackte Haut. Ihr Körper hätte nicht die Form einer Sanduhr mit Busen, Taille und runden Hüften, sondern wäre kastenartig. Sie hätten kein Verlangen nach schönen Kleidern, Schmuck oder Kosmetik und sie wären nicht eifersüchtig. Sie hätten weder Interesse an regelmäßigem Geschlechtsverkehr noch am Orgasmus. Stattdessen würden sie alle paar Jahre ihren Eisprung deutlich signalisieren, um ein Männchen zur Kopulation mit dem ausschließlichen Ziel der Fortpflanzung zu animieren.«[6]

Aus evolutionsbiologischer Perspektive ist übrigens die viel besungene, viel beschriebene, in unzähligen Bildern dokumentierte *Schönheit der Frauen* das erstaunlichere Phänomen. Denn im Tierreich zeigen in der Regel die Männchen prächtige Farben und Formen, mit denen sie um die Gunst der eher unauffälligen Weibchen konkurrieren. Dass die Weibchen bei den meisten Arten bezüglich des Partners wählerischer sind als die Männchen (d. h. auf die Attraktivität ihrer Sexualpartner größeren Wert legen und diese zu regelrechten Schönheits- und Balzwettkämpfen anstacheln), hängt damit zusammen, dass sie bei der Fortpflanzung mehr investieren müssen (weibliche Eier sind kostbarer als die billig zu produzierenden männlichen Spermien, zudem liegt die Hauptlast bei der Aufzucht der Jungen meist beim weiblichen Geschlecht).

Dementsprechend lässt sich die Tatsache, dass die menschlichen Frauen so auffällig schön sind (tatsächlich lässt sich zeigen, dass ihre Körper vom Scheitel bis zur Sohle nicht nur nach funktionalen, sondern vor allem nach ästhetischen Kriterien geformt wurden),[7] nur darüber erklären, dass unsere männlichen Vorfahren schon vor Jahrmillionen viel Zeit und Energie in die

»Beziehungsarbeit« stecken und deshalb bezüglich der Attraktivität ihrer Partnerinnen wählerischer sein mussten als Männchen anderer Primatenarten. (Sehr wahrscheinlich hat zu diesem *höheren Investment des Mannes* entscheidend beigetragen, dass der Eisprung beim Menschen verdeckt abläuft, sodass der Mann nicht weiß, wann die Frau fruchtbar ist, was wiederum zu höheren Beischlafquoten und einer stärkeren Bindung unter den Sexualpartnern geführt hat.)

Welcher *evolutionäre Sinn* steckt aber hinter dem Aufwand, der in der Natur betrieben wird, um schöne, sexuell ansprechende Formen zu erzeugen? Und warum bringt die sexuelle Zuchtwahl so häufig Phänotypen hervor, die in bemerkenswertem Kontrast zu den Eigenschaften stehen, die durch natürliche Auslese auftreten würden? Betrachten wir hierzu ein markantes Beispiel, den männlichen blauen Pfau: Mit seinen prächtigen Farben ist er für Räuber nicht nur leicht erkennbar, sondern kann ihnen mit seinem überdimensionalen Federschwanz auch nur schwer entkommen. Zudem verschlingt die Ausbildung eines solchen Federschmucks immense Ressourcen, die dem Hahn im Kampf ums Dasein fehlen. Warum also legen Pfauenhennen so großen Wert darauf, dass sich ihre Männchen so auffällig reich schmücken, wenn dies für ihr Überleben in der Natur eher hinderlich ist? Da Darwin für dieses Phänomen keine befriedigende Erklärung finden konnte, unterstellte er, dass die Weibchen die Schönheit offenbar »um der Schönheit willen« bevorzugen würden (womit er jedoch eine Tautologie und keine wissenschaftliche Begründung formulierte).

Erst 1975 konnte das Rätsel, das sich hinter dieser Bevorzugung aufwendiger, schöner Formen in der Natur verbirgt, gelöst werden: Wie das israelische Biologen-Ehepaar Amotz Zahavi (*1928) und Avishag Zahavi (*1922) darlegte, ist Schönheit ein kostspieliges, mit der Verschwendung von Ressourcen einhergehendes Signal. Daher sind nur gesunde, gut genährte Hähne in der Lage, sich das sexy wirkende Handicap eines überdimensionierten Federschmucks zu leisten *(Handicap-Prinzip)*. Diejenigen hingegen, die nur mit Müh und Not über die Runden kommen, müssen auf solch aufwendige Formen der Selbstinszenierung verzichten. Das heißt: Wenn Weibchen schöne Partner bevorzugen, so verbirgt sich dahinter sehr wohl ein evolutionärer Nutzen, denn *Schönheit ist ein kostspieliger und dadurch fälschungssicherer Indikator für evolutionäre Fitness.* Weibchen tun daher gut daran, mit schönen Partnern Nachkommen zu zeugen, denn dies erhöht die Chance, dass ihr Erbmaterial die nachfolgenden Generationen überlebt.

Bei der sexuellen Zuchtwahl, die die Evolution des Menschen bestimmt hat, war dies nicht anders. Zwar lässt sich über Geschmack streiten, aber offenkundig entwickelten unsere weiblichen Vorfahren ein ganz besonderes Interesse daran, das Geschlechtsteil ihrer Sexualpartner ihren eigenen sinnlichen Bedürfnissen entsprechend zu gestalten. Jedenfalls ist das außergewöhnlich große und flexible (ohne Penisknochen auskommende) Glied des Menschenmannes (neben der Nacktheit der Haut, der Größe des Gehirns und den weiblichen Brüsten) das auffälligste anatomische Merkmal, das uns von anderen Primaten biologisch unterscheidet. Tatsächlich handelt es sich beim menschlichen Penis um einen der *markantesten und zugleich raffiniertesten Zuchterfolge der weiblichen Partnerwahl*, denn seine Erektionsfähigkeit ist ein teures, da enorm störungsanfälliges Signal (der männliche Körper muss großen Aufwand betreiben, um sie zu bewerkstelligen) – auch wenn die Fälschungssicherheit dieses Fitness-Indikators mittlerweile dank Viagra & Co. nicht mehr ganz so verlässlich ist wie in früheren Zeiten.

Wie bereits angedeutet, ist die geschlechtliche Zuchtwahl nicht nur auf das Hervorbringen *ästhetisch ansprechender Körperformen* ausgerichtet, sie fördert auch *Verhaltensweisen, die sexuell attraktiv wirken.* So bevorzugen Vogelweibchen nicht nur Männchen mit prächtigem Gefieder, sondern auch solche, die den anmutigsten Tanz vorführen, das tollste Brautgeschenk machen, die variantenreichsten Gesangskoloraturen zustande bringen oder die aufwendigsten Nester bauen. Beim Menschen ist dies kaum anders, denn auch wir wählen unsere Partner nicht bloß nach körperlichen Merkmalen aus, sondern auch anhand der Weise, in der sie sprechen, sich bewegen, sich gegenüber uns und anderen verhalten, sowie anhand der Artefakte, die sie erschaffen oder mit denen sie sich umgeben.

Solche nicht unmittelbar mit der Körperform einhergehenden Merkmale lassen sich unter dem Begriff des *erweiterten Phänotyps* fassen, den Richard Dawkins 1982 vorgeschlagen hat.[8] Da der »erweiterte Phänotyp« ebenso wie das körperliche Erscheinungsbild (der Phänotyp im klassischen Sinne) den Prinzipien der sexuellen Auslese unterliegt, ist auch er dem Zwang zur Ästhetisierung ausgesetzt. Bei Menschen, die sich gegenseitig besonders stark über ihre erweiterten Phänotypen (Wohnungseinrichtung, Kleidung, Musikgeschmack, Essensvorlieben, Freunde, Weltanschauungen, politische Ausrichtungen, Hobbys, Berufe etc.) definieren, hat dies zur *ästhetischen Bearbeitung sämtlicher Lebensbereiche* geführt. Wir sind daher in besonderem Maße *sinnliche Tiere*, die danach trachten, nicht bloß zu überleben, sondern *ästhetisch ansprechende Erfahrungen zu machen und diese auch anderen zu bereiten* – vor allem, wenn wir mehr von ihnen wollen als nur ein gutes Gespräch.

Wie bereits Darwin vermutete, sind die sogenannten *schönen Künste* aus dem Liebeswerben und den ritualisierten sexuellen Rivalenkämpfen hervorgegangen, die wir in der Natur bei vielen Arten beobachten können. *Musik und Tanz* waren (entsprechend den musikalisch-tänzerischen Balzritualen einiger Vogelarten) sehr wahrscheinlich die ersten echten Kunstformen, die der Mensch hervorbrachte, lange bevor er über Sprache verfügte. Sie dienten sicherlich nicht nur der Partnerwahl, sondern auch der Festigung des Zusammenhalts innerhalb der Gruppe und somit auch ihrer Abgrenzung nach außen – eine ambivalente Funktion, die die Kunst auch heute noch erfüllt.

Ähnlich früh entwickelten sich vermutlich auch Formen des *ästhetisierenden Designs*, etwa Körperbemalungen, mit denen die nackte Haut verziert wurde, aufwendig hergerichtete Bettlager oder formschöne (symmetrische) Faustkeile, die nicht nur nach funktionalen, sondern auch nach sinnlich ansprechenden Kriterien hergestellt wurden. Der *Schritt vom Design hin zur Bildenden Kunst* wurde aber wohl erst in den letzten 100 000 Jahren vollzogen (Höhlenmalerei, Herstellung von Schnitzereien wie den berühmten Venusfiguren etc.).

Worin dieser *Übergang vom Design zur Kunst* genau besteht, lässt sich nur schwer auf den Punkt bringen, da die Grenzen zwischen den Bereichen fließend sind. Generell aber kann der

Unterschied wohl darin gesehen werden, dass beim *Design die Funktionalität eines Artefakts* überwiegt, bei der *Kunst* hingegen *das freie Spiel mit der Form*.

Aus diesem Grund wird Kunst oft auch mit dem Begriff der *Zweckfreiheit* assoziiert. Was ist damit gemeint? Sicherlich nicht, dass Künstler mit ihren Schöpfungen keine Zwecke verfolgen würden oder dass ihre Werke ursprünglich keine klar definierten Zwecke erfüllt haben (immerhin waren viele Meisterwerke der Geschichte Auftragswerke, die zu Repräsentationszwecken oder zur Unterhaltung fürstlicher Gesellschaften dienten). Unter »Zweckfreiheit« kann allenfalls verstanden werden, dass Kunst *auf den ersten Blick keine lebenspraktisch notwendigen Funktionen erfüllt* und daher als ein *über den Alltag erhabenes luxuriöses Spiel* erscheint, auf das die Gesellschaft im Notfall verzichten könnte. In diesem Sinne ist wohl auch das berühmte, Otto von Bismarck zugeschriebene Zitat zu verstehen: »Die erste Generation schafft Vermögen, die zweite verwaltet Vermögen, die dritte studiert Kunstgeschichte, und die vierte verkommt vollends.«

Trotzdem genießt Kunst und genießen Künstler in nahezu allen Gesellschaften besondere Wertschätzung. Wie ist das zu erklären? Paradoxerweise ergibt sich der *hohe Stellenwert der Kunst gerade aus dem Luxus ihrer scheinbaren Nutzlosigkeit im Alltag*. Wir haben es hier mit ebenjenem *Handicap-Prinzip* zu tun, das weiter oben am Beispiel des männlichen Pfaus skizziert wurde: Kunst ist deshalb attraktiv, weil derjenige, der es sich leisten kann, seine Zeit mit dem Erzeugen, Sammeln oder Genießen von Kunst zu verbringen, damit dokumentiert, dass er überschüssige Ressourcen besitzt, die er augenscheinlich nicht für die direkte Daseinssorge benötigt.

In diesem Sinne sind Kunstwerke durchaus vergleichbar mit den überdimensionalen Federrädern männlicher Pfaue, d. h. sie sind in evolutionärer Hinsicht vor allem eines, *teure Signale*, »mit denen Menschen ihre Talente und Ressourcen demonstrieren«, wobei gilt: »Je aufwendiger sie herzustellen sind und je mehr sie sich der lebenspraktischen Nützlichkeit verweigern, umso aussagekräftiger ist das Signal«[9] – und umso beeindruckender erscheinen uns all jene, die es sich erlauben können, solche Signale auszusenden.

Dies erklärt – zumindest zu einem gewissen Teil – den Attraktivitätsbonus, den Künstler (Schauspieler, Musiker, Sänger, aber auch Regisseure, Maler, Schriftsteller etc.) gegenüber Angehörigen lebensnotwendiger Berufe (Landwirte, Ingenieure, Zahnärzte usw.) genießen, was auch bei anderen »zweckfreien«, nicht im engeren Sinne künstlerischen Berufen zu beobachten ist, etwa bei den »Bewegungskünstlern« des Sports, die ihre Ressourcen ebenfalls auf praktisch nutzlose, aber hoch attraktive Weise verschwenden. Diese *luxuriöse Erhabenheit der Kunst über den Alltag* macht auch verständlich, warum sich reiche und politisch einflussreiche Personen so gerne mit Kunstwerken und Künstlern (gerne auch mit Sportlern) schmücken, da dies einen Statusgewinn verspricht, der von keinem anderen Statussymbol übertroffen werden kann (nicht einmal von Rennwagen, Jachten oder Privatflugzeugen, die ebenfalls durch verschwenderische Nutzlosigkeit betören).[10]

Allerdings wäre es verkürzt, die besondere Wertschätzung, die der Kunst und den Künstlern zuteilwird, allein über das Handicap-Prinzip begründen zu wollen. Denn Kunstwerke sind, wie der Evolutionsbiologe Thomas Junker schreibt, »mehr als Ornamente und Schmuck. Sie zeichnen sich durch mehr aus, als durch eine schöne, interessante und aufwändige Gestaltung – sie vermitteln auch Inhalte. Im Gegensatz zu reinen sexuellen Signalen wollen sie durch ihre wertvolle Form nicht nur für die Person des Künstlers werben, sondern auch für die Dinge, von denen sie erzählen.«[11]

Kunst ist also nicht bloß ein freies Spiel der Formen, sondern vor allem auch ein *Instrument der sozialen Kommunikation*. Ihr kommunikativer Reiz besteht darin, dass sie sich einer besonders wirksamen, da biologisch tief in uns verankerten Sprache bedient, nämlich der *Sprache der Emotionen*. Deshalb wendet sie sich auch nicht bloß dem *Schönen, Angenehmen und Reizvollen* zu, sondern besticht auch durch die gestalterische Verarbeitung des *Hässlichen, Unangenehmen, Schmerzlichen, Erschreckenden*. Mithilfe von Kunst können Menschen über die ganze Bandbreite ihrer Gefühle kommunizieren, sich über ihre Hoffnungen und Ängste verständigen, Gemeinsamkeiten in der Weltwahrnehmung verstärken (Verbesserung des Gruppenzusammenhalts) und auch die Unterschiede zu »Fremden«, die die geltenden ästhetischen Normen nicht teilen, herausarbeiten (Abgrenzung von Nicht-Gruppenmitgliedern).

Da das Verhalten des Menschen wesentlich durch Emotionen bestimmt wird, haben sich Gesellschaften stets der emotionalen Sprache der Kunst bedient, *um die Leidenschaften der Menschen in gewünschte Bahnen zu lenken.* Deshalb verwundert es nicht, dass die Geschichte der Kunst zugleich auch eine Geschichte ihrer politischen Vereinnahmung sowie ihrer Begrenzung durch Zensur ist. Denn aus Sicht der Herrscher (und auch vieler Beherrschter) hatte Kunst vornehmlich die Aufgabe, den *historisch vermittelten Lebenssinn sinnlich erfahrbar zu machen.* Tatsächlich wurde die Kunst dieser Funktion in vielen Fällen gerecht, sodass Kunstwerke (vor allem Geschichten und Bilder) in hervorragender Weise dazu genutzt werden konnten, um tradierte Formen des Denkens und Empfindens über Generationen hinweg zu transportieren (Funktion des Kunstwerks als kultureller Wissensspeicher). Mitunter aber wiesen Kunstwerke (darunter viele, die wir auch heute noch als »bedeutend« erachten) signifikant *über ihren eigenen Zeithorizont hinaus,* indem sie Inhalte vermittelten oder Formen wählten, die geltende Normen so stark verletzten (Tabubruch), dass die Hüter des Status quo alles unternahmen, um ihre Verbreitung zu verhindern.

Gerade in dieser *spielerischen Vorwegnahme des Noch-nicht-Möglichen,* in der *Konfrontation des Bestehenden mit dem Utopischen* liegt eine besondere Ressource der Kunst. Friedrich Schiller hielt den über das Gegenwärtige hinausweisenden Charakter der Kunst, die in ihr wirksam werdende *normative Kraft des Kontrafaktischen,* sogar für das zentrale Merkmal, das den Unterschied zwischen einem Meisterwerk und gewöhnlicher Gebrauchskunst ausmacht. In Schillers berühmter kunsttheoretischer Schrift *Über die ästhetische Erziehung des Menschen* heißt es dazu: »Der Künstler ist zwar Sohn seiner Zeit, aber schlimm für ihn, wenn er zugleich ihr Zögling oder gar ihr Günstling ist. Eine wohltätige Gottheit reiße den Säugling beizeiten von seiner Mutter Brust, nähre ihn mit der Milch eines besseren Alters ...«[12]

Fakt ist: Dadurch, dass Kunst tradierte Formen der Weltwahrnehmung nicht nur bestätigt, sondern auch überschreitet, indem sie Widersprüche auf spielerische Weise artikuliert, zuspitzt und alternative Lösungsmöglichkeiten aufzeigt, wurde sie zu einem treibenden Motor der kulturellen Evolution. Ohne ihren Beitrag zur sozialen Kommunikation und zur Koordination der Gruppenmitglieder hätten Menschen gemeinsame Anstrengungen zur Verwirklichung von komplexen Zielen kaum realisieren können. Thomas Junker beschreibt den mit der Kunst einhergehenden Selektionsvorteil sehr treffend:

> »Mit der Kunst erreichen und feiern die Menschen die partielle Lösung eines der größten Probleme, vor denen jede Gemeinschaft von Individuen mit unterschiedlichen Interessen steht: die Koordination und Synchronisation der divergierenden Lebensziele als Voraussetzung für eine erfolgreiche Kooperation. Damit verdanken die Menschen sehr viel von ihrem evolutionären Erfolg der Kunst, sie wurde ihre Geheimwaffe und sie ist so tief in ihrem Wesen verankert, dass ein Ende der Kunst nur als Ende der Menschheit denkbar ist.«[13]

Bei genauerer Betrachtung ist die Kunst also alles andere als eine »zweckfreie, lebenspraktisch irrelevante Luxusveranstaltung«, sie ist vielmehr eine unser Leben und Überleben wesentlich bestimmende Kraft, die die Evolution unserer Spezies entscheidend geprägt hat. *Ohne Kunst könnte das sinnliche Tier Mensch nicht überleben* – zumindest nicht in komplexen Gesellschaften, die ein hohes Maß an sozialer Verständigung und Koordination erfordern. Insofern ist es nicht verwunderlich, dass heute, im Zeitalter der globalisierten Medien- und Informationsgesellschaft, mehr Künstler (sowohl in absoluten wie auch in relativen Zahlen) auf dem Erdball leben als jemals zuvor in der Geschichte.

Eine halbwegs angemessene Beschreibung der verschiedenen Kunstformen und Kunststile, die Menschen in den letzten Jahrtausenden hervorgebracht haben, würde ganze Bibliotheken füllen – selbst wenn man sich auf den klassischen Kanon der schönen Künste (Bildende Kunst, Musik, Literatur, Darstellende Kunst) beschränken würde. Dabei bildet dieser Kanon nur einen Ausschnitt aus dem Spektrum ästhetischer Bearbeitungen, die der Mensch vorgenommen hat.

Man erkennt dies schon daran, dass die schönen Künste auf bloß *zwei* unserer *fünf Sinne* ausgerichtet sind, nämlich auf das

Sehen und Hören. Jedoch betrieb der Mensch nicht minder großen Aufwand, um seinen Geruchs-, Geschmacks- und Tastsinn
ästhetisch zu befriedigen. Man denke nur an die *Raffinessen der
Kochkunst*, für die Gewürze aus den entferntesten Ländern her-
beigeschafft werden, um den gewünschten Effekt zu erzielen.
Die Mühen, die Menschen auf sich nahmen und nehmen, um
wohlschmeckende Speisen und Getränke herzustellen, ist wahrlich beachtlich – und man müsste schon ein hartnäckiger Asket
sein, um die lebensverschönernden Resultate dieser Mühen
nicht wertzuschätzen.

Wie gesagt: Es würde den Rahmen dieses Buches bei weitem
sprengen, würde ich hier auch nur ansatzweise versuchen, das
ganze Spektrum menschlicher Ästhetisierungsbemühungen
nachzuzeichnen. Ich greife daher aus dem bunten Strauß der
Künste *pars pro toto* eine einzelne Kunstform heraus, die die
Menschheit seit ihren Anfängen begleitet und zweifellos auch
bis zu ihrem Ende begleiten wird: die *Musik*.

Der Klang des Lebens

»Ohne Musik wäre das Leben ein Irrtum«,[14] meinte Friedrich
Nietzsche – und wahrscheinlich würden die meisten Menschen
weltweit dieser Aussage zustimmen. Soweit wir wissen, hat jede
menschliche Kultur Musik hervorgebracht, aber noch nie ist so
viel Musik erklungen wie in unseren Tagen. Dank der technischen Reproduzierbarkeit ist sie heute allgegenwärtig. Selbst
diejenigen, die weder Konzerte besuchen noch tanzen gehen
noch irgendein Interesse daran zeigen, zu Hause, im Auto oder
gar während des Joggens Musik zu hören, können sich ihrer
Wirkung nicht entziehen.

Das beste Beispiel hierfür liefert vielleicht die Filmmusik:
Stellen Sie sich vor, Alfred Hitchcock (1899–1980) hätte die berühmte Duschszene in »Psycho« nicht mit Bernard Herrmanns
(1911–1975) hartem, dissonantem Violin-Staccato unterlegt (ein
musikalisches Motiv, das mittlerweile fast schon so bekannt
ist wie Beethovens Eröffnung der 5. Sinfonie), sondern mit Mozarts *Kleiner Nachtmusik* oder Frank Sinatras Interpretation von

My Way – die Szene verlöre augenblicklich ihren Schrecken. Warum ist das so? Nun, offenkundig bestimmt die emotionale Sprache der Musik wesentlich, wie wir das Geschehen auf der Leinwand interpretieren – und interessanterweise ist es dabei völlig gleichgültig, ob wir besonders musikbegeistert sind oder nicht.

Auch die kulturelle Zugehörigkeit spielt für die emotionale Verarbeitung der Musik eine weit geringere Rolle, als man lange Zeit dachte. So hat sich gezeigt, dass selbst Menschen, die nie zuvor westliche Musik gehört haben, den emotionalen Charakter unserer Musikstücke erkennen und umgekehrt westliche Hörer problemlos nachvollziehen können, ob die Musik eines afrikanischen Volksstammes Freude, Trauer oder Angst ausdrücken soll.[15]

Musik ist eine universelle Sprache, die trotz unterschiedlicher regionaler Dialekte weltweit verstanden werden kann. Evolutionsbiologisch ist das nicht verwunderlich, immerhin sangen, tanzten und musizierten unsere Vorfahren schon in grauer Vorzeit. Wir wissen nicht viel darüber, wie ihre Musik klang, aber allem Anschein nach erfüllte sie wichtige soziale Funktionen (etwa bei der Partnerwahl, der Streitschlichtung, der Ausschmückung von Zeremonien etc.). Ansonsten wäre die bemerkenswerte Tatsache kaum zu erklären, dass der Mensch die *Flöte* Zehntausende Jahre vor dem *Rad* erfand.

Dass unsere Urahnen bereits vor 35 000 Jahren Knochenflöten herstellten, die das Spielen *pentatonischer Melodien* erlaubten, weist nicht nur auf erstaunliche technische Fähigkeiten hin (schließlich mussten die Löcher der Flöte dafür in einem exakten Abstand gebohrt werden), sondern auch auf ein feines Gespür für musikalische Zusammenhänge. (Immerhin beruhen auf solchen Fünftonskalen viele traditionelle Musiken in Afrika, Asien, Amerika und Europa sowie eine Vielzahl von Kinderliedern wie *Backe, Backe, Kuchen* – auch Blues- und Rockgitarristen verwenden gerne pentatonische Skalen, die sie allerdings zur Spannungserzeugung mit tonleiterfremden Tönen, den sogenannten *Blue Notes*, anreichern.)

Das Grundgerüst für die musikalische Entwicklung war schon erstaunlich früh gelegt und wurde in der Geschichte kontinuierlich ausgebaut. Es ist bemerkenswert, dass jede technische Neuerung in der Kultur, etwa die Töpferei oder die Erfindung von Bronze, schnell auch zur Entwicklung neuer Musikinstrumente führte. Die antiken Hochkulturen Chinas, Ägyptens und Mesopotamiens verfügten bereits über ein reiches Musikleben, doch wie in der Philosophie und der Wissenschaft gingen auch auf musikalischem Gebiet die wichtigsten Impulse vom antiken Griechenland aus.

So erkannte der griechische Mathematiker und Philosoph Pythagoras (570–510 v. u. Z.), dass sich wohlklingende Intervalle (Tonabstände) durch einfache Zahlenproportionen ausdrücken lassen. Beispielsweise entspricht die Oktave (die von den Menschen weltweit als besonders konsonant wahrgenommen wird) einem Frequenzverhältnis von 1:2 (der hohe Ton hat also die doppelte Frequenz des tiefen Tons), die ebenfalls als konsonant empfundene Quinte (etwa die Töne C und G) einem Verhältnis von 2:3. Mithilfe solcher Proportionen schufen die Pythagoreer mathematisch elegante Tonleitern, die den Musikern viele neue Möglichkeiten eröffneten, da ihnen nun innerhalb einer Oktave sieben Haupt-Tonstufen bzw. zwölf Halbtöne zur Verfügung standen (statt der bloß fünf Töne der Pentatonik).

So elegant das pythagoreische System auch war (sämtliche Halbtöne lassen sich über reine Quinten herleiten – geht man vom C fünf Töne aufwärts, landet man beim G, von dort mit fünf Tönen beim D usw.), ist es doch keineswegs zwingend, eine Oktave in zwölf Halbtöne zu unterteilen, wie wir dies gewöhnlich tun. In der *klassischen indischen Musik* etwa ist die Oktave in 22 unregelmäßig verteilte Mikrointervalle untergliedert (sie entsprechen in etwa Vierteltonschritten), in der *arabischen Musik* sogar in 24 Mikrointervalle (charakteristisch sind hier vor allem Dreivierteltonschritte). Für westlich sozialisierte Hörer klingen solche Systeme einigermaßen »schräg«, doch lassen sich auch auf ihrer Basis faszinierende Musiken erzeugen.

Warum also konnte sich das pythagoreische System mit seinen zwölf Halbtönen weltweit so viel stärker durchsetzen als die Pentatonik Chinas oder die Mikrointervall-Skalen der indischen und arabischen Musik? Warum erklingt »pythagoreische Musik« immer häufiger auch in Indien, China und Ägypten, jedoch umgekehrt indische, chinesische und arabische Musik kaum im Westen?

Man mag hier vielleicht eine Form von »Kulturimperialismus« vermuten, tatsächlich aber sprechen vor allem *innermusikalische Gründe für den Selektionsvorteil der pythagoreischen Skala* (vor allem, nachdem das System im 17. Jahrhundert durch die sogenannte »wohltemperierte« bzw. »gleichstufige Stimmung« noch einmal verbessert wurde). Der Musikwissenschaftler Robert Jourdain formulierte es folgendermaßen: »Die Einteilung des Tonraumes in zwölf Abschnitte ist offenbar genau richtig: zusätzliche Töne könnte das Gehirn nicht mehr ohne Mühe kategorisieren, und mit weniger könnte man kein differenziertes harmonisches System aufbauen.«[16]

Wie die spätere Entwicklung der Musik zeigte, eignete sich die (modifizierte) pythagoreische Skala in besonderem Maße, um neue Stile hervorzubringen, während andere Systeme sich als nur sehr begrenzt ausbaufähig erwiesen. Man kann dies mit der Überlegenheit der arabischen gegenüber den römischen Zahlen vergleichen:[17] Zwar lassen sich auch mit römischen Zahlen mathematische Berechnungen durchführen, doch für komplexe Operationen der höheren Mathematik ist dieses Zahlensystem zu sperrig. Mit anderen Worten: Es war der *besonderen Fruchtbarkeit der arabischen Zahlen* geschuldet, dass sie sich letztlich gegen die römischen durchsetzten, nicht einem wie auch immer gearteten arabischen »Kulturimperialismus« – und so ähnlich verhält es sich auch in der Musik: Die auf zwölf Halbtönen beruhende pythagoreische (bzw. wohltemperierte) Stimmung war gegenüber alternativen Systemen überlegen, weil sie größere Räume bot, das musikalische Spiel mit Spannung (Dissonanz) und Auflösung (Konsonanz) weiterzuentwickeln.

Pythagoras und seine Nachfolger wussten allerdings noch nichts von den weiten Spielräumen, die ihr System der Musik eröffnete – und hätten sie davon gewusst, wären sie wohl eher erschrocken als erfreut gewesen. Denn die Pythagoreer präferierten die zwölfstufige Skala nicht wegen ihrer musikalischen Möglichkeiten, sondern aufgrund ihrer mathematischen Eleganz. Sie glaubten sogar, mit den entdeckten Proportionen eine

Art »Weltformel« gefunden zu haben, eine »Sphärenmusik«, die die Gesetzmäßigkeiten des Kosmos widerspiegelte.

Vorstellungen dieser Art waren unter antiken griechischen Gelehrten weit verbreitet, sodass sie musikalische Neuerungen keineswegs begrüßten, sondern vielmehr als Gefährdung der kosmischen Ordnung verwarfen. Bei Platon heißt es dazu: »Vor Neuerungen der Musik muss man sich in Acht nehmen; denn dadurch kommt alles in Gefahr [...] Nirgends wird an den Gesetzen der Musik gerüttelt, ohne dass auch die höchsten Gesetze des Staates ins Wanken geraten. [...] Dort müssen also die Wächter ihr Wachhaus bauen: in die Nähe der Musik.«[18]

So kam es, dass die Musik im antiken Griechenland zwar hochgeschätzt und bei allen erdenklichen Gelegenheiten eingesetzt wurde, aber in einem entscheidenden Punkt keine maßgebliche Weiterentwicklung erfuhr: Sie blieb weitestgehend *einstimmig* – auch wenn sie mit immer mehr Klangfarben angereichert wurde und die Musiker ihre Instrumente zunehmend virtuoser beherrschten.[19]

Dies änderte sich auch in der Zeit des römischen Reichs nicht wesentlich, obgleich die pragmatischeren Römer sicherlich keine Hemmungen gehabt hätten, »kosmische Ordnungen« zu verletzen, wenn dies mit irgendeinem messbaren Nutzen verbunden gewesen wäre. Immerhin: Sie sorgten dafür, dass die Orchester nochmals verstärkt wurden (so kamen vermehrt Wasserorgeln und Blechbläser zum Einsatz), wodurch erste Formen monumentaler Instrumentalmusik entstanden (etwa zur Begleitung von Triumphmärschen oder Gladiatorenkämpfen).[20]

Mit dem Zusammenbruch des römischen Imperiums wurden die musikalischen Ausdrucksformen, die ein breites Feld menschlicher Emotionen angesprochen hatten und durchaus orgiastische Züge annehmen konnten, drastisch reduziert. Instrumentalmusik galt von nun an als »heidnisch«, stattdessen dominierte einstimmiger Chorgesang (neben der Gregorianik der Westkirche ist hier vor allem die kunstvolle, von arabischen Einflüssen geprägte byzantinische Kirchenmusik zu erwähnen).[21]

Doch ganz verdrängen ließ sich die weltliche Musik nicht. Wahrscheinlich war sie zu keinem Zeitpunkt ganz verschwunden, jedoch gelangte sie erst mit den Liedern der Troubadours und Minnesänger ab dem 12. Jahrhundert zu neuer Blüte. War Musik in den vorangegangenen Jahrhunderten christlicher Herrschaft ein weitgehend unpersönlicher »Lobpreis Gottes« gewesen, wurde sie nun (wieder) mehr und mehr zu einer Sprache der menschlichen Emotionen. Ein beeindruckendes Zeugnis dieser neuen emotionalen Musikalität lagert heute in der *British Library* in London: Es ist eine Sammlung virtuoser Tanzmusikkompositionen aus Norditalien, die Ende des 14. Jahrhunderts entstanden sind und – wohl als Reaktion auf das Ende der Pestepidemie, die von 1347 bis 1353 25 Millionen Opfer gefordert hatte – einer unbändigen Lebensfreude Ausdruck geben.[22]

Aber nicht nur die weltliche Musik schritt gegen Ende des Mittelalters langsam voran, auch auf dem Gebiet der Kirchenmusik zeigten sich allmählich Risse im strengen gregorianischen Dogma. Nachdem schon im 13. Jahrhundert erste schüchterne Versuche gestartet worden waren, die Monotonie des gregorianischen Gesangs durch Hinzufügung zusätzlicher Stimmen aufzuheben, schufen die Komponisten der sogenannten *Ars nova* im 14. Jahrhundert zunehmend komplexere mehrstimmige Stücke, die in Melodieführung und Rhythmik verschiedene Elemente weltlicher Musik aufnahmen. Bei den Kirchenoberen stieß dies allerdings auf wenig Gegenliebe: 1325 verbot Papst Johannes XXII. die neue Kunstform für die Messe, verlangte die Wiederherstellung des einstimmigen gregorianischen Chorals und drohte bei Nichtbeachtung mit harten Kirchenstrafen.

Fortschrittlichen Komponisten wie Guillaume de Machaut (1303–1377) blieb daher nichts anderes übrig, als Unterstützung beim Adel zu suchen, der sich gegenüber der Mehrstimmigkeit aufgeschlossener zeigte. Zwar nahm die Kirche das Verbot der Mehrstimmigkeit Ende des 14. Jahrhunderts wieder zurück (was zu einem bemerkenswerten Aufblühen der polyphonen Kirchenmusik führte), aber in der Zwischenzeit war die Mehrstimmigkeit in weltlichen Liedern, Chorgesängen (Madrigalen) und Instrumentalmusiken bereits stark vorangeschritten. Durch die Befreiung von den engen literarischen und musikalischen Vorgaben der Kirche hatte sich für die Komponisten die Tür zu empfindsameren, subjektiven Ausdrucksformen geöffnet, womit sich in der Musik allmählich der Übergang vom Mittelalter zur *Renaissance* vollzog.

Die römische Kurie tat sich schwer mit der neuen expressiven Tonsprache, die etwa in den Werken des bedeutenden niederländischen Renaissance-Komponisten Orlando di Lasso (1532–1594) zum Ausdruck kam, und suchte verzweifelt nach Möglichkeiten, die Kirchenmusik vor weiterer Verweltlichung zu bewahren. So wurde im Anschluss an das Konzil von Trient, das zwischen 1545 und 1563 stattfand, eine Reform der Kirchenmusik eingeleitet, die sich am kunstvollen, ruhig dahinfließenden Stil des italienischen Komponisten Giovanni Pierluigi da Palestrina (1525–1594) orientierte. Mehrstimmigkeit war von nun an zwar offiziell erlaubt, jedoch sollten Übernahmen weltlich-expressiver Melodien und Rhythmen strengstens vermieden werden – eine Anordnung, die allerdings nur bedingt befolgt wurde.

Mit Claudio Monteverdi (1567–1643), der den subjektiven, emotionsgeladenen Ausdruck der Troubadour-Kunst geschickt mit den harmonischen Strukturen der zunehmend auf Dur- und Moll-Akkorden basierenden vielstimmigen Musik verband, vollzog sich der *Übergang von der Renaissance- zur Barockmusik*. Dabei war es kein Zufall, dass Monteverdi seine größten Erfolge in der jungen Kunstform der *Oper* feierte, denn das dramatische Geschehen auf der Bühne gab ihm die Gelegenheit, die ganze Fülle menschlicher Emotionen (Liebe, Hoffnung, Glück, Trauer, Zorn, Verzweiflung etc.) in Töne zu fassen. Zudem schuf er mit seinen kunstvoll verzierten *Arien und Rezitativen* den Boden für eine neue Gattung von Interpreten, die als *virtuose Solisten* ihr besonderes Können unter Beweis stellen konnten, womit der Typus des vom Publikum umjubelten *Bühnenstars* geboren wurde. (Die beiden Kastraten Giovanni Gualberto Magli und Girolamo Bacchini, die 1607 an der Uraufführung von Monteverdis erster Oper *L'Orfeo* mitwirkten, waren gewissermaßen die barocken Vorläufer von Maria Callas und Luciano Pavarotti, Michael Jackson und Lady Gaga.)

65 Jahre nach der bahnbrechenden Premiere von *L'Orfeo* wandte sich in Paris auch Jean-Baptiste Lully (1632–1687), der zuvor durch elegante, üppig instrumentierte *Ballettsuiten* Be-

geisterung ausgelöst hatte, der Opernkomposition zu. Dank seiner überragenden musikalischen Fähigkeiten, aber auch dank der Gunst des musikbegeisterten französischen »Sonnenkönigs« Ludwig XIV., an dessen Hof er den Großteil seines Lebens verbrachte, wurde Lully zum führenden Komponisten des 17. Jahrhunderts. Seine Werke fanden Verbreitung in ganz Europa und hatten enormen Einfluss auf die Arbeiten seiner Nachfolger Georg Philipp Telemann (1681–1767), Georg Friedrich Händel (1685–1759), Antonio Vivaldi (1678–1741) und Johann Sebastian Bach (1685–1750).

Das Werk dieser vier großen Komponisten des Spätbarocks ist von solch zeitloser Schönheit, dass es verwunderlich ist, dass es zeitweise in Vergessenheit geraten konnte. So wurde Bach erst im 19. Jahrhundert wiederentdeckt, Vivaldi gar erst im 20. Jahrhundert. Heute bilden ihre Kompositionen nicht nur einen festen Kern des klassischen Repertoires, Tonträger mit ihren Werken wurden und werden so oft verkauft, dass mancher Pop- und Rockstar vor Neid erblassen dürfte. (Von Vivaldis berühmtem Konzertzyklus *Die vier Jahreszeiten* beispielsweise existieren rund 1000 unterschiedliche Einspielungen, wobei allein die Version, die der britische Violinist Nigel Kennedy 1989 mit dem *English Chamber Orchestra* aufnahm, mehr als drei Millionen Mal über die Ladentheke ging.)

Es ist ein bemerkenswertes Phänomen, dass Musikstücke, die vor 250 bis 300 Jahren unter völlig anderen gesellschaftlichen Bedingungen geschrieben wurden, noch heute starke Emotionen in uns hervorrufen können – selbst bei jenen, die ansonsten keinerlei Berührungspunkte mit klassischer Musik haben. Nicht ohne Grund greifen die Strategen der Werbeindustrie so gerne auf die Werke der großen Barockkomponisten zurück. Man denke nur an die popkulturelle Verwendung von Händels *Halleluja*-Chor aus dem Oratorium *Der Messias* oder seiner Krönungshymne *Zadouk the Priest*, die der *Champions-League-Hymne der UEFA* zugrunde liegt. Besonders häufig zitiert wurde und wird freilich das Werk von Johann Sebastian Bach, beispielsweise das lyrisch-getragene *Air* aus der Orchestersuite Nr. 3, der virtuos-kecke Flöteneinsatz der *Badinerie* aus der Suite Nr. 2 (ein beliebter Handyton in unserer Zeit), die feierlich-verspielten *Brandenburgischen Konzerte* oder der dramatische Beginn des frühen Orgelwerks *Toccata und Fuge in d-Moll.*

Dass Johann Sebastian Bach, der zu Lebzeiten weit weniger bekannt war als seine Kollegen Telemann, Händel und Vivaldi, heute als der bedeutendste Komponist des Barock gilt (vielleicht sogar als der bedeutendste Musiker aller Zeiten), begründet sich allerdings nicht in erster Linie damit, dass es ihm gelang, einprägsame Melodien zu komponieren. Anders als Händel und Vivaldi war Bach kein Opernkomponist, der auf möglichst große Effekte abzielte. Die besondere Qualität seiner Stücke ist in ihrem inneren Aufbau zu suchen: in der Perfektion, mit der er die musikalischen Motive durch die Stimmen führte, der mathematisch präzisen Konstruktion seiner Fugen und dem Mut, mit dem er sich in harmonisches Neuland vorwagte, das nie zuvor ein Mensch betreten hatte und nach Bach auch lange Zeit niemand mehr betreten sollte (die Wiener Klassik war in dieser Hinsicht deutlich weniger wagemutig).

Bachs ausgeprägtes Interesse an einer erweiterten Harmonik war auch der Grund dafür, dass er sich so stark für die »wohltemperierte Stimmung« einsetzte, die es erstmals erlaubte, weit entfernte Tonarten in ein und demselben Musikstück zu verwenden (zuvor war die sogenannte »enharmonische Verwechslung« – das Uminterpretieren beispielsweise eines Cis-Dur-Akkords als Des-Dur-Akkord – nicht möglich, da Cis und Des, die sich heute auf ein und derselben schwarzen Taste auf dem Klavier befinden, verschieden hohe Töne waren).

Um die Möglichkeiten der wohltemperierten Stimmung aufzuzeigen, ging Bach in seinem berühmten Klavierwerk *Das Wohltemperierte Klavier* Stück für Stück alle 24 möglichen Dur- und Molltonarten durch (die ersten beiden Stücke standen in C-Dur/c-Moll, das zweite Paar – ein Halbton höher – in Cis-Dur/cis-Moll, das dritte Paar in D-Dur/d-Moll usw.). Für die Musikgeschichte war dies von enormer Bedeutung, denn von nun an war klar, dass sich *alle Tonarten* für die Komposition eigneten, was wesentlich zum Erfolg der wohltemperierten (später »gleichstufigen«) Stimmung beitrug, die die Musikwelt bis zum heutigen Tag bestimmt (unabhängig davon, ob es sich dabei um Klassik, Pop, Rock, Jazz, Reggae oder Techno handelt).

So wegweisend Bachs Kompositionen auch waren: Das Publikum verlangte Mitte des 18. Jahrhunderts nach einer gefälligeren, weniger strengen, bereits beim ersten Hinhören eingängigen Musik. Deshalb lösten sich schon Bachs hochbegabte Söhne Wilhelm Friedemann (1710–1784), Carl Philipp Emanuel (1714–1788), Johann Christoph Friedrich (1732–1795) und Johann Christian Bach (1735–1782) vom Stil ihres Vaters. Aus heutiger Sicht wirken ihre Werke wie evolutionäre Zwischenglieder, die die vorangegangene Musik des Barocks mit der nachfolgenden Musik der *Wiener Klassik* verbinden.

Tatsächlich lässt sich nachweisen, dass die Bachsöhne beträchtlichen Einfluss auf die drei großen Meister dieser Epoche, Joseph Haydn (1732–1809), Wolfgang Amadeus Mozart (1756–1791) und Ludwig van Beethoven (1770–1827) hatten. So war Carl Philipp Emanuel Bach die wohl wichtigste Inspirationsquelle für Joseph Haydn, während Johann Christian Bach den jungen Mozart nachhaltig beeinflusste. (Als Achtjähriger hatte Mozart erstmals mit dem »Londoner Bach« musiziert, woraufhin er sich dessen Werke zum Vorbild nahm.)

Mozart und Beethoven zählen (neben Johann Sebastian Bach) zu den meistgespielten klassischen Komponisten aller Zeiten (in jeder einzelnen Sekunde erklingt irgendwo auf der Welt ihre Musik), während Haydns Werk sehr viel seltener gespielt wird (am häufigsten wohl das sogenannte *Kaiserlied* bzw. *Kaiserquartett*, das der deutschen Nationalhymne zugrunde liegt). Dabei war es hauptsächlich Haydn, der die zentralen Stilprinzipien der Wiener Klassik entwickelt hatte – nicht Mozart. Worauf also ist der so viel größere Nachruhm Mozarts zurückzuführen? Auf die PR-Aktionen seines Vaters Leopold, der sein »Wunderkind« schon im Alter von sechs Jahren auf ausgedehnte Konzerttourneen durch halb Europa schickte? Oder den mysteriösen frühen Tod Mozarts, der zur Legendenbildung führte (wie später, im 20. Jahrhundert, im Falle von Jimi Hendrix, Janis Joplin und Jim Morrison)?

Es ist gut möglich, dass diese Aspekte zur besonderen Popularität Mozart beigetragen haben, die entscheidenden Gründe lagen und liegen jedoch zweifellos auf musikalischem Gebiet: Vergleicht man die Werke Haydns und Mozarts miteinander, so entdeckt man viele Gemeinsamkeiten, doch Mozarts Kompositionen sind stets einen Tick leichtfüßiger, vitaler, spritziger, kecker und – vor allem in den späteren Werken (etwa den letzten Sinfonien und Opern) – auch ein gutes Stück dramatischer, düsterer, beklemmender. Mozarts Musik spricht beim Hörer eine größere Bandbreite an Emotionen an, was seine Kompositionen spannungsreicher, unterhaltsamer, einprägsamer macht. Man denke nur an den Variantenreichtum seiner Oper *Die Zauberflöte*, die vom feierlichen Ernst der Sarastro-Arie (»In diesen heil'gen Hallen«), über die rachsüchtigen Koloraturen der »Königin der Nacht« (»Der Hölle Rache kocht in meinem Herzen«), die anmutige Liebeslyrik des Tamino (»Dies Bildnis ist bezaubernd schön«) bis hin zu den kecken Einwürfen des Papageno (»Ein Vogelhändler bin ich ja«) reicht – allein in dieser *einen* Oper entfacht Mozart ein größeres musikalisches Feuerwerk als Haydn in seinem gesamten Werk.

Vergleicht man die Werke Haydns mit denen seines Schülers Beethoven, fallen die Unterschiede noch stärker ins Gewicht: Denn zwischen Beethovens kompromissloser Leidenschaftlichkeit und der höflich-höfischen Kunst Haydns (und auch Mozarts) liegen Welten. Durch eine immense Steigerung der melodischen, rhythmischen und harmonischen Dynamik sprengte Beethoven alle bis dahin geltenden Konventionen. Dadurch ging zwar die luftige Leichtigkeit, die Mozarts Werk ausgezeichnet hatte, verloren, dafür aber drang Beethoven in völlig neue Dimensionen des emotionalen Ausdrucks vor.

Seine Musik deutete Empfindungen wie Hoffnung, Wut, Verzweiflung, Melancholie, Sehnsucht, Ekel, Freude, Triumph etc. nicht bloß an, sondern lebte sie exzessiv aus, wobei ihm das Kunststück gelang, aus kleinsten Motiven (etwa dem berühmten viertönigen Eröffnungsmotiv der 5. Sinfonie) komplexe musikalische Universen zu schaffen, die zu dem Großartigsten gehören, was Menschen je hervorgebracht haben. (Insofern hat es durchaus seine Berechtigung, dass sich auf der sogenannten *Golden Record* der Raumsonde *Voyager*, mit der sich die Menschheit potenziellen extraterrestrischen Zivilisationen präsentieren will,[23] gleich *zwei* Werke von Beethoven finden – nur Johann Sebastian Bach ist mit drei Stücken häufiger vertreten.)

Es ist offenkundig, dass sich in dem Umbruch, den Beethovens Werk in der Musik markiert, die gesellschaftlichen Umbrüche seiner Zeit widerspiegeln: Die Französische Revolution, für deren Ideale sich Beethoven begeisterte und die er in vielfältiger Weise in seine Werke einfließen ließ (man denke nur an die Revolutionsoper *Fidelio* oder den letzten Satz der 9. Sinfonie), war ein unübersehbares Zeichen für den allmählichen Übergang von der feudalen in die bürgerliche Gesellschaft. Zudem traten im ersten Drittel des 19. Jahrhunderts immer deutlicher die Folgen der fortschreitenden Industrialisierung in Erscheinung, was in der Kunst (wie bereits in Beethovens 6. Sinfonie, der *Pastorale*, angedeutet) zur Gegenbewegung der *Romantik* führte, die im Zeitalter der Dampfmaschine die *unberührte Natur* idealisierte.

So wie die Musik Beethovens vor dem Hintergrund der Französischen Revolution verständlich wird, kann man die Romantik nur begreifen, wenn man sich die weitreichenden gesellschaftlichen Veränderungen der damaligen Zeit vor Augen führt. Im Zeitalter der Industrialisierung und des aufstrebenden Bürgertums wurden nämlich, so die prägnante Darstellung von Marx und Engels, »die heiligen Schauer der frommen Schwärmerei, der ritterlichen Begeisterung, der spießbürgerlichen Wehmut in dem eiskalten Wasser egoistischer Berechnung ertränkt, [...] die persönliche Würde in den Tauschwert aufgelöst und an die Stelle der zahllosen verbrieften und wohlerworbenen Freiheiten die eine gewissenlose Handelsfreiheit gesetzt«.[24]

Die Romantiker reagierten auf diese Entwicklungen mit einem dezidierten Gegenprogramm: Der ökonomischen *Verdinglichung der Seelen* begegneten sie mit einer *Beseelung der Dinge*, der Verbreitung von *Massenprodukten* mit der Feier des *individuellen Genies*, der nüchternen *Berechnung von Kosten und Nutzen* mit der Konzentration auf *Märchen, Mythen und Sagen*, den *Entgrenzungen des kapitalistischen Weltmarktes* mit dem *Rückzug auf volkstümliche Weisen und vermeintlich identitätsstiftende Legenden*.

In politischer Hinsicht zeigte die Romantik höchst problematische, reaktionäre Tendenzen, aber auf dem Gebiet der Kunst –

gerade auch auf dem der Musik – erwies sie sich als ungemein fruchtbar. Die Zahl der bedeutenden Komponisten, die auf Beethoven folgen, ist so groß, dass ich es hier bei einem skizzenhaften Überblick belassen muss: Franz Schubert (1797–1828) und Robert Schumann (1810–1856) brachten die Liedkunst zu neuer Blüte, während die virtuosen Klavierstücke von Frederic Chopin (1810–1849) und Franz Liszt (1811–1886) den Kult um den lyrisch-sensiblen bzw. ekstatisch-exaltierten Konzertpianisten bedienten. Wurde die Tonkunst zuvor durch deutsche, österreichische, italienische, französische und englische Komponisten dominiert, traten nun durch den Rückgriff auf regionale Musiktraditionen vermehrt Komponisten anderer Nationen in Erscheinung. Zu erwähnen sind hier u. a. die Tschechen Friedrich Smetana (1824–1884) und Antonín Dvořák (1841–1904), der Norweger Edvard Grieg (1843–1907), der Finne Jean Sibelius (1865–1957), die Spanier Isaac Albéniz (1860–1909), Enrique Granados (1867–1916) und Manuel de Falla (1876–1946), sowie die Russen Modest Mussorgski (1839–1881), Pjotr Iljitsch Tschaikowski (1840–1893) und Nikolai Rimski-Korsakow (1844–1908).

Auch auf dem Gebiet der Oper traten nationale Eigenheiten zum Vorschein: So zog Richard Wagner (1813–1883) alle Register, um die nordische Sagenwelt auf die Bühne zu bringen. Statt eingängige, melodiöse Arien zu schreiben, mit denen sich die Sängerinnen und Sänger als Bühnenstars in den Mittelpunkt rücken konnten, ordnete Wagner das Geschehen auf der Bühne mit eiserner Konsequenz der Idee des *Gesamtkunstwerks* unter, wobei er nicht nur als Komponist, sondern auch als Textdichter und Regisseur fungierte. Seine wichtigsten musikalischen Neuerungen betrafen die *Harmonik*, die Wagner in erstaunlichem Umfang ausbaute und mit deren Hilfe es ihm gelang, musikalische Erregungs- und Spannungszustände zu erzeugen, die es so noch nie zuvor gegeben hatte.

In Frankreich entwickelten sich sehr viel luftigere Formen der Oper, die von der bleiernen Schwere der wagnerschen Weihe- und Erlösungsdramen meilenweit entfernt waren – man denke nur an die schwungvolle, eher realistisch als romantisch daherkommende Oper *Carmen* von Georges Bizet (1838–1875) oder an die amüsant-frivolen Operetten von Jacques Offenbach

(1819–1880). Auch in Italien ging die Opernkunst deutlich andere Wege: In der Tradition des *Belcanto-Gesangs* (von ital.: bel canto = »schöner Gesang«) schufen Gioachino Rossini (1792–1868), Vincenzo Bellini (1801–1835) und Gaetano Donizetti (1797–1848) eine Vielzahl einprägsamer Melodien, was später auch in den dramatischen Opern von Giuseppe Verdi (1813–1901) und Giacomo Puccini (1858–1924) aufgegriffen wurde, aus deren Fundus viele große Arien stammen, mit denen Sopranistinnen und Tenöre bis heute ihr Publikum begeistern. (Als der Handyverkäufer Paul Potts 2007 in einer britischen Talentshow Puccinis Arie *Nessun dorma* anstimmte, war dies sicherlich nicht die beste Darbietung aller Zeiten, aber sie rührte Millionen Menschen weltweit zu Tränen, was dazu führte, dass Potts' Aufnahme in vielen Ländern auf Platz 1 der Pop-Charts stürmte.)

In Wagners Werk wird man vergleichbare »Gassenhauer« nicht finden, dennoch hat es den Fortgang der Musik in stärkerem Maße bestimmt als das seiner italienischen oder französischen Kollegen. So übernahmen Anton Bruckner (1824–1896) und Gustav Mahler (1860–1911) in ihren groß angelegten Sinfonien – im Unterschied zu Johannes Brahms (1833–1897), der sich stärker an Beethoven orientierte – wesentliche Elemente der erweiterten Harmonik Wagners. Insbesondere Mahler stieß dabei an die Grenzen der traditionellen Tonkunst – sowohl hinsichtlich der kaum noch steigerungsfähigen Dimensionen seiner Werke (siehe die in der Einleitung dieses Kapitels angesprochene 8. Sinfonie) als auch im Hinblick auf die Möglichkeiten der klassischen Tonalität (so erklingt im gewaltigen Torso seiner unvollendet gebliebenen 10. Sinfonie[25] erstmals ein neuntöniger dissonanter Aufschrei des gesamten Orchesters, der keine Auflösung in beruhigenden Wohlklang mehr zulässt).

Spätestens Anfang des 20. Jahrhunderts erkannten viele Komponisten, dass die klassische bzw. romantische Form der Tonkunst – insbesondere die an Dur- und Moll-Akkorden orientierte Harmonik – an ein Ende gelangt war. Sie reagierten darauf mit unterschiedlichen Lösungskonzepten: Claude Debussy (1862–1918) und Maurice Ravel (1875–1937) beispielsweise konzentrierten sich auf die Klangfarben der Instrumente, wobei sie außereuropäische Skalen (Pentatonik, Ganztonleitern) sowie ungewohnte rhythmische Figuren nutzten, die den Eindruck erzeugten, die Melodien, Harmonien sowie die Stimmen der einzelnen Instrumente würden ineinander verschwimmen. Aus diesem Grund fasste man ihre Werke auch unter dem aus der Malerei (Vincent van Gogh etc.) entlehnten Begriff *Impressionismus*.

Auf Polytonalität (gleichzeitige Verwendung mehrerer Tonarten) und eine äußerst markante (von vielen als »heidnisch« empfundene) Rhythmik setzten vor allem Bela Bartok (1881–1945) und Igor Strawinski (1882–1971), dem wir mit *L'Oiseau de feu* (Der Feuervogel), *Petrouchka* und *Le sacre du printemps* (Die Frühlingsweihe) gleich drei der bedeutendsten Ballettmusiken des 20. Jahrhunderts zu verdanken haben. Auch Carl Orff (1895–1982) räumte der Rhythmik in seinen Werken hohen Stellenwert ein, reduzierte dabei aber bewusst die harmonische und rhythmische Komplexität und griff stattdessen häufig, etwa in den berühmten (gern zu Werbezwecken missbrauchten) *Carmina burana*, auf mittelalterliche Elemente zurück.

Wieder andere Wege gingen die Komponisten in Amerika: George Gershwin (1898–1937) etwa brachte die Harmonik, Melodik und Rhythmik der Jazz-, Blues- und Gospelmusik in die Klassik ein (etwa in der *Rhapsodie in blue* oder der Oper *Porgy and Bess* mit ihrem Evergreen *Summertime*), Aaron Copland (1900–1990) reicherte das musikalische Spektrum an, indem er in einigen seiner Kompositionen auf Western- und Saloonmusik zurückgriff (u. a. in den berühmten Balletten *Billy the Kid* und *Rodeo*). Charles Ives (1874–1954) und Henry Cowell (1897–1965) wiederum legten mit ihren ungewöhnlichen Klangexperimenten (u. a. *The unanswered Question* und *The Tides of Manaunaun*) die Grundlagen für die musikalische Avantgarde des 20. Jahrhunderts.

Den wohl folgenreichsten Bruch mit der klassischen Tradition vollzog Arnold Schönberg (1874–1951). Seine Karriere hatte er noch mit spätromantischen Kompositionen begonnen (u. a. *Verklärte Nacht*), doch unter dem Eindruck, Gustav Mahler habe die Möglichkeiten der Tonalität (das auf der funktionalen Beziehung der Tonarten beruhende Spiel mit Konsonanz und Dissonanz) bereits in vollem Umfang ausgeschöpft, entwickelte Schönberg zunächst die Prinzipien einer *freien Atonalität*, später die der *Zwölftonmusik*, die mit mathematisch strengen Regeln eine Gleichbehandlung aller zwölf Töne der Oktave erreichen und damit die Fixierung auf bestimmte Tonarten oder Konsonanzen (Wohlklänge) vermeiden sollte.

Zwar sind auch auf dem Gebiet der Zwölftonmusik einige erschütternde Werke entstanden, etwa Schönbergs musikalische Verarbeitung des Holocaust *Ein Überlebender aus Warschau* und Alban Bergs (1885–1935) Oper *Wozzek*, doch ein größeres Publikum vermochte die Zwölftonmusik nicht zu erobern. Dies gilt in stärkerem Maße noch für die später entwickelte *serielle Musik*, in der nicht nur die Tonhöhen (wie bei Schönberg), sondern auch Tondauer, Rhythmik, Lautstärke und Phrasierung auf genau berechneten Zahlen- oder Proportionsreihen basieren, um jegliche musikalische Klischees zu vermeiden.

Unter Ausnutzung dieser Kompositionsverfahren sowie durch die gelegentliche Verwendung elektrischer Tonquellen konnten Olivier Messiaen (1908–1992), Luigi Nono (1924–1990), Karlheinz Stockhausen (1928–2007) und Pierre Boulez (*1925) zwar die Möglichkeiten der Tonkunst noch einmal erweitern, allerdings geschah dies bereits weitgehend unter Ausschluss der Öffentlichkeit, sodass der lebendige Austausch zwischen Publikum und Künstlern, der die Musik seit jeher bestimmt hatte, über weite Strecken verloren ging.

Dies hat eine Vielzahl von Musiktheoretikern dazu veranlasst, von einer »Krise der Musik« im 20. bzw. 21. Jahrhundert zu sprechen. Allerdings verbirgt sich hinter dieser Diagnose vor allem eines: *Ignoranz*. Wie schon Platon, der vor zweieinhalb Jahrtausenden die von angeblich hohen geistigen Prinzipien getragene *apollinische Musik* über die als »unsittlich« empfundene *dionysische Musik* stellte, so wird heute von vielen die angeblich überlegene *ernste Kunstmusik* (E-Musik) der als »seicht« empfundenen *Unterhaltungsmusik* (U-Musik) übergeordnet. Die dieser Wertung zugrunde liegende Unterscheidung in E- und U-Musik ist jedoch in mehrfacher Hinsicht problematisch: Schließlich wurden auch viele Meisterwerke der Klassik vornehmlich zu *Unterhaltungszwecken* geschrieben (besonders offensichtlich ist das bei Telemanns *Tafelmusik*, Bachs *Brandenburgischen Konzerten* oder Mozarts *Opern*) und sind in vielen Fällen weitaus eingängiger strukturiert als beispielsweise die komplexen Formen des *Free Jazz* oder des *Progressive Rock*.

Außerdem beschäftigen sich viele Werke der sogenannten Popmusik durchaus mit ernsteren existenziellen Problemen als viele Klassikwerke (die millionenfach verkauften Konzeptalben der britischen Band *Pink Floyd* etwa haben einen tieferen philosophischen Gehalt als die meisten Opern). Und die weitverbreitete Vorstellung, dass sogenannte U-Musik in jedem Fall leichter zu spielen sei als E-Musik, erwies sich ebenfalls als eine Mär – was man u. a. daran erkennen kann, dass renommierte Klassikorchester kläglich an den komplexen Rhythmen und vertrackten Skalenläufen scheiterten, die der amerikanische Rockexzentriker Frank Zappa (1940–1993) den virtuosen Mitgliedern seiner Rockband problemlos abverlangen konnte.[26]

Betrachtet man die Dinge etwas genauer, macht es wenig Sinn, Musik weiterhin in der althergebrachten Form zu kategorisieren. Aus diesem Grund plädierte Jon Lord (1941–2012), der Keyboarder der britischen Hardrock-Formation *Deep Purple*, der 1969 mit seinem *Concerto for Group and Orchestra* die Grenze zwischen Rock- und europäischer Orchestermusik überschritten und damit in ein musiktheoretisches Wespennest gestochen hatte, dafür, die Differenzierung von E- und U-Musik endlich fallenzulassen und allenfalls zwischen »guter« und »schlechter« Musik zu unterscheiden. Die Qualität von Musik, so sein Argument, werde nicht dadurch bestimmt, aus welchem Genre sie stamme, sondern allein dadurch, ob sie in der Lage sei, ein hinreichend musikerfahrenes Publikum zu begeistern oder nicht.

Tatsächlich hat die Musik gerade auch außerhalb der etablierten Pfade der Klassik grandiose Formen angenommen, die einen Vergleich mit traditionellen Formen der Kunstmusik nicht scheuen müssen: So war Ella Fitzgerald (1917–1996) zweifellos eine mindestens ebenso begnadete Sängerin wie Maria Callas (1923–1977) und Jazzpianisten wie Art Tatum (1909–1956), Thelonious Monk (1917–1982), Bill Evans (1929–1980) oder Oscar Peterson (1925–2007) standen ihren besten klassischen Kollegen in nichts nach – was der berühmte Pianist Vladimir Horowitz

(1903–1989) auch bereitwillig zugab. Und wer (etwa in der Nachfolge Theodor W. Adornos, des einflussreichen Vertreters der Kritischen Theorie) meinen sollte, dem Jazz mangele es an »Tiefe«, beweist damit nur, dass er die großen Alben von Miles Davis (1926–1991), John Coltrane (1926–1967) oder Chet Baker (1929–1988) noch nie mit gebührender Aufmerksamkeit gehört hat.

Das Gleiche lässt sich auch behaupten für weite Teile des Blues, Beat, Soul, Funk, Reggae, Folk, Rock, Punk, New Wave, Hip-Hop, Elektro etc. sowie für die verschiedenen traditionelleren Musizierweisen wie etwa den argentinischen Tango oder die jüdische Klezmer-Musik. *Wer mit offenen Ohren durch die Welt geht, wird in nahezu allen Genres musikalische Perlen entdecken können, die entweder von zeitloser Schönheit sind oder* – was vielleicht noch wichtiger ist, denn Kunst muss nicht immer »schön« sein – *ein bestimmtes Lebensgefühl, eine bestimmte Haltung zur Welt, in absolut stimmiger Weise zum Ausdruck bringen.*

In dieser Hinsicht hat die Musik im 20. und 21. Jahrhundert Fortschritte gemacht wie niemals zuvor – was allerdings auch notwendig war, um mit den gewaltigen Umbrüchen der Zeit Schritt zu halten. Sicher ist: Mit der Musik von Bach, Mozart, Beethoven oder Verdi hätte man weder die aufrührerischen Texte Bertolt Brechts vertonen noch dem Grauen des Zweiten Weltkriegs angemessen begegnen können. Hierzu bedurfte es deutlich anderer Tonsprachen – ebenjener, die Kurt Weill (1900–1950) und Hanns Eisler (1898–1962) bzw. Arnold Schönberg und Benjamin Britten (1913–1976) in ihren Werken gefunden haben.

Jedoch bestand das 20. Jahrhundert natürlich nicht nur aus Klassenkampf und Nachkriegstrauma. Es war auch das Jahrhundert, in dem die Jugend gegen starre bürgerliche Konventionen aufbegehrte (Rock 'n' Roll und Beatmusik), gegen Militäreinsätze auf die Straßen ging (Protestsongs, Folk, politische Liedermacher), sich der schönen Utopie von »Love, Peace and Happiness« hingab (Hippiemusik, Psychedelic und Progressive Rock, Reggae) und schließlich feststellen musste, dass sich diese Hoffnungen nicht erfüllten (Punk, New Wave, Industrial, Grunge, Death Metal). Außerdem war es das Jahrhundert, in dem sich die afroamerikanische Bevölkerung in den USA von den Zwängen der Apartheid befreite (Blues, Jazz, Soul, R&B), in dem eine neue hedonistische Kultur entstand, die das Leben ungehemmt feierte (Disco, Funk, Dancefloor), in dem aber viele soziale Probleme weitgehend ungelöst blieben (Hip-Hop).

Die vor allem auf afroamerikanischen Wurzeln gründende »Popmusik« lieferte den Soundtrack zu diesen Umwälzungen der Lebenswelt und evolvierte dabei in solch atemberaubender Geschwindigkeit, dass ich weitere 20 Buchseiten brauchte, um allein die verschiedenen Stile und Unterstile aufzulisten, die sich in den letzten Jahrzehnten ausgebildet haben. Von einer *Krise der Musik* kann man daher beim besten Willen nicht sprechen, allenfalls von einer *Krise der Musiktheorie*, die taub ist für den mitreißenden Soul von Aretha Franklin, die fragile Melancholie von *Portishead*, den knackigen Funk von James Brown, die brachiale Verletzlichkeit von Tom Waits, die erdigen Riffs von *AC/DC*, den cleveren Hip-Hop von *Arrested Development*, die schrägen Fugen von *Gentle Giant*, den rotzigen Punk der *Sex Pistols*, die filigrane Sensibilität von Keith Jarrett, die elegischen Soundtrips von *Massive Attack*, die ekstatische Rhythmik der *Red Hot Chili Peppers*, die lärmende Verzweiflung von *Nirvana*, die komplexen Klanglandschaften von Steven Wilson usw. usf. Die oft gehörte Aussage »Früher war alles besser!« verkennt die Realität – nicht nur, aber auch auf dem Gebiet der Musik. Tatsächlich hat es nie zuvor so viele unterschiedliche Formen von Musik und so viele hervorragende Interpreten gegeben wie in unseren Tagen.

Um Letzteres zu überprüfen, reicht es aus, einen beliebigen Klassikwettbewerb, Jazz- oder Rockworkshop zu besuchen: Stücke, die früher nur wenige Musikerinnen und Musiker fehlerfrei spielen konnten, werden heute von einer Schar von Nachwuchstalenten mit perfektem Timing und größtem musikalischem Ausdruck intoniert. Es ist wie im Sport: Keine noch so brillante Fußballmannschaft der 1970er-Jahre hätte eine Chance gegen ein Spitzenteam der Gegenwart, da das Spiel um ein Vielfaches schneller, athletischer und technisch versierter geworden ist. Gleichermaßen können die als hochvirtuos gefeierten »Gitarrengötter« der 1970er-Jahre nur staunen, wenn sie mit den

Hochgeschwindigkeitsläufen konfrontiert werden, die ihre jugendlichen Nachfolger heute zustande bringen.

Natürlich besteht der Fortschritt in der Musik nicht im »höher, schneller, weiter« des Sports (auch wenn bessere technische Fähigkeiten der Interpreten der Musik sehr zugutekommen), sondern er zeigt sich vor allem darin, dass es Musikern gelingt, neue Ausdrucksformen zu finden, die den Entwicklungen und Widersprüchen der jeweiligen Zeit entsprechen. Dabei mag es durchaus sein, dass die Suche nach revolutionär neuen tonalen oder atonalen Verbindungen, Rhythmen und Klangfarben, die gerade im 20. Jahrhundert exzessiv betrieben wurde, weitgehend an ein Ende gelangt ist – jedoch bedeutet dies keineswegs das Ende der musikalischen Weiterentwicklung. Vielmehr ist es so, dass die Komponisten und Komponistinnen der Gegenwart nunmehr die Freiheit haben, aus dem großen Arsenal der musikalischen Stilmittel, die in der Vergangenheit geschaffen wurden, ebenjene miteinander zu kombinieren, die genau *die* emotionale Stimmung erzeugen, die sie mit ihrem Werk hervorrufen wollen.

Im Bereich der sogenannten populären Musik sowie der Filmmusik sind derartige Formen des *Crossover* (die Verschmelzung verschiedener Stilmittel zu einem neuen Ganzen) schon lange beliebt, aber auch in der klassischen Kunstmusik ist ein zunehmender Trend hin zur *Polystilistik* zu erkennen. So gelingt es u. a. dem Avantgarde-Komponisten John Zorn (*1953) sowie dem außergewöhnlich erfolgreichen *Kronos-Quartett* (gegründet 1973) immer wieder, radikal gegensätzliche Musikstile zu homogenen Einheiten zu verbinden. Polystilistisch angelegt sind auch viele Kompositionen des österreichischen Komponisten Gerhard Wimberger (*1923), beispielsweise seine *Passion Giordano Bruno*, deren Uraufführung ich vor Kurzem im Mozarteum Salzburg erleben durfte.[27] Durch die spannungsreiche Verbindung der dissonanten Tonsprache der Gegenwart mit den über 400 Jahre alten, jegliche Dissonanz vermeidenden Chorsätzen Palästrinas nähert sich dieses Werk dem Leben und Sterben des im Jahr 1600 auf dem Scheiterhaufen hingerichteten Naturphilosophen Bruno auf solch eindrückliche Weise, dass das Publikum der Uraufführung den Komponisten – ungewöhnlich für Darbietungen der Neuen Musik – mit stehenden Ovationen feierte.

Das Wunderbare an der Musik ist ja (und das gilt letztlich für alle Künste), dass durch die Entwicklung neuer Stile ältere nicht plötzlich hinfällig werden, sondern ihren Reiz, ihre Ausdruckskraft über Jahrhunderte behalten können. Hierin unterscheidet sich die Evolution der Künste grundlegend von der Evolution der Wissenschaften (wo neue Erkenntnisse an die Stelle der alten treten), der Technik (wo effizientere Geräte ältere ersetzen) oder des Sports (wo neue Rekordleistungen die alten verdrängen). *Fortschritt meint in der Musik eben nicht, dass das Moderne notwendigerweise besser ist als das Ältere.* So ist Mozart nicht besser als Bach, Wagner nicht besser als Beethoven, Gershwin nicht besser als Mahler und Madonna nicht besser als die Beatles. Natürlich kann man bestimmte Kriterien aufstellen, anhand derer das Neuere oder das Ältere als besser erscheinen mag, ganz allgemein aber gilt für die Musik: Das Modernere ist an sich weder *besser* noch *schlechter* als das Vorangegangene, es ist bloß *anders*.

Neue Musizierweisen *ersetzen* frühere nicht, sondern *ergänzen* sie, wodurch das Spektrum der musikalischen Ausdrucksmöglichkeiten kontinuierlich erweitert wird. Dadurch steht uns heute ein gigantischer Vorrat an Tönen, Klängen und Rhythmen zur Verfügung, ein einzigartiges *musikalisches Weltkulturerbe*, das von zahllosen Menschen aller Kontinente über viele Jahrhunderte hinweg erzeugt wurde. Es ist ein viel zu selten herausgestelltes Privileg unserer Zeit, dass wir Zugang zu dieser reich gefüllten Schatztruhe der Musik haben und aus ihr ebenjene Stücke auswählen können, die unserem eigenen Empfinden in besonderem Maße entsprechen.

Gewiss: Die meisten treffen hier nur eine äußerst limitierte Auswahl (etwa anhand der aktuellen Chartplatzierungen) – wohl nicht zuletzt deshalb, weil ihnen das außerordentlich breite Spektrum der Musik, auf das wir heute prinzipiell zugreifen könnten, überhaupt nicht bewusst ist. (Es ist leider so, dass nicht nur das *aktive Produzieren* von Musik der Übung bedarf, sondern eben auch das *aktive Hören*.) Dennoch ist nicht zu übersehen, dass in den letzten Jahrzehnten ein bemerkenswerter

Wandel stattgefunden hat: Mehr und mehr Menschen öffnen sich bezüglich ihrer Hörgewohnheiten und zeigen sich aufgeschlossener gegenüber den verschiedenen Formen, die die Musik in unterschiedlichen Zeiten, Ländern, Kulturen oder Subkulturen angenommen hat (der einst weitverbreitete Typus des *eindimensionalen Hörers*, der nur eine bestimmte Art von Musik hört, alle anderen jedoch abgrundtief verabscheut, wird zunehmend seltener).

Dies ist, wie ich meine, ein sehr positives Zeichen – nicht nur aus musikästhetischen Gründen. Denn hinter der gestiegenen *ästhetischen Offenheit* verbirgt sich eine erweiterte *ethische Flexibilität*: Die Menschen sind heute im Allgemeinen sehr viel eher in der Lage, ihre *kulturell antrainierten Borniertheiten abzuwerfen und Neues zu akzeptieren*, als dies noch in der jüngeren Vergangenheit der Fall war. Wurde das Fremde, Ungewohnte, Andere früher vorwiegend als *Bedrohung* erlebt (im sozialen wie im ästhetischen Bereich), erkennen wir in ihm heute sehr viel häufiger eine *potenzielle Bereicherung*. Wie wir im nachfolgenden Kapitel sehen werden, ist dies keine Selbstverständlichkeit, sondern das Ergebnis eines langwierigen Evolutionsprozesses, der uns aufrecht gehende Affen zunächst in altruistische Kleingruppenwesen und erst sehr viel später in *weltoffene Bürger eines globalen Dorfs* verwandelte.

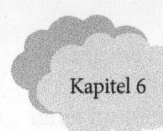

Kapitel 6

DAS ETHISCHE TIER: DER KAMPF UM FREIHEIT UND GERECHTIGKEIT

Charlie Chaplin (1889–1977) war ausgesprochen nervös, als er seinen Film *Lichter der Großstadt* am 30. Januar 1931 zum ersten Mal der Öffentlichkeit präsentierte. Konnte ein (mit Musik unterlegter) Stummfilm die Menschen in der Zeit des boomenden Tonfilms überhaupt noch erreichen? Und war die Geschichte um den armen Tramp und das blinde Blumenmädchen nicht vielleicht doch einen Tick zu sentimental? Eine Probevorführung kurz zuvor war fürchterlich gefloppt: Wie Chaplin deprimiert feststellen musste, hatten einige Besucher das Kino schon vor dem Ende der Vorführung verlassen.

Dass das Publikum der offiziellen Premiere während des Films einige Male herzhaft gelacht hatte, war für Chaplin beruhigend, aber er wusste, dass der Erfolg und Misserfolg des Werks, an dem er zwei Jahre lang gearbeitet hatte, wesentlich davon abhing, wie die Schlussszene aufgenommen würde. Aufmerksam beobachtete er den prominenten Ehrengast an seiner Seite – Albert Einstein. Gebannt verfolgte der große Physiker die letzte Sequenz des Films, in der der Tramp, gerade aus dem Gefängnis entlassen, das Blumenmädchen in einem feinen Laden entdeckt, während sie – in der Überzeugung, dass sie die Operation, die ihr das Augenlicht schenkte, einem reichen Gönner zu verdanken habe – einen Witz über die traurige, zerlumpte Gestalt vor ihrem Schaufenster macht. In einem Anflug von Mitleid überreicht sie dem Tramp jedoch eine Blume, wobei sich ihre Hände kurz berühren und sie den Mann erkennt, der sich für sie aufgeopfert hatte.

Bei der anschließenden Großaufnahme des Gesichts des

Tramps, in dem sich Freude, Hoffnung, Angst und Verlegenheit auf seltsame Weise mischen, schossen Einstein unwillkürlich die Tränen in die Augen – wie später vielen Millionen anderen Menschen auch. Erst in dem Moment, in dem Albert Einstein nach dem Taschentuch griff, so berichtete Chaplin später, sei er sich sicher gewesen, dass der Film beim Publikum ankommen werde. (Tatsächlich wurde *Lichter der Großstadt* zu einem der erfolgreichsten Werke Chaplins, die berühmte Schlussszene zählt noch heute zu den größten Momenten der Filmgeschichte.)

Warum aber weinte Einstein? Natürlich war ihm bewusst, dass es sich bei der Geschichte, die er auf der Leinwand verfolgte, um pure Fiktion handelte, dass Virginia Cherrill, die Darstellerin des Blumenmädchens, niemals das Augenlicht verloren hatte und Charlie Chaplin alles andere war als ein einsam umherstreunender Landstreicher. Dennoch wurde der Physiker beim Betrachten des Films von seinen Gefühlen übermannt. Weshalb? Die Beantwortung dieser Frage wirft ein Licht auf die vielleicht bemerkenswerteste Eigenschaft unserer Spezies: *unsere besondere Veranlagung zu Mitleid und Mitfreude.*

Das Wunder der Empathie

Eigentlich zähle ich mich nicht zu den besonders rührseligen Menschen, aber als ich den Dokumentarfilm *Die Geschichte der zwei Nazanins* sah (der Film erzählt von Nazanin Fatehi, die im Iran hingerichtet werden sollte, nachdem sie einen ihrer Vergewaltiger in Notwehr getötet hatte, und der aus dem Iran stammenden *Miss Canada*, Nazanin Afshin-Jam, die sich mit großem Engagement für die Freilassung ihrer Namensvetterin einsetzte), heulte ich los wie ein Schlosshund.

Besonders angetan hatte es mir eine Szene, in der Nazanin Fatehis Mutter, die um das Leben ihrer im Todestrakt sitzenden Tochter bangte, zärtlich über das Bild der etwa gleichaltrigen Kanadierin streichelte, auf der alle Hoffnungen der Familie ruhten. Ich weiß nicht, warum mich die Szene so sehr berührte, aber die heftige Reaktion brachte mich in eine gewisse Verlegenheit: Denn zwei Tage später sollte ebendieser Film auf einer

Veranstaltung in Frankfurt gezeigt werden, auf der ich neben Nazanin Afshin-Jam und Mina Ahadi, der Vorsitzenden des Internationalen Komitees gegen die Todesstrafe, sprechen sollte. Der Anlass der Veranstaltung war ungemein erfreulich: Nazanin und Mina war es nämlich mithilfe von Hunderttausenden von Unterstützern gelungen, die iranischen Richter umzustimmen, sodass das Todesurteil gegen Nazanin Fatehi in eine »Blutgeld«-Zahlung umgewandelt wurde, woraufhin (die fälligen 43 000 Dollar waren dank internationaler Spenden schnell eingesammelt) die junge Frau das Gefängnis am 31. Januar 2007, eine Woche vor unserer Veranstaltung, verlassen konnte.

Eine angemessene Reaktion auf die Geschichte wäre demnach gewesen, sich über die erfolgreiche Rettungsaktion zu freuen, vielleicht auch Kampfesmut zu demonstrieren, schließlich ist Nazanin Fatehis Schicksal beileibe kein Einzelfall – rührseliges Weinen jedoch schien mir völlig unangebracht. Also sah ich mir den Film noch einmal an und wiederholte dies so lange, bis ich so weit abgestumpft war, dass er keine starken Emotionen mehr in mir auslöste. Daher war ich sicher, dass die Filmvorführung in der Festaula der Frankfurter Universität mich nicht erschüttern würde, doch es kam anders: Kaum war die Dokumentation angelaufen, liefen mir schon wieder die Tränen übers Gesicht – meinen anschließenden Worten merkte man die Erschütterung wohl nicht an, optisch aber gab ich ein ziemlich jämmerliches Bild ab. Vermutlich sind in der wechselvollen Geschichte der Frankfurter Universitätsaula nur wenige Referenten mit solch angeschwollen, rot unterlaufenen Augen ans Rednerpult getreten.

Warum erzähle ich das? Nun, weil die Geschichte etwas Eigentümliches demonstriert, nämlich, dass wir offenkundig nicht nur *fähig* sind, das Leid der anderen zu spüren, sondern dass wir uns mitunter *nicht einmal dagegen wehren können*, sosehr wir uns auch darum bemühen mögen. Dies liegt in der evolutionären Entwicklung unserer Spezies begründet, denn unsere Vorfahren konnten bereits *fühlen*, wie es ihren Artgenossen erging, lange bevor sie die Fähigkeit besaßen, sich *kognitiv in ihre Lage zu versetzen*.

Tatsächlich reichen die Wurzeln von Mitleid und Mitfreude

bis zu den Anfängen der Säugetierentwicklung zurück, weshalb es kein Wunder ist, dass wir empathische Reaktionen bei allen Säugetierarten feststellen. So krümmen sich Mäuse regelrecht vor Schmerzen, wenn sie mit ansehen müssen, wie andere Mäuse leiden (sofern es sich dabei nicht gerade um Rivalen handelt). Ein berühmtes (wenn auch ethisch hoch problematisches) Experiment aus den 1950er-Jahren zeigte, dass Ratten sogar kurzzeitig auf Futter verzichten, wenn ihre Futterzufuhr daran gekoppelt ist, dass andere Ratten schmerzhafte Elektroschläge erhalten. Rhesusaffen traten bei einem ähnlichen (noch unethischeren) Experiment sogar in einen mehrtägigen Hungerstreik, um ihre Gefährten nicht zu schädigen (eines der Äffchen verzichtete fünf Tage auf Futter, ein anderes sogar zwölf Tage).[1]

Natürlich war dieses »ethische« Verhalten der Rhesusaffen nicht darauf zurückzuführen, dass sie in der Bibel gelesen oder Immanuel Kants Darlegungen zum *Kategorischen Imperativ* studiert hätten. Vielmehr agierten sie in dieser Weise, weil es für sie schlichtweg *unerträglich war, andere leiden zu sehen.* Offenkundig war es so, dass sie das *Leid der anderen* als *eigenes Leid* empfanden, wobei der mitempfundene Schmerz der Gefährten einen noch unangenehmeren Reiz darstellte als das eigene Hungergefühl.

Im Tierreich sind solche Phänomene von »Gefühlsansteckung« reich dokumentiert. Ihr evolutionärer Nutzen ist leicht nachzuvollziehen: So ist es von Vorteil, wenn sich die Panikgefühle eines Beutetiers schnell auf andere Gruppenmitglieder übertragen, steigen hierdurch doch die Chancen der Individuen, Räubern zu entkommen. Gleichsam ist es evolutionär sinnvoll, dass Säugetiereltern durch den mitempfundenen Kummer ihrer Jungen dazu bewegt werden, sich liebevoll um diese zu kümmern, was ihr Überleben sichert. Bei vielen Tieren führt Gefühlsansteckung zudem zu höherer Solidarität innerhalb der Gruppe, was ebenfalls mit höheren Überlebenschancen einhergeht.

Sosehr die Selektionsvorteile empathischer Reaktionsmuster auch auf der Hand liegen, gab es doch lange Zeit keine Modelle, mit deren Hilfe man die Funktionsweise der Gefühlsansteckung neurophysikalisch hätte erklären können. Anfang der 1990er-

Jahre jedoch stieß der italienische Neurophysiologe Giacomo Rizzolatti (*1937) mit seinem Team auf Nervenzellen mit recht ungewöhnlichen Eigenschaften. Eigentlich hatte Rizzolatti mit seinen Studien an Makaken bloß die Neuronen untersuchen wollen, die aktiviert werden, wenn höhere Säugetiere (wie Makaken oder wir) nach Gegenständen greifen. Die entsprechenden Nervenzellen im prämotorischen Cortex der Makaken waren auch schnell gefunden. Seltsamerweise aber zeigte sich, dass diese Neuronen nicht nur feuerten, wenn die Affen selbst nach einer Rosine griffen (was für die Handlungsvorbereitung erforderlich ist), sondern auch, wenn sie bloß beobachteten, dass die Forscher das Gleiche taten. In gewisser Weise *spiegelten* die Neuronen der Makaken also die neuronalen Aktivitäten, die im Gehirn der Forscher stattfanden, bevor diese nach der Rosine griffen – woraus letztlich auch der Name dieser besonderen Zellen abgeleitet wurde: *Spiegelneuronen*.[2]

Zunächst war sich wohl niemand der enormen Tragweite dieser Entdeckung bewusst (das Fachmagazin *Nature* lehnte 1991 sogar die Veröffentlichung der Arbeit ab, da sie »nicht von allgemeinem Interesse« sei), doch allmählich zeigte sich, *dass die Erforschung der Spiegelneuronen für die Hirnforschung und Psychologie von ähnlicher Bedeutung ist wie die Erforschung der DNA für die Biologie oder jene der Radioaktivität für die Physik.* Denn Spiegelneuronen erfüllen bei Lebewesen mit komplexen Gehirnen (insbesondere bei uns Menschen) vielfältige Funktionen: So helfen sie uns durch eine Art »virtuelles Training«, das Verhalten anderer besser nachahmen zu können, da schon die bloße Beobachtung einer Handlung entsprechende neuronale Aktivitäten in unseren Köpfen auslöst (deshalb können wir auch keinem Weitspringer zuschauen, ohne dabei innerlich mitzuspringen). Auch beim Spracherwerb spielen Spiegelneuronen eine zentrale Rolle, da sie die Voraussetzungen dafür schaffen, dass wir Laute imitieren können.

Das System der Spiegelneuronen ist allerdings nicht nur deshalb von entscheidender Bedeutung für die menschliche Kulturentwicklung, weil es unsere besondere Neigung zum *Nachäffen* begründet (vgl. Kapitel 2: *Die Wurzeln der menschlichen Kultur*), sondern es ist darüber hinaus auch für das *Wunder der Empathie*

verantwortlich: Denn dass wir spüren können, was andere empfinden, hängt damit zusammen, dass dank der Spiegelneuronen
in unseren Köpfen ähnliche Prozesse ablaufen wie bei jenen, die
wir beobachten. Sehen wir ein schmerzverzerrtes Gesicht oder
hören wir einen Schmerzensschrei, werden die Schmerzrezeptoren in unserem Gehirn beinahe so angesprochen, als seien wir
selbst verletzt worden. Sehen wir Menschen, die vor Begeisterung über das ganze Gesicht strahlen, werden ebenjene neuronalen Prozesse aktiviert, die uns selbst in freudige Erregung versetzen. Aus diesem Grund sind Lachen und Gähnen auch so
ungemein ansteckend: Ob Panikgefühle, Ekel, Traurigkeit oder
Begeisterung, unser empathisches Gehirn spiegelt die Stimmun-
gen der Menschen in unserer Umgebung so eindrücklich wider,
dass wir oftmals gar nicht anders können, als uns mitzufreuen,
mitzuekeln, mitzuängstigen, mit anderen mitzutrauern, mitzu-
lachen oder mitzufiebern.

Zweifellos ist das System der Spiegelneuronen eine notwendige Voraussetzung für empathische Reaktionen, aber bietet es
bereits eine hinreichende Erklärung? Offenkundig nicht, denn
Empathie geht, wenn wir den Begriff in einem anspruchsvolle-
ren Sinne verwenden, weit über die einfachen Prozesse der Gefühlsansteckung hinaus. Um sich wirklich in die Lage eines anderen hineinversetzen zu können, reicht es nicht aus, ähnliche
Empfindungen zu haben wie er oder sie, es bedarf zudem einer
*grundlegenden Vorstellung vom eigenen Selbst sowie vom Selbst
des anderen, also einer Theory of Mind.*

Soweit wir wissen, verfügen nur einige wenige Tierarten über
dieses Vermögen, nämlich Menschenaffen, Wale, Delfine und
Elefanten, was wohl damit zusammenhängt, dass allein diese
Arten sogenannte *Spindelneuronen* (auch VEN-Zellen genannt)
besitzen, die so lang sind, dass sie weit auseinanderliegende
Hirnregionen miteinander verbinden können. (Für diese Annahme spricht auch der Befund, dass Menschen das Bewusstsein
ihrer selbst wie auch ihre empathischen Fähigkeiten verlieren,
sobald die Spindelneuronen infolge bestimmter Demenzerkran-
kungen ausfallen.)[3]

Interessant ist, dass die Verarbeitungsschritte der *Perspektivübernahme* erst erlernt werden müssen, während die Prozesse

der *Gefühlsansteckung* weitgehend angeboren sind. Man erkennt dies deutlich an der Entwicklung unserer Kinder: Schon Babys reagieren höchst sensibel auf die Empfindungen ihrer Umgebung, weshalb sie zu weinen beginnen, wenn sie andere weinen hören. Allerdings können sie sich erst zu einem sehr viel späteren Zeitpunkt tatsächlich in die Lage anderer versetzen. Dies erklärt auch das drollige Verhalten von Kleinkindern, die meinen, für andere unsichtbar zu sein, bloß weil sie sich selbst die Hände vor die Augen halten.

Zu diesem Zeitpunkt sind Menschenkinder ähnlich egozentrisch wie Paviane oder Makaken, die zwar empfänglich für die Gefühle anderer sind, jedoch nicht von ihrer eigenen Perspektive abstrahieren können – was mitunter tragische Folgen nach sich zieht: So berichtet der Primatologe Frans de Waal (*1948), dass junge Affenmütter davon abgehalten werden müssen, baden zu gehen, da sie aufgrund mangelnder Perspektivübernahme ihre am Bauch hängenden Jungen häufig ertränken – offenbar »weil sie glauben, dass niemand Probleme haben kann, solange sie selbst den Kopf über Wasser haben«.[4]

Dass Paviane und Makaken – im Unterschied etwa zu Schimpansen – in ihrem Verhalten so wenig Einfühlungsvermögen zeigen (sie trösten nicht einmal ihre verletzten Kinder, wenn diese nicht aktiv auf sie zukommen), ist, wie de Waal feststellt, weniger auf emotionale als auf kognitive Faktoren zurückzuführen: »Tieraffen spüren das Leid anderer, begreifen aber nicht, was in ihnen vorgeht. Sie können nicht von der eigenen Situation absehen, um sich die Bedürfnisse des anderen zu vergegenwärtigen. Jeder Tieraffe lebt in seiner eigenen kleinen Blase.«[5]

Dies ist bei Menschenaffen und Elefanten deutlich anders. Es ist rührend zu sehen, wie sie Rücksicht auf Verletzte und Kranke nehmen oder Trauernde aktiv trösten. Der Unterschied zwischen ihrem Fürsorgeverhalten und dem unsrigen ist bloß *gradueller Art* – und doch sind die Differenzen nicht zu übersehen: So kann es keinen Zweifel daran geben, *dass der Mensch das empathischste Lebewesen auf dem Planeten ist* – es ist offensichtlich, dass wir in uns in besonderem Maße in andere Personen hineinversetzen können und wir deshalb auch immer wieder besondere Anstrengungen unternehmen, um diejenigen zu unterstützen, die in Not sind. (Dass dennoch so viele Menschen unter unwürdigen Bedingungen leben müssen, hat verschiedene Gründe, auf die ich noch eingehen werde. Entscheidend ist in diesem Zusammenhang, dass solche Zustände intuitiv *Empörung* bei den meisten Menschen auslösen, was keineswegs selbstverständlich ist, sondern darauf hinweist, wie stark mitfühlende Verhaltensweisen in uns verankert sind.)

Offenkundig hat es in der Entwicklung hin zum modernen Menschen starke Selektionsvorteile für empathisches Verhalten gegeben, sodass *die Gattung Mensch im Laufe der Zeit von der Evolution ebenso entschieden in Richtung Mitgefühl getrimmt wurde wie die Gattung der Großkatzen in Richtung Kraft und Geschwindigkeit.* Das verrät unsere gesamte biologische Ausstattung – nicht nur unsere überdimensionierten Gehirne, mit deren Hilfe wir unsere Artgenossen einschätzen, sondern auch die 26 verschiedenen Gesichtsmuskeln, mit denen wir unsere Gefühle zum Ausdruck bringen, sowie unsere auffällig weiße Augenhaut (Sclera), die es uns ermöglicht, schon aus der Entfernung zu erkennen, wohin eine Person schaut und ob sie spöttisch, zornig oder liebevoll blickt.[6]

Der evolutionäre Selektionsdruck hat uns zu *geborenen Teamplayern* gemacht (eine Eigenschaft, der wir unsere dominante Stellung in der Natur verdanken), aber das heißt natürlich nicht, dass die besondere Empathiefähigkeit, durch die sich die menschliche Spezies auszeichnet, bei den einzelnen Individuen gleich stark ausgeprägt wäre oder dass aus ihr notwendigerweise ein besonders offenherziges, freundliches Verhalten resultieren müsste. Zwar weisen die meisten Menschen ähnlich starke empathische Fähigkeiten auf, allerdings gibt es Personen, die von den Durchschnittswerten deutlich abweichen. Das Spektrum reicht hier von *Hyper-Empathen*, die in einigen Fällen kaum noch zwischen selbst erlebten und bloß beobachteten (neuronal gespiegelten) Reizen differenzieren können,[7] bis hin zu *Psychopathen*, die für fremde Empfindungen völlig unzugänglich sind.[8]

Ein bemerkenswerter Unterschied existiert offenkundig auch zwischen Männern und Frauen: So fand die Neurowissenschaftlerin Tania Singer (*1969) heraus, dass das männliche Mitgefühl weit stärker an *Bedingungen* geknüpft ist als das weibliche.[9] In

Singers Versuchen zeigten Männer ähnlich viel Mitgefühl wie Frauen, wenn einer Person Schmerzen zugefügt wurden, die sich zuvor als fair und sympathisch erwiesen hatte. Wurde hingegen eine Person bestraft, die im Vorfeld *unfair* gehandelt hatte, gingen die Empathiewerte der Männer dramatisch in den Keller. Anstelle der Schmerzrezeptoren, die Mitleid generieren, wurden bei ihnen sogar Neuronen im Lustzentrum aktiviert, sodass sie eine gewisse Befriedigung verspürten, wenn sie ihren Widersacher leiden sahen. Frauen reagierten signifikant anders: Sie empfanden eher Mitleid als Genugtuung, wenn unsympathisch auftretende Personen bestraft wurden.

Wir können nicht exakt bestimmen, wie groß der Anteil von Erziehung und Sozialisation im Hinblick auf diese geschlechtsspezifischen Merkmale ist, jedoch scheint es plausibel, dass sie maßgeblich auch von unserem evolutionären Erbe bestimmt sind. Denn die Überlebens- und Fortpflanzungschancen unserer männlichen Vorfahren, die sehr viel häufiger als Frauen in Inter-Gruppenkonflikte verwickelt waren und auch innerhalb der Gruppe einem größeren Konkurrenzdruck standhalten mussten, hingen über Jahrmillionen wesentlich davon ab, dass sie zwischen *Freunden und Feinden* differenzierten. Um mit anderen dauerhaft zusammenarbeiten zu können, waren empathische Reaktionsweisen erforderlich, in Konkurrenzsituationen jedoch eher schädlich. Daher galt es, Kooperationspartnern mit Mitgefühl, Freundlichkeit, Kameradschaft und Solidarität zu begegnen, Rivalen hingegen mit eiserner Härte zu bekämpfen. Wer Lust statt Mitleid empfand, wenn ein Gegner vernichtend geschlagen wurde, hatte klare evolutionäre Vorteile – und so werden sich seine Erbinformationen heute eher in unserem Genpool wiederfinden als die seiner sensibleren Artgenossen, die keiner Fliege etwas zuleide tun konnten.

Dass der Mensch zugleich das empathischste als auch das grausamste Wesen auf diesem Planeten ist, stellt also keinen Widerspruch dar. Im Gegenteil: *Empathie und Grausamkeit sind oftmals auf unheilsame Weise miteinander verknüpft.* Denn gerade das besondere Mitgefühl gegenüber den Mitgliedern der eigenen Gruppe hat immer wieder zu grausamer Gewalt gegenüber Mitgliedern anderer Gruppen geführt. So reichte mitunter

die (empathisch geteilte) Beleidigung eines einzelnen Gruppen-
mitglieds aus, um kollektive Blutfehden zu starten, die über
Jahrzehnte hinweg unzählige Opfer forderten. Überblickt man
die menschliche Geschichte, fällt hier ein Zusammenhang auf,
der bis in die jüngste Vergangenheit hinein zu beobachten war
und auf den in Deutschland vor allem der in Gießen lehrende
Soziobiologe Eckart Voland (*1949) hingewiesen hat: *Je empathischer, kooperativer und altruistischer Gruppen nach innen hin
strukturiert sind, desto militanter, feindseliger und grausamer treten
sie in der Regel nach außen auf.*[10]

An diesem Punkt wird deutlich, weshalb Pjotr Kropotkin mit
seiner insgesamt richtigen Betonung des »Prinzips der gegenseitigen Hilfe« (siehe Kapitel 2: *Hoffnung jenseits der Illusionen*)
letztlich doch über das Ziel hinausschoss: Denn gegenseitige
Hilfe führt keineswegs »immer zur fortschrittlichen Entwicklung«, wie Kropotkin meinte,[11] sondern oftmals zum genauen
Gegenteil. Man denke nur an die stark ausgeprägte gegenseitige
Hilfe, die die Nationalsozialisten bei der Durchführung des
Massenmords an den europäischen Juden an den Tag legten,
an die kameradschaftliche Kooperation der Hutus, die 1994 in
Ruanda innerhalb von nur vier Monaten etwa 800 000 Tutsi er-
mordeten, oder an das solidarische Miteinander der Attentäter
des 11. September! Die Geschichte kennt unzählige Fälle, in denen die besondere Kooperationsbereitschaft in der *einen* Gruppe
zur Versklavung, Ausbeutung oder gar Ausrottung der *anderen*
Gruppe führte.

Offenkundig ist dieses Phänomen nicht auf die Welt des
Menschen beschränkt: So wissen wir, dass gerade staatenbilden-
de Insekten wie Ameisen und Bienen, die sich durch eine besonders hohe gruppeninterne Kooperation auszeichnen, gegenüber
fremden Artgenossen äußerst intolerant sind.[12] Bei Schimpansen
wurden sogar regelrechte Vernichtungskriege beobachtet, die
erst mit der totalen Auslöschung der gegnerischen Gruppe
endeten.[13] Ohnehin werden fremde Kontrahenten, wie u. a. die
Primatologin Jane Goodall (*1934) und ihr in London lehrender
Kollege Volker Sommer (*1954) feststellten, von Schimpansen
oft nicht wie Artgenossen, sondern wie Beutetiere behandelt.
Goodall sprach in diesem Zusammenhang von einer regelrech-

ten »Deschimpansierung« des Gegners – und sah darin deutliche Parallelen zum Phänomen der »Dehumanisierung« des Gegners beim Menschen.[14]

Wir sollten deshalb nicht die Augen davor verschließen, dass nicht nur das *Prinzip der gegenseitigen Hilfe*, die im Extremfall bis zur völligen Selbstaufopferung des Individuums zugunsten der Gruppe gehen kann, sondern auch die mit diesem Prinzip *einhergehenden negativen Effekte* zu unserem evolutionären Erbe gehören: Dass in der Menschheitsgeschichte »Nächstenliebe« und »Fernstenhass« so häufig Hand in Hand gingen, braucht uns vor diesem Hintergrund nicht verwundern.

Trotz alledem ist festzuhalten, dass wir dem biologisch in uns verankerten *moralischen Dualismus* (der unterschiedlichen Bewertung von Gruppenmitgliedern, denen wir Empathie entgegenbringen, und den Outsidern, denen wir Empathie versagen) nicht hoffnungslos ausgeliefert sind. Denn es kommt ganz darauf an, ob dieser moralische Dualismus *kulturell verstärkt oder gebrochen wird*, d. h. ob uns vermittelt wird, »die anderen« seien bloß »niedere Tiere« oder gar »Agenten finsterer Mächte«, oder ob man uns beibringt, in ihnen Spiegelbilder unserer selbst zu sehen, mit Hoffnungen, Träumen, Wünschen, die sich von den unsrigen nicht groß unterscheiden.[15]

Ermutigend ist in diesem Zusammenhang, dass Menschen den moralischen Dualismus sogar dann überwinden können, wenn sie mit beträchtlichem Aufwand darauf hintrainiert wurden, in »dem anderen« bloß »den Feind« zu sehen. Eine solche empathische Horizonterweiterung ist offenkundig selbst unter widrigsten Bedingungen möglich – wie eine Begebenheit zeigt, die sich vor 100 Jahren ereignete und die vielleicht mehr als jedes andere geschichtliche Ereignis verrät, auf welche ethischen Potenziale wir Menschen zurückgreifen könnten, wenn man uns nur erlauben würde, sie zu entfalten.[16]

Es war der 23. Dezember 1914. Der Erste Weltkrieg tobte bereits seit Monaten. In der Nähe der westflämischen Stadt Ypern lagen sich deutsche und britische Soldaten in matschigen, mit eiskaltem Wasser und menschlichen Exkrementen gefüllten Schützengräben gegenüber, weniger als 100 Meter voneinander entfernt, getrennt durch einen kleinen Streifen Niemandsland, der mit den Leichen toter Kameraden übersät war, die allmählich verwesten. Um die gesunkene Kampfmoral der Truppe zu festigen, hatte die deutsche Militärführung Miniaturweihnachtsbäume in die Gräben geschickt, die die Soldaten am Abend des 23. Dezember anzündeten. Als die halb erfrorenen Männer unter ihren Weihnachtsbäumen anfingen, Weihnachtslieder zu singen, rührte dies ihre Gegner auf der anderen Frontseite so sehr an, dass sie spontan applaudierten und ihrerseits begannen, Weihnachtslieder anzustimmen. Die Deutschen stellten daraufhin ihre Weihnachtsbäume auf die Spitze der Schützengraben, sodass sie auch von den Briten gesehen werden konnten. In dieser Nacht fiel an diesem besonders hart umkämpften Abschnitt der Westfront kein einziger Schuss.

Am nächsten Morgen stiegen zunächst einige wenige, dann immer mehr Soldaten aus ihren Schützengräben. Menschen, die noch kurz zuvor aufeinander geschossen hatten, gingen aufeinander zu, umarmten sich, zeigten sich Fotos von ihren Frauen, Eltern, Geschwistern und Kindern. Die Deutschen schenkten den Briten Bier, die Briten den Deutschen Christmas Pudding. Sie unterhielten sich über die Absurdität des Krieges, lachten gemeinsam über anzügliche Witze, rauchten zusammen Tabak, halfen sich gegenseitig beim Begraben der Toten, spielten miteinander Fußball. Wäre es nach ihnen, den Soldaten, gegangen, erklärte 16 Jahre später der schottische Weltkriegsveteran Murdoch McKenzie Wood (1881–1949) vor dem britischen Parlament, hätte nach diesen Szenen der Verbrüderung niemand mehr zu den Waffen gegriffen.[17] Aber dem schoben die Befehlshaber einen Riegel vor: Sie zwangen die Soldaten zurück in ihre Schützengräben und drohten mit scharfen Disziplinarmaßnahmen, um eine Wiederholung derartiger »Zwischenfälle« im Ansatz zu unterbinden.

Die wundersamen Ereignisse, die an Weihnachten 1914 in der Umgebung von Ypern stattfanden, verraten ebenso viel über das Wesen des Menschen wie der kurze Zeit später (absurderweise in der gleichen Gegend!) erfolgte erstmalige Einsatz von Chlor- und Senfgas (Letzteres wird deshalb auch als »Yperit« bezeichnet): Wir können mit allergrößter Rücksichtslosigkeit vorgehen, wenn wir in unserem Gegenüber bloß »Feinde« bzw. eine abstrakte Menge sehen – sobald wir uns aber *in ihnen als Menschen wiedererkennen*, schaltet das Gehirn in den Empathiemodus und Mitgefühl tritt an die Stelle von Hass und Gleichgültigkeit. Der deutsche Kernphysiker und Chemie-Nobelpreisträger Otto Hahn (1879–1968), der 1915 an einem Giftgasangriff an der Ostfront beteiligt war, schilderte diesen Umschwung der Gefühle folgendermaßen: »Ich war damals tief beschämt und innerlich sehr erregt. Erst haben wir die russischen Soldaten mit Gas angegriffen, und als wir dann die armen Kerle liegen und langsam sterben sahen, haben wir ihnen mit unseren Rettungsgeräten das Atmen erleichtern wollen, ohne jedoch den Tod verhindern zu können. Da wurde uns die ganze Unsinnigkeit des Krieges bewusst.«[18]

Wie Militärstrategen immer wieder feststellen mussten, ist es kein leichtes Unterfangen, das menschliche Empathievermögen gänzlich auszuschalten. So fand man in einer von US-General George C. Marshall (1880–1959) im Zweiten Weltkrieg in Auftrag gegebenen Studie heraus, dass bei Gefechten nur etwa 15 bis 20 Prozent der Soldaten auf den Feind schießen, während 80 bis 85 Prozent (die sogenannten *Non-Firers*) alles tun, um dies zu vermeiden (was nicht heißt, dass sie »feige« wären, denn gerade sie bergen häufig – unter Einsatz ihres Lebens – Verwundete).[19] »Nur ein geringer Teil der Männer«, so stellte Frans de Waal fest, »besorgt den überwiegenden Teil allen Tötens im Krieg. [...] Die meisten Soldaten berichten von tiefem Abscheu: Sie übergeben sich beim Anblick gefallener Feinde und werden von quälenden Erinnerungen verfolgt. [...] Noch Jahrzehnte nach einem Krieg müssen Veteranen weinen, wenn sie an all die Toten denken, die sie gesehen haben.«[20]

Nur eine rigide Begrenzung des empathischen Systems auf die eigene Gruppe kann solche grenzüberschreitenden Mitleidsreaktionen verhindern. Es verlangt schon eine besondere Zurichtung des Individuums auf den eigenen Clan, die eigene Ethnie, Kultur, Nation, Religion oder Ideologie, damit Menschen keinerlei Mitgefühl zeigen, wenn sie mit dem Leid anderer konfrontiert werden. Wie die Geschichte der Folter belegt,[21] kann diese Zurichtung im Extremfall sogar so weit gehen, dass Menschen eine tiefe Befriedigung verspüren, wenn sie miterleben, wie vermeintliche oder tatsächliche Widersacher zu Tode gequält werden. (Dass Männer in dieser Hinsicht neurophysiologisch eher gefährdet sind als Frauen, lässt sich anhand der angesprochenen Studie von Tania Singer gut begründen. Allerdings ist zu beachten, dass es ein weiter Schritt ist von der milden Schadenfreude, die Singers Testpersonen bei der Bestrafung »unfairer Teilnehmer« empfanden, hin zum Vergnügen an der Beobachtung realer Folterqualen. Immerhin wurden die unfairen Personen in Singers Versuchsanordnung nur leicht gepiesackt – hätten sie ernsthafte Schäden erlitten, wäre die Befriedigung der getesteten Männer wahrscheinlich schnell in Empörung umgeschlagen.)

Als Frans de Waal von einer Zeitschrift gefragt wurde, was er an der Menschheit ändern würde, »wenn er Gott wäre«, antwortete er, er würde »an der Reichweite der Empathie arbeiten«.[22] Eine bessere Antwort hätte er kaum geben können. *Denn nichts erklärt die Grauen der Geschichte besser als die Begrenzung des Mitgefühls auf ausgewählte Gruppen.* Glücklicherweise sind wir bei der Behebung dieses Grundübels nicht auf »Gott« angewiesen. An einer Vergrößerung der Reichweite der Empathie arbeiten Menschen nämlich schon seit Jahrtausenden. Wie wir im nachfolgenden Abschnitt sehen werden, ging die kulturelle Evolution der Menschheit mit einer *zunehmenden Erweiterung des empathischen Horizonts* einher – wohl die wichtigste »hoffnungsvolle Wahrheit«, auf die sich der rationale Glaube an den Menschen heute berufen kann.

Emanzipation und Fortschritt

»Du wirst alle Völker verzehren, die der Herr, dein Gott, für dich bestimmt. Du sollst in dir kein Mitleid mit ihnen aufsteigen lassen [...] Du wirst ihren Namen unter dem Himmel austilgen. Keiner wird deinem Angriff standhalten können, bis du sie schließlich vernichtet hast.«[23] Mordaufrufe dieser Art finden sich zuhauf in der Bibel, wobei der Hass auf »die anderen« bei den Autoren des Alten Testaments mitunter so weit ging, dass ihnen sogar die Ermordung von Kindern als »gottgefälliges

Werk« erschien. So schreibt der Prophet Jesaja über die »heiligen Krieger«, die »hochgemuten, jauchzenden Helden«, die Gottes »Zorn vollstrecken«: »Man sticht jeden nieder, dem man begegnet; wen man zu fassen bekommt, der fällt unter dem Schwert. Vor ihren Augen werden ihre Kinder zerschmettert, ihre Häuser geplündert, ihre Frauen geschändet. [...] Ihre Bogen strecken die jungen Männer nieder; mit der Leibesfrucht haben sie kein Erbarmen, mit den Kindern kein Mitleid.«[24]

Dass derartige Gräuelschilderungen über Jahrhunderte nicht *abschreckend* wirkten, sondern vielmehr der *religiösen Erbauung* dienten, ist aus heutiger Sicht schwer nachzuvollziehen. (Aus diesem Grund wird der Prophet Jesaja inzwischen auch nur noch höchst selektiv zitiert, was erklärt, warum seine Formulierung, dass die Völker »ihre Schwerter zu Pflugscharen machen und ihre Spieße zu Sicheln«[25] sogar zu einem Leitmotiv der Friedensbewegung aufsteigen konnte – welche Gräueltaten Jesaja zufolge diesem Friedhofsfrieden vorausgehen sollten, dürfte nur den allerwenigsten bewusst sein.)

Aus der Perspektive des 21. Jahrhunderts ist es leicht, sich über die Grausamkeit der biblischen Autoren zu echauffieren. Aber hätten wir das auch vor 2000, 1000 oder bloß 500 Jahren getan? Sehr wahrscheinlich nicht. Wir dürfen nicht vergessen, wie lange es gedauert hat, bis sich die *Idee der Gleichberechtigung aller Menschen* – unabhängig von ihrer Hautfarbe, ihrem Geschlecht, ihrer sexuellen Orientierung, ihrer Religion oder Weltanschauung, ihrer sozialen oder ethnischen Herkunft – etablieren konnte. Über Jahrtausende (und wenn wir die Vorgeschichte von *Homo sapiens* und *Homo erectus* mit einbeziehen: über Jahrhunderttausende) hinweg erschien es als völlig selbstverständlich, dass überlegene Gruppen unterlegene ausplündern, ausbeuten, abschlachten – ein Umstand, der zwar häufig beklagt, aber letztlich doch als eine Art »Naturgesetz«, als »natürlicher Lauf der Dinge«, hingenommen wurde.

Erst Mitte des 20. Jahrhunderts trat in dieser Hinsicht ein grundlegender Wandel ein: Kriegerische Handlungen als Mittel der nationalen Interessenpolitik wurden zunehmend geächtet, diskriminierende Ideologien wie Rassismus und Sexismus allmählich überwunden. Was vor 100 Jahren noch als völlig utopisch gegolten hätte, erscheint uns heute als völlig normal – man denke nur an die Gleichberechtigung von Mann und Frau, die friedliche Zusammenarbeit der europäischen Staaten, die Ernennung eines bekennenden Homosexuellen zum deutschen Außenminister oder die Wahl eines Afroamerikaners zum US-Präsidenten. Schaut man etwas genauer hin, so lässt sich mit Fug und Recht behaupten, dass der *Fortschritt, den die Menschheit in ethischer und politischer Hinsicht (insbesondere in den letzten Jahrzehnten) erzielen konnte, ihrem Fortschreiten auf technologischem oder wissenschaftlichem Gebiet in nichts nachsteht.*

Allerdings werden diese ethisch-politischen Erfolge in der Regel nicht von allen in gleichem Maße wahrgenommen, häufig sogar gänzlich bestritten. Die Gründe hierfür sind vielfältig:

Erstens lässt sich der soziale Fortschritt nicht so einfach operationalisieren wie etwa technologische Verbesserungen – während wir uns schnell darauf einigen können, anhand welcher Kriterien wir die Güte eines Motors beurteilen, sind die Parameter zur ethischen Bewertung gesellschaftlicher Entwicklungen höchst umstritten.

Zweitens gibt es im Bereich der Politik sehr viel häufiger gegenläufige Tendenzen als in der Technologie – während die technologische Evolution mehr oder weniger kontinuierlich voranschreitet, werden in der Politik Erfolge oft durch Rückschritte konterkariert.

Drittens neigen wir aufgrund unserer neurophysiologischen Ausstattung dazu, negative Erfahrungen sehr viel intensiver im Gedächtnis zu behalten als positive – weshalb die Wahrnehmung allgemeiner Fortschrittstendenzen schnell von dramatischen Einzelerfahrungen überlagert wird.

Und *viertens* beurteilen wir gesellschaftliche Entwicklungen oft aus einer zeitlich eng begrenzten Perspektive – obgleich es notwendig wäre, längere Perioden in den Blick zu nehmen, um mögliche Fortschrittstendenzen wahrnehmen zu können.

Dass vielen Menschen die Idee, die Menschheit könnte sich in ethisch-politischer Hinsicht weiterentwickelt haben, geradezu absurd erscheint, hängt nicht zuletzt (und hier kommen die oben genannten Punkte 3 und 4 ins Spiel) mit den Gräueltaten des 20. Jahrhunderts zusammen, von dem es heißt, es sei das

»blutigste Jahrhundert der Menschheitsgeschichte« gewesen. Tatsächlich hat kein anderes Jahrhundert, was die absoluten Zahlen betrifft, so schrecklich viele Opfer gefordert. An dieser Tatsache wird selbst der größte Fortschrittsoptimist nicht rütteln. Dennoch war – so sonderbar es auch klingen mag – die *relative Mordquote* (also der Anteil der gewaltsam Getöteten im Verhältnis zur Gesamtzahl der Toten bzw. der Weltbevölkerung) im 20. Jahrhundert *geringer als in früheren Zeiten*: Trotz der vielen Millionen Opfer der beiden Weltkriege, des Genozids in Nazideutschland, der Säuberungsaktionen Stalins und der so fürchterlich missratenen Kulturrevolution Maos war die Wahrscheinlichkeit, dass ein einzelnes Individuum im 20. Jahrhundert eines gewaltsamen Todes sterben musste, geringer als in allen vorangegangenen Epochen der Menschheitsgeschichte.

Man könnte hinter dieser Aussage eine belanglose statistische Spielerei vermuten – schließlich war der Anstieg der Weltbevölkerung von zwei Milliarden Menschen im Jahr 1927 auf über sechs Milliarden im Jahr 2000 so gewaltig, dass es hundert Großverbrecher vom Format eines Hitler oder Stalin gebraucht hätte, um Massenmorde zu begehen, die mit der rasanten Bevölkerungsentwicklung hätten Schritt halten können. Jedoch trifft die Beobachtung sinkender Mordraten eben nicht nur auf das 20. Jahrhundert zu. Im Gegenteil: Wie der amerikanische Evolutionspsychologe Stephen Pinker (*1954) in seiner umfangreichen Monografie zur Entwicklung der Gewalt in der menschlichen Geschichte darlegte,[26] spiegelt sich im *Rückgang der Mordquote eine allgemeine Tendenz der kulturellen Evolution* wider.

Tatsache ist, dass Menschen in Jäger-und-Sammler-Gesellschaften mit einer sehr viel höheren Wahrscheinlichkeit damit rechnen mussten (und noch heute müssen), gewaltsam ums Leben zu kommen, als Bürgerinnen und Bürger eines wie auch immer gearteten Staates. Innerhalb der Staatsgemeinschaften wiederum ist die Mordquote in hohem Maße abhängig davon, wie demokratisch sie organisiert sind. Dies erklärt auch, warum mit der zunehmenden Gewährung gleicher Freiheits- und Mitbestimmungsrechte im Laufe der Geschichte die Gewaltbereitschaft mehr und mehr zurückging. Im Mitteleuropa des 21. Jahrhunderts – der sichersten und friedlichsten Region aller Zeiten – liegt die Wahrscheinlichkeit eines gewaltsamen Todes bei nur noch 1 zu 100 000 pro Jahr. Zum Vergleich: Bei nichtstaatlichen Gesellschaften beträgt die Quote im Durchschnitt etwa 500 zu 100 000, und selbst bei den friedlichsten indigenen Völkern, die wir kennen, ist sie um ein Vielfaches höher, etwa bei den Sermai (30:100 000) oder den !Kung (40:100 000 vor der staatlichen Kontrolle, 30:100 000 danach).[27]

Um diesen Zusammenhang zu verstehen, muss man nicht den Mythos des »brutalen Wilden« bemühen, der ebenso unsinnig ist wie der entgegengesetzte Mythos vom »edlen Wilden«. Menschen, die in traditionalen Gesellschaften leben, sind von ihrer ethischen Veranlagung weder besser noch schlechter als Mitteleuropäer, sie müssen sich jedoch mit anderen sozialen Gegebenheiten auseinandersetzen: So verfügen sie weder über eine staatlich garantierte Altersvorsorge noch wird ihr Hab und Gut durch übergeordnete Institutionen geschützt. Aufgrund des Fehlens übergreifender Strukturen ist das Prinzip der gegenseitigen Hilfe auf eng umrissene Clans beschränkt, was naturgemäß zu Auseinandersetzungen mit Nachbargruppen führt. (Die friedlichsten indigenen Völker sind nicht ohne Grund solche, die auf besonders unzugänglichen Territorien leben, sodass sie nur selten Fremden begegnen.)

Um nicht missverstanden zu werden: Es gibt wahrlich keinen Grund, das Gewaltpotenzial von Staaten in irgendeiner Weise zu verharmlosen – schon gar nicht, wenn wir etwas weiter zurück in die Geschichte schauen. Gewichtet man den Anteil an der jeweiligen Weltbevölkerung, forderten die Kriege des römischen Imperiums, die chinesischen Bürgerkriege, die mongolischen Eroberungen, die Ausrottung der Indianer, der Sklavenhandel im Nahen Osten wie im Westen *jeweils* mehr Opfer als die beiden Weltkriege des 20. Jahrhunderts zusammengenommen.[28] Doch trotz dieser unfassbaren Vernichtung von Menschenleben ist nicht zu übersehen, dass die staatliche Organisationsform von Anfang an für eine gewisse Befriedung innerhalb der jeweiligen Territorien sorgte (selbst eine so kriegerische Kultur wie die der Azteken wies eine nur halb so hohe Mordquote wie durchschnittliche Stammesgesellschaften auf[29]).

Bei der Überwindung der vormaligen Fixierung auf örtliche Clans spielte die Etablierung gemeinsamer Mythen und Religionen eine große Rolle. Übergreifende Glaubensvorstellungen traten zunehmend an die Stelle regionaler Kulte, sodass *sich der Kreis der Menschen, die in den Genuss des Prinzips der gegenseitigen Hilfe kamen, stark erweiterte*. Gesetzliche Bestimmungen boten dem Individuum einen gewissen Schutz vor Willkürakten, wie beispielsweise die Gesetzestexte des Alten Testaments zeigen, die u. a. die Eigentumsrechte männlicher Juden schützten, jüdischen Frauen elementare Rechte zusicherten (auch wenn sie weiterhin als Besitztümer der Männer galten) und sogar Anweisungen enthielten, Sklaven nicht »grundlos« zu quälen oder gar zu töten.

Allerdings war diese Solidarität innerhalb der gewachsenen Gruppen weiterhin erkauft durch eine scharfe Abgrenzung von jenen, die nicht zum *inneren Kreis* gezählt wurden. Wie die bereits zitierten Texte des Propheten Jesaja verdeutlichen, durften Andersgläubige und »Glaubensfrevler« nicht mit Mitgefühl rechnen, denn sie standen per definitionem *außerhalb* des Gesetzes. Insofern ist es nicht widersprüchlich, sondern es folgt vielmehr einer inhärenten Logik, wenn die Bibel auf der *einen Seite* gebietet: »Du sollst nicht morden«, auf der *anderen Seite* jedoch befiehlt, fremde Völker, »Hexen« oder Schwule auszurotten.[30] Ähnlich scharfe Unterscheidungen von *Ingroup- und Outgroup-Regeln* finden wir in vielen religiösen Texten, nicht zuletzt auch im Neuen Testament (wo der »Erlöser« zwar die »Feindesliebe« predigt, aber allen, die seinen Geboten nicht folgen, ewige Höllenqualen androht) sowie im Koran (wo sich Allah als sanftmütig und gnädig gegenüber den Gläubigen zeigt, die Ungläubigen jedoch erbarmungslos zur Rechenschaft zieht).

Es wäre falsch, den hier zum Vorschein kommenden *moralischen Dualismus* als eine besondere Spezialität des jüdisch-christlich-muslimischen Denkens zu begreifen. Denn die wertende Unterscheidung zwischen den *Mitgliedern der Ingroup*, denen man mit Empathie begegnen sollte, und den *Vertretern der Outgroup*, denen man Empathie grundsätzlich versagte, war ein *kennzeichnendes Merkmal aller menschlichen Kulturen*. Man könnte hier beinahe von einer *anthropologischen Konstante*, einer *Universalie der Menschheit*, sprechen,[31] hätte es in der jüngeren Vergangenheit nicht vermehrt Ansätze gegeben, diese archaischen Denkmuster zu durchbrechen.

Auch wenn die Unterscheidung zwischen den »guten«, rechtschaffenen Gläubigen und den »bösen« Andersgläubigen, Ungläubigen, Ketzern in manchen Teilen der Welt bis zum heutigen Tag wirksam geblieben ist, nahm der moralische Dualismus im Verlauf der kulturellen Evolution nicht bloß religiöse Formen an. Auch andere Varianten des moralischen Dualismus hinterließen tiefe Spuren in der Geschichte, etwa *Ethnozentrismus, Rassismus, Nationalismus oder Sexismus*. Zum Teil ergänzten sich diese Dualismen gegenseitig (so wurde die sexistische Unterdrückung der Frau nicht zuletzt auch religiös begründet), mitunter wurde auch eine Form des Dualismus in eine andere überführt (so wandelte sich der religiöse Hass auf die vermeintlichen jüdischen »Gottesmörder« in einen rassistisch motivierten Antisemitismus).[32] Die Dualismen konnten aber auch im Widerspruch zueinander stehen (etwa wenn »katholische Länder« Kriege gegeneinander führten) sowie Spannungen innerhalb der jeweiligen Lager auslösen (so wurde die Sklaverei mit Blick auf entsprechende Passagen der Bibel von einigen Christen religiös legitimiert, von anderen, etwa den Quäkern, mit Hinweis auf die Gottesebenbildlichkeit aller Menschen scharf kritisiert).

Zwar haben die verschiedenen Spielarten des moralischen Dualismus erst im 20. Jahrhundert weitflächig an Bedeutung verloren, doch schon lange zuvor gab es Stimmen, die nachdrücklich anmahnten, das kriegstreiberische Denken in limitierten Gruppenzusammenhängen aufzugeben. So formulierte der chinesische Philosoph Mo Ti (auch Mo-tse, Mozi oder Me-Ti genannt, seine genauen Lebensdaten sind nicht bekannt, er wurde vermutlich um das Jahr 490 v. u. Z. geboren) bereits vor knapp 2500 Jahren mehrere *Antikriegsschriften*, die sich erstaunlicherweise auf eine Idee beriefen, die erst sehr viel später breitere Anerkennung finden sollte, nämlich die Idee der *universellen Menschenliebe*.

Mit eindringlichen Worten kritisierte Mo Ti die Unredlichkeit der Eliten seiner Zeit, die zwar erkannten, dass es verwerflich sei, innerhalb des Staates einen, zehn oder hundert Menschen zu töten, aber nicht einsehen wollten, dass es um ein Vielfaches verwerflicher sei, wenn in einem Angriffskrieg Tausende oder gar Zehntausende Menschenleben geopfert würden: »Sie [die »Edlen im Reich«] wissen wahrlich nicht, was Verwerflichkeit ist. Deshalb schreiben sie Berichte von ihren Kriegen nieder, um sie späteren Generationen zu überliefern. Denn wären sie sich der Verwerflichkeit des Kriegführens bewusst, würden sie das dann auch noch aufzeichnen und ihre verwerflichen Handlungen niederschreiben, um sie späteren Generationen zu überliefern?«[33]

Das Grundübel seiner Epoche sah Mo Ti in der *Parteilichkeit des Denkens*, d. h. in einer *limitierten Sicht auf die Welt*, die nur auf den kurzfristigen Vorteil der eigenen Gruppe bedacht ist. Ihr setzte der chinesische Philosoph einen neuen *Universalismus* entgegen, eine Menschenliebe, die nicht haltmacht an den Grenzen des jeweiligen Staates, der jeweiligen Schicht oder Familie:

> »Wenn man andere Staaten wie den eigenen betrachtet und andere Familien wie die eigene und andere Menschen wie sich selbst«, schrieb Mo Ti, »dann werden die Feudalfürsten einander lieben und keinen Krieg miteinander führen, und die Familienvorstände werden untereinander Freundschaft pflegen und nicht aufeinander übergreifen, [...] die Starken werden nicht die Schwachen überwältigen, die Masse wird nicht die Minderheiten berauben, die Reichen werden die Armen nicht verhöhnen, die Vornehmen werden über die Einfachen nicht lästern, und die Schlauen werden die Dummen nicht übervorteilen.«[34]

Bemerkenswert an Mo Tis Position ist, dass er die universelle Menschenliebe nicht bloß als hehre moralische Tugend begriff, sondern vielmehr – wie ein Utilitarist oder Evolutionspsychologe unserer Tage – ihren *praktischen Nutzen* in den Vordergrund stellte. So meinte er, dass es eben nicht *nützlich*, sondern vielmehr *für alle schädlich sei*, wenn sie sich nur auf den eigenen unmittelbaren Nutzen konzentrierten. Wer sich selbst einen Gefallen tun wolle, so lautete Mo Tis erstaunlich moderne Argumentation, der müsse gerade auch das Wohl der anderen im Blick behalten, denn:

»Wenn jemand die Menschen liebt, dann werden sie ihn sicher auch lieben, wenn einer ihnen nützt, dann werden sie ihm sicher auch nützen. Wenn einer jedoch die Menschen hasst, dann werden sie ihn auch hassen, und wer ihnen Unheil bereitet, dem werden sie auch Unheil bereiten. Was ist daran so schwierig? – Einzig, dass die Oberen ihre Regierung und die Beamten ihr Handeln nicht danach einrichten.«[35]

Rund 150 Jahre später entwickelte der griechische Philosoph Epikur, der uns in mehreren der vorangegangenen Kapitel bereits als hellsichtiger Vordenker der Atomlehre und der Selektionstheorie begegnet ist, einen ähnlichen Gedanken: »Die Gerechtigkeit«, so schrieb er, »ist eine Übereinkunft, die einen Nutzen im Auge hat, nämlich einander nicht zu schädigen und voneinander nicht Schaden zu erleiden.«[36] Im Unterschied zu Mo Ti, der hoffte, dass »weise Herrscher« die Idee der universellen Menschenliebe in der Gesellschaft verankern würden, finden sich bei Epikur in diesem Zusammenhang auch schon erste Ansätze zur Idee des *Gesellschaftsvertrags*, die heute für jeden modernen Rechtsstaat kennzeichnend ist.

Die Normen des Zusammenlebens sind Epikur zufolge nämlich nicht *objektiv vorgegeben*, sondern müssen von den Individuen unter Berücksichtigung der jeweiligen Interessen *ausgehandelt* werden. »An sich« existiere Gerechtigkeit überhaupt nicht, heißt es dazu in den Hauptlehrsätzen der epikureischen Philosophie, sie sei vielmehr eine »Abmachung«, die unter bestimmten historischen Voraussetzungen geschlossen werde und somit auch geändert werden müsse, wenn sie unter neuen gesellschaftlichen Bedingungen »keinen Nutzen mehr bringt«.[37]

Wahrscheinlich war es nicht zuletzt diese Erkenntnis, die Epikur die Freiheit gab, die Konventionen seiner Zeit in solch vielfältiger Weise zu durchbrechen. So betrachtete er individuelle Glückseligkeit, Freude und Lust als das natürliche Ziel des Lebens – nicht Tapferkeit, Tugend, Ehre, Ruhm, Reichtum oder Macht. Auch waren in Epikurs berühmtem *Garten* die gängigen normativen Unterscheidungen der Antike weitgehend aufgehoben, weshalb nicht nur freie Männer, sondern auch Frauen und Sklaven zu seinen Schülern und Freunden zählten – damals ein veritabler Skandal. Epikur, der sich seiner Außenseiterposition bewusst war, leitete aus seinen Alternativvorstellungen allerdings kein Konzept zur Veränderung der Gesellschaft ab. Er riet seinen Schülern vielmehr nachdrücklich, sich von der Politik, den Machthabern und überhaupt von der großen Masse der Menschen fernzuhalten und ein *Leben im Verborgenen* zu führen.

Man hat den Epikureern aus diesem Grund oft »Eskapismus« und einen »Mangel an politischem Verantwortungsbewusstsein« vorgeworfen. Doch bei genauerer Betrachtung zeigt sich, dass ihr Rückzug aus der Gesellschaft eine politisch weise Entscheidung war. Denn unter den sozioökonomischen Bedingungen der Sklavenhaltergesellschaft bestand überhaupt keine Chance, dass sich der Epikureismus hätte durchsetzen können. Im Gegenteil: Hätten sich die Epikureer politisch stärker betätigt, hätte man sie wohl schnell eliminiert. So aber konnte sich die epikureische Denkschule immerhin ein halbes Jahrtausend halten (und zwar in einer Kontinuität, die es sonst in keiner anderen philosophischen Tradition gegeben hat). Fernab der politischen Weltbühne inspirierte sie berühmte Dichter wie Lukrez (99–56 v. u. Z.), Vergil (70–19 v. u. Z.) oder Horaz (65–9 v. u. Z.) und nahm auf diese Weise unterschwellig Einfluss auf die Gesellschaft.

Dies änderte sich erst mit der zunehmenden Ausbreitung von Neuplatonismus und Christentum. Im dritten Jahrhundert verschwand der Epikureismus von der Bildfläche (der Begriff »Epikureer« überlebte zunächst nur als christliches Schimpfwort), doch mehr als ein Jahrtausend später erlebte er mit der zufälligen Wiederentdeckung des Lehrgedichts *De rerum natura* von Lukrez, das 1417 in einem deutschen Kloster gefunden wurde, eine grandiose Auferstehung. Auch wenn es sicherlich übertrieben ist, in der Auffindung dieser Schrift *den* Hauptauslöser für die Renaissance zu sehen (wie man nach einer oberflächlichen Lektüre des mit dem Pulitzerpreis ausgezeichneten Bestsellers *Die Wende* von Stephen Greenblatt meinen könnte),[38] so ist doch unbestritten, dass die zwar alte, für das 15. Jahrhundert jedoch revolutionär neue Sicht der Dinge, die Lukrez in seiner Epikur-Hommage vermittelte, große Wirkung auf zahlreiche Künstler, Schriftsteller, Philosophen und Naturwissenschaftler der

Renaissance hatte, zu nennen sind hier u. a. Sandro Botticelli (1445–1510), William Shakespeare, Giordano Bruno und Galileo Galilei.

Die radikal andere Sichtweise des Lukrez sorgte für erhebliche Irritationen: Dass die Welt aus winzig kleinen Atomen bestehe, keinen Schöpfer habe, die Seele ebenso sterblich sei wie der Körper, der Tod absolute Unempfindlichkeit bedeute, Religion organisierter Schwindel sei und es im menschlichen Leben in erster Linie darauf ankomme, das Leid zu verkleinern und die Lust zu vergrößern, waren geradezu unerhörte Gedanken, die dem religiösen Weltbild der Zeit diametral widersprachen. Verständlicherweise bemühten sich die Kirchenoberen darum, die epikureische Sichtweise schnell wieder aus der Welt zu verbannen, nachdem sie paradoxerweise von einem engen Mitarbeiter mehrerer Päpste, dem italienischen Humanisten und Bücherjäger Poggio Bracciolini (1380–1459), überhaupt erst wieder zum Leben erweckt worden war.

Doch Lukrez' Lehrgedicht hatte – nicht zuletzt dank der Erfindung des Buchdrucks – schon zu weite Kreise gezogen. Nicht einmal die ausdrückliche Verurteilung des Atomismus als Todsünde konnte verhindern, dass die Atomlehre ab dem 16. und 17. Jahrhundert allmählich zur Grundlagentheorie der modernen Naturwissenschaften wurde (siehe Kapitel 3: *Was die Welt im Innersten zusammenhält*) und die auf ihr aufbauenden Vorstellungen eines radikal diesseitigen Lebens mehr und mehr in die gesellschaftlichen Debatten hineinwirkten.

Durch Thomas Jefferson, der von *De rerum natura* nicht nur fünf lateinische Ausgaben, sondern zusätzlich noch englische, italienische und französische Übersetzungen besaß, fanden die Gedanken des »unpolitischen Epikur« schließlich Eingang in eines der wichtigsten politischen Dokumente der Menschheitsgeschichte, nämlich die *amerikanische Unabhängigkeitserklärung* von 1776, in der es – ganz im Sinne der epikureischen Glücks- und Vertragsphilosophie – heißt:

> »Folgende Wahrheiten erachten wir als selbstverständlich: dass alle Menschen gleich geschaffen sind; dass sie von ihrem Schöpfer mit gewissen unveräußerlichen Rechten ausgestattet sind; dass dazu Leben, Freiheit und das Streben nach Glück gehören;

dass zur Sicherung dieser Rechte Regierungen unter den Menschen eingerichtet werden, die ihre rechtmäßige Macht aus der Zustimmung der Regierten herleiten; dass, wenn irgendeine Regierungsform sich für diese Zwecke als schädlich erweist, es das Recht des Volkes ist, sie zu ändern oder abzuschaffen und eine neue Regierung einzusetzen und sie auf solchen Grundsätzen aufzubauen […], wie es zur Gewährleistung ihrer Sicherheit und ihres Glücks geboten zu sein scheint.«[39]

Während der englische Philosoph John Locke (1632–1704) in seinen wegweisenden Arbeiten zur Staatstheorie und zur Begründung individueller Selbstbestimmungsrechte noch in den Kategorien des religiösen Dualismus gedacht hatte (das Recht auf Glaubensfreiheit sollte für alle gelten – nicht aber für Katholiken und Atheisten!), gelang es den amerikanischen Gründervätern, in deren Reihen sich gläubige Protestanten (Anglikaner, Lutheraner, Reformierte, Methodisten etc.), Katholiken sowie Freigeister wie Jefferson, Thomas Paine und Benjamin Franklin (1706–1790) befanden, die religiöse Begrenzung des empathischen Adressatenkreises zu überwinden (wenn auch nicht privat, so doch zumindest auf der Ebene der offiziellen Politik). Daher definierten sie Religion als *Privatsache*, in die sich der Staat nicht einzumischen habe, und den Staat als säkulares Territorium, aus dem sich die Religionsgemeinschaften herauszuhalten hatten (Trennung von Staat und Kirche).

Auch das Konzept der *nationalistischen Beschränkung* ließen viele Gründerväter bereits hinter sich. Einige von ihnen verstanden sich sogar als dezidierte *Weltbürger*, insbesondere die Freidenker Franklin, Jefferson und Paine (Lebensmotto: »Die Welt ist mein Land und Gutes zu tun meine Religion«). Aus diesem Grund nahmen Jefferson und Paine auch aktiv an der Französischen Revolution teil und trugen maßgeblich zur Entstehung und Verbreitung der französischen *Erklärung der Menschen- und Bürgerrechte* bei.

Doch schon an der Frage der *Sklaverei* schieden sich die Geister: Jefferson, der im Unterschied zu anderen Gründervätern in der Sklaverei immerhin einen Verstoß gegen die Menschenrechte erkannte und den Sklavenhandel unterbinden wollte, hielt selbst persönlich Sklaven (wie die meisten seiner Kollegen, darunter auch George Washington und Benjamin Franklin). Mit einer seiner Sklavinnen, Sally Hemings (1773–1835), zeugte der dritte Präsident der USA sogar mehrere Kinder (was schon zu Jeffersons Lebzeiten zu wilden Gerüchten führte, die 1996 durch DNA-Analysen bestätigt wurden).

Thomas Paine hingegen hatte bereits im März 1775 einen scharfen Artikel gegen die Sklaverei verfasst, der einen Monat später zur Gründung der ersten amerikanischen Gesellschaft zur Abschaffung der Sklaverei in Philadelphia führte. Auch in seiner Zeit als Abgeordneter des Französischen Nationalkonvents setzte er sich vehement für die Abschaffung der Sklaverei ein, die am 4. Februar 1794 tatsächlich vom Konvent beschlossen wurde. (Zu dieser Zeit saß Paine allerdings bereits im Gefängnis. Da er als Gegner der Todesstrafe gegen die Hinrichtung von Ludwig XVI. protestiert und gegen die Unterdrückung der Meinungsfreiheit gekämpft hatte, war er vom »Helden der Revolution« zum »gefährlichen Ausländer« abgestuft und auf Geheiß Robespierres zum Tode verurteilt worden. Der Guillotine entging er nur durch einen glücklichen Zufall: Da Paines Zellentür aufgrund eines Arztbesuchs offen stand, wurde das Zeichen für die Todeskandidaten fälschlicherweise an der Innenseite der Tür angebracht, sodass die Markierung später für die Henkersknechte, die die Verurteilten zur Guillotine führten, nicht sichtbar war. Als Robespierre wenige Tage später selbst hingerichtet wurde, wurde das Urteil gegen Paine aufgehoben, sodass er im November 1794 das Gefängnis als freier, wenn auch schwer kranker Mann verlassen konnte.)

Acht Jahre später, nachdem sein Freund Jefferson zum Präsidenten der Vereinigten Staaten gewählt worden war, kehrte Paine in die USA zurück. Aber der einst gefeierte Freiheitskämpfer, der mit *Common Sense* die Idee der *Vereinigten Staaten von Amerika* als einem unabhängigen, demokratischen Rechtsstaat auf Basis der Menschenrechte maßgeblich begründet hatte und ohne dessen aufrüttelnde *Crisis*-Schriften der Unabhängigkeitskrieg möglicherweise verloren gegangen wäre, wurde von seinen Landsleuten nicht gerade herzlich empfangen. Denn Paine hatte sich durch sein offenes Engagement gegen die Sklaverei, seine Vorschläge zur sozialen Gerechtigkeit in *The Rights of Man (Die*

Rechte des Menschen) und *Agrarian Justice (Agrar-Gerechtigkeit)*, vor allem aber durch seine grundlegende Kritik an den institutionalisierten Religionen in *Age of Reason (Das Zeitalter der Vernunft)* mächtige Feinde gemacht.

So wurde der ehemalige Volksheld auf übelste Weise verleumdet, als »versoffener Atheist«, »rebellischer Schurke«, »lügender, viehischer, gottloser Mensch« verunglimpft, und nicht wenige wollten ihn am Galgen hängen sehen. Als Paine im Juni 1809 im Alter von 72 Jahren einsam und verbittert starb, war es nicht einmal möglich, ihn auf einem öffentlichen Friedhof zu beerdigen. Dem Sarg mit der Leiche des wohl wichtigsten Wegbereiters der Demokratie und der Menschenrechte folgten nur sechs Personen: Margarethe Bonneville, die auf Bitte ihres in Frankreich inhaftierten Mannes von Paine nach Amerika gebracht und selbstlos unterstützt worden war, ihre beiden Söhne, ein Quäkerpfarrer sowie zwei freigelassene ehemalige Sklaven, die die Leistungen Paines offenbar eher zu schätzen wussten als das politische Establishment des 19. Jahrhunderts.

Und doch: Paines Gedanken blieben lebendig, auch wenn lange Zeit niemand wagte, sich öffentlich zu ihm zu bekennen. Noch in dem Jahr, in dem Paine starb, wurde in Kentucky sein wohl wichtigster Verehrer geboren: Abraham Lincoln (1809–1865). Als junger Parlamentarier hatte Lincoln eine Verteidigung der religionskritischen Arbeiten Paines verfasst, war aber klug genug gewesen, sie nicht zu veröffentlichen. Taktisches Gespür bewies Lincoln auch im Umgang mit der Frage der Sklaverei. Obgleich er ein entschiedener Gegner der Sklaverei war, verbarg er seine politischen Intentionen lange Zeit ebenso geschickt vor der Öffentlichkeit wie seine weltanschaulichen Überzeugungen (von denen zeitlebens nur engste Mitarbeiter wussten). Als gewiefter Machtpolitiker hatte Lincoln erkannt, dass er immer nur so weit gehen konnte, wie es die jeweiligen realpolitischen Verhältnisse zuließen.

Als die Union der Nord- und Südstaaten in den 1850er-Jahren an der Frage der Sklaverei auseinanderzufallen drohte, intensivierte Lincoln sein politisches Engagement und stieg innerhalb kurzer Zeit von einem eher unbekannten Abgeordneten des US-Repräsentantenhauses zum Präsidentschaftskandidaten auf.

1860 wurde er zum 16. Präsidenten der USA gewählt und 1864 wiedergewählt. Am 31. Januar 1865 schlug dann seine große Stunde: Als sich der Sieg der Nordstaaten im Sezessionskrieg abzeichnete, gelang es Lincoln, die notwendige Zweidrittelmehrheit zur Verabschiedung des 13. Zusatzartikels zur US-Verfassung zu gewinnen. Mit ihm sollte die Sklaverei auf dem Gebiet der USA endgültig abgeschafft werden.

Doch Lincoln konnte den Lohn seiner Anstrengungen nicht mehr erleben: Am 14. April 1865 fiel er einem Attentat zum Opfer, an dessen Folgen er am darauffolgenden Tag starb. Wenige Wochen später kapitulierten die letzten Konföderationstruppen. Lincolns Vermächtnis, die Abschaffung der Sklaverei in den USA, trat nach der Ratifizierung des 13. Zusatzartikels durch die Einzelstaaten am 18. Dezember 1865 in Kraft. Schon drei Jahre später folgte der 14. Verfassungszusatz, der die Gleichbehandlung aller »Rassen« vor dem Gesetz sicherstellte, fünf Jahre später der 15. Zusatzartikel, der allen Bürgern gleiche Wahlrechte, unabhängig von der ethnischen Zugehörigkeit, einräumte – ein wichtiger Schritt hin zur Überwindung des Rassismus, der freilich noch viele weitere Jahrzehnte die amerikanische Gesellschaft (und nicht nur sie) vergiften sollte.

Dank des 15. Zusatzartikels durften ab dem Jahr 1870 nominell alle amerikanischen Bürger wählen – die *amerikanischen Bürgerinnen* blieben jedoch weiterhin außen vor. Denn trotz der ersten Erfolge im Kampf gegen den Rassismus blieb eine andere Form des moralischen Dualismus zunächst unangetastet: der *Sexismus*. Erst 50 Jahre nach der Abschaffung der Sklaverei sollten in den USA auch Frauen (gleich welcher Ethnie) das Wahlrecht erhalten. Die kulturelle Fiktion der Überlegenheit des Mannes war im 18. und 19. Jahrhundert offenkundig noch so stark in den Köpfen verankert, dass die Autoren der amerikanischen wie auch der französischen Menschenrechtserklärung mehrheitlich (eine rühmliche Ausnahme bildete der progressive Mathematiker Marquis de Condorcet) gar nicht auf den Gedanken gekommen waren, Frauen gleiche Rechte einzuräumen.

Allerdings: Dieser eklatante Verstoß gegen die Universalität der Menschenrechte wurde von Anfang an nicht widerspruchslos hingenommen. Bereits im September 1791 legte die französische Autorin, Revolutionärin und Aufklärerin Olympe de Gouges (1748–1793, eigentlicher Name: Marie Gouze) die *Erklärung der Rechte der Frau und Bürgerin* vor. De Gouges, die zuvor schon durch ihre mutige Kritik an der Sklaverei für Aufsehen gesorgt hatte, erklärte darin im Namen der »Mütter, Töchter, Schwestern, Repräsentantinnen der Nation«, dass eine Verfassung nichtig sei, »wenn die Mehrheit der Individuen, die die Nation ausmachen, an ihrer Erstellung nicht mitgewirkt« habe,[40] was angesichts des Ausschlusses der Frauen bei der französischen Verfassung eindeutig der Fall sei. Da Männer und Frauen *gleiche Fähigkeiten* besäßen, so der Tenor des Textes, müssten ihnen auch *gleiche Rechte und Pflichten* zugeschrieben werden. Etwaige Sonderrechte für Frauen, etwa eine Schonung durch das Gesetz, lehnte Olympe de Gouges ab. Und so lautete der wohl bekannteste Satz ihrer alternativen Menschenrechtserklärung: »… die Frau hat das Recht, auf das Schafott zu steigen; sie muss gleichermaßen das Recht haben, ein Podium zu besteigen.«[41]

Tragischerweise wurde der couragierten Schriftstellerin nur das erste »Recht« zuteil. Aufgrund ihres Eintretens für die Rechte der Frau, ihres Protests gegen die Hinrichtung des französischen Königs, ihrer Verteidigung der Meinungs- und Pressefreiheit sowie ihrer hellsichtigen Warnung vor einer (pseudo-) revolutionären Schreckensherrschaft wurde Olympe de Gouges vom Revolutionstribunal zum Tode verurteilt – und im Gegensatz zu Thomas Paine hatte sie nicht das Glück, von Robespierres Henkersknechten übersehen zu werden: Am 3. November 1793 wurde die große Vorkämpferin der Frauenbewegung auf dem Place de la Concorde hingerichtet.

Ein solches Schicksal blieb der zur selben Zeit in Paris lebenden englischen Schriftstellerin Mary Wollstonecraft (1759–1797) glücklicherweise erspart. Ihr 1792 erschienenes Buch *Verteidigung der Rechte der Frau* wurde zum ersten Bestseller der feministischen Literatur. Wollstonecraft forderte darin nicht nur die Gleichberechtigung von Mann und Frau, sondern plädierte auch für eine nachhaltige Verbesserung des Bildungssystems, von dem Männer und Frauen gleichermaßen profitieren sollten. In ihren späteren Texten wandte sie sich den Fragen der Sexualität zu, wobei sie die bürgerliche Ehe als patriarchale Institution scharf kritisierte, was sie allerdings nicht daran hinderte, im Jahr 1797 den englischen Schriftsteller, Sozialphilosophen und Anarchisten William Godwin (1756–1836) zu heiraten.

Wollstonecraft und Godwin, der mit seinem Buch *Political Justice* (deutsch: *Politische Gerechtigkeit*) die Grundlagen des libertären Sozialismus gelegt hat, könnte man als das emanzipatorische Traumpaar des 18. Jahrhunderts bezeichnen. Sie ergänzten sich perfekt in ihren Einstellungen zur Gleichberechtigung von Mann und Frau, zur individuellen Freiheit und sozialen Gerechtigkeit, doch ihr Glück währte nur kurz: Wenige Tage nach der Geburt der gemeinsamen Tochter Mary (1797–1851) – die mit ihrem *Frankenstein*-Roman Weltruhm erlangen und zusammen mit ihrem Mann Percy Shelley (1792–1822) die libertären Ideen ihrer Eltern aufgreifen sollte – starb Mary Wollstonecraft an jener tückischen Infektion, für die Ignaz Semmelweis (siehe Kapitel 4: *Eine kurze Geschichte der Medizin*) 50 Jahre später die fehlende Hygiene und aufgeblasene Ignoranz seiner männlichen Kollegen verantwortlich machen sollte: dem Kindbettfieber.

Waren Olympe de Gouges und Mary Wollstonecraft noch Einzelkämpferinnen gewesen, schlossen sich die Frauenrechtlerinnen des 19. Jahrhunderts in vielen Ländern zusammen, um gemeinsam für die Emanzipation der Frau (u. a. Frauenwahlrecht, Frauenstudium, freie Wahl des Berufes etc.) zu kämpfen.[42] Besonders aufsehenerregend waren dabei die Aktionen der sogenannten *Suffragetten* (von englisch: suffrage = Wahl) in Großbritannien und den USA, die mitunter auch vor militanten Aktionen nicht zurückschreckten. Viele führende Vertreterinnen der Bewegung wie Emmeline Pankhurst (1858–1928), Alice Paul (1885–1977) und Lucy Burns (1879–1966) wurden mehrfach inhaftiert, traten in den Hungerstreik und wurden zwangsernährt.

Während sozialistische und radikal-demokratische Parteien wie die SPD (unter Einfluss der großen sozialistischen Feministin Clara Zetkin) die Forderungen der Frauenbewegung früh in ihr Parteiprogramm aufnahmen, setzten sich die konservativen und nationalistischen Kräfte erbittert gegen die Emanzipation der Frau zur Wehr.[43] Aber letztlich war der Siegeszug der Frauenrechtlerinnen nicht aufzuhalten: Nachdem Australien 1902,

Finnland 1906 und Dänemark 1915 vorgeprescht waren und das Frauenwahlrecht eingeführt hatten, folgten 1918 – nach dem Ende des Ersten Weltkriegs – Deutschland und Österreich, 1920 die USA sowie Großbritannien 1928. Ausgerechnet in Frankreich, wo schon in der kurzen Phase der *Pariser Kommune* (März bis Mai 1871) die Gleichberechtigung der Geschlechter hergestellt worden war, mussten die Frauen bis 1944 auf ihr Wahlrecht warten, in der Schweiz mit ihrer großen demokratischen Tradition sogar bis 1971.

Mit der Durchsetzung des Frauenwahlrechts war zwar eine wichtige Hürde genommen, aber von wirklicher Gleichberechtigung konnte noch lange nicht gesprochen werden. Symptomatisch war die Lage in Deutschland, wo zwar 1949 dank des unermüdlichen Einsatzes der Sozialdemokratin Elisabeth Selbert (1896–1986) gegen den erbitterten Widerstand u. a. der katholischen Kirche die Gleichberechtigung von Mann und Frau im Grundgesetz verankert wurde, aber die von Konrad Adenauer (1876–1967) geführte konservative Bundesregierung alles tat, um die praktische Umsetzung dieses Verfassungsgrundsatzes zu verhindern.[44]

So dauerte es bis 1959, bis der sogenannte *Gehorsamsparagraph* 1354 BGB (»Dem Manne steht die Entscheidung in allen das gemeinschaftliche eheliche Leben betreffenden Angelegenheiten zu; er bestimmt insbesondere Wohnort und Wohnung«) vom Bundesverfassungsgericht (gegen den Willen der Regierung Adenauer) für nichtig erklärt wurde. Und noch vor 40 Jahren(!) durfte der *Mann über die Berufswahl der Frau entscheiden*, denn die Bestimmungen des sogenannten *Gleichberechtigungsgesetzes* von 1957 (»Die Frau führt den Haushalt […] Sie ist berechtigt, erwerbstätig zu sein, *soweit* dies mit ihren Pflichten in Ehe und Familie vereinbar ist«) wurden erst 1977 im Zuge der damaligen *Eherechtsreform* aufgehoben.

Gegen solche und andere Benachteiligungen setzte sich die in den 1960er-Jahren aufkommende *zweite Welle der Frauenbewegung* zu Wehr. Sie erst führte zu einer grundlegenden *Revision der Geschlechterrollen* sowie einer weitreichenden *Liberalisierung der Sexualpolitik*. Zwar hatten sich schon zuvor Feministinnen wie Helene Stöcker (1869–1943) für die *sexuelle Befreiung* (freie

Liebe, Straffreiheit für homosexuelle Handlungen und Schwangerschaftsabbruch) eingesetzt, aber eine wirkliche Breitenwirkung konnten solche Positionen erst im Zuge der internationalen Studentenunruhen erzielen – nicht zuletzt dank der wiederentdeckten sexualpolitischen Schriften des deutschen Psychoanalytikers Wilhelm Reich (1897–1957) sowie der berühmten Studien des amerikanischen Sexualforschers Alfred Kinsey (1894–1956), die die Vielfalt der menschlichen Sexualität ebenso klar dokumentierten wie die *Doppelmoral* vieler Bürgerinnen und Bürger, die heimlich praktizierten, was sie öffentlich verurteilten.

Im Zuge der in den 1960er-Jahren einsetzenden *sexuellen Revolution* entstand schließlich auch die international vernetzte *Lesben- und Schwulenbewegung*, die innerhalb weniger Jahrzehnte Erfolge feiern konnte, die man kaum für möglich gehalten hätte. Auch dieser emanzipatorische Fortschritt lässt sich gut anhand der Entwicklung in (West-)Deutschland charakterisieren: Nachdem homosexuelle Handlungen – biblischen Vorgaben entsprechend – über Jahrhunderte hinweg mit der Todesstrafe geahndet worden waren, führte Preußen 1794 eine etwas aufgeklärtere Regelung ein, der zufolge »Sodomie« (damals die Sammelbezeichnung für alle nicht-heterosexuellen Geschlechtsakte) mit ein- bis mehrjährigem Zuchthaus bestraft wurde. (In den linksrheinischen Gebieten wurden nach der Besetzung durch Napoleon sogar die liberaleren Gesetzesbestimmungen des französischen *Code pénal* wirksam, die keinerlei Bestrafung für einvernehmlichen Sex unter Männern vorsahen.) Mit der Gründung des Deutschen Kaiserreichs (1871) wurde der § 175 StGB, der Homosexuelle mit Gefängnis bedrohte, trotz vehementer Proteste u. a. durch den liberalen Mediziner und Politiker Rudolf Virchow (siehe Kapitel 4: *Eine kurze Geschichte der Medizin*) 1872 reichsweit gültig. Auch das Engagement des *Wissenschaftlich-humanitären Komitees* um Magnus Hirschfeld (1868–1935) konnte nicht verhindern, dass der sogenannte »Schwulenparagraph« von der Weimarer Republik übernommen und später von den Nationalsozialisten noch einmal verschärft wurde.

In dieser nationalsozialistischen Fassung behielt der Paragraph 175 StGB in Westdeutschland[45] skandalöserweise bis 1968 seine Gültigkeit – nicht zuletzt auch deshalb, weil Konrad Adenauer, der als »guter Katholik« in der Homosexualität eine Kraft zur »Entartung des Volkes« sah, sich über Empfehlungen der Strafrechtskommission, die eine Aufhebung des Paragraphen gefordert hatte, hinwegsetzte. Dies hatte zur Folge, dass in Westdeutschland zwischen 1950 und 1968 rund 100 000 Strafverfahren gegen Schwule angestrengt und rund 50 000 Männer verurteilt wurden, was unzählige Existenzen vernichtete und nicht wenige in den Suizid trieb.[46]

Mit der 1968 erfolgten Neuregelung des Paragraphen ging die Zahl der Verfahren und Verurteilungen drastisch zurück. Von nun an galt einvernehmlicher Sex unter erwachsenen Männern (die damalige Volljährigkeitsgrenze lag bei 21 Jahren) als straffrei. Die Beziehung zwischen einem 21-Jährigen und einem 20-Jährigen blieb jedoch weiterhin verboten. 1973 wurde das sogenannte Schutzalter von 21 auf 18 Jahre herabgesetzt (sodass nun der einvernehmliche Sex zwischen einem 21-Jährigen und einem 20-Jährigen erlaubt, jedoch der zwischen einem 18-Jährigen und einem 17-Jährigen geahndet werden konnte).

In der Folgezeit wurden mehrere Anläufe gestartet, um § 175 aus dem Gesetzbuch zu streichen, wozu es aber erst 20 Jahre später kam: Mit dem 29. Strafrechtsänderungsgesetz vom 31. Mai 1994 verschwand der Schwulenparagraph aus dem Strafgesetzbuch und eine jahrhundertealte Tradition der Verfolgung homosexueller Menschen fand ein Ende. Dies war ein großer, wenn auch keineswegs der letzte Erfolg der Schwulen- und Lesbenbewegung in Deutschland: Schon sechs Jahre später beschloss der Deutsche Bundestag das sogenannte *Lebenspartnerschaftsgesetz*, das gleichgeschlechtliche Partnerschaften (die sogenannte »Homo-Ehe«) rechtlich anerkannte und im August 2001 in Kraft trat. Daraufhin wurden mehrere Erweiterungen vorgenommen, um die gleichgeschlechtliche Partnerschaft mit der heterosexuellen gleichzustellen – eine in konservativen Kreisen noch immer umstrittene Forderung, die aber 2013 vom Bundesverfassungsgericht vollumfänglich bestätigt wurde.

Obgleich in vielen Ländern der Welt (vor allem in den islamisch dominierten Regionen Afrikas und Asiens) homosexuelle

Menschen noch immer von Gefängnis oder gar der Todesstrafe bedroht sind,[47] hat sich in den westlichen Industrienationen im Verlauf der letzten 100 Jahre die Situation für Schwule und Lesben (mittlerweile auch für Trans- und Intersexuelle) grundlegend gebessert. Eine ähnlich positive Entwicklung ist auch im Bereich der *Kinderrechte* eingetreten: Über Jahrhunderte hinweg hatte man Kinder nach der biblischen Maxime »Wer sein Kind liebt, züchtigt es!« erzogen und als Objekte »elterlicher Gewalt« – nicht als eigenständige Rechtssubjekte – betrachtet. Dies änderte sich auf dem Papier, als die UN-Vollversammlung 1959 die *Erklärung der Rechte des Kindes* verabschiedete. Rechtsverbindlichen Charakter hatte jedoch erst die 30 Jahre später beschlossene *UN-Kinderrechtskonvention*, die am 20. November 1990 in Kraft trat.

Auch hier spiegelt die Entwicklung in (West-)Deutschland einen globalen Trend wider: Trotz der Bemühungen der Reformbewegung am Anfang des 20. Jahrhunderts wurden Kinder erst in den 1970er-Jahren (angeschoben nicht zuletzt durch die *antiautoritäre Kinderladenbewegung*) allmählich als Rechtssubjekte ernst genommen. Erst 1979 wurden sie davor geschützt, von Lehrern in der Schule »gezüchtigt« zu werden. In den 1990er-Jahren wurde ihnen ein Rechtsanspruch auf ausreichende Versorgung und Bildung eingeräumt, und erst seit dem Jahr 2000 haben sie Anspruch auf gewaltfreie Erziehung in der Familie.

Wie katastrophal die Zustände noch vor wenigen Jahrzehnten waren und wie sehr sich seither die pädagogischen Vorstellungen gewandelt haben, wurde durch die Arbeit des vom Deutschen Bundestag eingesetzten *Runden Tisches Heimerziehung* deutlich, der den entwürdigenden Umgang mit Kindern in den überwiegend konfessionell geführten Erziehungsanstalten der 1940er- bis 1970er-Jahre aufarbeiten sollte. Was Experten schon lange gewusst hatten, wurde nun offiziell bestätigt, nämlich dass Hunderttausende von Heimkindern in staatlich finanzierten Einrichtungen in schlimmster Weise gedemütigt, ausgebeutet, vergewaltigt, körperlich und seelisch misshandelt worden waren, ohne dass sie auf irgendeine Hilfe hätten hoffen können. »Schläge im Namen des Herrn« waren an der Tagesordnung – und dabei konnten sie noch froh sein, wenn es »nur« bei Schlägen blieb.[48]

Mir persönlich ist dieses Schicksal glücklicherweise erspart geblieben, aber in meiner Funktion als Vorstandssprecher der Giordano-Bruno-Stiftung habe ich in den letzten Jahren unzählige Menschen getroffen, die ihr Leben lang unter den Folgen dieser »schwarzen Pädagogik« gelitten haben und auch weiterhin leiden werden.[49] Ich fand es beschämend, wie sich der Staat, die Länder und die Kirchen in Deutschland mit (im internationalen Vergleich) lächerlichen Entschädigungszahlen für die ehemaligen Heimkinder aus der Affäre gezogen haben.[50] Immerhin haben die Medien das Thema breit aufgegriffen, sodass die Tatsache selbst nicht mehr unter den Teppich gekehrt werden kann. Es ist eine traurige Wahrheit: *Die größten Menschenrechtsverletzungen, die sich nach dem Zweiten Weltkrieg auf deutschem Boden ereigneten, fanden ausgerechnet in pädagogischen Institutionen statt* – dort, wo Kinder Trost, Hoffnung, liebevolle Unterstützung hätten finden sollen.

Über Jahrzehnte hinweg wurde die sexuelle und nicht-sexuelle Gewalt gegen Kinder bagatellisiert und verdrängt – eine Haltung, die mittlerweile von weiten Bevölkerungskreisen nicht mehr toleriert wird, und zwar nicht nur in Deutschland, sondern auch in den meisten anderen demokratischen Rechtsstaaten. Diese *neue Sensibilität gegenüber Kinderrechtsfragen* kam 2012 auch in der heftig geführten Debatte um die *Knabenbeschneidung* zum Ausdruck: Dass sich die Mehrheit der deutschen Bürgerinnen und Bürger gegen die ausdrückliche Legitimierung der medizinisch nicht indizierten Vorhautamputation aussprach, war keineswegs auf fremdenfeindliche Gesinnungen zurückzuführen (wie Beschneidungsbefürworter immer wieder behaupteten), sondern auf die bemerkenswerte Tatsache, dass mittlerweile mehr und mehr Menschen *das Recht des Kindes auf körperliche Unversehrtheit und Selbstbestimmung* höher gewichten als die zuvor kaum problematisierte *Erziehungsgewalt* der Eltern.[51]

Es handelt sich hierbei um ein allgemein zu beobachtendes Phänomen: Wir nehmen Gewalt nicht mehr als Selbstverständlichkeit hin, sondern setzen deren Verursacher unter Druck. Wir sind sensibler geworden für Diskriminierungen und Menschenrechtsverletzungen aller Art, auch dann, wenn wir nicht direkt von ihnen betroffen sind. *Indirekt betroffen* sind wir nämlich von vielem – und eben dies unterscheidet uns wesentlich von vorangegangenen Generationen: *Wir erkennen uns selbst nicht nur im Nächsten, sondern auch im Fernsten wieder.* Denn der *empathische Kreis* hat sich im Verlauf der Kulturevolution zunehmend erweitert:[52] Umfasste er zunächst nur den eigenen Clan, umschloss er später spezifische Großgruppen (Nation, Religion, Ethnie, Klasse, Geschlecht etc.) und schließlich sogar die Menschheit in ihrer Gesamtheit.

Und selbst bei dieser weltbürgerlichen Perspektive sind viele nicht stehen geblieben, denn mittlerweile hat der empathische Kreis die Artgrenze durchbrochen: Immer mehr Menschen sehen ein, dass es keinen plausiblen Grund dafür gibt, die Interessen von Lebewesen bloß deshalb zu ignorieren, weil sie nicht unserer Spezies angehören. Schließlich sind wir keineswegs die einzigen empfindsamen Tiere auf diesem Planeten. Einige unserer tierlichen Verwandten (insbesondere die Großen Menschenaffen, aber auch Delfine, Wale, Elefanten, möglicherweise auch Schweine) besitzen sogar ein *Bewusstsein ihrer selbst*, weshalb wir sie als *Personen mit entsprechendem Rechtsstatus* behandeln müssten.

Auch wenn der *Speziesismus* (die Diskriminierung von Lebewesen aufgrund ihrer Artzugehörigkeit) längst noch nicht so sehr in Misskredit geraten ist wie andere Formen der Diskriminierung, ist der Trend zu einem ethisch angemesseneren Verhalten gegenüber unseren tierlichen Verwandten unübersehbar – und es ist keineswegs ausgeschlossen, dass er über kurz oder lang zu grundlegenden gesellschaftlichen Veränderungen führen wird. Möglicherweise werden künftige Generationen dem Speziesismus unserer Tage mit der gleichen Fassungslosigkeit begegnen, mit der wir heute auf den Rassismus und Nationalismus vergangener Epochen zurückblicken.

Der erstaunliche Aufschwung, den die Tierschutz- und Tierrechtsbewegung erfahren hat,[53] ist ein eindrucksvoller Beleg dafür, welche ethischen Fortschritte in den letzten Jahrzehnten erzielt wurden. Denn *eines* unterscheidet die Tierrechtsbewegung maßgeblich von anderen Anti-Diskriminierungsbewegungen (mit Ausnahme vielleicht der Kinderrechtsbewegung): *Die Nutz-*

nießer dieses besonderen Emanzipationsprozesses können sich selbst nicht politisch artikulieren (im Unterschied etwa zu Sklaven, Homosexuellen, Frauen, Proletariern, Juden, Armeniern oder Kurden). Zwar haben sich Menschen auch in der Vergangenheit für Gruppen eingesetzt, denen sie selbst nicht angehörten (Männer für Frauenrechte, Unternehmer für Arbeiterrechte, Heterosexuelle für Schwulenrechte usw.), aber keine andere Emanzipationsbestrebung beruhte so ausschließlich auf der Ausweitung des empathischen Kreises wie die Tierrechtsbewegung.

Hinter dieser Ausweitung verbirgt sich nicht nur eine *gestiegene emotionale Bereitschaft*, sich in andere einzufühlen, sondern auch ein bemerkenswerter intellektueller Fortschritt, nämlich der *Übergang vom moralischen Dualismus zum ethischen Monismus*. Was ist damit gemeint? Nun, im Unterschied zum moralischen Dualismus, der, wie wir gesehen haben, wertend zwischen den Mitgliedern der eigenen und den Mitgliedern fremder Gruppen unterscheidet, akzeptiert das *einheitliche (monistische) Denken* keine unterschiedlichen Ethiken für unterschiedliche Gruppen, sondern *wendet ein und dasselbe ethische Prinzip – das Prinzip der gleichen Berücksichtigung gleicher Interessen – gleichermaßen auf alle Individuen aller Gruppen an*. Ethischer Monismus verlangt also, *Diskriminierungen jeder Art* (etwa Rassismus, Sexismus, Nationalismus, Speziesismus) *zu überwinden*, da er es als *unethisch* begreift, die Interessen von Individuen bloß deshalb abzuwerten, weil diese ein anderes Geschlecht haben, eine andere Hautfarbe, einen anderen Glauben, eine andere sexuelle Orientierung, eine andere soziale Herkunft – oder weil sie auf vier statt auf zwei Beinen laufen.

Wer ethisch denkt, sollte die *Interessen eines jeden fühlenden Wesens berücksichtigen, das von einer Handlung betroffen ist*. Allerdings sollte man das Prinzip der gleichen Berücksichtigung gleicher Interessen nicht missverstehen: So bedeutet es natürlich nicht, dass alle Interessen das *gleiche Gewicht* hätten oder dass Menschen und nichtmenschliche Tiere *in jeglicher Hinsicht* gleich zu behandeln wären.[54] In diesem Zusammenhang ist es sehr wohl entscheidend, welche Bewusstseins- und Empfindungsfähigkeit ein Lebewesen aufweist, denn je höher der Bewusstseinsgrad, desto höher ist auch die Fähigkeit, nicht nur physisches, sondern auch psychisches Leid zu empfinden und womöglich sogar künftiges Leid zu antizipieren. Zwar sollten wir keinem Lebewesen unnötiges Leid zufügen, aber es macht einen großen Unterschied, ob wir ein Insekt (etwa eine Stechmücke, die uns nachts nicht schlafen lässt) oder aber ein höheres Wirbeltier töten, das Lust und Schmerz in einer durchaus vergleichbaren Weise empfinden kann wie wir.

In besonderem Maße sind dabei natürlich die Interessen von Tieren zu berücksichtigen, die bereits über eine Form von *Ich-Bewusstsein* verfügen. Insofern sollte es eine Selbstverständlichkeit sein, dass Schimpansen, Bonobos, Gorillas und Orang-Utans ein Grundrecht auf artgerechtes Leben, individuelle Freiheit und Schutz vor Folter erhalten (ein Recht auf Bildung, Meinungs-, Kunst- oder Pressefreiheit brauchen sie im Gegensatz zu uns allerdings sicher nicht). Als Paola Cavalieri (*1950) und Peter Singer (*1946), die Initiatoren des *Great Ape Project*, in den 1990er-Jahren erstmals solche *Grundrechte für Menschenaffen* einforderten, stießen sie noch auf großes Unverständnis in der Bevölkerung, heute, 20 Jahre später, fallen diese Forderungen zunehmend auf fruchtbaren Boden[55] – ein weiteres Indiz für den ethischen Fortschritt, der in den letzten Jahrzehnten stattgefunden hat.

Gewiss: Der Durchbruch vom moralischen Dualismus zum ethischen Monismus ist keineswegs überall erfolgt. Rassismus, Sexismus, Nationalismus, religiöser Fundamentalismus, Speziesismus etc. sind noch immer weit verbreitet, engstirnige Gruppenegoismen diktieren weiterhin das Weltgeschehen. Aber man sollte sich davon nicht in die Irre führen lassen. So wäre es verkehrt, die Fortschritte kleinzureden, die durch den unermüdlichen Einsatz vieler Einzelpersonen trotz allem auf ethisch-politischem Gebiet errungen werden konnten: Dass zumindest in einigen Teilen der Welt männliche und weibliche, hetero- und homosexuelle, »blasse« und »farbige« Menschen gleichberechtigt sind, dass Angriffskriege geächtet werden und die Sklaverei abgeschafft ist, dass Kinderrechte wahrgenommen und Tierrechte zumindest diskutiert werden, sind keine Lappalien, sondern ebenso bemerkenswerte Erfolge wie die verblüffenden

Leistungen, die der Mensch auf dem Gebiet der Wissenschaft, der Technik, der Medizin oder der Kunst hervorgebracht hat.

Ich habe in den vorangegangenen Kapiteln versucht, in groben Zügen zu skizzieren, wie das kluge, erfinderische, sinnliche, ethische Tier, das sich als *Homo sapiens* bezeichnet, seine Potenziale im Verlauf der kulturellen Evolution immer besser entfalten konnte. Wir (und das gilt vor allem für die Bürgerinnen und Bürger der modernen Wissenschaftsgesellschaften) stehen heute in fast jeder Hinsicht besser da als die Menschen vergangener Zeiten – und es wäre absurd zu glauben, dass mit dem gegenwärtigen Stand der Zivilisation die Entwicklungspotenziale der Menschheit bereits ausgereizt wären.

Auch wenn es in der Geschichte keinen Fortschrittsautomatismus gibt (siehe Kapitel 3: *Die Evolution von Sein und Bewusst-Sein*), so spricht doch vieles dafür, dass wir uns gerade erst im Anfangsstadium eines umfassenden evolutionären Umbruchs befinden, der die Menschheit schon recht bald auf eine sehr viel höhere zivilisatorische Stufe heben könnte. Vergessen wir nicht, dass ein Großteil der Fortschritte in der Wissenschaft, der Technologie, Medizin, Kunst und Ethik bzw. Politik erst in den letzten 200, ja genau genommen: erst in den letzten 50 Jahren erzielt wurde. In den nächsten 50 oder gar 200 Jahren dürfte die Menschheit auf all diesen Gebieten ein Entwicklungsniveau erreichen, das so weit von unseren heutigen Möglichkeiten entfernt ist, dass wir es uns nicht einmal ansatzweise vorstellen können.

Diese unausgeschöpften Potenziale sollten wir im Hinterkopf behalten, wenn wir im nachfolgenden Kapitel die gravierenden Probleme in den Blick nehmen, mit denen die Menschheit heute konfrontiert ist.

Teil 3

HOFFNUNG MENSCH

Kapitel 7

QUO VADIS, MENSCHHEIT?
EINE WELT IM UMBRUCH

»Dies ist ein Geschenk einer kleinen, weit entfernten Welt, eine Probe unserer Klänge, unserer Wissenschaft, unserer Bilder, unserer Musik, unserer Gedanken und unserer Gefühle. Wir versuchen, unser Zeitalter zu überleben, um so bis in Ihre Zeit hinein leben zu dürfen.« Mit diesen bescheidenen Worten richtete sich US-Präsident Jimmy Carter (*1924) 1977 an potenzielle außerirdische Zivilisationen, als die NASA die sogenannte *Golden Record* mit den Raumsonden *Voyager 1* und *2* ins Weltall schickte.[1]

Mittlerweile hat Voyager 1 unser Sonnensystem verlassen, aber die Datenscheibe, die 1977 unter Leitung des brillanten amerikanischen Astrophysikers und Bestsellerautors Carl Sagan (1934–1996) entwickelt wurde, ist über das Internet zugänglich.[2] Sie enthält Grußbotschaften in 55 Sprachen, Geräusche von Tieren, Naturereignissen und Werkzeugen, Musikstücke verschiedener Zeiten und Kulturen (vom *Nachtgesang* der Navajo-Indianer über Bachs *Brandenburgische Konzerte* bis hin zu Chuck Berrys *Johnny B. Goode*), wissenschaftliche Formeln und Analysen (beispielsweise eine Darstellung der Doppelhelix-Struktur der DNA) sowie Bilder von Landschaften, Tieren, Menschen und Gebäuden.

Obwohl Sagans Team nur wenige Wochen zur Verfügung standen, um dieses »Geschenk einer kleinen, weit entfernten Welt« zu konzipieren, stellt die *Golden Record* ein bemerkenswertes Zeugnis der Erde und der Menschheit dar. Dennoch wurde schnell Kritik an der Zusammenstellung laut: So wurde bemängelt, dass auf der Datenscheibe Bilder von Kriegsverletzten, hungernden Kindern und gravierenden Umweltzerstörungen fehlten, weshalb die *Golden Record* nach Meinung der Kritiker ein völlig falsches Bild der Menschheit vermittle und somit für den ersten Kontakt mit einer außerirdischen Zivilisation denkbar ungeeignet sei.[3]

Einen ähnlichen Vorwurf könnte man auch gegenüber meiner Darstellung in den vorangegangenen Kapiteln erheben: Tatsächlich habe ich über die Erkenntnisfortschritte in der Atomphysik geschrieben, ohne die verheerenden Folgen der militärischen/zivilen Nutzung der Atomkraft (Hiroshima, Tschernobyl etc.) zu thematisieren, und die Fortschritte auf dem Gebiet der Technologie gepriesen, ohne die damit verbundenen Umweltschäden zu problematisieren. Zudem ließ ich bei der Skizze der ethischen Weiterentwicklung der Menschheit einige niederschmetternde Fakten unberücksichtigt – etwa die verstörende Tatsache, dass noch immer (trotz der offiziellen Abschaffung der Sklaverei) Millionen von Menschen weltweit als Leibeigene dahinvegetieren, darunter einige Hunderttausend Kinder, die für eine Handvoll Dollar verkauft und von ihren »Besitzern« zur Arbeit im Steinbruch oder zur Prostitution gezwungen werden.[4]

Auch wenn es tröstlich ist zu wissen, dass es mittlerweile (in Relation zur Weltbevölkerung) weniger Sklaven gibt als je zuvor, dürfen wir die Augen nicht davor verschließen, dass zugleich (in absoluten Zahlen) mehr Menschen versklavt sind als zu jedem anderen Zeitpunkt der Geschichte. Ebenso wenig dürfen wir all die anderen sozialen, ökonomischen und ökologischen Probleme übersehen, mit denen die Menschheit heute zu kämpfen hat – *trotz* und zum Teil auch *wegen* der Fortschritte, die in den vorangegangenen Kapiteln skizziert wurden. Werfen wir also einen Blick auf die bedrohliche Seite der gegenwärtigen Weltlage.

Logik der Zerstörung

Es ist eine »Ironie der Geschichte«, meint der amerikanische Soziologe Jeremy Rifkin (*1945): »In dem Moment, in dem wir dem globalen empathischen Bewusstsein so nah sind, stehen wir auch dicht vor der Vernichtung unserer Spezies. [...] Das neue Denken und Fühlen hat sich in der Formulierung von Bürger-

und Menschenrechten und neuerdings sogar von Tierschutz-
gesetzen niedergeschlagen. [...] Doch auf den ersten Licht-
schimmer des globalen empathischen Bewusstseins fällt der
Schatten der Erkenntnis, dass es zu spät kommen könnte, um
das Gespenst der biosphärischen Entropie, des Klimawandels
und des Untergangs unserer Spezies zu vertreiben.«[5]

Als ich vor etwas mehr als 20 Jahren meine ersten Seminare
an der Universität Trier leitete, drehten sich viele Veranstaltun-
gen um ebendieses Thema. Damals, 1992, hatte der Erdgipfel in
Rio *(United Nations Conference on Environment and Development, UNCED)* erstmals Fragen der Umwelt-, Sozial- und Wirtschaftspolitik in einen systemischen Zusammenhang gestellt
und das Konzept der *nachhaltigen bzw. zukunftsfähigen Entwicklung* (Sustainable Development) zum *Leitprinzip der Vereinten
Nationen* erhoben. Da sich der Ost-West-Konflikt kurz zuvor
aufgelöst hatte, war die Hoffnung groß, dass die Menschheit
durch verstärkte internationale Zusammenarbeit sowohl die absolute Armut beseitigen als auch die immer augenscheinlicher
werdenden ökologischen Probleme lösen könnte.

Dieser Optimismus schlug sich auch in der sogenannten *Rio-
Erklärung* nieder, in der sich die Staatengemeinschaft das Ziel
setzte, »eine neue und gerechte weltweite Partnerschaft aufzubauen« und »Ungleichheiten im Lebensstandard zu verringern«,
wobei die »Unversehrtheit des globalen Umwelt- und Entwick-
lungssystems« geschützt werden sollte, um den Bedürfnissen
der »heutigen und der kommenden Generationen in gerechter
Weise« zu entsprechen.[6]

Acht Jahre später verabschiedete die 55. Generalversammlung der Vereinten Nationen die sogenannten *Millenniums-Entwicklungsziele*: Danach sollte bis ins Jahr 2015 (verglichen mit
dem Stand von 1990) der Anteil der Menschen, die Hunger leiden und keinen Zugang zu sauberem Trinkwasser haben, halbiert und die Sterblichkeitsrate von Kindern unter fünf Jahren
um zwei Drittel gesenkt werden. Zudem sahen die Millenniums-
ziele u. a. die Gleichstellung der Geschlechter, die Lösung der
Schuldenprobleme der Entwicklungsländer, die Verbesserung
der Bildungssysteme, die Bekämpfung von Infektionskrankheiten, die Schaffung menschenwürdiger Arbeitsplätze, die Reduk-

tion des Artensterbens und eine zukunftsfähige Nutzung von Umweltressourcen vor.[7]

Tatsächlich wurden in den letzten Jahren auf vielen dieser Gebiete Fortschritte erzielt – auch wenn die ambitionierten Ziele der UN bislang nur ansatzweise verwirklicht werden konnten.[8] Eine grundlegende Verbesserung bestand schon darin, dass nach dem Erdgipfel in Rio ökologische, soziale, ökonomische und politische Probleme nicht mehr isoliert, sondern im Zusammenhang betrachtet wurden. Ebendiese systemische Sichtweise stand auch im Mittelpunkt vieler Seminare, die ich Anfang der 1990er-Jahre leitete. Als ich zur Vorbereitung dieses Kapitels in meine Unterlagen von damals geschaut habe,[9] war ich einigermaßen verblüfft über die Kontinuität, mit der sich die maßgeblichen Probleme bis heute fortgepflanzt haben. Im Grunde muss man die Zahlenwerte an der einen oder anderen Stelle nur leicht verändern – und schon verwandelt sich die 20 Jahre alte Problemanalyse in eine aktuelle Studie.

Denn noch immer sind wir mit denselben zehn Problemfeldern konfrontiert, die schon damals heftig diskutiert wurden: 1. ökologische Zerstörung, 2. ökonomische Fehlentwicklungen, 3. Demokratiedefizite, 4. Korruption und Kriminalität, 5. kriegerische Auseinandersetzungen, 6. Gruppenideologien, 7. Armut und soziale Ungleichheit, 8. Krankheiten und Seuchen, 9. Bevölkerungswachstum, 10. unzulängliche Bildungssysteme.[10] Und noch immer sind diese Problemkreise hochgradig miteinander verzahnt, sodass wir von einer regelrechten »Logik der Zerstörung« sprechen müssen (so führt Bevölkerungswachstum zu größerer ökologischer Zerstörung, verstärkten ökonomischen Fehlentwicklungen, leichterer Ausbreitung von Krankheiten und Seuchen, größerer Armut und Bildungsnotständen – und ist zugleich das Resultat von ökonomischen Fehlentwicklungen, Armut, mangelhaften Bildungschancen usw.).

Auch innerhalb der zehn Problemkreise sind heute die gleichen oder zumindest sehr ähnliche Phänomene zu beobachten wie schon vor 20 Jahren. Schauen wir uns das nachfolgend etwas genauer an:

1. *Ökologische Zerstörung:* Auf der Liste der anthropogenen (von Menschen zu verantwortenden) ökologischen Bedrohungen standen in den 1990er-Jahren a) Klimaerwärmung/Treibhauseffekt, b) Ausdünnung der Ozonschicht (Ozonloch), c) Reduktion der Artenvielfalt, d) Verschlechterung der Wasser-, Boden- und Luftqualität, e) Übernutzung erneuerbarer bzw. Verknappung nicht erneuerbarer Ressourcen sowie f) die Gefahren potenziell verheerender Risikotechnologien wie etwa der Atomkraft.[11]

Heute sähe eine Liste der Gefährdungen nicht viel anders aus, auch wenn in den letzten Jahren durchaus einige Verbesserungen zu verzeichnen waren: So scheint die lebensbedrohliche Ausdünnung der Ozonschicht dank des Verbots der u. a. in Kühlschränken und Spraydosen verwendeten Fluorchlorkohlenwasserstoffe (FCKWs) gestoppt worden zu sein.[12] Zudem hat die Wasser-, Boden- und Luftverschmutzung (in den entwickelten Regionen) deutlich abgenommen. Bemerkenswert ist auch, dass mit Deutschland eine der führenden Industrienationen nach dem Reaktorunfall in Fukushima den Ausstieg aus der Nutzung der Kernenergie beschlossen hat, was der Entwicklung ungefährlicherer, regenerativer Energieformen enormen Auftrieb geben dürfte.

Auf der anderen Seite haben sich einige der damaligen ökologischen Probleme jedoch weiter verschärft: So stieg der Ausstoß von Kohlendioxid seit 1990 um 46 Prozent an, und die globale Artenvielfalt ging in noch dramatischerem Maße zurück. Zudem fielen seit 1990 (vor allem in Afrika und Südamerika) viele Millionen Hektar Wald der Rodung zum Opfer, und die Meere sind mittlerweile so stark überfischt, dass sich die Bestände (vor allem im Atlantik, dem Mittelmeer und dem Schwarzen Meer) in absehbarer Zeit kaum erholen dürften.[13]

2. *Ökonomische Fehlentwicklungen:* Schon vor 20 Jahren war klar, dass a) der sogenannte »Casinokapitalismus« (die Übermacht der Finanzwirtschaft gegenüber der Realwirtschaft), b) die sich kontinuierlich zuspitzende Verschuldungsproblematik (zunehmende Überschuldung privater und staatlicher Haushalte bei gleichzeitigem Vermögenszuwachs einiger weniger) sowie c) der Machtzuwachs transnationaler Unternehmen (die von natio-

nalen Regierungen nicht mehr zu kontrollieren sind) zu großen sozialen und ökologischen Verwerfungen führen müssen.[14] Leider hat die Politik durch kurzsichtige Entscheidungen (etwa die Deregulierung des Finanzsektors) zu einer weiteren Verschärfung der ökonomischen Fehlentwicklungen beigetragen. Die Folgen haben wir alle erlebt, wobei die Finanzkrisen der letzten Jahre nur ein kleiner Vorgeschmack auf das waren, was noch kommen wird, falls grundlegende Änderungen am Wirtschafts- und Finanzsystem weiterhin ausbleiben sollten.

Immerhin lässt sich ein gewisser Bewusstseinswandel quer durch alle politischen Lager feststellen, vor allem im Hinblick auf die Wahrnehmung des Zusammenhangs von Schulden und Vermögen sowie Einkommensverteilung und wirtschaftlicher Stabilität.[15] Mehr und mehr Menschen scheinen zu erkennen, dass gestiegene Geldvermögen notwendigerweise auf gestiegenen Schulden beruhen und Erstere nun einmal keinen Pfifferling wert sind, wenn Letztere nicht mehr bedient werden können. Weil dieser Zusammenhang in früheren Zeiten in der Regel verdrängt wurde, haben in der Geschichte immer wieder massive Schuldenschnitte und Geldentwertungen mit oft katastrophalen sozialen Folgen stattgefunden[16] – eine klügere Finanzpolitik sollte derartige Krisen vermeiden können.

Der zweite Punkt ist nicht minder entscheidend: Mittlerweile ist es auch in konservative Wirtschaftskreise vorgedrungen, dass es nicht nur eine Frage der sozialen Gerechtigkeit, sondern auch der ökonomischen Vernunft ist, für eine homogenere Einkommensverteilung zu sorgen, da eine funktionierende Marktwirtschaft nicht auf den Bedürfnissen einiger weniger Superreicher gründen kann.[17] Tatsächlich gilt: Je mehr Menschen in der Lage sind, sich am wirtschaftlichen Geschehen zu beteiligen, desto stabiler ist das System – und dies trifft nicht nur auf einzelne Volkswirtschaften zu, sondern insgesamt auf den Austausch von Gütern und Dienstleistungen rund um den Globus.

Dass die wirtschaftliche Bilanz seit 1990 nicht ganz so verheerend ausgefallen ist, wie man angesichts der finanzpolitischen Irrwege der letzten Jahre hätte erwarten können, liegt an der rasanten technologischen Entwicklung, die in den letzten Jahrzehnten stattgefunden hat. Die mit ihr einhergehende Pro-

duktivitätssteigerung sorgte für ein allgemeines Wohlstands-
wachstum nicht nur in den Industrienationen, sondern auch in
Schwellenländern sowie einzelnen Entwicklungsländern.[18] Wäre
das Tauschmittel *Geld* im nationalen wie internationalen Maßstab nicht so ungleich verteilt (was zur künstlichen Verknappung von Gütern und Dienstleistungen geführt hat), wäre der
globale Wohlstand sicherlich in noch sehr viel stärkerem Maße
angestiegen.

3. *Demokratiedefizite:* Demokratische Rechtsstaaten zeichnen
sich nicht bloß dadurch aus, dass sie Bürgerinnen und Bürger an
politischen Entscheidungsprozessen beteiligen, sondern auch
durch die weitreichenden Freiheitsrechte, die sie ihnen garantie-
ren. Bedauerlicherweise lebt aber nur eine Minderheit der Weltbevölkerung unter solch liberalen Verhältnissen. Nach Angaben
der amerikanischen Nichtregierungsorganisation *Freedom
House* sind nur 46 Prozent der 195 Staaten der Welt als freie
Rechtsstaaten zu bezeichnen, weitere 30 Prozent erlauben ihren
Bürgerinnen und Bürgern nur partielle Freiheiten, 24 Prozent
sind autoritäre Regime, in denen Freiheitsrechte drastisch eingeschränkt und Menschenrechtsverletzungen an der Tagesordnung sind.[19]
    Jedoch hat auch hier eine leichte Veränderung zum Besseren
stattgefunden: Im Jahr 1972, in dem der erste Report von *Freedom House* erschien, gab es nur 29 Prozent freie Staaten, gegenüber 25 Prozent mäßig freien und 46 Prozent autoritären, 1990
waren es 40 Prozent freie und jeweils 30 Prozent mäßig freie
bzw. unfreie Länder.[20] Bezogen auf die Weltbevölkerung erhöhte
sich der Anteil der Menschen, die unter freiheitlichen Verhältnissen leben, von 1990 bis heute von 39 Prozent auf 43 Prozent.
Allerdings leben noch immer rund 2,3 Milliarden Menschen
(knapp 34 Prozent der Weltbevölkerung) unter der Herrschaft
autoritärer Regime.[21]
    Und selbst in freiheitlichen Staaten sind gravierende Demo-
kratiedefizite zu beobachten. Eines dieser grundlegenden Probleme besteht im System der *lobbyistischen Expertokratie:* In der
Politik kommen allzu häufig Partikularinteressen ins Spiel, was
damit zusammenhängt, dass im Prozess der politischen Ent-

scheidungsfindung häufig Fachleute konsultiert werden, die von der jeweiligen Entscheidung selbst direkt oder indirekt (als Repräsentanten von Unternehmen und Institutionen) betroffen sind.[22] Eine andere stete Bedrohung für Demokratie und Bürgerrechte geht paradoxerweise von jenen aus, die eigentlich mit der Aufgabe betraut sind, Demokratie und Bürgerrechte zu schützen: von Verfassungsschützern und Geheimdienstlern. Auch dies ist kein neues Phänomen: Schon immer war die Abwehr der »Feinde der Freiheit« mit einem Mehr an Überwachung, staatlicher Kontrolle und Manipulation verbunden. Allerdings gibt es hier durchaus positive Entwicklungen: Während die »Hüter der Ordnung« früher »Systemfeinde« völlig unbedrängt unter Druck setzen konnten (man denke nur an die McCarthy-Ära), geraten sie mittlerweile durch »Whistleblower« und entsprechende Bürgerinitiativen zunehmend selbst unter Druck, weshalb sie ihr Tun immer häufiger vor der Öffentlichkeit rechtfertigen müssen.

4. *Korruption und Kriminalität:* Dort, wo die Prinzipien des Rechtsstaats nicht greifen, blühen Gewalt und Schattenwirtschaft. Besonders verheerend sind die Verhältnisse in den armen Entwicklungsländern, die keine Ressourcen haben, um ihre Einwohner vor Mord, Vergewaltigung, Raub etc. zu schützen. Rechtsfreie Räume existieren allerdings auch in entwickelten Ländern, die gemeinhin als »frei« gelten. Ein bekanntes Beispiel dafür sind die Favelas, die Armutsviertel am Rande der großen Städte Brasiliens, die weitgehend unter der Herrschaft krimineller Gangs stehen. Auch in Osteuropa sind derartige (weit professioneller organisierte) Banden nach dem Zusammenbruch des Kommunismus zu großem Einfluss gelangt, was u. a. zu einer massiven Zunahme von Menschenhandel und Zwangsprostitution auf dem europäischen Kontinent geführt hat.

Waren mafiöse Organisationen früher weitgehend lokal und unabhängig voneinander tätig (etwa die Cosa Nostra und die Camorra in Italien, das Cali-Cartell in Kolumbien, die Triaden in China, die Yakuza in Japan), hat die *organisierte Kriminalität* im Zuge der Globalisierung zunehmend internationale Kooperationen gebildet, was die Justizbehörden vor neue Herausforderungen stellt: »Strafverfolger beobachten, wie türkische Drogenbosse mit russischen Finanziers und albanischen Menschenhändlern zusammenarbeiten. Ukrainische Kriminelle tauschen in Südamerika Waffen gegen Kokain. Die Liberalisierung des Handels öffnet ihnen allen die Grenzen; die Deregulierung der Finanzmärkte macht die Legalisierung ihrer Profite fast zu einem Kinderspiel.«[23] Nach Angaben des *Büros der Vereinten Nationen für Drogen- und Verbrechensbekämpfung* (engl. *United Nations Office on Drugs and Crime*, UNODC) liegt der Jahresumsatz der organisierten Kriminalität mit den Hauptgeschäftsbereichen Drogen-, Menschen- und Waffenhandel, Schmuggel, Wettgeschäfte und Produktpiraterie bei etwa ein bis zwei Prozent der gesamten Weltwirtschaftsleistung, für 2009 wurde er auf die beachtliche Summe von rund 870 Milliarden US-Dollar geschätzt.[24]

Selbstverständlich können derartige Geldströme nicht ohne entsprechende institutionelle und politische Unterstützung fließen. Allerdings hat es lange gedauert, bis die internationale Staatengemeinschaft zur Einsicht gelangte, dass der Kampf gegen die organisierte Kriminalität notwendigerweise mit einem Kampf gegen Korruption verbunden sein muss. Noch in den 1990er-Jahren lehnten die wichtigsten internationalen Institutionen jegliche Anstrengung in diese Richtung ab. Der deutsche Jurist Peter Eigen (*1938), der als Mitarbeiter der Weltbank in Afrika die Erfahrung gemacht hatte, dass Entwicklungshilfeprojekte vor allem am Verhalten korrupter Eliten scheiterten, war von seinem Arbeitgeber sogar abgemahnt worden, da »jedwede politische Aktivität und Einmischung in die ›inneren Angelegenheiten‹ eines Landes« zu unterlassen seien. Eigen gründete daraufhin (1993) *Transparency International*, die erste und heute führende Anti-Korruptions-Organisation der Welt.[25]

Nicht zuletzt dank der Öffentlichkeitsarbeit von *Transparency International* ist die Aufmerksamkeit für das Problem der Bestechlichkeit kontinuierlich gestiegen, was sich letztlich auch auf politischer Ebene niedergeschlagen hat: 1999 verabschiedete die *Organisation für wirtschaftliche Zusammenarbeit und Entwicklung* (OECD) die *Konvention gegen Bestechung ausländischer Amtsträger*, 2005 folgte die *UN-Konvention gegen Korruption*

(UNCAC), die mittlerweile von 165 Staaten ratifiziert wurde – bislang (Oktober 2013) allerdings noch nicht von Deutschland, das sich damit in unangenehmer Gesellschaft mit dem Sudan, Nordkorea und Syrien befindet. (Noch vor Kurzem, im Juni 2013, scheiterte eine entsprechende Gesetzesinitiative im Deutschen Bundestag an den Stimmen der Fraktionen der CDU/CSU und FDP, die ein schärferes Vorgehen gegen die Bestechung von Abgeordneten ablehnten.)

5. *Kriegerische Auseinandersetzungen:* Von 1945 bis 2007 fanden weltweit mehr als 200 Kriege statt, die viele Millionen Todesopfer und Verwundete forderten.[26] Mehr als zwei Drittel dieser Gewaltkonflikte waren innerstaatliche Kriege (Anti-Regime-Kriege, Unabhängigkeitskriege, ethno- bzw. religiös-politische Konflikte), weniger als ein Drittel fand zwischen Staaten statt – eine deutliche Veränderung gegenüber früheren Zeiten. Die meisten dieser Konflikte entbrannten in Asien, Afrika sowie im Vorderen und Mittleren Orient. Ein erheblicher Teil der innerstaatlichen Kriege, so Wolfgang Schreiber (*1961), Leiter der *Arbeitsgemeinschaft Kriegsursachenforschung* (AKUF), resultierte »aus noch nicht erfolgter oder gescheiterter gesellschaftlicher Integration in einem häufig nur formal vorhandenen Staat. Dieses Scheitern wiederum ist Folge wirtschaftlicher Strukturschwächen, krasser Ungleichheiten in der Einkommensverteilung und der willkürlichen politischen Privilegierung bestimmter Gruppen.«[27]

Erfreulich ist, dass die Zahl der Kriege und bewaffneten Konflikte seit 1992 erheblich zurückgegangen ist (gab es 1992 noch 55 Kriege, waren es 2012 »nur« 24).[28] Trotzdem sind noch immer viele Opfer zu beklagen, was nicht zuletzt darauf zurückzuführen ist, dass viele Kriegsparteien nicht zwischen Soldaten und Zivilbevölkerung unterscheiden bzw. bewusst die Zivilbevölkerung ins Visier nehmen, um ihre Gegner zu demoralisieren. Entsprechend hoch ist die Zahl der Menschen, die auf der Flucht vor kriegerischen Handlungen sind und oftmals viele Jahre unter menschenunwürdigen Bedingungen leben müssen. Ende 2012 lag die Zahl der durch Flucht und Vertreibung heimatlos gewordenen Menschen bei 45,1 Millionen – so hoch wie schon seit 18 Jahren nicht mehr.[29]

6. *Gruppenideologien:* Sucht man nach den Ursachen von Kriegen und bewaffneten Konflikten, landet man nicht nur bei ökonomischen und ökologischen Motiven (etwa dem Streit um Ressourcen), sondern auch beim *moralischen Dualismus*, den wir in Kapitel 6 analysiert haben. Trotz der allmählichen Überwindung der gruppennarzisstischen Beschränkung des Empathievermögens spielen Gruppenideologien (vor allem Ethnozentrismus und religiöser Fundamentalismus) eine auffallend große Rolle auf der Weltbühne. So hatte nahezu jeder Konflikt der letzten Jahre einen religiös-politischen bzw. ethnisch-politischen Hintergrund, wobei sich diese Kategorien häufig miteinander vermischten (man denke etwa an die Jugoslawien-Kriege der 1990er-Jahre, in denen mit Kroaten, Serben und Bosniern zugleich auch Katholiken, orthodoxe Christen und Muslime aufeinandertrafen und auch ihre jeweiligen Unterstützer in verdächtiger Weise dem religiösen Schema folgten – während die katholischen Kroaten vornehmlich Hilfe aus Italien, Österreich und Deutschland erhielten, kam die Unterstützung für die orthodoxen Serben aus Russland und Griechenland, jene für die muslimischen Bosnier aus dem Iran und dem Libanon).[30]

Schon Anfang der 1990er-Jahre war absehbar, dass religiöse Ideologien zunehmend das Vakuum auffüllen würden, das nach dem Bedeutungsverlust politisch-weltanschaulicher Ideologien (Nationalismus, Kommunismus, Kapitalismus) entstanden war.[31] Insofern ist es nicht verwunderlich, dass gewalttätige Konflikte heute stark von den Differenzen zwischen Mitgliedern verschiedener Religionen (etwa Juden, Muslime, Christen im Nahen Osten oder Christen und Muslime in Nigeria) bzw. unterschiedlicher Glaubensrichtungen (etwa zwischen Sunniten und Schiiten im Irak oder in Syrien) geprägt sind. Für das Schüren solcher religionspolitischer Konflikte ist es längst nicht mehr nötig, große Volksmassen zu mobilisieren. Wie die Anschläge des 11. September 2001 gezeigt haben (und leider nicht nur sie), reicht eine kleine Gruppe eingeschworener Fanatiker, um die Welt in Brand zu setzen. Mit religiös motivierten Terroristen, deren Gefährlichkeit daher rührt, dass sie archaische Glaubensvorstellungen mit modernster Technik verbinden, werden wir wohl auf absehbare Zeit leben müssen.

Doch das ist nicht die einzige Gefahr, die vom Boom des Fundamentalismus ausgeht: Da die identitätsstiftenden »Heiligen Schriften« aus vormoderner Zeit stammen, hat das Wiedererstarken religiös-politischer Denkmuster dazu geführt, dass bereits erzielte emanzipatorische Fortschritte in einigen Regionen wieder rückgängig gemacht wurden. Deutlich wird dies u. a. bei der Frage der Gleichberechtigung der Geschlechter: So hatten Frauen im Iran vor 40 Jahren, *vor* der Islamischen Revolution, deutlich mehr Rechte als heute – und der Iran ist nicht das einzige Land, in dem es im Namen des Allmächtigen zu einem patriarchalen Rollback gekommen ist.

Besorgniserregend ist diese Entwicklung nicht zuletzt auch im Hinblick auf die Rechte homosexueller Menschen: Vor allem in Ländern, die unter Scharia-Recht stehen, ist ihre Lage dramatisch (so sehen die Gesetze in Jemen, Iran, Saudi-Arabien, Mauretanien, in den Vereinigten Arabischen Emiraten sowie in Teilen des Sudan und Nigerias vor, schwule Männer mit dem Tod zu bestrafen). Allerdings gibt es auch in christlich dominierten Gebieten gravierende Rückschritte, wie das Beispiel Uganda zeigt: Offenkundig reichte es den bibeltreuen Christen des Landes nicht, dass gegen Homosexuelle mehrjährige Haftstrafen verhängt werden können. Unter dem Einfluss des internationalen Evangelikalen-Netzwerks *The Family* sollte 2009 ein Gesetz beschlossen werden, das Homosexuelle mit dem Tod bedroht und »Komplizen«, die Wohnungen an Homosexuelle vermieten, mit harten Gefängnisstrafen abschreckt. (Dank internationaler Proteste sowie der Aussicht auf Entzug der Entwicklungshilfe konnte das Gesetz im letzten Moment verhindert werden, doch unlängst haben die ugandischen Bibelfundamentalisten eine neue Gesetzesinitiative gestartet, die zwar auf die Todesstrafe verzichtet, aber die Selbstbestimmungsrechte von Schwulen und Lesben abermals in ungeheuerlicher Weise verletzt.)

Momentan ist nicht absehbar, ob der Boom des Fundamentalismus eine vorübergehende Erscheinung ist oder ein Phänomen, das sich mittel- und langfristig noch stärker ausbreiten wird. Hoffnungsvoll stimmt zumindest, dass selbst in den Hochburgen des religiösen Fundamentalismus (etwa im Iran) die Zahl derjenigen wächst, die sich entweder von der Religion radi-

kal verabschieden oder sie in einer liberalen, mit den Menschenrechten kompatiblen Weise auslegen (vgl. dazu meine Darlegung
in Kapitel 2: *Hoffnung jenseits der Illusionen*). Ob sich diese progressiven Kräfte letztlich durchsetzen werden, wird wesentlich
von der weiteren politisch-ökonomischen Entwicklung abhängen, da Menschen für fundamentalistische Überzeugungen
gerade dann empfänglich sind, wenn sie meinen, in sozialer,
politischer oder ökonomischer Hinsicht zu kurz zu kommen,
oder wenn sie befürchten, dass Derartiges in absehbarer Zeit geschehen könnte.

Tragischerweise handelt es sich dabei um ein selbstverstärken-
des System: Denn der religiöse Fundamentalismus ist nicht nur
das *Resultat* sozialer, politischer sowie ökonomischer Frustrationen und Ängste, sondern zugleich eine ihrer entscheidenden *Ursachen*: Überall dort nämlich, wo der Fundamentalismus
regiert, kommt es zwangsläufig zur wirtschaftlich-kulturellen
Stagnation: Rückständige Glaubensvorstellungen erzeugen rückständige Gesellschaftssysteme – und umgekehrt.

7. *Armut und soziale Ungleichheit:* Es ist, wie in Kapitel 1: *Die
Ungerechtigkeit der Welt* dargelegt, das große Schandmal unserer
Zivilisation, dass noch immer Abermillionen Kinder weltweit
von Geburt an zu einem Leben verurteilt sind, das ihnen nur
Hunger, Krankheit, Gewalt und einen frühen Tod bescheren
wird. Zwar haben sich die Verhältnisse seit Beginn der 1990er-
Jahre leicht verbessert, doch die aktuellen Zahlen sind weiterhin
erschütternd: So starben 2011 schätzungsweise 6,9 Millionen
Kinder unter fünf Jahren an den Folgen von Unterernährung,
unzureichender medizinischer Versorgung und mangelnder Hygiene – etwa 19 000 Kinder pro Tag, ein Kind alle fünf Sekunden
(1990 waren es noch 33 000 Kinder, die Sterblichkeitsrate sank
seither um 41 Prozent, von 87 Sterbefällen pro 1000 Lebendgeburten auf 51 – ein bemerkenswerter Erfolg und doch lange
nicht genug).[32]

Noch immer sind rund 850 Millionen Menschen chronisch
unterernährt (1990 waren es 980 Millionen, ihr Anteil an der
Weltbevölkerung ist somit von 23,2 auf 14,9 Prozent gesunken)[33].
2011 war jedes sechste Kind unter fünf Jahren (101 Millionen

Kinder) untergewichtig, jedes vierte (165 Millionen Kinder) wies armutsbedingte Wachstumsstörungen auf (gegenüber 1990 ist dies ein Rückgang von rund 35 Prozent).[34] Die Zahl der Menschen, die nach den Kriterien der UN in *extremer Armut* leben, sank zwischen 1990 und 2010 von 1,9 auf 1,2 Milliarden (ihr Anteil an der Weltbevölkerung ging damit von 47 auf 22 Prozent zurück). Allerdings ist zu beachten, dass dieser positive Trend vor allem auf die Erfolge in China zurückzuführen ist, wo der Anteil der extrem armen Menschen von 60 Prozent auf zwölf Prozent gesenkt werden konnte. Am schwächsten fielen die Fortschritte in Afrika südlich der Sahara aus, wo die Quote der unter extremer Armut leidenden Menschen zwar um acht Prozent zurückging, ihre absolute Zahl jedoch von 290 Millionen (1990) auf 414 Millionen (2010) gestiegen ist.[35]

Da Menschen, die unter prekären Lebensumständen leben müssen, gezwungen sind, jede noch so unwürdige und gesundheitsgefährdende Arbeit anzunehmen, werden gerade sie häufig zu *Opfern rigoroser Ausbeutung*. Ein bekanntes Beispiel dafür sind die Textilarbeiterinnen in Bangladesch (eines der ärmsten Länder der Welt, das zugleich zweitgrößter Textilproduzent der Erde ist): Die Arbeiterinnen (80 Prozent Frauen) müssen in der Regel sieben Tage die Woche für einen Monatslohn von unter 40 Euro schuften, oftmals unter unerträglichen, mitunter sogar lebensgefährlichen Arbeitsbedingungen (wie unlängst das Unglück von Sabhar zeigte, bei dem mehr als 1100 Menschen durch den Einsturz eines maroden Gebäudes ums Leben kamen).

Noch schlechter geht es den etwa 200 000 Kindersklaven, die an der Elfenbeinküste bei der Kakaoernte helfen, schwerste Lasten tragen und ungeschützt Pestizide versprühen müssen – ohne dafür auch nur einen Penny zu erhalten, nur für die Bereitstellung von Essen und einem Schlafplatz. Katastrophal ist auch die Lage der etwa 300 000 Kinder, die der haitianischen Ober- und Mittelschicht als Haussklaven dienen und häufig Opfer von Gewalt und/oder sexuellem Missbrauch werden. Ähnlich entwürdigend ist die Situation der Sklaven in Mauretanien, von denen es noch immer rund 500 000 geben soll, obgleich das Parlament 2007 nach heftigen Debatten (schließlich wird die Sklaverei im Koran legitimiert) ein Gesetz beschlossen hat, das Sklavenhaltung mit Gefängnisstrafen von fünf bis zehn Jahren bedroht (was gemessen an der mauretanischen Todesstrafe für Homosexuelle ein vergleichsweise harmloses Strafmaß ist).[36]

Zweifellos wäre es ein wichtiger Fortschritt, wenn Anti-Sklaverei-Gesetze endlich eingehalten und Arbeitnehmerrechte entschieden ausgebaut würden, *doch solange die groteske Ungleichverteilung von Einkommen und Vermögen erhalten bleibt, wird sich an den globalen Ausbeutungsstrukturen nur wenig ändern.* Tragischerweise hat es gerade auf diesem Gebiet seit 1990 keinerlei Fortschritte gegeben – im Gegenteil, die globale Ungleichheit hat mittlerweile Dimensionen angenommen, die jeder Beschreibung spotten: So besitzen nach einer Studie des *World Institute for Development Economics Research* der UN die reichsten zehn Prozent der Weltbevölkerung 85 Prozent des globalen Vermögens, während die ärmere Hälfte der Menschheit zusammen gerade einmal auf ein Prozent des Vermögens zurückgreifen kann.[37] Der *Wohlstandsreport 2012* des Forschungszentrums der *Credit Suisse* kam zu ähnlichen Ergebnissen: Demnach verfügen die reichsten 8,1 Prozent der Weltbevölkerung über mehr als 82 Prozent des Kapitals, während 70 Prozent der Menschen sich mit etwas mehr als 3,3 Prozent abfinden müssen.[38]

Noch deutlicher werden die Ausmaße der in den letzten Jahrzehnten erfolgten Konzentration des Vermögens, wenn wir uns die Gruppe der Superreichen etwas genauer anschauen und dabei zusätzlich zu ihrem offiziellen Vermögen auch das in Steuerparadiesen geparkte Offshore-Kapital mit einbeziehen, wie dies erstmalig in einer 2012 veröffentlichten Studie des *Tax Justice Network* (TJN) geschehen ist: Den Schätzungen des TJN zufolge besitzen die reichsten 0,001 Prozent der Weltbevölkerung (91 000 Personen) 30,3 Prozent des Weltvermögens, die reichsten 0,011 Prozent (930 000 Personen – weniger als ein Drittel der Einwohnerzahl Berlins) über die Hälfte (!) aller weltweiten Finanzressourcen (50,2 Prozent), die reichsten 0,14 Prozent (9,35 Millionen, nicht einmal das Dreifache der Einwohnerzahl Berlins) 81,3 Prozent des gesamten globalen Kapitals![39] Alle anderen, immerhin 99,86 Prozent der Weltbevölkerung, müssen sich mit den restlichen 18,7 Prozent des globalen Vermögens begnügen.

Bemerkenswert daran ist, dass der Gruppe der Superreichen (siehe die obigen Anmerkungen zu den korrupten Eliten) erstaunlich viele Menschen aus überschuldeten Entwicklungsländern bzw. Schwellenländern angehören: Berücksichtigt man das Offshore-Vermögen, das diese Personen im Ausland angelegt haben, könnten ihre Herkunftsländer, die mit Netto-Auslandsschulden von 2,9 Billionen Dollar belastet sind, gegenüber dem Ausland durchaus als Netto-Gläubiger mit Forderungen von mehr als 10 Billionen US-Dollar auftreten – das Problem ist nur, »dass die Vermögenswerte dieser Länder von einer kleinen Gruppe vermögender Privatpersonen gehalten werden, während ihre Schulden über ihre Regierungen von der normalen Bevölkerung geschultert werden müssen«.[40]

Das hier nur angerissene Phänomen der Verschuldung der öffentlichen Haushalte zugunsten einiger weniger Großkapitalbesitzer ist freilich nicht nur in Entwicklungsländern, sondern weltweit, auch in den sogenannten »entwickelten Staaten«, zu beobachten. Wer wirklich an der Bekämpfung der Armut (global wie lokal) interessiert ist, muss an diesem Punkt, an der Frage der Verteilungsgerechtigkeit, ansetzen – alles andere wäre eine Farce.

8. *Krankheiten und Seuchen:* Menschen, die in tiefster Armut leben, leiden in der Regel unter mangelhafter medizinischer Versorgung und unzureichenden hygienischen Bedingungen, was zur Ausbreitung von tödlichen Krankheiten und Seuchen führt. Die Vereinten Nationen nahmen sich deshalb in ihren Millenniums-Zielen vor, die Infektionsrate mit Krankheiten wie Masern, HIV, Malaria und Tuberkulose drastisch zu reduzieren und den Erkrankten wirksame medizinische Therapieverfahren bereitzustellen. Zu einem bemerkenswerten Teil konnten diese Ziele auch erreicht werden: So wurden durch verstärkte Impfungen zwischen 2000 und 2011 geschätzte 10,7 Millionen Masern-Todesfälle abgewendet.[41] Die Zahl der weltweiten HIV-Infektionen sank zwischen 2001 und 2011 um 21 Prozent, liegt aber in den afrikanischen Ländern südlich der Sahara mit 1,8 Millionen der insgesamt 2,5 Millionen weltweiten Neuansteckungen noch immer erschreckend hoch (auch deshalb, weil in diesen Ländern

nur unzureichende Aufklärung über das Thema erfolgt ist und Kondome wegen religiöser Vorbehalte – siehe Uganda – sowie aus Kostengründen nur selten gebraucht werden).[42]

Die Malaria-Sterblichkeitsrate sank von 2000 bis 2011 um 25 Prozent, wodurch etwa 1,1 Millionen Todesfälle verhindert werden konnten.[43] Noch deutlicher war der Fortschritt bei der Bekämpfung der Tuberkulose: Zwar starben 2011 noch immer rund 1,4 Millionen Menschen an dieser Krankheit, doch das Ziel, die Ausbreitung der Tuberkulose zum Stillstand zu bringen und die Zahl der Sterbefälle gegenüber 1990 zu halbieren, könnte bis 2015 – trotz der aktuellen Berichte über multiresistente Tuberkulosestämme – erreicht werden.[44]

Erfolge konnten die Vereinten Nationen auch im Hinblick auf die *Verbesserung der hygienischen Bedingungen* verzeichnen: Seit 1990 haben zusätzliche 2,1 Milliarden Menschen Zugang zu sauberem Trinkwasser erhalten, womit der Anteil derjenigen, die in diesen Genuss kommen, von 76 auf 89 Prozent der Weltbevölkerung angewachsen ist. Zudem wurden verbesserte sanitäre Einrichtungen für 1,9 Milliarden Menschen geschaffen. Dennoch müssen weiterhin 768 Millionen Menschen ohne sauberes Trinkwasser und mehr als eine Milliarde ohne sanitäre Einrichtungen auskommen, was nicht nur mit schweren Gesundheitsrisiken, sondern auch mit starken Umweltbelastungen verbunden ist.[45]

So erfreulich die Erfolge der Vereinten Nationen auch sind, so haben sie doch kaum etwas daran geändert, dass die Qualität der medizinischen Versorgung in höchstem Maße von den finanziellen Ressourcen der Patienten abhängig ist – ein Zusammenhang, der nicht nur im globalen Maßstab, sondern auch innerhalb der Industrieländer offenkundig ist. Solange das Problem der Verteilung der Ressourcen nicht grundsätzlich anders gelöst wird, gilt es daher, der Verstärkung einer Zweiklassenmedizin mit größter Entschiedenheit entgegenzutreten.

9. *Bevölkerungswachstum:* Obgleich die medizinischen und technologischen Fortschritte der letzten 150 Jahre einige Teile der Welt nur in geringem Ausmaß erreicht haben, waren die Effekte groß genug, um zu einer deutlichen Reduktion der Sterberate zu

führen (die Menschen werden heute deutlich älter als noch vor wenigen Jahrzehnten). Da die Geburtenrate jedoch unverändert hoch blieb, kam es im 20. Jahrhundert zu einem raschen, historisch einmaligen Wachstum der Weltbevölkerung. Hatte die Menschheit von ihren Anfängen vor 200 000 Jahren bis ins 19. Jahrhundert gebraucht, um auf eine Population von einer Milliarde Individuen anzuwachsen, kamen im 20. Jahrhundert in kurzen Abständen weitere Milliarden Erdbewohner hinzu: 1927 lebten zwei Milliarden Menschen auf der Erde, 1960 waren es schon drei Milliarden, 1974 vier Milliarden, 1987 fünf Milliarden, 1999 sechs Milliarden, 2011 sieben Milliarden. Gegenwärtig wächst die Weltbevölkerung jährlich um rund 79 Millionen Menschen (etwa die Gesamteinwohnerzahl Deutschlands), jeden Tag sind wir etwa 216 000 Individuen mehr.

Wie geht es weiter? Bliebe die gegenwärtige Geburtenrate konstant, würde die Menschheit nach aktuellen Schätzungen der Vereinten Nationen bis ins Jahr 2100 auf über 28,5 Milliarden Individuen anwachsen[46] – das Dreifache der jetzigen Weltbevölkerung, was ökologisch, ökonomisch, politisch kaum zu bewältigen wäre, zumal die allermeisten dieser Menschen in den ärmsten Ländern der Welt leben würden. Allerdings darf man davon ausgehen, dass die Geburtenrate sich auch in den Entwicklungsländern der Sterberate allmählich angleichen wird (Prinzip des demografischen Übergangs). Von der Schnelligkeit dieser Entwicklung wird es abhängen, welche der drei UN-Prognosen zur Bevölkerungsentwicklung eintreffen wird: Geht die Geburtenrate nur langsam zurück, müssen wir im Jahr 2100 mit etwa 16 Milliarden Menschen rechnen (dem Doppelten der jetzigen Weltbevölkerung, was ebenfalls gravierende Probleme mit sich bringen dürfte). Vollzieht sich der Wandel schnell, könnte die Population bis dahin sogar unter den jetzigen Stand von 7 Milliarden fallen. Als realistisch betrachten die Experten eine mittlere Prognose, die darauf hinausläuft, dass 2100 rund 10,8 Milliarden Menschen auf dem Planeten leben werden, was immerhin ein Wachstum der Menschheit um die Hälfte der jetzigen Weltpopulation bedeuten würde.[47]

Macht man sich diese Dimensionen bewusst, gibt es keinen Grund, das Problem des Bevölkerungswachstums in irgendeiner

Weise zu bagatellisieren. Denn es handelt sich dabei nicht bloß um ein taktisches Manöver der Reichen, die von der Frage der Verteilungsgerechtigkeit ablenken wollen (auch wenn das Argument der »Überbevölkerung« gerne dazu benutzt wird).[48] Fakt ist: Selbst wenn die optimistischste aller UN-Prognosen eintreffen sollte, was verlangt, dass es eine massive Erweiterung der Programme für sexuelle Aufklärung, Verhütung, Familienplanung und Altersvorsorge gäbe und der Widerstand der Gegner der Familienplanung (wie der katholischen Kirche) schnell gebrochen werden könnte, so würde die Weltbevölkerung dennoch (vor allem in den Entwicklungsländern) in den nächsten Jahrzehnten weiter stark ansteigen (nach der günstigsten Prognose werden 2050 8,3 Milliarden Menschen auf der Erde leben, nach der ungünstigsten werden es bereits 11 Milliarden sein). So oder so werden wir also Jahr für Jahr, Monat für Monat, Tag für Tag mehr Nahrungsmittel, mehr Medikamente, mehr Wohnungen, mehr sanitäre Einrichtungen usw. brauchen, um mit der Bevölkerungsentwicklung Schritt halten zu können. Zudem müssten jährlich Hunderttausende neuer Grundschulen und Weiterbildungseinrichtungen geschaffen werden, um auch nur die gegenwärtige, völlig unzureichende Versorgung mit Bildungsangeboten aufrechterhalten zu können.

10. *Unzulängliche Bildungssysteme:* Seit Langem ist bekannt, dass Bildung einer der zentralen Schlüssel für wirtschaftliche Weiterentwicklung, sozialen Frieden, ökologische Nachhaltigkeit sowie zur Verhinderung weiteren Bevölkerungswachstums ist.[49] Nicht zuletzt aus diesem Grund haben die Vereinten Nationen in ihren Millenniums-Entwicklungszielen vereinbart, alles zu unternehmen, damit bis 2015 alle Kinder der Erde, Mädchen wie Jungen, eine Grundschulbildung durchlaufen können, um zumindest die grundlegenden Lese-, Schreib- und Rechenfähigkeiten zu erwerben. Dieses Ziel wird jedoch mit Sicherheit nicht erreicht werden: Zwar stieg in den Entwicklungsländern der Anteil der Kinder, die eine Grundschule besuchen, von 1990 bis 2011 um 10 Prozentpunkte (von 80 auf 90 Prozent), aber noch immer verfügen geschätzte 250 Millionen Kinder im Grundschulalter nicht über die basalen Kenntnisse des Lesens, Schreibens und Rech-

nens.[50] Das Gleiche trifft nach Angaben des *UNESCO Institute for Statistics* auf 773,5 Millionen Jugendliche und Erwachsene zu,[51] sodass wir davon ausgehen müssen, dass zum gegenwärtigen Zeitpunkt mehr als eine Milliarde Menschen, etwa ein Siebtel der Weltbevölkerung, keinen Zugang zu den zentralen Kulturtechniken haben.

Die Ausmaße der globalen Bildungskatastrophe werden noch deutlicher, wenn man sich dem Thema nicht bloß in *quantitativer*, sondern auch in *qualitativer* Hinsicht nähert. Denn so wichtig es ist, *dass* Kinder lernen, so sehr kommt es doch auch darauf an, *was* sie lernen und *wie* es ihnen vermittelt wird. Hier muss man leider den allermeisten Schulen der Welt schlechte Zeugnisse ausstellen, denn viele Schulen verhindern die Lust am Lernen eher, als dass sie sie fördern, und führen auch eher in den Obskurantismus ein als in die Wissenschaft, von einer rationalen, zeitgemäßen Ethik ganz zu schweigen. Man denke nur an die vielen Hunderttausend traditionellen Koranschulen rund um den Globus, in denen Kinder unter Androhung von Prügelstrafen Koranverse auswendig lernen müssen und mit vormodernen Rollenklischees indoktriniert werden, aber von den großen wissenschaftlichen Fortschritten der letzten 150 Jahre kaum etwas erfahren.

In den christlichen Missionarsschulen und den teilweise noch aus Kolonialzeiten stammenden weltlichen Schulen Afrikas sieht die Lage kaum besser aus. Aber wie könnte es auch anders sein? Wenn man sich vor Augen führt, dass selbst in einem modernen, säkularen Land wie Deutschland die biblische Schöpfungsgeschichte in der Grundschule, die Evolutionslehre jedoch erst ab der 10. Klasse (wenn überhaupt!) gelehrt wird,[52] braucht man sich über die weit katastrophaleren Zustände in weniger entwickelten Teilen der Welt gar nicht zu wundern.

Für das Projekt einer zukunftsfähigen Lösung der großen Weltprobleme stellt die globale Bildungsmisere ein enormes Hindernis dar. Und doch: Es gibt auch hier keinen Grund zu verzagen! Denn überall formieren sich Initiativen, die darauf abzielen, die Bildungssysteme zu reformieren. Es ist durchaus Bewegung in die Debatte gekommen, welche Inhalte wir unseren Kindern vermitteln sollten und wie wir sie auf ihrem Weg in die

Zukunft bestmöglich unterstützen können. In vielen Ländern ist in diesem Zusammenhang auch die Einsicht gewachsen, dass wir es uns nicht mehr leisten können, in gleichem Umfang wie bisher auf vormoderne Vorstellungen zurückzugreifen, wenn wir verantwortlich mit der Technologie des 21. Jahrhunderts umgehen wollen.

Der technische Fortschritt, vor allem die zunehmende Verbreitung digitaler Kommunikationsmittel, wird diesen Trend enorm verstärken. Schon jetzt gibt es weltweit 6,8 Milliarden Mobilfunkanschlüsse (eine Verdreifachung seit 2005), bereits 2,7 Milliarden Menschen nutzen das Internet (zweieinhalbmal so viele wie 2005).[53] Aus diesem Grund wird es künftig immer schwerer werden, Menschen Wissen vorzuenthalten. Sie werden das, was man ihnen beigebracht hat, mit dem vergleichen können, was andere denken und erforscht haben, und daraus ihre eigenen Schlüsse ziehen. Nie zuvor in der Menschheitsgeschichte gab es einen derart freien Zugang zu Information. Allein das wird das Gesicht der Welt verändern. Wir stehen zwar erst am Anfang dieses kulturellen Evolutionsprozesses, aber die Anzeichen des Wandels sind bereits deutlich zu erkennen.

Wege aus der Krise

»Du brauchst *brennende Geduld*, wenn du etwas bewegen willst!« Als der Zukunftsforscher Robert Jungk (1913–1994) mir diesen Rat gab, war ich ungestüme 23 Jahre alt und wollte alles verändern, möglichst rasch und von Grund auf. Bob (wie er von seinen Freunden genannt wurde) war mein erster Mentor, der mir viele Kontakte vermittelte, die ich selbst nie hätte herstellen können, aber er war – sosehr er meine Initiativen auch unterstützte – besorgt darüber, dass ich Gefahr laufen könnte, meinen Optimismus zu verlieren, wenn sich die Erfolge nicht so schnell einstellen würden, wie ich es mir in meinem jugendlichen Enthusiasmus erträumte.

Bob wusste, wovon er sprach, denn er hatte in seinem bewegten Leben viele Höhen und Tiefen erfahren: Geboren als Sohn eines deutsch-jüdischen Schauspielerehepaars, war er schon als

19-Jähriger (wegen seiner Mitgliedschaft im sogenannten »Gegner-Kreis« um den später hingerichteten Widerstandskämpfer Harro Schulze-Boysen) in die Fänge der Gestapo geraten. In der Nacht des Reichstagsbrands als Verdächtiger verhaftet, gelang ihm im letzten Moment die Flucht ins Ausland, wo er u. a. als Korrespondent der *Weltwoche* über die Machenschaften der Nationalsozialisten berichtete. Schon früh erfuhr er aus verlässlichen Quellen von der Deportation der Juden in Arbeits- und Vernichtungslager, doch niemand wollte seinen Berichten Glauben schenken, was ihn an den Rand des Suizids brachte.

Nach dem Krieg zählte Bob zu den Berichterstattern des Nürnberger Prozesses gegen die Nazi-Hauptkriegsverbrecher, später war er der erste westliche Journalist, der nach Hiroshima reiste, um die Strahlenopfer des Atombombenabwurfs selbst zu Wort kommen zu lassen. Als einer der treibenden Kräfte der Friedens-, Umwelt- und Anti-AKW-Bewegung, als Pionier der Zukunftsforschung und Erfinder der »Zukunftswerkstatt« wurde er, obwohl er von der verhandelten Materie oft mehr verstand als seine Kritiker, als »Traumtänzer« und »Spinner« verlacht (nicht zuletzt auch deshalb, weil er bereits zu einem Zeitpunkt für die Nutzung der Sonnenenergie eintrat, als sich die allermeisten darunter noch überhaupt nichts vorstellen konnten).

Während Konservative ihn nach seinem Buch »Der Atomstaat« (1977) und seinem berühmten Aufruf »Macht kaputt, was euch kaputtmacht!« auf einer Großdemo in Hanau (1988) als »Staatsfeind« betrachteten, sahen Linke in ihm einen »Mann aus Schleim«, da er nicht für die »Weltrevolution«, sondern für einen sanften, evolutionären Wandel eintrat. Dass er all die Schmähungen und schrecklichen Erfahrungen seines Lebens wegstecken konnte, ohne seinen Glauben an die Menschheit zu verlieren, lag an seiner »brennenden Geduld«: »Wer lange lebt«, so schrieb er in seiner Autobiografie *Trotzdem*, »hat oft genug erfahren, dass sich zwar nicht alles, aber doch vieles mit der Zeit zum Besseren wenden kann.«[54] Diese Einsicht gab Bob die nötige Kraft, sich wie kaum ein anderer für eine bessere, humanere Zukunft zu engagieren – trotz der bitteren Niederlagen, die er hatte einstecken müssen.

Brennende Geduld – das ist es auch, was heute gefordert ist, wenn wir eine Lösung der großen Weltprobleme ins Auge fassen: Wir müssen einerseits geduldig genug sein, um Rückschläge verkraften zu können, andererseits jedoch nicht so duldsam, dass alles beim Alten bleibt. Unsere Geduld darf nicht träge, kraftlos, mutlos sein, sondern drängend, fordernd, eben: »brennend«. Denn ein Großteil der Probleme lässt sich in der Tat nicht auf die lange Bank schieben.

Das gilt insbesondere für das Problem der extremen Armut: Jean Ziegler (*1934) hat in seiner Funktion als *Sonderberichterstatter der UNO für das Recht auf Nahrung* wiederholt darauf hingewiesen, dass wir mühelos in der Lage wären, den Hunger in der Welt zu beseitigen. Tatsächlich werden heute mehr Lebensmittel produziert, als notwendig wären, um die gesamte Weltbevölkerung zu ernähren.[55] Doch nur ein Teil dieser Nahrungsmittel kommt bei denen an, die sie am dringendsten benötigen.

Das heißt nicht, dass es keine ernsthaften Anstrengungen auf diesem Gebiet gäbe: 2012 verteilten die 12 000 Mitarbeiter des *Welternährungsprogramms der Vereinten Nationen* (WFP) unter oftmals lebensbedrohlichen Bedingungen in 80 Krisengebieten rund 3,5 Millionen Tonnen Nahrungsmittel. Das 1963 gegründete WFP ist zweifellos das größte humanitäre Hilfsprojekt aller Zeiten und hat Millionen Menschenleben gerettet – und doch ist das längst nicht genug. Denn der Etat des WFP reicht nicht aus, um allen Menschen in Not zu helfen. Würde er etwas aufgestockt, was für die entwickelten Nationen kein unüberwindbares Problem wäre (es würde nur ein Bruchteil dessen verschlingen, was zur Rettung des Vermögens der reichsten 0,14 Prozent der Weltbevölkerung während der Finanzkrise ausgegeben wurde), müsste kein einziger Mensch mehr hungern.

Zweifellos wäre es von größter Wichtigkeit, die humanitäre Hilfe endlich auf das erforderliche Niveau zu bringen. Jedoch: An den strukturellen Defiziten, die letztlich für den Welthunger sowie für die anderen großen Weltprobleme verantwortlich sind, würde sich dadurch nichts ändern. Was also muss getan werden, um diese fundamentalen Defizite zu beheben? Meines Erachtens spielen in diesem Zusammenhang drei Punkte eine besondere Rolle, nämlich 1. die Etablierung einer rationalen Wirtschafts-

und Finanzpolitik, 2. die Entwicklung intelligenterer Technologien und 3. die Förderung einer transkulturellen, humanistischen Perspektive. Schauen wir uns an, was sich hinter diesen
Schlagworten verbirgt:

1. *Eine rationale Wirtschafts- und Finanzpolitik:* Es hat den Anschein, als würden die drei grundlegenden Probleme der gegenwärtigen Ökonomie (Casinokapitalismus, Verschuldungsspirale,
Machtzuwachs transnationaler Konzerne) auf politischer Ebene
allmählich erkannt. Mittlerweile kritisieren selbst Politiker, die
einst die Schleusen für den Hochfrequenzhandel geöffnet haben,
die auf kurzfristige Gewinnmargen konzentrierte spekulative Finanzwirtschaft. Die Erhebung einer *Finanztransaktionssteuer,* die
der große britische Ökonom John Maynard Keynes (1883–1946)
bereits in den 1930er-Jahren vorgeschlagen hat und die lange
Zeit als Ausdruck »linker Spinnerei« galt, wird inzwischen selbst
von konservativen Politikern vertreten. Durch die Einführung
der Steuer sollen die mitunter im Millisekundentakt stattfindenden spekulativen Geschäfte eingeschränkt und zusätzliche Gel-
der in die öffentlichen Haushalte gespült werden. (Man rechnet
innerhalb der EU mit Mehreinnahmen von mindestens 100 Milliarden Euro, die – so die von einigen NGOs und UNICEF vorge-
schlagene Idee einer »Robin-Hood-Steuer« – insbesondere zur
Bekämpfung der extremen Armut eingesetzt werden sollen.)
    Mit der Einführung der Finanztransaktionssteuer würden
kurzfristige Spekulationen etwa mit Rohstoff- und Nahrungs-
mittelpreisen weniger lukrativ werden, sie würden jedoch nicht
unterbleiben. Daher befürworten einige Experten sehr viel weiter reichende Maßnahmen. So forderte der deutsche Ökonom
Heiner Flassbeck (*1950), damals Chef-Volkswirt der *UN-Organisation für Welthandel und Entwicklung* (UNCTAD), man müsse
die »Rohstoffe den Spekulanten entreißen« und dafür sorgen,
»dass auf den Terminmärkten nur Produzenten, Händler oder
Abnehmer eines Rohstoffs handeln dürfen, nicht aber reine Spekulanten«.[56] Das heißt: Wer auf den internationalen Märkten
mit Mais, Weizen, Reis oder Öl handelt, sollte diese Waren auch
liefern können – womit ein beachtlicher Teil derer, die momentan an diesem Geschäft verdienen, aus dem Spiel wäre und irra-

tionale, spekulative, vielfach lebensbedrohliche Preisschwankungen vermieden werden könnten. (2008 beispielsweise stieg der Ölpreis aufgrund von Börsenspekulationen auf 180 Dollar an und fiel danach wieder auf 33 Dollar zurück. Auch der Preis für Reis ging 2008 um ein Vielfaches in die Höhe, um sich nach einer gewissen Zeit wieder zu normalisieren. Folgen dieser irrationalen Spekulationsblasen waren weltweite Nahrungsengpässe und Hungeraufstände mit zahlreichen Toten.)[57]

Auch in der Frage, wie man der zunehmenden Verschuldung der öffentlichen Haushalte entgegentreten sollte, ist allmählich ein Umdenken zu erkennen: Mehr und mehr Politiker scheinen endlich zu begreifen, dass Sparen – entgegen der Häuslebauer-Logik, die gerade in der deutschen Politik lange vorherrschte – keineswegs das beste, sondern vielmehr das schlechteste Rezept ist, um eine angeschlagene Volkswirtschaft zu retten, da diese durch rigide Sparmaßnahmen noch tiefer in die Krise gerissen wird. Die Lösung des Problems liegt eben nicht darin, dass verschuldete Staaten ihre Sozial-, Bildungs- und Kulturausgaben einschränken. Sie eröffnet sich vielmehr dadurch, dass diese Staaten endlich damit beginnen, all jene zur Kasse zu bitten, deren Privatvermögen im Zuge der Verschuldung der öffentlichen Haushalte ins Unermessliche gewachsen sind – vor allem jene 0,14 Prozent der Weltbevölkerung, die mehr als 80 Prozent des globalen Vermögens horten, es in erheblichem Ausmaß als Offshore-Kapital anlegen und somit dem Zugriff der Steuerbehörden entziehen. Ein erster wichtiger Ansatzpunkt wäre daher die Herstellung von *Steuergerechtigkeit*, d. h. das Schließen der legalen und illegalen Steuerschlupflöcher, von denen nur ein kleiner Teil der Bevölkerung (in einem begrenzten Zeitfenster) profitiert.

Das *Tax Justice Network* hat bereits 2005 aufgezeigt, welche Maßnahmen in diesem Zusammenhang ergriffen werden müssten, unter anderem a) ein internationaler Informationsaustausch, bei dem die Finanzinstitute per Gesetz dazu verpflichtet werden, Kapitalerträge wie Zinsen, Dividenden, Erträge aus Investmentfonds etc. offenzulegen und die Empfänger zu nennen, b) die Besteuerung von Personen primär nach ihrer Staatsbürgerschaft, nicht nach ihrem Wohnsitz (wer seinen Wohnsitz ins Ausland, etwa in ein »Steuer-Disneyland«, verlagert, sollte auch die dortige Staatsbürgerschaft annehmen), c) eine konsequente, einheitliche Unternehmensbesteuerung (die Einführung von internationalen Mindeststeuersätzen bzw. eine Besteuerung von Unternehmen nach den Gewinnen, die sie in den jeweiligen Ländern erwirtschaften), d) die Einrichtung einer Weltsteuerbehörde auf Ebene der UN, die den internationalen Informationsaustausch und die oftmals überforderten Steuerverwaltungen in den Entwicklungsländern unterstützt, e) eine internationale Transparenz- und Anti-Korruptionsinitiative, die darauf abzielt, dass Gesellschafter, Vorstände und geprüfte Jahresbilanzen von Unternehmen, Stiftungen und Trusts offengelegt werden und die staatlichen Organe unter größtmöglicher Transparenz arbeiten, sodass Korruption bereits im Ansatz unterbunden werden kann.[58]

Vor einigen Jahren noch wäre eine Umsetzung derartiger Maßnahmen als völlig utopisch erschienen, jedoch hat die zunehmende Finanznot der Staaten dazu geführt, dass sie sich mittlerweile sehr viel ernsthafter darum bemühen, die diversen Steueroasen auszutrocknen. Schließlich ist hier einiges zu holen, denn in den Offshore-Gebieten wurden nach vorsichtiger Schätzung zwischen 21 und 32 Billionen Dollar geparkt, was jährliche Steuerausfälle in Höhe von rund 200 Milliarden Dollar verursacht.[59] Würden alle legalen und illegalen Steuerschlupflöcher gestopft, würde den Staaten ein Vielfaches dieser Summe Jahr für Jahr zur Verfügung stehen, um ihren öffentlichen Aufgaben nachzukommen. Das gilt vor allem auch für Schwellen- und Entwicklungsländer, die von Kapital- und Steuerflucht in besonderer Weise betroffen sind. (Das sogenannte »Schuldenproblem der Dritten Welt« entpuppt sich, so James S. Henry, ehemaliger Chefvolkswirt bei McKinsey, angesichts der aus diesen Ländern in Offshore-Gebiete transferierten Billionen-Beträge vor allem als ein »Steuergerechtigkeitsproblem«.)[60]

Die Gewährleistung von Steuergerechtigkeit wäre ein erster wichtiger Schritt hin zu einer homogeneren Einkommensverteilung, aber sicherlich nicht der letzte: So müssten höchste Einkommen künftig sehr viel höher besteuert und niedrige bis mittlere Einkommen entsprechend entlastet werden. (Um das voraussehbare Gegenargument gleich zu entkräften: Ein solcher Schritt würde die »Leistungsmotivation« der Menschen nicht hemmen, sondern fördern, denn mit »höchsten Einkommen« sind hier nicht die viel beschworenen »mittelständischen Unternehmer« gemeint, sondern Kapitalbesitzer ganz anderer Größenordnung.)

Eine weitere, sehr viel seltener diskutierte Maßnahme wäre, den Zinseszinsmechanismus, der automatisch zur Umverteilung von Arm auf Reich sowie zur Belastung der Staatshaushalte führt,[61] zu entschärfen. (In den 1990er-Jahren sah es so aus, als würde es zu einer solchen Veränderung auf absehbare Zeit nicht kommen, jedoch nähert sich die momentane Niedrigzins-Politik der Zentralbanken in erstaunlicher Weise den Vorstellungen alternativer Geldumlauftheoretiker.[62] Sogar die vermeintlich skandalöse Idee eines »Negativzinses« hat in den letzten Jahren Anwendung gefunden, da Anleger tatsächlich Geld zahlten, um ihr Vermögen sicher anlegen zu können – so absurd, wie oft behauptet wird, scheint das Konzept des Negativzinses also doch nicht zu sein …)

Zum Abschluss dieses Abschnitts noch ein Wort zum Machtzuwachs transnationaler Unternehmen: Entgegen der oftmals pauschalisierenden Kritik gilt es zunächst einmal festzuhalten, dass es absurd wäre, international agierende Konzerne *per se* als schädlich zu betrachten. Denn durch die Bündelung von Ressourcen und die damit möglichen Synergieeffekte sind gerade sie wichtige Motoren des technologischen Fortschritts, der Steigerung der Produktivität und des allgemeinen Wohlstands. Allerdings: Steigt die Macht der Konzerne so weit, dass sie Monopole oder Oligopole bilden, d. h. ein einziger bzw. einige wenige Anbieter den Markt beherrschen, entstehen wettbewerbsverzerrende Effekte, die die Vorteile großer Unternehmen schnell in ihr Gegenteil verkehren. So ist es eine beliebte Strategie großer Konzerne, lokale Mitbewerber durch aggressiv niedrige Preise am Anfang rigoros vom Markt zu verdrängen, um danach die Preise nach Belieben diktieren, also hochsetzen zu können. Häufig auch nutzen Konzerne ihre Marktmacht aus, um Lohnkosten zu drücken oder Arbeitsschutz- und Umweltauflagen zu umgehen. Nicht selten kommt es dabei zur Bestechung lokaler oder nationaler Entscheidungsträger, was zur Folge hat, dass sich Unternehmen oftmals zu wahren Spottpreisen die Rechte an der industriellen Ausbeutung ganzer Landstriche sichern können.[63]

Über Jahrzehnte hinweg haben die großen Welthandels-Organisationen (WTO, IWF und Weltbank) diesem Treiben nicht nur tatenlos zugesehen, sondern es sogar nach Kräften gefördert. Grundlage dieser Strategie war eine naive, marktfundamentalistische Ideologie, die heute gemeinhin als »neoliberal« bezeichnet wird, obgleich der Neoliberalismus in seiner ursprünglichen Fassung das genaue Gegenteil meinte, nämlich die Abkehr vom klassischen Laissez-faire-Liberalismus, der das Heil der Welt in einer sklavischen Orientierung an Marktgesetzen suchte. (Gedacht war der Neoliberalismus ursprünglich als »Dritter Weg« jenseits von Kommunismus und Kapitalismus – auf seinen Fundamenten gründete sich später das Konzept der »sozialen Marktwirtschaft«.)

Während die eigentlichen Begründer des Neoliberalismus, u. a. Alexander Rüstow (1885–1963), Wilhelm Röpke (1899–1966) und Walter Eucken (1891–1950), dargelegt hatten, dass die öffentliche Hand den Ordnungsrahmen festlegen müsse, innerhalb dessen das Marktgeschehen stattfinden solle (Orientierung an den Prinzipien der sozialen Gerechtigkeit, Verhinderung allzu großer ökonomischer Ungleichheit, Unterbindung von Monopolbildungen, Kartellen etc.),[64] setzten die späteren, sogenannten »Neoliberalen« der 1990er- und 2000er-Jahre (eigentlich eher »Alt- bzw. Laissez-faire-Liberale«) das exakte Gegenteil um: Sie verzichteten auf ordnungspolitische Vorgaben, kümmerten sich nicht um Kartellbildungen und ließen es geschehen, dass im Namen der »unangreifbaren Marktgesetze« alle sozialen wie ökologischen Mindeststandards grob unterlaufen wurden.

Glücklicherweise hat diese marktfundamentalistische Ideologie in den letzten Jahren heftige Risse bekommen, denn die Deregulierung der Finanzmärkte hat gezeigt, welch verheerende soziale wie ökonomische Konsequenzen es hat, wenn man den Markt sich selbst überlässt. Zudem sorgten Berichte über die katastrophalen Arbeitsbedingungen einiger Arbeiterinnen und Arbeiter der Großkonzerne bzw. ihrer Zuliefererbetriebe (Beispiel: die Textilindustrie in Bangladesch) für solch große Empörung bei westlichen Kunden, dass in den betroffenen Regionen nun ernsthaft über Mindestlöhne und verbesserte Arbeitsbedingungen verhandelt wird und auch in den Gremien der WTO, des IWF und der Weltbank ein Umdenken eingesetzt hat. Weiterhin erwirkten die Transparenz-Kampagnen der letzten Jahre, dass aufgedeckt wurde, mit welch unlauteren Mitteln sich einige Konzerne Rechte in den unterentwickelten Regionen gesichert haben, was ebenfalls zu Empörung nicht nur vor Ort, sondern weltweit geführt hat.

Die Chancen stehen daher sehr viel besser als früher, dass die negativen Effekte, die von multinationalen Konzernen ausgehen *können* (nicht jeder Großkonzern verhält sich verantwortungslos), bekämpft werden: Rechte, die Konzerne durch Bestechung erworben haben, können für nichtig erklärt werden, Monopole, Oligopole und Kartelle wegen ihrer wettbewerbsverzerrenden Wirkungen zerschlagen und höhere Mindestlöhne, bessere Arbeitsbedingungen etc. eingeklagt werden. Kurzum: *Wahrhaft* neoliberale Prinzipien könnten an die Stelle der *sogenannten* »neoliberalen Prinzipien« treten, die ökonomische Grundordnung könnte also dergestalt umgebaut werden, dass sich die Wirtschaft, wie es schon Rüstow, Röpke & Co. mit ihrem »Dritten Weg« gefordert hatten, an den Bedürfnissen der Menschen orientiert – nicht an den Interessen des Staates oder des Großkapitals.

2. *Die Entwicklung intelligenterer Technologien:* Wohl keine soziale Bewegung konnte in den letzten Jahrzehnten so viel Positives bewegen wie die globale Umweltbewegung. Sie sorgte (zumindest lokal) für eine Verbesserung der Boden-, Luft- und Wasserqualität, das Verbot gesundheitsgefährdender Chemikalien wie PCB oder DDT, den zunehmenden Ausbau regenerativer Energien und verhinderte die weitere Ausdehnung des Ozonlochs. Ohne sie wäre das Artensterben noch sehr viel dramatischer vorangeschritten, und die natürlichen Ressourcen der Erde würden noch irrsinniger verschwendet, als dies gegenwärtig geschieht.

Doch bei all den Erfolgen der Umweltbewegung haben sich bei ihren Anhängern bedauerlicherweise auch einige Irrationalismen eingeschlichen: So führte die wichtige und richtige Erkenntnis, dass es auf einem begrenzten Planeten notwendigerweise »Grenzen des Wachstums« gibt,[65] zu der weitverbreiteten Auffassung, dass wir künftig auf weiteres Wirtschaftswachstum verzichten sollten und könnten. Zudem rief die ebenso richtige und wichtige Kritik an umweltzerstörenden und extrem risikoreichen Technologien wie der Atomkraft eine tiefgehende Technologiefeindlichkeit bei vielen Ökologiebewegten hervor, die technische Innovationen (etwa im Bereich der Gentechnik)[66] häufig von vornherein ablehnen, ohne die Für und Wider rational gegeneinander abzuwägen.

Nun lässt sich aus der Perspektive ökologiebewegter westlicher Wohlstandsbürger natürlich leicht von »Nullwachstum« sprechen – weiten wir den Blick jedoch auf die globale Ebene, sieht dies deutlich anders aus: Selbst wenn es mithilfe einer rationaleren Finanz- und Wirtschaftspolitik (s. o.) gelänge, die groteske Ungleichverteilung von Vermögen rund um den Globus zu entschärfen und die Ärmsten der Armen aus ihrer Notlage zu befreien, so müssten wir doch (auch nach den allergünstigsten Prognosen zur Weltbevölkerungsentwicklung) Jahr für Jahr mehr Nahrungsmittel, mehr Kleidung, mehr Schulen, mehr sanitäre Einrichtungen etc. schaffen. Ein weiteres Wirtschaftswachstum (real – nicht bloß virtuell auf den Finanzmärkten) wird also notwendig sein, wenn wir nicht in Kauf nehmen wollen, dass weite Teile der Weltbevölkerung verelenden.[67] Global gesehen brauchen wir daher *mehr*, nicht weniger, *Wirtschaftswachstum* – und das verlangt *mehr*, nicht weniger, *technische Innovationen*. Allerdings sollte diese zukünftige Technologie ein gutes Stück intelligenter konzipiert sein als die, die wir heute einsetzen.

In welche Richtung die Entwicklung gehen sollte, haben der deutsche Chemiker Michael Braungart (*1958) und der amerikanische Architekt William McDonough (*1951) in ihrem 2002 erschienenen Buch *Einfach intelligent produzieren* dargelegt.[68] Zu Recht kritisieren sie darin die heute übliche Produktionsform, die von der Wiege der Rohstoffgewinnung zur Bahre der Sondermülldeponie führt. Ihr setzen Braungart und McDonough das »Cradle to Cradle«-Prinzip (»Wiege zur Wiege«, kurz:

»C2C«) entgegen, in dem biologische und technologische »Nährstoffe« dauerhaft erhalten bleiben, statt auf Nimmerwiedersehen verloren zu gehen bzw. in Form gefährlicher Umweltbelastungen wiederzukehren.

In einer C2C-Wirtschaft sind Nährstoffkreisläufe *von Anfang an* darauf ausgerichtet, dass es keinen wertlosen Müll gibt, da der sogenannte »Abfall« stets als Nahrung für den nächsten Stoffwechselprozess eingesetzt wird – so wie es uns die Natur seit Jahrmillionen vormacht. Dies ist ein völlig anderer Ansatz als das heutige *Recycling*, bei dem *am Ende* versucht wird, das Beste aus den vorangegangenen Designfehlern zu machen, wobei die Qualität notwendigerweise abnehmen muss. (Braungart und McDonough sprechen in diesem Zusammenhang von *Downcycling*, dem sie als Alternative das *Upcycling*, die kontinuierliche Verbesserung der Qualität, entgegensetzen.)

C2C will nicht erreichen, dass der Mensch durch Energieeinsparungen, Beschränkungen des Konsums etc. etwas *weniger schädlich* für die Umwelt wird, denn etwas *weniger schädlich* zu sein, ist, wie Braungart und McDonough betonen, *noch lange nicht gut!* Das Ziel der »Cradle to Cradle«-Pioniere ist ambitionierter: Statt bloß den *negativen ökologischen Fußabdruck* des Menschen zu verringern, geht es ihnen darum, den *positiven Fußabdruck* zu verstärken. Dass dies möglich ist, haben Braungart und McDonough in Zusammenarbeit mit internationalen Partnern bereits vielfach bewiesen. Sie haben Fabriken errichtet, aus denen das Wasser sauberer heraus- als hineinfließt, Häuser gebaut, die mehr Energie erzeugen als sie verbrauchen, und Textilien hergestellt, die man nicht nur bedenkenlos anziehen kann (normalerweise tragen wir späteren Sondermüll auf der Haut), sondern die anschließend sogar im Garten kompostiert werden können, um hier nur einige wenige Beispiele aus ihrem beeindruckenden Katalog herauszugreifen.[69]

Der Unterschied zwischen dem herkömmlichen »Ökologismus«, der Emissionen um jeden Preis reduzieren will, und Cradle to Cradle, das positive Emissionen erhöhen möchte, lässt sich plastisch an einem einfachen Beispiel verdeutlichen: So wird unter der traditionellen Perspektive jedes neugeborene Kind als zusätzliches Umweltproblem betrachtet – nicht zuletzt wegen der vielen Millionen Tonnen Babywindeln, die Jahr für Jahr auf den Mülldeponien landen (sie machen einen Großteil des sogenannten »Restmülls« aus). C2C hingegen sieht in Babys (selbstverständlich nicht *nur*, aber eben *auch*) Produzenten wertvoller Ressourcen, denn die vollen Windeln eines einzigen Babys könnten dank ihrer Eignung als Feuchtigkeitsspeicher und der in ihnen enthaltenen Nährstoffe dazu dienen, mehr als hundert Bäume in der Wüste anzupflanzen.[70] Schon dieses kleine Beispiel zeigt, wie aus dem Umwelt*schädling* Mensch ein Umwelt*nützling* werden könnte (gewissermaßen ein Kollege des Regenwurms, von dessen ökologischer und wirtschaftlicher Produktivität schon Charles Darwin schwärmte),[71] was ein völlig anderes Licht auf die Dinge wirft.

Die Perspektivänderung, die mit C2C einhergeht, zeigt sich auch bei anderen großen Umweltthemen, etwa der Energiefrage: So hört man oft, dass der Energieverbrauch drastisch gedrosselt werden müsse, da der Menschheit Energie angeblich nicht in ausreichender Menge zur Verfügung stehe. Tatsächlich aber kann die Menschheit mit der Sonne auf einen Kernfusionsreaktor zurückgreifen, der in den nächsten Jahrmillionen zuverlässig eine Energiemenge liefern wird, die etwa 10 000-mal größer ist als der gegenwärtige globale Energieverbrauch. Berücksichtigt man den Energieeintrag des Kernfusionsreaktors Sonne, sollte man, so Braungart und McDonough, eigentlich nicht von fehlender Energie sprechen, sondern vielmehr von unserem Unvermögen, die vorhandene Energie intelligent zu nutzen. Thomas Edison (siehe Kapitel 4: *Vom Faustkeil zum Smartphone*) erkannte das hier brachliegende Potenzial schon in den 1930er-Jahren: »Ich würde mein Geld auf die Sonne und die Solartechnik setzen. Was für eine Energiequelle! Ich hoffe, dass wir nicht warten müssen, bis Öl und Kohle ausgeschöpft sind, bevor wir das in Angriff nehmen.«[72]

Für Braungart und McDonough ist unser Umgang mit Energie ein Musterbeispiel für schlechtes Design: Statt wertvolles Erdöl dort zu verwenden, wo es (momentan noch) unersetzlich ist (etwa bei Medikamenten), blasen wir es sinnlos in die Luft. Statt fruchtbare Landwirtschaftsflächen zum Anbau von Nahrungsmitteln zu nutzen, verbrauchen wir sie zur Herstellung von

»Biodiesel« (der in den meisten Fällen alles andere als »bio« ist, sondern die Welthunger- und Ökologieproblematik zusätzlich verschärft).[73] All dies müsste nicht sein: Denn mit einer intelligenteren Nutzung der Sonnen- und Windenergie, so die Berechnungen der C2C-Spezialisten, könnten wir weit mehr Energie erzeugen, als wir verbrauchen. Zudem könnten wir den Kohlenstoff, der bei der Zersetzung biologischer Stoffe oder bei Verbrennungsprozessen frei wird, problemlos wieder einfangen und dorthin zurückleiten, wo er sinnvoll und nützlich ist, nämlich in den Boden, statt ihn – wie bisher – in die Luft oder das Wasser gelangen zu lassen, wo überhöhte Kohlenstoffkonzentrationen verheerende Wirkungen haben.

Braungart und McDonough haben ihre Konzepte an unzähligen Beispielen demonstriert, die eindrucksvoll belegen, dass eine Wirtschaft, die nach »Cradle to Cradle«-Kriterien wächst, keine *Belastung*, sondern vielmehr eine *Bereicherung* für die Erde und ihre Bewohner darstellt. Denn je mehr C2C-Produkte hergestellt und konsumiert werden, desto weniger Schadstoffe gelangen in die Natur und desto mehr steigt die Lebensqualität – nicht nur für den Menschen, sondern auch für andere Arten. Damit drehen Braungart und McDonough den kategorischen Imperativ des traditionellen ökologischen Denkens um: Statt Reduktion, Verzicht und Nullwachstum zu fordern und die Menschen mit moralisch erhobenem Zeigefinger zu ermahnen, sich nicht weiter an der »Schöpfung«(!) zu »versündigen«, setzen sie auf intelligente Verschwendung und Wachstum der technischen und sozialen Intelligenz, was zu mehr Kreativität, mehr Schönheit, mehr Gerechtigkeit, mehr Genuss, mehr Lebensfreude führen soll. Das erklärte Ziel von C2C ist eine *globale Überflussgesellschaft*, in der es nicht mehr darum geht, den Mangel zu verwalten, sondern unsere Ressourcen auf so intelligente, üppige Weise zu verschwenden, wie es Kirschbäume in der Blüte tun.

Eine »globale Überflussgesellschaft« – das mag angesichts der realen Verhältnisse auf dem Planeten wie Traumtänzerei klingen. Tatsächlich aber ist es realistischer, an das Erreichen dieses Ziels zu glauben, als es beispielsweise Anfang des 20. Jahrhunderts war, ernsthaft in Betracht zu ziehen, dass der Mensch wenige Jahrzehnte später zum Mond fliegen würde. Denn die technischen Voraussetzungen für Cradle to Cradle sind heute größtenteils schon vorhanden und wichtiger noch: Das Prinzip findet weltweit längst Anwendung. So setzen Großkonzerne wie Ford, Philipps, Nike oder Walmart zunehmend auf C2C – sicherlich nicht allein, weil es so wunderbar *ökologisch* ist, sondern vor allem, weil es sich *ökonomisch* auszahlt, Upcycling statt Downcycling zu betreiben. Auch auf der politischen Ebene werden die Vorteile zunehmend erkannt: In China beispielsweise werden ganze Siedlungen nach dem C2C-Prinzip geplant, in Kalifornien soll die gesamte Wirtschaft bis 2050 auf C2C ausgerichtet sein, die niederländische Stadt Venlo knüpft schon heute die Ansiedlung neuer Unternehmen an die Berücksichtigung von C2C-Kriterien.

Hinzu kommt, dass mehr und mehr prominente Einzelpersonen das Konzept unterstützen, u. a. der Schauspieler Brad Pitt (der im Rahmen des *Make it Right*-Hilfsprojekts für Haiti mehrere C2C-Häuser errichten ließ)[74] oder der ehemalige US-Präsident Bill Clinton (der ein begeistertes Vorwort zum jüngsten Buch von Braungart und McDonough verfasste)[75]. Auch wenn das Thema in den Medien bis heute sträflichst ignoriert wurde: Die C2C-(R)Evolution ist bereits im Gange und sie wird – vorausgesetzt, dass wir nicht von allen guten Geistern verlassen sind – auf kurz oder lang unseren Stoffwechsel mit der Natur so grundlegend ändern, dass man sich schon bald fragen wird, wie es überhaupt dazu kommen konnte, dass die Menschheit so unfassbar viel Zeit gebraucht hat, um diese einfachen, klaren, ökologisch wie ökonomisch naheliegenden Prinzipien zu erkennen.

3. *Die Entwicklung einer transkulturellen, humanistischen Perspektive:* »Der eigentliche Grund für die globale Misere«, so schrieb ich in *Keine Macht den Doofen*, »liegt nicht in der gestiegenen Biomasse des Menschen, sondern in der zu wenig genutzten Hirnmasse: [...] Jede ökologische Nische verträgt nur ein gewisses Maß an Blödheit – und der Mensch überspannt den Bogen in dieser Hinsicht gewaltig.«[76] Wie die vorangegangenen Überlegungen gezeigt haben, handelt es sich dabei nicht um ein Naturgesetz: Mit ein wenig Anstrengung könnten wir den Austausch von Gütern und Dienstleistungen (Ökonomie) wie auch

den Stoffwechsel mit der Natur (Ökologie) sehr viel intelligenter gestalten, als wir es bislang getan haben. Wir könnten Verhältnisse schaffen, die es jedem Individuum ermöglichen würden, ein befriedigendes, weitgehend sorgenfreies Leben zu führen, ohne die natürlichen Ressourcen über Gebühr zu belasten. Allerdings würde dies voraussetzen, dass wir künftig stärker die *einzelnen Individuen* (untere Ebene) sowie *die Menschheit* in ihrer Gesamtheit (obere Ebene) in den Blick nehmen, statt uns – wie bisher – auf die mittlere Ebene, die *Gruppenebene* (Völker, Nationen, Religionen etc.), zu konzentrieren.

In Kapitel 6 *Das ethische Tier* habe ich dargelegt, welche verheerenden Folgen die Konzentration auf die Gruppenebene in der Geschichte hatte, aber auch aufgezeigt, wie es der Menschheit im Verlauf der kulturellen Evolution gelungen ist, sich von dieser brandgefährlichen Beschränkung des Empathievermögens zu lösen. Wie wir alle wissen, ist dieser Prozess längst noch nicht abgeschlossen. Bedauerlicherweise denken noch immer viel zu viele Menschen rund um den Globus in den limitierten Kategorien *ihrer* Nation, *ihres* Volkes, *ihres* Clans, *ihrer* Religion. Folgen dieser katastrophalen Scheuklappenblindheit sind u. a. kriegerische Konflikte und Selbstmordattentate. Für unvoreingenommene Beobachter ist es in solchen Fällen leicht, die intellektuellen wie emotionalen Defizite der jeweiligen Akteure zu erkennen, die eine friedliche, faire Lösung bestehender Interessenkonflikte verhindern. Treten solche Gruppenegoismen jedoch im zivilen Gewand auf, ist es oftmals sehr viel schwerer, sie zu identifizieren.

Ein gutes Beispiel für solche verborgenen Gruppenegoismen und die mit ihnen verbundenen Denkblockaden liefert die internationale Wirtschaftspolitik, die auch – und gerade – im Zeitalter der Globalisierung von sogenannten »nationalen Interessen« bestimmt ist. So gilt es vielen Nationalökonomen noch immer als vorrangiges Ziel, die »Wettbewerbsfähigkeit« des eigenen Landes zu erhöhen. Kaum ein Politiker der westlichen Hemisphäre hat es in den letzten Jahren versäumt, dieses »Zauberwort« zu strapazieren. »Wettbewerbsfähigkeit« erschien als das A und O einer soliden Politik, als zentrales Leitbild des politischen Handelns, für dessen Realisierung man, wie es hieß,

»den Gürtel enger schnallen« und auch harte Einschnitte im Sozialsystem in Kauf nehmen müsse. Die »Wettbewerbsfähigkeit« ist noch immer in aller Munde, doch ist sie wirklich eine kluge, zukunftsweisende Strategie? Ich meine: Nein. Denn in einer globalisierten Wirtschaft ist die einseitige Erhöhung der Wettbewerbsfähigkeit eines Landes stets mit Effekten verbunden, die kein vernünftiger Mensch wollen kann.

Gehen wir zur Vereinfachung dieses Sachverhalts davon aus, es gäbe nur zwei Länder auf der Erde: Wenn Land X gegenüber Land Y die Wettbewerbsfähigkeit erhöht, so heißt dies, dass die Exporte von X steigen, weil X mehr produziert, als es konsumiert, während bei Y die Importe steigen, da das Land mehr konsumiert, als es produziert. Mit anderen Worten: Die erhöhte Wettbewerbsfähigkeit von X verdankt sich dem höheren Konsum von Y, denn ohne dessen Konsumwachstum bzw. Produktionseinbußen hätte X zwar mehr produzieren, aber nicht mehr absetzen können.

Allerdings kann sich Land X seiner erhöhten Wettbewerbsfähigkeit nicht dauerhaft erfreuen, denn im gleichen Maße, in dem die Gewinne von X steigen, nehmen die Schulden von Y zu. Setzt sich dieses Spiel weiter fort, werden die Schulden von Y irgendwann so hoch sein, dass X »Rettungspakete« schnüren muss, um Y zu sanieren. Und falls Ihnen das irgendwie bekannt vorkommen sollte, so haben Sie natürlich recht: Wenn wir für X Deutschland und für Y Griechenland einsetzen, so erhalten wir eine recht adäquate Beschreibung der Vorgänge, die maßgeblich zur Entstehung der sogenannten »Eurokrise« geführt haben.[77]

Trägt also Griechenland die Schuld an der Krise, weil es zu viel konsumierte, oder Deutschland, weil es zu viel produzierte? Diese Frage ist unsinnig, da beide Prozesse Kehrseiten einer Medaille sind. Klar ist jedoch, dass der mit Lohndumping, Sozialkürzungen und übertriebenem Spareifer vorangetriebene Wettbewerbsvorteil weder Deutschland selbst noch irgendeinem anderen Land genutzt hat. Im Gegenteil! Wenn die sogenannte Eurokrise *eines* gezeigt hat, dann das: *Es ist nicht im nationalen Interesse, allein im Sinne des nationalen Interesses zu agieren.* Denn in einer interdependenten Wirtschaft müssen die Interessen *aller wirtschaftlichen Kooperationspartner* berücksichtigt werden, da ansonsten aus kurzfristigen Vorteilen langfristige Nachteile werden.

Dies gilt selbstverständlich nicht nur innerhalb Europas, sondern auch auf globaler Ebene: Wettbewerbsfähigkeit ist zweifellos eine zentrale Kategorie für Unternehmen, die nicht vom Markt verschwinden wollen, in der Politik aber ist die Orientierung an » Wettbewerbsvorteilen« in der Regel mit deutlichen Nachteilen verbunden. Denn sie führt zu marktverzerrenden Effekten (etwa der sogenannten »Subventionitis«, d. h. der Bezuschussung von nationalen Erzeugnissen, die international nicht marktfähig wären), zur Behinderung der wirtschaftlichen Entfaltung der ärmeren Länder (die mit Produkten der Industrienationen überflutet werden, aber oftmals daran gehindert werden, ihre Erzeugnisse in den reichen Nationen abzusetzen), zu absurden Nullsummenspielen (der Vorteil von X ist der Nachteil von Y, den X am Ende wieder ausgleichen muss, damit das System nicht zusammenbricht) und somit letztlich auch zu einer deutlich verlangsamten Entwicklung der weltweiten Produktivität und des globalen Wohlstands.

Gefordert ist also der Wechsel von der beschränkten Perspektive der *Nationalökonomie* zur umfassenderen Perspektive einer *Globalökonomie*, die nicht mehr vom Standpunkt eines Staates oder Staatenbundes, sondern von den Interessen der Weltgemeinschaft ausgeht. Dies würde auch das Gerede von Wettbewerbsvorteilen schnell ad absurdum führen. (Denn wem gegenüber sollte die globale Wirtschaft auch Wettbewerbsvorteile erringen, gegenüber dem Mars, der Venus, dem Universum?)

Wenn wir die Lebensqualität der Menschen weltweit heben wollen, ist die Entstehung einer solchen Globalökonomie von absoluter Dringlichkeit. Allerdings kann eine solche Neuerung nicht allein auf wirtschaftlichem Gebiet erfolgen, sondern muss von entsprechenden *kulturellen Wandlungsprozessen* begleitet sein. Denn solange nationale, ethnische oder religiöse Gruppenegoismen das Bewusstsein vieler Menschen bestimmen, wird es nicht zu fruchtbaren Formen der Zusammenarbeit kommen. Vielmehr werden wir damit fortfahren, ideologische Scheingefechte mit oftmals verheerenden Folgen für Mensch und Umwelt zu führen, statt unsere Kräfte auf die Lösung realer Probleme zu konzentrieren (man denke etwa an den Nahen Osten, wo es nicht um »Religion« oder »ethnische Zugehörigkeit« gehen sollte, sondern u. a. darum, eine ausreichende und faire Wasserversorgung für alle sicherzustellen).

Da nur diejenigen gemeinsam handeln können, die zumindest in wesentlichen Punkten gleiche Ziele verfolgen, wird es notwendig sein, die kulturellen Barrieren zu überwinden, die einer wirksamen »Weltinnenpolitik« noch immer entgegenstehen. Die Frage allerdings ist, ob eine solche kulturübergreifende Perspektive überhaupt möglich ist. Hierzu gab und gibt es sehr unterschiedliche Auffassungen. Der amerikanische Politologe Samuel P. Huntington (1927–2008) beispielsweise meinte in seinem berühmten Buch *Kampf der Kulturen*, dass sich die kulturellen Gegensätze in den nächsten Jahrzehnten eher noch verschärfen als abmildern werden[78] – eine Prognose, für die auf den ersten Blick auch einiges zu sprechen scheint (man denke nur an den Bedeutungszuwachs des Fundamentalismus innerhalb der Weltreligionen, insbesondere des Islam).

Huntingtons Analyse beruht jedoch auf falschen Grundannahmen: Denn Kulturen sind keine festen, homogenen Gebilde, die wie Billardkugeln aufeinanderprallen könnten (»Clash of Civilisations«), sondern weisen in sich selbst eine große Heterogenität auf. Tatsächlich gibt es so etwas wie »reine Kulturen« längst nicht mehr (abgesehen vielleicht von einigen wenigen, von der Außenwelt isolierten Stammeskulturen). Je genauer man hinschaut, desto deutlicher zeigt sich, dass sämtliche Kulturen der Erde wesentlich durch die Übernahme fremder Einflüsse geprägt sind. Der deutsch-bulgarische Schriftsteller Ilija Trojanow (*1965) und der indische Kulturkritiker Ranjit Hoskoté (*1969) haben daher als Reaktion auf Huntingtons Modell eine »Kampfabsage« formuliert, die eindrucksvoll belegt, dass Kulturen in der Regel nicht zusammenprallen, sondern fließend ineinander übergehen.[79]

Huntingtons Vorstellung vom »Kampf der Kulturen« ist nicht nur empirisch falsch, sondern auch politisch gefährlich, denn wird sie ernst genommen, so erzeugt sie genau die Probleme, vor denen sie warnt: Wenn Menschen nämlich pauschal über ihre Zugehörigkeit zu einer bestimmten Kultur oder Religion definiert werden, so schnappt unweigerlich die sogenannte »Identitätsfalle« zu, die der indische Ökonom und Nobelpreisträger Amartya Sen (*1933) prägnant beschrieben hat.[80] Denn derjenige, der auf eine vermeintlich stabile kulturelle Identität festgenagelt wird, nimmt die Welt vermehrt auch aus dieser enggeführten Perspektive wahr, wodurch die kriegstreiberische Differenz zwischen dem »Wir« und »den Anderen« zusätzlich angeheizt wird.

Umgekehrt werden solche Ingroup-Outgroup-Unterscheidungen abgemildert, wenn wir uns bewusst machen, dass unsere personale Identität durch weit mehr bestimmt wird als durch die zufallsbedingte (meist durch den Ort der Geburt festgelegte) Zugehörigkeit zu einer bestimmten Religion oder Nation. Schließlich sind wir nicht nur Christen, Muslime, Juden, Hindus, Buddhisten oder Atheisten, nicht nur Deutsche, Türken, Inder, Iraner oder Mexikaner, sondern auch Mütter und Väter, Söhne und Töchter, wir sind Musikliebhaber, Bergsteiger, Briefmarkensammler, Tangotänzer, Marathonläufer oder Hobbyköche, begeistern uns für Hollywood oder Bollywood, italienische Pasta oder spanische Tapas, den FC Barcelona, Borussia Dortmund oder was auch immer. Entscheidend ist: Wer um die vielseitigen Dimensionen seiner Identität weiß, wird sich durch einseitige Ideologien (etwa religiösen Fundamentalismus) so leicht nicht vereinnahmen lassen. So teilt ein muslimischer Taxifahrer in Berlin mit seinen christlichen, jüdischen oder religionsfreien Kollegen wahrscheinlich sehr viel mehr Gemeinsamkeiten als mit einem Ölscheich aus Saudi-Arabien, selbst wenn dieser zum gleichen »Gott« beten mag.

In den letzten Jahrzehnten wurde die politische Debatte in nahezu jedem Land durch den Widerstreit von »Kulturbewahrern« bestimmt, die von der Vorstellung festgezurrter kultureller Identitäten ausgingen. Ein gutes Beispiel dafür ist der seit Jahren schwelende Konflikt zwischen den Verteidigern des »christlichen Abendlandes«, die den Migranten aufnötigen wollen, sich möglichst vollständig in die Mehrheitskultur zu »integrieren«, und ihren Gegenspielern, den Protagonisten einer »muslimischen Identität«, die eine scharfe Abgrenzung von der »westlichen Gesellschaft« fordern. So unterschiedlich die Vorstellungen dieser beiden Gruppen auch sind und sosehr sie sich auch untereinander bekämpfen, so sehr stimmen sie letztlich in ihren Grundannahmen überein: Beide nämlich halten zwanghaft an der »Scholle« ihrer jeweiligen Tradition fest und verteidigen ihr angestammtes kulturelles Getto reflexartig gegen das vermeintlich Feindliche des »Fremden« (»die Ungläubigen« hier – »die Muslime« dort).

Gegenüber solchen Formen des *Monokulturalismus* (sowohl die Bewahrer des »Abendlandes« als auch die des »reinen Islam« hoffen, dass sich »ihre« Tradition letztlich durchsetzen werde) erscheint der *Multikulturalismus* (der davon ausgeht, dass verschiedene Kulturen friedlich unter einem Dach koexistieren können) als fortschrittlich. Allerdings begehen auch Multikulturalisten den Fehler, an der Fiktion homogener (Sub-) Kulturen festzuhalten und die Individuen auf religiös oder ethnisch bestimmte Gruppenidentitäten zu reduzieren. Schlimmer noch: Weil sie sich für die Legitimität und Anerkennung von Minderheitenkulturen einsetzen, sind Multikulturalisten besonders anfällig für den sogenannten »Kulturrelativismus«, der behauptet, dass es universalistische, kulturübergreifende Werte gar nicht gebe, weshalb sich ein »Westler« beispielsweise nicht in Erziehungsangelegenheiten »muslimischer Familien« einmischen dürfe (etwa in die Abmeldung der Kinder vom Sexualkunde- oder Schwimmunterricht). In letzter Konsequenz, so der Vorwurf der Relativismus-Kritikerinnen Necla Kelek (*1957) und Mina Ahadi (*1956), läuft diese Haltung darauf hinaus, dass Zwangsheiraten, Ehrenmorde, Genitalverstümmelungen, Steinigungen von sogenannten »Ehebrecherinnen« oder Hinrichtungen von Schwulen und Apostaten sowie andere Menschenrechtsverletzungen nicht mehr als »Verbrechen«, sondern als »Ausdrucksformen einer anderen Kultur« gewertet werden.[81]

Da sie für die Einhaltung universalistischer Werte (etwa der Allgemeinen Menschenrechte) eintreten, werden Universalistinnen wie Kelek und Ahadi häufig als »Kulturimperialistinnen«, ja sogar als »Kulturrassistinnen«, beschimpft. Dahinter verbirgt sich die Vorstellung, dass »der Westen« eigene Wertestandards entwickelt hätte, die man »fremden Kulturen« nicht aufzwingen dürfe. Jedoch genügt schon ein kurzer Blick in die Geschichte, um dieses Argument, das gerade auch in der Auseinandersetzung mit »dem Islam« bemüht wird, zu entkräften: Vor 1000 Jahren beispielsweise hätte man in Bezug auf die Gewährung grundlegender Rechte wie der Meinungs-, Kunst- und Forschungsfreiheit sehr viel eher von *östlichen* als von *westlichen* Werten sprechen müssen. Denn diese Werte waren in muslimisch geprägten Regionen nachweislich sehr viel stärker beheimatet als im christlichen Europa.[82] Es ist eben nicht wahr, dass Humanismus und Aufklärung, Menschenrechte und Demokratie exklusive Kulturgüter des Westens sind – sie sind vielmehr elementare Bestandteile eines *Weltkulturerbes der Menschheit, an dem Menschen aller Kontinente und aller Zeiten mitgewirkt haben* (ich erinnere hier nur an die 2500 Jahre alten Antikriegsschriften des chinesischen Philosophen Mo-Ti, siehe Kapitel 6).

Der Fortschritt in der menschlichen Geschichte erfolgte stets dadurch, dass unterschiedliche kulturelle Strömungen zusammenflossen und Neues erzeugten. Ebendieses *fruchtbare Ineinanderfließen kultureller Traditionen* sollte gefördert werden, wie der deutsche Philosoph Wolfgang Welsch (*1946) bereits in den 1990er-Jahren mit seinem Modell der »transkulturellen Gesellschaft« vorschlug.[83] Transkulturalisten gehen davon aus, dass kulturelle Traditionen nicht fest definiert, sondern inhomogen und wandlungsfähig sind, weshalb es unsinnig wäre, Individuen auf eine bestimmte kulturelle Identität zu reduzieren. Aus diesem Grund ist der transkulturelle Ansatz auch das wirksamste Gegengift, das wir kennen, um der »Identitätsfalle«, die Amartya Sen so treffend beschrieben hat, entgegenzuwirken.

Die Stärken des transkulturellen Ansatzes wurden mir erst vor wenigen Monaten vor Augen geführt, als ich in Berlin einen Kongress eröffnen durfte, der die »Islam- und Integrationsdebatte« aus einer transkulturellen Perspektive neu bewertete. Obgleich die Teilnehmer der Tagung von sehr unterschiedlichen Erfahrungen ausgingen (das Spektrum reichte von erklärten Ex-Muslimen, die wegen ihres Abfalls vom Glauben in ihrem Heimatland mit dem Tod bedroht werden, über westliche Religionskritiker, die den Islam aus der Außenperspektive kritisieren, bis hin zu liberalen Muslimen, die ihren Glauben konsequent im Sinne der Menschenrechte auslegen), wurde am Ende der Konferenz eine gemeinsame Resolution verabschiedet, die – wie ich finde – alle wesentlichen Punkte anspricht, die bislang in der politischen Debatte zu kurz gekommen sind (u. a. die Orientierung an den universellen Menschenrechten und die Zurückweisung des Kulturrelativismus, die Bekämpfung der Fremdenfeindlichkeit bei gleichzeitiger Enttabuisierung der Islamkritik sowie den Wandel der *Integrations*politik in Richtung einer *Emanzipations*politik, die auf die einzelnen Individuen ausgerichtet ist – nicht auf vermeintlich homogene religiöse oder ethnische Gruppen).[84]

Durch die zunehmende Verbreitung der elektronischen Massenmedien hat die transkulturelle Perspektive in den letzten Jahren großen Aufwind erfahren. Auch wenn die meisten Menschen das Wort »transkulturell« nicht kennen, entziehen sie sich (ganz im Sinne dieses Denkansatzes) immer häufiger den vorgegebenen Normierungen – selbst in Ländern (wie dem Iran), in denen dies verpönt ist. Offenkundig fällt es den Wächtern der Monokultur im Zeitalter des Internets immer schwerer, die kulturellen Schotten geschlossen zu halten. Trotz ihrer verzweifelten Versuche, die Entwicklung aufzuhalten, wächst die Menschheit von Jahr zu Jahr stärker zusammen, was zur Folge hat, dass mehr und mehr Menschen die Scheuklappen verlieren und sich des reichen kulturellen Erbes erfreuen, das über Jahrtausende hinweg rund um den Globus geschaffen wurde.

Gewiss: Es gibt keinen Grund, das Kulturerbe der Menschheit zu idealisieren. Denn so großartig, erstaunlich, vielgestaltig die Werke sind, die Menschen aller Kontinente etwa auf dem Gebiet der Kunst geschaffen haben, so grauenerregend sind viele kulturelle Vorschriften, von denen man eigentlich kaum glauben mag, dass sie im 21. Jahrhundert noch immer Anwendung finden (etwa Genitalverstümmelungen oder Steinigungen). Tragischerweise werden diese dunklen Seiten des menschlichen Kulturerbes nicht von heute auf morgen verschwinden. Doch immerhin ist in den letzten Jahrzehnten weltweit (nicht nur im Westen) das Bewusstsein gestiegen, *dass derartige Menschenrechtsverletzungen nicht geduldet werden können – auch dann nicht, wenn sie mit jahrtausendealten »heiligen Werten« begründet werden.* Gerade auch im Lager der religiös denkenden Menschen hat hier eine bedeutsame Kurskorrektur stattgefunden, deren Veränderungspotenzial man nicht unterschätzen sollte.

Wir sind daher, wie ich meine, auf einem guten Weg, eine transkulturelle, humanistische Weltperspektive zu entwickeln, die uns helfen wird, die großen ökologischen und ökonomischen Probleme der Menschheit in den Griff zu bekommen. Natürlich findet dieser Wandel nur langsam statt – mitunter sogar so unerträglich langsam, dass viele den Wandel gar nicht als solchen wahrnehmen. Umso wichtiger ist es, dass wir jene »brennende Geduld« entwickeln, von der Robert Jungk gesprochen hat, um angesichts der großen Herausforderungen nicht vorschnell zu kapitulieren.

Brennende Geduld verlangt Geschichtsbewusstsein, braucht die Erfahrung, dass sich im Laufe der Zeit, »wenn nicht alles, so doch vieles zum Besseren« gewandelt hat. Deshalb sollten wir uns nicht nur auf die Dinge konzentrieren, die in der Welt noch immer schrecklich schieflaufen, sondern uns ebenso klar vor Augen führen, wie viel Irrsinn, wie viel Grausamkeit, wie viel Elend die Menschheit auf ihrem Weg durch die Geschichte schon hinter sich gelassen hat. Denn wer nur die Übel fokussiert, die heute noch bestehen, ohne zu begreifen, dass einige sehr viel schwerwiegendere Übel im Verlauf der kulturellen Evolution bereits erfolgreich beseitigt wurden, wird schnell die entscheidende Ressource verlieren, die für die Lösung der globalen Probleme unbedingt erforderlich ist: den *Glauben an die Menschheit.*

Kapitel 8

DER GLAUBE AN DIE MENSCHHEIT:
EIN HUMANISTISCHES CREDO

Nur wenige Kilometer von meinem Heimatort entfernt, inmitten der Luxemburger Ardennen, liegt das Schloss von Clervaux, das die wohl berühmteste Fotoausstellung der Geschichte beherbergt: Edward Steichens *The Family of Man*, die 1955 im New Yorker *Museum of Modern Art* erstmals gezeigt wurde, als Wanderausstellung auf sechs Kontinenten über 10 Millionen Besucher erreichte und heute zum UNESCO-Weltdokumentenerbe (»Memory of the World«) zählt.[1]

Edward Steichen (1879–1973) war nicht nur einer der bedeutendsten Fotokünstler des 20. Jahrhunderts, sondern auch der bestbezahlte Mode- und Starfotograf seiner Zeit. Jedoch lebte Steichen nicht nur in der Welt der Kunst und des Glamour: Schon im Ersten Weltkrieg hatte er die Schrecken des Krieges in seinen Bildern dokumentiert, im Zweiten Weltkrieg porträtierte er als Leiter der Fotoabteilung der US-Marine das Leben und Sterben von Soldaten auf einem US-Flugzeugträger (sein Dokumentarfilm *The Fighting Lady* wurde 1945 mit dem Oscar ausgezeichnet). 1951 begann Steichen dann – entsetzt über den Ausbruch des Korea-Krieges – aus rund zwei Millionen Fotografien von Fotografen aus aller Welt jene 503 Bilder auszuwählen, mit denen er die Einheit der Menschheitsfamilie und den Irrsinn des Kampfes untereinander aufzeigen wollte.

Auch heute – rund 60 Jahre nach Entstehung der Ausstellung – kann man sich ihrer humanistischen Botschaft kaum entziehen. Steichens Schwager, der dreifache Pulitzerpreisträger Carl Sandburg (1878–1967, Schöpfer u. a. des geflügelten Worts »Stell dir vor, es ist Krieg und keiner geht hin!«) charakterisierte diese im Vorwort des Ausstellungskatalogs folgendermaßen:

»Der erste Schrei eines neugeborenen Babys in Chicago oder Zamboanga, in Amsterdam oder Rangun, hat die gleiche Tonlage und Tonart, die uns sagt: ›Ich existiere! Ich bin durchgekommen! Ich gehöre dazu! Ich bin ein Mitglied der Familie!‹ [...] Es gibt nur einen Mann auf der Welt und sein Name ist *Alle Männer*. Es gibt nur eine Frau auf der Welt und ihr Name ist *Alle Frauen*. Es gibt nur ein Kind auf der Welt und sein Name ist *Alle Kinder*.«[2]

Sandburg bezeichnete die Ausstellung als »Kamera-Testament« und »episches Schauspiel über den Grand Canyon der Menschlichkeit« – und ebendas hatte Steichen bezweckt: ein umfassendes Porträt der Menschheit, das für die Achtung der Würde des Einzelnen eintritt, unabhängig von ethnischer Herkunft, sozialem Status, Nationalität, Weltanschauung, Geschlecht oder Alter.

Dank der universellen Sprache der Fotografie wurde die Botschaft von *The Family of Man* weltweit verstanden, doch blieb die Ausstellung natürlich von Kritik nicht verschont. Von besonderer Bedeutung war das Urteil des französischen Philosophen und Kulturkritikers Roland Barthes (1915–1980), der den Ausstellungsmachern in seinem berühmten Essayband *Mythen des Alltags* vorwarf, durch die Fiktion einer *natürlichen* Einheit der Menschheit die Realität der *geschichtlich* erzeugten Ungerechtigkeit zu verdrängen. Soziales Unrecht werde durch diese Naturalisierung der Kritik entzogen und die Ideologie einer Unveränderbarkeit der Welt gefestigt.[3]

Tatsächlich kann man die Ausstellung in dieser Weise interpretieren, Steichens Intentionen wird man damit aber nicht gerecht: Denn ihm ging es gerade nicht um das Zukleistern sozialer Missstände, sondern um das Aufzeigen des Spannungsverhältnisses zwischen der biologischen Einheit der Menschheit einerseits und ihrer politischen Zerrissenheit andererseits – bestehende soziale Missstände arbeitete er in seiner letzten Ausstellung für das Museum of Modern Art, *The Bitter Years*, sogar so deutlich heraus, dass man ihn als »Krypto-Kommunisten« beschimpfte.

Gerade das aufgezeigte Spannungsverhältnis macht den Besuch von *The Family of Man* auch heute noch interessant: Denn die »Familie Mensch« ist beides zugleich, sowohl ein *biologisches*

Faktum als auch ein *unvollendetes soziales Projekt.* Anders als der Mythos, der eine irreale Vergangenheit konstruiert, um die Gegenwart zu definieren, richtet sich die Vision der *einen* Menschheit in die Zukunft, ohne auf geschichtliche Vorläufer verweisen zu können. Sie ist *Utopie* im wahrsten Sinne des Wortes, Vorwegnahme des Noch-nie-Dagewesenen, eine Hoffnung, die sich erst noch erfüllen muss.

Hoffnung Mensch

Am Anfang dieses Buchs stand die Feststellung, dass es leicht sei, Zyniker zu sein. Glücklicherweise jedoch beruht die zynische Überzeugung, »dass rationale Argumente nichts, aber auch rein gar nichts, am Lauf der Dinge ändern können«, auf einer Fehlwahrnehmung: Denn die gewaltigen gedanklichen Anstrengungen, die Menschen im Verlauf der kulturellen Evolution unternommen haben, um die Welt besser zu verstehen und das Leben in ihr ein wenig angenehmer einzurichten, haben den Lauf der Dinge sehr wohl geändert und mit der Zeit (siehe Teil 2 dieses Buchs) zu bemerkenswerten Fortschritten auf allen Gebieten der Wissenschaft, Technik, Medizin, Kunst und Ethik geführt.

Vergessen wir nicht, wo die Menschheit noch Anfang des 20. Jahrhunderts stand: Sie wusste noch nichts vom Urknall, von fremden Galaxien und schwarzen Löchern, von der Kontinentalverschiebung, den Vorgängen im Atom und in der Sonne, sie ahnte noch nichts von der Bedeutung der DNA, den neuronalen Grundlagen des Bewusstseins und schon gar nichts von den Möglichkeiten des Fernsehens, Computers oder Internets. Ihre medizinischen Kenntnisse waren noch so begrenzt, dass schon kleinste Schnittverletzungen den Tod bedeuten konnten. Und auch auf dem Gebiet der Kunst war die Menschheit im Jahr 1900 noch um vieles ärmer: Ein Großteil der Musikstile, die wir heute schätzen, war noch nicht entstanden, etliche Meilensteine der Literatur waren noch nicht geschrieben, Meisterwerke der Bildenden Kunst noch nicht geschaffen, von den großartigen Schöpfungen der Filmkunst ganz zu schweigen.

Auch in ethisch-politischer Hinsicht lebten die Menschen noch in einem völlig anderen Zeitalter: Es gab kaum Demokratien, und die wenigen demokratischen Länder gewährten den Frauen kein Wahlrecht, Minderheiten wurden rigoros verfolgt, Lesben und Schwule diskriminiert, Kinder gezüchtigt, Rassismus und Chauvinismus boomten, und der Krieg galt noch als legitimes Mittel der Politik und wurde von Bevölkerungsmehrheiten mit solchem Enthusiasmus begrüßt, als handele es sich um ein internationales Sportereignis. (Dabei mag durchaus eine Rolle gespielt haben, dass es solche Sportereignisse noch gar nicht gab: Zwar hatten die ersten Olympischen Sommerspiele der Neuzeit bereits 1896 in Athen stattgefunden, aber erst mit der Entstehung der elektronischen Massenmedien rückten sie ins öffentliche Bewusstsein.)

Es ist kaum zu leugnen, dass sich in den letzten 100 bis 150 Jahren auf dem Feld der kulturellen Evolution mehr getan hat als in den vorangegangenen 10 000 Jahren der menschlichen Zivilisationsgeschichte zusammengenommen. Wie es weitergehen wird, weiß natürlich niemand zu sagen, aber es gibt starke Anzeichen dafür, dass sich der positive zivilisatorische Entwicklungstrend der letzten Jahre weiter fortsetzen wird. Ich *glaube* (hier bewusst in der Doppelbedeutung von »evidenzgestützter Vermutung« und »hoffnungsvollem Vertrauen«, siehe Kapitel 2: *Hoffnung jenseits der Illusionen*), dass wir in den kommenden Jahrzehnten nicht nur bahnbrechende Neuerungen in der Wissenschaft, Technologie und Medizin erleben werden, sondern auch die Begrenzungen des moralischen Dualismus zunehmend überwinden und eine globale, transkulturelle Sichtweise entwickeln können, die Diskriminierungen jeglicher Art kategorisch ausschließt.

Ich bin überzeugt davon, dass wir in den nächsten Jahren die sozialen, ökonomischen und ökologischen Probleme, die die Menschheit heute belasten, besser in den Griff bekommen und unseren tierlichen Verwandten mit mehr Respekt und Fairness begegnen werden. Mehr noch: Ich glaube, dass sich die *Bedrohung Mensch* aus der Perspektive der Ökosphäre zunehmend in eine *Hoffnung Mensch* verwandeln wird – nicht nur, weil wir die Schäden beheben werden, die wir selbst verursacht haben, sondern auch, *weil wir die Einzigen sind, die das Potenzial haben, die Artenvielfalt der Erde gegen äußere Bedrohungen zu schützen.*

Denn der nächste Meteoriteneinschlag kommt bestimmt – und seine Konsequenzen könnten weit verheerender sein als der Impakt vor 65 Millionen Jahren, der 50 Prozent aller Tierarten auslöschte. Meteoriteneinschläge dieser globalen Dimension treten schätzungsweise alle 100 Millionen Jahre auf, mit »kleineren« (immer noch unsagbar tödlichen) Einschlägen wie jenem im Nördlinger Ries, der vor 15 Millionen Jahren weite Teile Europas verwüstete, muss man alle 10 Millionen Jahre rechnen. (Wir haben bislang also unverschämtes Glück gehabt.) Noch besitzen wir nicht die Technologie, um derartige Einschläge zu verhindern, aber dies könnte sich bald ändern (aus diesem Grund wurde 2012 auch das internationale Forschungsprojekt *NEOShield* ins Leben gerufen).[4]

Ich bin mir natürlich im Klaren darüber, dass es angesichts der dramatischen Bilder von gerodeten Tropenwäldern und schmelzenden Eisbergen, die um die Welt gehen, merkwürdig, ja geradezu verrückt erscheinen mag, den Menschen nicht als *Zerstörer*, sondern als *Retter der Artenvielfalt* zu präsentieren. Aber ich denke, dass es plausible Argumente dafür gibt, diese alternative Sichtweise nicht nur einzunehmen, sondern sie sogar noch ein wenig zuzuspitzen: Betrachtet man die Evolution nämlich aus einer kosmologischen Perspektive (siehe Kapitel 3: *Die Evolution von Sein und Bewusst-Sein*), so lässt sich die Menschheit durchaus als eine Art »Immunabwehr« beschreiben, *die vom »Organismus« Erde ausgebildet wurde, um sich gegen tödliche Bedrohungen aus dem All zu schützen.*

Natürlich handelte es sich dabei nicht um einen bewussten, zielgerichteten Prozess. Auch das Immunsystem der Säugetiere entstand nicht deshalb, weil die Natur irgendeinen Zweck verfolgte, sondern vielmehr als Ergebnis zukunftsblinder Selektionsmechanismen: Tiere, die sich gegen Krankheiten schützen konnten, pflanzten sich fort, andere starben aus. Analog dazu meine ich, dass ähnliche Selektionsprozesse auch auf kosmischer Ebene stattfinden: *Nur solche Planeten können auf längere Sicht höhere Lebensformen beheimaten, die Spezies mit der Fähigkeit hervorbringen, Meteoriteneinschläge oder ähnliche katastrophale*

Ereignisse abzuwehren. Bei allen anderen Planeten wird der evolutionäre Prozess immer wieder von Neuem beginnen müssen. Insofern haben die höheren Tiere auf der Erde Glück gehabt, dass mit der Menschheit eine Spezies auf ihrem Planeten entstanden ist, die zumindest das Potenzial hat, die Ökosphäre über einen längeren Zeitraum hinweg stabil zu halten (auch wenn momentan das Gegenteil davon zu beobachten ist).

In der Langzeitperspektive ist die Menschheit (bzw. das, was aus ihr hervorgehen wird) ohnehin *die einzige Hoffnung darauf, dass das irdische Leben der totalen Vernichtung entgehen wird.* Wie ich bereits in Kapitel 1: *Die Erfahrung des Absurden* aufgezeigt habe, werden höhere Lebensformen schon in 500 Millionen Jahren (das klingt nach viel, entspricht aber nur knapp elf Prozent der bisherigen Erdgeschichte) auf unserem Heimatplaneten nicht mehr existieren können. In etwa zwei Milliarden Jahren wird sich die Erde aufgrund der höheren Strahlkraft der Sonne in einen Wüstenplaneten verwandelt haben (etwa vergleichbar mit dem heutigen Mars). Unterstellt man also (wie es Milliarden von Menschen tun), dass die Erde mitsamt ihren Lebensformen von einem »Gott« erschaffen wurde, so müsste man folgern, dass dieser an der »Bewahrung der Schöpfung« kein sonderliches Interesse hat – sonst hätte er die Parameter des Kernfusionsreaktors Sonne sicherlich etwas lebensfreundlicher eingestellt.[5]

Wir sollten daher nicht damit rechnen, dass eine übernatürliche Macht die irdischen Lebensformen vor der kollektiven Vernichtung bewahren wird. Die Aufgabe, das irdische Leben zu evakuieren und auf fremden Planeten neu anzusiedeln, wird der Mensch (bzw. werden seine potenziellen evolutionären Nachfolger) übernehmen müssen – sehr wahrscheinlich wird dies lange vor den angegebenen 500 Millionen Jahren erforderlich sein (beispielsweise aufgrund von Supervulkanausbrüchen, extremen Sonnenwinden etc.). Damit ein solches Projekt gelingen kann, wird die Menschheit sich nicht nur in technologischer, sondern auch in ethisch-politischer Hinsicht weiterentwickeln müssen. Würde der Fortschritt nur auf technologischem Gebiet stattfinden, dürfte dies katastrophale Folgen haben, denn die *Erweiterung der technologischen Möglichkeiten* ist stets auch mit der *Erhöhung des Risikos der Selbstzerstörung* verbunden.

In der berühmt-berüchtigten *Drake-Gleichung*[6], mit der Astronomen zu bestimmen versuchen, wie viele intelligente Zivilisationen zeitgleich mit der Menschheit in der Milchstraße existieren, ist der Faktor, der die Wahrscheinlichkeit einer solchen Koinzidenz am stärksten reduziert, die geschätzte mittlere Lebensdauer einer technologisch hoch entwickelten Zivilisation. Carl Sagan, der Vater der *Golden Record* (auf dessen Vorlage auch der Science-Fiction-Film *Contact* beruht, der von der Kontaktaufnahme einer außerirdischen Spezies mit der Menschheit handelt), ging in seiner Ausformulierung der Gleichung[7] davon aus, dass es in der Milchstraße rund 100 Milliarden Planeten gibt, auf denen sich irgendwann einmal Leben entwickelt hat bzw. entwickeln wird. Ein Prozent dieser bewohnten Planeten könnten, so Sagan, eine technologische Zivilisation hervorbringen, die Funksignale aussenden und empfangen kann, was immerhin die stolze Zahl von einer Milliarde Zivilisationen in der Geschichte der Milchstraße ergeben würde. Trotz dieser optimistischen Einschätzung kam Sagan letztlich zu dem Ergebnis, dass in der Milchstraße allenfalls zehn technologische Zivilisationen zeitgleich mit der menschlichen existieren. Warum? Weil er davon ausging, dass die mittlere Lebensdauer einer technologischen Zivilisation sehr begrenzt ist – nicht nur aufgrund äußerer Einwirkungen, sondern insbesondere wegen ihres Selbstzerstörungspotenzials.[8]

Tatsächlich darf man diesen Aspekt nicht unterschätzen, wie ein Blick in die jüngere Geschichte zeigt: Im Sinne der Drake-Gleichung verfügt die Menschheit erst seit wenigen Jahrzehnten über eine höher entwickelte Zivilisation, stand dabei aber bereits zweimal am Rand der nuklearen Selbstzerstörung, zuerst infolge der Kuba-Krise 1962, ein zweites Mal – weit weniger bekannt – 1983, als das sowjetische Satellitenüberwachungssystem in der Nacht zum 26. September aufgrund eines Computerfehlers einen Angriff der USA mit nuklearen Interkontinentalraketen meldete.

Glücklicherweise hatte in dieser Nacht der besonnene Ingenieur Oberstleutnant Stanislaw Petrow (*1939) die Dienstaufsicht in der Luftüberwachungszentrale – kein militärischer Hardliner. Da Petrow dem Computersystem, das er selbst mitentwickelt hatte, misstraute, weigerte er sich, die Information über den vermeintlichen Angriff an die Kreml-Führung weiterzugeben – selbst dann noch, als immer mehr feindliche Raketen auf dem Bildschirm auftauchten. In der damaligen hochbrisanten Lage (Kreml-Chef Andropow rechnete fest mit einem Angriff der USA; wenige Tage zuvor war ein südkoreanisches Flugzeug mit 269 Passagieren abgeschossen worden, das in den sowjetischen Luftraum eingedrungen war) hätte eine solche Meldung wahrscheinlich zu einem sofortigen Gegenschlag und einem weltweiten Nuklearkrieg geführt. Später stellte sich heraus, dass das sowjetische Satellitenfrühwarnsystem Sonnenreflexionen als Raketenstarts fehlinterpretiert hatte. Beinahe hätte sich die Menschheit also aufgrund einer Art Fata Morgana ausgelöscht. (Der Mann, der die Welt vor dem nuklearen Inferno gerettet hat, wurde erst Jahrzehnte später geehrt. Heute lebt Petrow zurückgezogen unter bescheidensten Verhältnissen in einem Vorort von Moskau.)[9]

Die Vorgänge vom September 1983 belegen nachdrücklich, wie schmal der Grat ist, den eine technologisch hoch entwickelte Zivilisation zu meistern hat. Diese Tatsache erkennen selbst enthusiastische Technologiebefürworter wie der amerikanische Erfinder und »Transhumanist«[10] Ray Kurzweil (*1948) an. Der Chefingenieur von Google – der zugleich auch *der* Pionier der optischen Texterkennung, der computergestützten Sprachausgabe, der Spracherkennung und Erfinder der berühmten *Kurzweil*-Synthesizer ist – glaubt, dass die Menschheit dank der sogenannten GNR-Technologien (Gentechnik, Nanotechnik, Robotik) schon bald in ein goldenes Zeitalter vorstoßen wird, in dem viele Probleme, die uns heute belasten, gelöst werden. Folgt man seiner Argumentation, so stehen wir kurz davor, das zu realisieren, was einst als Prototyp des »Wunders« galt, nämlich dass Blinde sehen und Lahme wieder laufen können. Kurzweils Vorhersagen jedoch gehen über derartige »Trivialitäten« hinaus: So prognostiziert er nicht nur eine Verschmelzung biologischer und nichtbiologischer Intelligenz (meines Erachtens eine realistische Einschätzung), sondern meint sogar, dass wir in absehbarer Zeit schon den Alterungsprozess stoppen und den Tod überwinden werden (was ich für ziemlich unrealistisch halte).[11]

Bei aller Begeisterung für GNR ist sich Kurzweil allerdings auch der Gefahren dieser Technologien bewusst: So könnten gentechnisch erzeugte Viren, nanotechnische Kampfstoffe, hochintelligente, aber empfindungslose Roboter unendliches Leid über die Welt bringen.[12] Ein offizielles Verbot von GNR jedoch wäre, wie Kurzweil zu Recht darlegt, erstens *unethisch*, weil es uns zentraler Instrumente zur Bekämpfung von Armut und Krankheit berauben würde, und zweitens *kontraproduktiv*, weil Weiterentwicklungen auf diesen Gebieten dann im Geheimen, in Militärlaboren und Terrorcamps, stattfinden würden und die Öffentlichkeit ohne geeignete Gegenstrategien womöglich noch mehr in Gefahr geriete. Es gibt für uns, hier stimme ich Kurzweil zu, keinen Weg zurück in eine technologiefreie Zeit, sondern nur den Weg nach vorn zu einem bewussteren, verantwortungsvolleren Umgang mit hochpotenten technologischen Verfahren.

Zu ergänzen ist bei alldem, dass wir ohnehin nicht zwischen einer »heilen Welt *ohne* Technik« und einem »Untergang *mit* Technik« entscheiden können. Denn – wie gesagt: *Wir sind nicht Teil einer gut gemeinten, gut gemachten »Schöpfung«, die ohne den zerstörerischen Zugriff des Menschen »heil« wäre, sondern eines hochsensiblen, verletzlichen Ökosystems, das ohne Einsatz menschlicher Technologie von vornherein dem Untergang geweiht ist!* Paradoxerweise könnte es sogar sein, dass die höheren Lebensformen der Erde letztlich ausgerechnet von jenen Waffensystemen gerettet werden, die sie über Jahrzehnte hinweg am stärksten bedroht haben: Schließlich besteht eine der wirksamsten Maßnahmen gegen Himmelskörper, die sich auf Konfrontationskurs mit der Erde befinden, darin, im richtigen Abstand und Winkel Nuklearraketen zu zünden, die die Asteroiden oder Kometen auf ungefährlichere Bahnen lenken.

Halten wir fest: Nicht der technologische Fortschritt ist das Problem, sondern die Tatsache, dass wir ihm in ethisch-politischer Hinsicht noch immer so weit hinterherhinken. Ebendiese betrübliche Erkenntnis war es auch, die mich vor einigen Jahren dazu motivierte, mein erstes Buch über die Philosophie des evolutionären Humanismus zu schreiben. Ausgangspunkt meiner damaligen Überlegungen war, dass wir es uns nicht mehr leisten können, einerseits die Technologie des 21. Jahrhunderts zu nutzen, andererseits jedoch auf jahrtausendealte Mythen zurückzugreifen. »Diese Kombination von höchstem technischem Knowhow und naivstem Kinderglauben«, so hieß es in den ersten Zeilen des *Manifests des evolutionären Humanismus,* »könnte auf Dauer fatale Folgen haben. Wir verhalten uns wie Fünfjährige, denen die Verantwortung über einen Jumbojet übertragen wurde.«[13]

Ich halte diese Diagnose noch immer für richtig – auch wenn ich einige Dinge heute anders formulieren würde als 2005 (ich werde weiter unten darauf eingehen). Nach wie vor bin ich davon überzeugt, dass die Menschheit gut beraten wäre, wenn sie sich am Rahmenkonzept des evolutionären Humanismus orientieren würde, das Julian Huxley (siehe Kapitel 2: *Huxleys Alternative*) 1945 der Arbeit der UNESCO zugrunde legen wollte. Will die Menschheit ihrer Verantwortung für die Ökosphäre der Erde gerecht werden, so führt an einer solchen Neuorientierung kein Weg vorbei (wobei es selbstverständlich gleichgültig ist, ob man das Konzept, an dem wir uns orientieren wollen, nun als »evolutionären Humanismus« bezeichnet oder dem Kind einen völlig anderen Namen gibt).

Eines jedenfalls ist klar: Mit dem Smartphone in der Hand und der Bronzezeit im Kopf kommen wir nicht weiter! Wir brauchen zeitgemäße Ideen, die darauf angelegt sind, sich kontinuierlich weiterentwickeln zu lassen – keine unverrückbaren Dogmen, die, wie der deutsche Wissenschaftstheoretiker Hans Albert (*1921) anmerkte, gerade deshalb so gerne als »heilig« und »unfehlbar« deklariert werden, weil sie keiner kritischen Prüfung standhalten.[14] In diesem Zusammenhang ist es auch an der Zeit, die alten kindischen Allmachtsphantasien über Bord zu werfen, die die Menschheitsgeschichte so unheilvoll bestimmt haben, und den Menschen endlich als das zu begreifen, was er schon immer gewesen ist – ein unbeabsichtigtes Produkt der kosmischen Evolution.

Leider wird gerade dieser letzte Aspekt häufig missverstanden. Oft habe ich es erleben müssen, dass es als »Angriff auf die Würde des Menschen« gewertet wurde, wenn ich *Homo sapiens* als *nächsten Verwandten des Schimpansen* statt als *Krone der*

Schöpfung beschrieb. Dabei erfolgt der Angriff auf die Menschenwürde sehr viel eher in umgekehrter Richtung: Denn was verbirgt sich hinter der Vorstellung, dass das Weltall mit seinen Milliarden von Galaxien und Trilliarden von Sternen exklusiv für uns erschaffen wurde?[15] *Ein unterentwickeltes Selbstwertgefühl, das der grandiosen Selbstüberhöhung bedarf, um nicht in sich zusammenzubrechen* – eine Haltung also, die dem Menschen *an sich*, ohne Rückendeckung durch einen allmächtigen Schöpfergott, keinen *eigenen Wert* zukommen lässt.

Mich erinnert dies eklatant an das Verhalten all jener Menschen, die egal wo und egal wem gegenüber verkünden müssen, wie unendlich großartig ihre Leistungen und Begabungen sind, um ihr von Selbstzweifeln und Minderwertigkeitskomplexen angenagtes Ego aufzupolieren. In diesem Sinne hatte Marx zweifellos recht, als er die Religion (besser wäre: eine *bestimmte Art von Religion bzw. Ideologie*) als das »Selbstbewusstsein und das Selbstgefühl des Menschen« beschrieb, »der sich selbst entweder noch nicht erworben oder schon wieder verloren hat«.[16]

Anders gewendet: Gerade dadurch, dass wir den Menschen nicht als Geschöpf Gottes, sondern als Resultat der universellen Evolution begreifen, geben wir ihm einen *Wert, der in ihm selbst liegt* – nicht in einer verborgenen, metaphysischen Quelle, von der wir nicht wissen können, ob sie überhaupt existiert. Mehr noch: Mit der *Hominisierung des Menschen*, der Anerkennung unserer *Tierlichkeit*, schaffen wir die beste Voraussetzung für die *Humanisierung des Menschen*, die Entwicklung unserer *Menschlichkeit*. Denn nur wenn wir verstehen, *woher* der Mensch kommt, werden wir realistisch einschätzen können, *wohin* er sich optimalerweise entwickeln könnte. Ohnehin sind Menschen- und Tierrechte, wie wir in Kapitel 6: *Emanzipation und Fortschritt* gesehen haben, seit jeher eng miteinander verknüpft, da sich beide aus dem gleichen Prinzip – dem *Prinzip der gleichen Berücksichtigung gleicher Interessen* – speisen, das uns dazu verpflichtet, Diskriminierungen jeder Art zu überwinden.

Der Vorteil dieses Prinzips ist, dass es auf die Herleitung von Werten über vermeintliche »übernatürliche Quellen« konsequent verzichtet. Zwar gibt es keinen Grund, den Glauben an übernatürliche Kräfte (etwa Göttinnen und Götter) kategorisch auszuschließen – wer evolutionärer Humanist ist, muss nicht zwangsweise Atheist sein –, aber wir sollten es doch als gefährliche Anmaßung zurückweisen, wenn Menschen behaupten, sinnvolle Aussagen über diese Kräfte (etwa die Eigenschaften von Göttinnen und Göttern) machen zu können – eine gewisse *agnostische Zurückhaltung* sollte man als evolutionärer Humanist durchaus an den Tag legen.

Für die Zurückweisung übernatürlicher Normbegründungen sprechen nicht nur erkenntnistheoretische, sondern auch politische und historische Argumente: Denn religiöse Begründungsformen haben den ethischen Fortschritt in den letzten Jahrhunderten eher behindert als gefördert, weshalb es kein Zufall ist, dass die Entwicklung der Menschenrechte so eng mit dem Prozess der *Säkularisierung*, der Verweltlichung der Gesellschaften und ihrer politischen Institutionen, verknüpft war. Nicht ohne Grund waren die Pioniere der Menschenrechtsidee (etwa Thomas Paine, Thomas Jefferson, Lafayette, der Marquis de Condorcet oder der sagenumwobene deutsch-französische Revolutionär Anacharsis Cloots) entschiedene Säkularisten, während führende Vertreter der Religionen die Forderung nach individuellen Selbstbestimmungsrechten lange Zeit rigoros ablehnten.[17]

Bis weit ins 20. Jahrhundert hinein wurde die Idee universeller Menschenrechte in religiösen Kreisen weitgehend verworfen (in fundamentalistischen Fraktionen ist dies bekanntlich bis heute der Fall). Erst Mitte des 20. Jahrhunderts setzte sich in der Breite das Argument durch, dass man die Idee der Menschenrechte auf die unterstellte »Gottesebenbildlichkeit« des Menschen zurückführen könnte. Diese Argumentation wurde letztlich sogar so übermächtig, dass heute kaum noch jemand weiß, dass die Neuaufnahme des Menschenrechtsdiskurses, der erst 200 Jahre nach Thomas Paine zur UN-Erklärung der Allgemeinen Menschenrechte führte, eben nicht durch religiöse Kräfte angestoßen wurde, sondern wesentlich auf die Initiative eines entschiedenen Säkularisten und »evolutionären Humanisten der ersten Stunde« zurückzuführen ist, nämlich auf H. G. Wells.

Der berühmte Science-Fiction-Autor, der bei Thomas Henry Huxley studiert und mit Julian Huxley das monumentale Werk *The Science of Life* veröffentlicht hatte,[18] löste 1939 eine breite internationale Debatte aus, als er dafür eintrat, dass das Ziel der Alliierten im Krieg nicht allein in der Zerschlagung der Nazi-Diktatur bestehen dürfe, sondern dass es darum gehen müsse, einen internationalen Staatenbund zu etablieren, der universelle Menschenrechte proklamiere und weltweit durchsetze.

Mit seinem 1940 veröffentlichten Buch *The Rights of Man, or what are we fighting for?* schuf Wells einen der einflussreichsten (wenn auch heute weitgehend vergessenen) Texte des 20. Jahrhunderts, der nicht nur US-Präsident Franklin D. Roosevelt (1882–1945) 1941 zu seiner berühmten »Vier-Freiheiten«-Rede inspirierte (die die Grundlage dafür lieferte, dass der Kampf um Menschenrechte zum Kriegsziel erklärt wurde, wie es Wells vorgeschlagen hatte), sondern auch großen Einfluss auf das Denken seiner Gattin Eleanor Roosevelt (1884–1962) hatte, die 1947 den Vorsitz der UN-Menschenrechtskommission übernahm. Vergleicht man Wells' Katalog der *Universellen Menschenrechte* (»The Universal Rights of Man«) mit der 1948 verabschiedeten *Allgemeinen Erklärung der Menschenrechte* der UN, wird man nur wenige Unterschiede feststellen können. (Die wesentliche Differenz besteht darin, dass Wells schon Anfang der 1940er-Jahre einige soziale, ökonomische und politische Rechte aufgenommen hatte, die erst Jahrzehnte später eine Rolle in der Menschenrechtsdebatte spielen sollten.)[19]

Ich habe die säkularen Wurzeln der Menschenrechte in den vergangenen Jahren immer wieder stark betont, da es mir wichtig erschien, geschichtsverfälschenden Darstellungen entgegenzuwirken, die die Ursprünge dieser Idee ausgerechnet im religiösen Kontext verorteten. Weil der überproportionale kulturelle Einfluss religionsferner Denker (von Epikur über Paine bis hin zu Darwin, Marx, Freud, Einstein, Edison, Huxley oder Wells) weitgehend geleugnet wurde, hielt ich es für notwendig, ihren Beitrag am zivilisatorischen Fortschritt in besonderer Weise hervorzuheben. Mittlerweile aber hat sich die Debatte gedreht (nur Hardliner bestreiten noch den maßgeblichen Beitrag säkularer Menschen an der Entwicklung der Menschenrechte), weshalb ich meine, dass es sinnvoll ist, andere Schwerpunkte zu setzen als vor acht Jahren, als ich das *Manifest des evolutionären Humanismus* schrieb.

So habe ich es damals noch als Ausdruck »intellektueller Un-redlichkeit« kritisiert, wenn Gläubige die Menschenrechte über die »Gottesebenbildlichkeit« begründen wollten. Heute kann ich diese Argumentationsfigur zwar noch immer schwer nachvoll-ziehen (wie auch könnte man vernünftige Aussagen darüber machen, wem »Gott« – so er, sie oder es überhaupt existiert – gleicht?), begrüße es aber, wenn Gläubige diese Begründung für sich entdecken. Auch dachte ich, dass Säkularisierung vornehm-lich als Zerfallsprozess der Religion beschrieben werden müsse. Und obwohl in meinen Augen noch immer vieles für diese Sichtweise spricht (schließlich ist Säkularisierung stets mit der Zurückdrängung universeller Wahrheits- und Machtansprüche der Religionen verbunden), kann ich es mittlerweile durchaus anerkennen, wenn Gläubige sie im Sinne eines »religiösen Fort-schritts« interpretieren.

Dies ist nicht zuletzt auch der transkulturellen Perspektive geschuldet, die ich am Ende des vorangegangenen Kapitels skiz-ziert habe. Denn Religionen sind (wie alle kulturellen Tradi-tionen) keine homogenen Gebilde, die nur eine bestimmte Interpretationslinie zulassen würden. Seit jeher tragen sie wider-sprüchliche Elemente in sich, sodass es in jeder Konfession Menschen gab, die sich entschieden für die Erweiterung der in-dividuellen Selbstbestimmungsrechte eingesetzt haben, und an-dere, die sie drastisch einschränken wollten. Aufgrund dieser internen Vielschichtigkeit der Religionen kann die Befreiung von bestimmten religiösen Normierungen (etwa die Aufhebung der alten Sittlichkeitsparagraphen, die Homosexualität ächteten) tatsächlich sowohl als *Zerfall* als auch als *Fortschritt* des Glau-bens gesehen werden (je nachdem, welche Traditionslinien man fokussiert).

Mittlerweile scheinen die meisten europäischen Theologen von der Fortschrittsthese überzeugt zu sein,[20] zumindest habe ich in den letzten Jahren kaum einen Theologen getroffen, der noch bestreiten würde, dass die Werte des Verfassungsstaates *säkular* – nicht religiös – begründet werden müssen. Offenkun-dig hat sich die Erkenntnis herumgesprochen, dass *Normen, die für alle gelten müssen, auch für alle einsichtig sein sollten*, weshalb sie eben nicht auf Glaubensannahmen beruhen dürfen, die viele

Gesellschaftsmitglieder nicht teilen. Allerdings bedarf es mitunter sehr wohl der religiösen Übersetzung, damit säkulare Normen (etwa die sexuellen Selbstbestimmungsrechte) für traditionsverhaftete Gläubige einsichtig werden. Daher sollten auch religionsfreie Menschen daran interessiert sein, dass Theologen ihre Quellentexte in entsprechender Weise auslegen (ein Punkt, den ich in den vergangenen Jahren, wie ich fürchte, nicht deutlich genug herausgestellt habe).

Gelänge es, die progressiven Traditionen, die es in jeder Religion gibt, zu forcieren, könnte das aufklärerische *Weltkulturerbe der Menschheit*, das, wie wir gesehen haben, von Menschen aller Zeiten und Kontinente hervorgebracht wurde (unabhängig davon, ob sie gläubig waren oder nicht), stärker ins öffentliche Bewusstsein gerückt werden. Damit wären wir einen entscheidenden Schritt weiter im Hinblick auf die Entwicklung jener transkulturellen, humanistischen Perspektive, die so dringend erforderlich ist, um die großen Probleme der Gegenwart zu lösen (siehe Kapitel 7: *Wege aus der Krise*).

Ich bin überzeugt, dass sich infolge dieser Veränderung auch die Widerstände reduzieren würden, die viele Gläubige noch immer davon abhalten, die Prinzipien der universellen Evolution, wie sie u. a. in diesem Buch geschildert wurden, zu akzeptieren. Denn das, was Religion bzw. Religiosität im positiven Sinne auszeichnet, jener »Sinn und Geschmack fürs Unendliche«, von dem Friedrich Schleiermacher (1768–1834) einst gesprochen hat,[21] wird durch die Perspektive des evolutionären Humanismus keineswegs untergraben, sondern, wie wir noch sehen werden, in einer Weise gefördert, die im höchsten Maße anschlussfähig ist an die besten mystischen Traditionen, die sich über Jahrtausende hinweg in den Weltreligionen entwickelt haben, etwa den Zen-Buddhismus, den Advaita-Hinduismus, den Sufismus, die christliche Mystik eines Meister Eckhart (1260–1328) oder Nikolaus von Kues (1401–1464) wie auch den Pantheismus des großen jüdischen Rationalisten Baruch de Spinoza (1632–1677).

Ich meine deshalb, dass der evolutionäre Humanismus auch jenen Menschen eine weltanschauliche Heimat bieten kann, die bislang mit säkularen Welterklärungsmodellen nichts oder nur sehr wenig anzufangen wussten. Ich wage sogar zu behaupten, dass die »Hoffnung Mensch« (selbstverständlich nicht *dieses* Buch, sondern die *dahinterstehende Denkweise*) in den nächsten Jahrzehnten zunehmend an die Stelle des »Seufzers der bedrängten Kreatur« treten wird. Wir stehen, wenn ich mich nicht irre, vor einem grundlegenden Wandel des religiösen Bewusstseins. Denn die Zeiten, in denen die traditionellen Religionen mit überzeugenden Antworten auf die Erfahrung des Absurden, die Widrigkeiten des Lebens und die Ungerechtigkeit der Welt punkten konnten, sind, wie es scheint, endgültig vorbei.

Die große Konversion

Im Anschluss an den deutschen Soziologen Max Weber (1864–1920) meinen viele, dass der wissenschaftliche Rationalisierungsprozess die Welt *entzaubert* habe,[22] doch das ist nur die halbe Wahrheit: Denn bei genauerer Betrachtung hat die Wissenschaft nur den *falschen Zauber* – den Glauben an magische Kräfte, an menschenähnliche Götter und Dämonen etc. – entkräftet. Im Gegenzug jedoch legte sie einen *sehr viel tieferen Zauber* frei – nämlich die unendlichen Dimensionen eines Universums, das um ein Vielfaches geheimnisvoller, mystischer ist, als es sich sämtliche Religionsstifter haben vorstellen können.[23]

Erinnern Sie sich nur an die Prinzipien der universellen Evolution, die ich in Kapitel 3: *Die Evolution von Sein und Bewusst-Sein* geschildert habe, und stellen Sie sich vor, wie viele Generationen von Organismen das kostbare Gut des Lebens weitertransportiert haben – von den Protoorganismen der Urzeit über die ersten Fische, Amphibien, Säugetiere, Affen, über unzählige Generationen von Menschenartigen und Menschen –, bis es letztlich zu Ihnen gelangte! Die Evolutionsbiologie lehrt uns nicht nur, dass wir allesamt verwandt sind, weil wir aus der gleichen »Ursuppe« stammen, sondern auch dass wir im wahrsten Sinne des Wortes »eins« sind, denn jeder von uns trägt (etwa in Gestalt der Ribosomen) denselben vier Milliarden Jahre alten »Lebenskeim« in sich.

Und damit nicht genug, schließlich sind wir nicht nur mit der

Welt des Lebendigen verbunden: Jeder von uns besteht, wie wir gesehen haben, aus mehr als 10^{27} Atomen, die seit etwa 13,7 Milliarden Jahren alle erdenklichen Formen von Materie hervorbringen. Bevor diese Atome sich in Ihnen vereinigten, bildeten sie intergalaktische Gaswolken und Sterne, Felsen, Vulkane, Ozeane. Sie waren Bestandteile von Insektenflügeln, Fischkiemen, Dinosauriermägen und natürlich auch von unzähligen menschlichen Lebewesen. Auf atomarer Ebene, so könnte man sagen, gibt es tatsächlich so etwas wie »Reinkarnation«: Die Atome, die einst dem historischen Buddha, dem historischen Jesus oder Mohammed Gestalt gaben, sind nicht nur bis heute erhalten geblieben, viele Millionen dieser »Buddha-, Jesus- oder Mohammed-Atome« befinden sich jetzt, in diesem Moment, in unveränderter Form in Ihren Händen, Füßen, Beinen oder inneren Organen. Insofern ist jeder Mensch, aber auch jeder Hai und jede Spitzmaus, ein »ökumenisches Religionsstiftertreffen«.[24]

Die Atome, die Ihre jetzige Gestalt bilden, werden selbstverständlich auch nach Ihrem Tod fortexistieren. Sie werden überstehen, was kein irdisches Lebewesen, das zu diesem Zeitpunkt auf der Erde weilt, überstehen kann, nämlich, dass sich die Sonne in einen Roten Riesen verwandelt. Nach dem Tod unserer Sonne werden einige Atome, die Ihr jetziges Sein ermöglichen, an der Bildung neuer Gaswolken, neuer Sonnen, neuer Planeten beteiligt sein, ja vielleicht sogar werden einige Atome, die sich gerade jetzt in Ihrer rechten Hand befinden, in einer weit entfernten Zukunft auf einem weit entfernten, noch gar nicht geborenen Planeten, die Gestalt einer neuen intelligenten Spezies mit hervorbringen, die über das Wunder des Universums ebenso wird staunen können, wie wir es heute tun.

Fragen Sie sich: Gibt es irgendeine Erzählung in irgendeiner Religion, die dem »Sinn und Geschmack fürs Unendliche« so nahe kommt wie die rationale Erhellung der Sachverhalte im Rahmen der Kosmologie oder Evolutionsbiologie? Wer die grandiosen Dimensionen, die uns die wissenschaftliche Weltsicht heute eröffnet, nicht nur intellektuell begriffen hat, sondern auch die Tiefe und Erhabenheit spürt, die in dieser Weltsicht liegt, entwickelt eine besondere Form von »Religiosität«, die mit dem, was traditionellerweise unter »Religion« verstanden wird, schwerlich in Einklang zu bringen ist. Es handelt sich hierbei um jene Form von »Religiosität«, von der schon Giordano Bruno, Spinoza und Albert Einstein gesprochen haben und die, wie gesagt, in bemerkenswerter Weise mit den mystischen Traditionen harmoniert, die sich – oft in scharfem Kontrast zu den vorherrschenden Glaubensdogmen – in nahezu allen Religionen entwickelt haben.

Die großen Mystiker zeichneten sich (trotz ihrer unterschiedlichen religiösen Herkunft) durch eine große Gemeinsamkeit aus, nämlich die *Erfahrung einer Einheit*, die sich hinter den vielfältigen Erscheinungen der Welt verbirgt. Die Mystiker waren *Monisten*, die in der Verschmelzung mit der Welt die traditionellen Dualismen von Subjekt und Objekt, Körper und Geist, Natur und Kultur – und wenn man so will: auch zwischen Gott und der Welt – hinter sich ließen.

Ebendiese Aufhebung der Dualismen ist aber, wie wir gesehen haben, auch für die wissenschaftlich-rationale Sichtweise bzw. den evolutionären Humanismus charakteristisch. Denn im Zuge des wissenschaftlichen Forschungsprozesses ist ein *neuer Monismus* an die Stelle des *alten Dualismus* getreten – eine rationale *Einheitsdeutung* der Welt, die in bemerkenswerter Weise mit der mystischen *Einheitserfahrung* korrespondiert. Der Wissenschaftler, so könnte man sagen, *erklärt* die unauflösliche Verbindung des Teils mit dem Ganzen, die der Mystiker *erlebt*. In diesem Sinne ist das *Mystische rational* geworden und das *Rationale mystisch*.

Dies ermöglicht es uns auch, alte religiöse Konzepte in neuem Licht zu betrachten. Ein gutes Beispiel hierfür ist die buddhistische Lehre vom »Nicht-Selbst« (Anatta): Wie ich bereits in *Jenseits von Gut und Böse* dargelegt habe, ist das »Ich«, das uns so ungeheuer wichtig erscheint, bloß ein virtuelles Theaterstück, das von einem blumenkohlförmigen Organ in unseren Köpfen inszeniert wird.[25] Diese Inszenierung ist so überzeugend, da sie sich im Verlauf der Evolution als nützliches Instrument für das Überleben des Individuums in komplexen Gruppen erwiesen hat, weshalb es kein Wunder ist, dass das, was wir unser »Ich« nennen, wesentlich durch die Zuschreibungen der Gruppe bestimmt ist, in der wir leben.

Wenn wir versuchen, die biologischen Prägungen und kulturellen Zuschreibungen (oder um es im buddhistischen Jargon auszudrücken: die »Anhaftungen«) von unserem »Ich« abzuziehen, so entdecken wir, dass dieses »Ich« im Grunde keinen Inhalt hat.[26] Es ist wie bei einer Zwiebel: Wenn wir das Ich schälen, also Schale für Schale abtragen, was zur Konstruktion dieses speziellen Selbst geführt hat, bleibt von der virtuellen Inszenierung unseres Egos am Ende nichts übrig. Wer diese »produktive Leere« erfährt (und das ist das Ziel jeder meditativen Übung), spürt den Urgrund seiner eigenen Existenz – und diesem Urgrund haftet nichts Eigenes, nichts Individuelles mehr an, es ist ein unbestimmtes und unbestimmbares Etwas, ein Etwas, das ein jeder von uns mit allen anderen Lebensformen auf der Erde teilt, nämlich *das Leben selbst*.

Eben dies meinte Albert Einstein, als er schrieb, dass »der Wert« (besser: die Reife) eines Menschen in erster Linie dadurch bestimmt sei, »in welchem Grad und in welchem Sinn er zur Befreiung vom Ich gelangt ist«.[27] Die »produktive Leere« des Anatta zu spüren ist jedenfalls enorm entlastend, denn: »Wer von seinem Selbst lassen kann, entwickelt ein gelasseneres Selbst.«[28] Gelassen*heit* hat nämlich viel mit Gelassen*haben*, dem Loslassen der Fiktion eines von der Welt abgegrenzten Ichs zu tun. Das wusste schon Meister Eckhart, dem wir das schöne Wort »Gelassenheit« in der deutschen Sprache verdanken und der als christlicher Mystiker zu Erkenntnissen kam, die in erstaunlichem Maße sowohl mit den Ergebnissen der modernen Hirnforschung als auch mit den Ansichten östlicher Mystiker übereinstimmen.

Mit dieser Vorstellung vom Nicht-Selbst verflüchtigt sich auch ein Problem, auf das die Religionen auf unterschiedliche Weise geantwortet haben, nämlich die *Angst vor dem Tod*. Wenn das Ich nur eine »Anhaftung«, eine »virtuelle Inszenierung« ist, die auf der spezifischen Organisationsform eines Körpers beruht (es ist »Information«, also Ausdruck des »In-Formation-Gebrachtseins« der Teile eines Organismus, siehe Kapitel 3: *Die Evolution von Sein und Bewusst-Sein*), dann müssen wir davon ausgehen, dass sich das Ich im Tod mit dem Auseinanderbrechen der körperlichen Organisationsform notwendigerweise auflöst.

Wir brauchen also keine Angst davor zu haben, postmortal in der Hölle gebraten oder als Kellerassel wiedergeboren zu werden.

Es gibt nur wenige Dinge im Leben, über die wir uns so sicher sein können wie darüber, dass der Tod das ultimative Ende aller Bewusstseinsfunktionen bedeutet.[29] Schon Epikur wusste, dass diese Empfindungslosigkeit der Grund dafür ist, dass niemand den *Tod an sich* fürchten müsse, denn »wenn wir da sind, ist der Tod nicht da, aber wenn der Tod da ist, sind wir nicht mehr«.[30] Es ist nun 2300 Jahre her, dass diese einfache, klare, angstreduzierende Erkenntnis formuliert wurde, leider ist sie in weiten Teilen der Welt noch immer nicht angekommen.

Weniger leicht lassen sich die drei existenziellen Grundprobleme aufheben, für die die Religionen, wie wir in Kapitel 1: *Der Seufzer der bedrängten Kreatur* gesehen haben, ebenfalls unterschiedliche Lösungsmöglichkeiten entwickelten: die Erfahrung des Absurden, die Widrigkeiten des Lebens und die Ungerechtigkeit der Welt. Denn sosehr wir uns auch immer bemühen werden: Aufgrund des »unintelligenten Designs« der Natur, das eben nicht auf menschenfreundlicher Planung, sondern auf dem vernunftblinden Walten von Zufall und Notwendigkeit beruht, werden immer wieder Dinge geschehen, die unangenehm sind und uns aus einer ethischen Perspektive als zutiefst ungerecht erscheinen. *Aber:* Wir können die Widrigkeiten und Ungerechtigkeiten, die uns auf Schritt und Tritt begegnen, durch intelligentere Technik, bessere medizinische Verfahren, eine rationale, faire »Weltinnenpolitik« etc. deutlich abmildern.

Ich bin überzeugt, dass wir in absehbarer Zeit Bedingungen schaffen können, unter denen die tragischen Elemente des Menschseins, mit denen wir uns im ersten Kapitel beschäftigt haben, *entweder gar nicht mehr auftauchen oder aber so sehr abgeschwächt sind, dass niemand mehr an ihnen verzweifeln muss.* Welch tiefgreifende Veränderungen damit im weltanschaulich-religiösen Bereich einhergehen werden, kann man in etwa abschätzen, wenn man sich die Umwälzungen der letzten 50 Jahre vergegenwärtigt: Die gesellschaftlichen Prozesse, die dazu geführt haben, dass Westeuropa (trotz »Eurokrise« und zunehmender Umverteilung von Arm auf Reich) zur stabilsten und gewaltfreiesten Region wurde, die jemals in der Geschichte der Menschheit existiert hat, haben auch bewirkt, dass sich die Menschen hier in einer historisch einmaligen Entwicklung von traditionellen Glaubensüberzeugungen verabschiedet haben. Sollten der Menschheit in den nächsten Jahrzehnten keine gravierenden Fehler unterlaufen, so könnte die kulturelle Evolution bald auch in anderen Erdteilen ähnliche Verhältnisse hervorbringen, was die Bedeutung tradierter Glaubenssysteme deutlich abschwächen wird. Denn: *Wer am Leben nicht mehr leidet, wer sich sozial und politisch nicht mehr übervorteilt fühlt, wem es nicht mehr schwerfällt, Mensch zu sein, der hat auch keinen Grund mehr, auf eine Wiedergutmachung im Jenseits für erlittene Qualen im Diesseits zu hoffen.*[31]

Bleibt also noch die Frage nach dem Umgang mit der *Erfahrung des Absurden*, die Albert Camus so prägnant beschrieben hat: Camus' Antwort auf die scheinbare Vergeblichkeit der menschlichen Existenz war bekanntlich die *Revolte gegen das Absurde*[32] – und im Grunde ist die gesamte Menschheitsgeschichte Ausdruck dieses Aufbegehrens gegen die eigene Bedeutungslosigkeit. Die Lösung, die die Religionen gefunden haben, bestand in erster Linie in der Verdrängung des Absurden, was jedoch mit absonderlichen Denkannahmen einherging, deren Widersinnigkeit nur so lange unentdeckt bleiben konnte, solange die Menschheit in wissenschaftlicher Hinsicht (etwa im Hinblick auf ihre Stellung im Kosmos) hoffnungslos im Dunkeln tappte.

Diese Zeit der Unwissenheit ist jedoch vorbei, weshalb wir gar nicht umhinkommen, uns der Frage des Absurden zu stellen: So ist es heute offensichtlich, dass das, was wir auf der Erde tun oder unterlassen, für den Fortgang der Geschehnisse im Kosmos keine Bedeutung hat. Zwar ist es durchaus vorstellbar, dass die Menschheit irgendwann andere Planeten der Milchstraße besiedeln wird, aber aufgrund der intergalaktischen Entfernungen wird ihr Wirkungsgrad notwendigerweise auf diese *eine* Galaxie begrenzt sein – angesichts von hundert Milliarden anderen Galaxien müssen wir daher annehmen, dass der Menschheit selbst im Falle ihrer größtmöglichen Ausdehnung keine maßgebliche Bedeutung im Universum zukommen dürfte.

Zudem ist uns neben der räumlichen auch die zeitliche Begrenzung unserer Spezies bewusst geworden: Wir wissen, dass die durchschnittliche Lebensdauer irdischer Arten bei etwa vier Millionen Jahren liegt und dass 99 Prozent aller Spezies, die jemals auf der Erde lebten, inzwischen ausgestorben sind (was ein weiterer klarer Hinweis für die Absurdität der Rede von der »Bewahrung der Schöpfung« ist). Nun ist der Mensch zweifellos eine ganz besondere Spezies, die das Potenzial hat, sowohl den Rekord der am schnellsten ausgestorbenen wie auch den der langlebigsten Spezies zu übertrumpfen. Im günstigsten Fall wird *Homo sapiens* erst in einigen Billionen Jahren aussterben, im ungünstigsten Fall schon innerhalb der nächsten Jahrzehnte. Klar ist dabei: Selbst wenn es uns gelingen sollte, den Tod auszutricksen, indem wir uns von einer biologischen in eine digitale Lebensform verwandeln, wie es Ray Kurzweil vorschwebt,[33] wird dies nur von begrenzter Dauer sein. Denn wenn im Kosmos keine Energieumwandlungsprozesse mehr stattfinden, wird es zwangsläufig auch kein Leben mehr geben – und zwar völlig unabhängig davon, ob dieses Leben DNA-codiert oder auf Festplatte gespeichert ist.

All dies spricht für die Annahme, dass die Existenz des Menschen *an sich* keinen Sinn hat – was allerdings bei genauerer Betrachtung eine absolute Trivialität ist: *Denn nichts im Universum hat einen Sinn an sich!* Warum? Weil der Begriff »Sinn« (das Gleiche gilt für den Begriff »Bedeutung«) notwendigerweise relational zu verstehen ist, das heißt: Er ist so lange sinnlos, solange nicht angegeben wird, für *wen* oder *was* irgendetwas oder irgendjemand einen Sinn ergibt. Die Frage danach, ob die Existenz der Menschheit *an sich* einen Sinn bzw. eine Bedeutung hat, ist demnach falsch gestellt: Denn selbst wenn wir davon ausgehen könnten, dass es einen Gott gäbe, der an der Menschheit interessiert ist (alternativ: einen Computercrack, der das Universum als virtuelle Simulation ablaufen lässt), würde dies nicht bedeuten, dass die Existenz der Menschheit deshalb einen *Sinn an sich* besäße. Warum nicht? Weil der Sinn, den Gott (bzw. der kosmische Programmierer) in der menschlichen Existenz sähe, nicht der *Sinn an sich* wäre, sondern bloß der *Sinn für Gott* (bzw. der Sinn für den kosmischen Programmierer).

Das mag zunächst wie eine Haarspalterei erscheinen, weist aber auf einen bedeutsamen Sachverhalt hin, nämlich darauf, dass der Sinn, den *wir* unserem Leben geben, völlig losgelöst davon existiert, ob *ein Gott* (bzw. ein kosmischer Programmierer) unserem Dasein ebenfalls Bedeutung zumisst. Unsere *eigene Sinnkonstruktion* könnte sogar in *unauflöslichem Widerspruch* zu dieser *fremden Sinnkonstruktion* stehen, wie ein kleines Gedankenexperiment verdeutlicht: Stellen wir uns vor, Gott (bzw. der kosmische Programmierer) habe den Menschen nur deshalb erschaffen und für seine rasende Vermehrung in den letzten Jahrzehnten gesorgt, weil er uns als Nahrungsquelle für eine höher entwickelte Spezies vorgesehen hat, die in hundert Jahren die Milchstraße auf der Suche nach schmackhaften Großhirnen durchkreuzen wird. Würden wir uns einem solchen »übergeordneten Sinn« unterwerfen wollen? Natürlich nicht. Auch die hochintelligenten Schweine, die wir zum Verzehr züchten, dürften den Sinn ihres Daseins kaum darin sehen, postmortal auf dem Grillteller zu landen.

Die Frage nach dem Sinn oder Unsinn des Lebens kann also nur subjektiv beantwortet werden – aus der Perspektive desjenigen, der seiner eigenen Existenz Bedeutung zuschreibt. Ob es neben diesem kleinen, subjektiven Sinn noch einen großen, objektiven Sinn gibt, den ein übergeordneter Schöpfer in seiner Schöpfung sieht, wissen wir nicht – und selbst wenn wir es wüssten, müssten wir uns diesem Sinn nicht notwendigerweise unterordnen. Das heißt: Aus der Tatsache, dass es für unser Leben keinen *Sinn an sich* gibt, lässt sich eben nicht ableiten, dass es keinen *Sinn für uns* habe, dass es bedeutungslos wäre und es sich nicht lohnen würde, irgendetwas zu tun, wie Pierre Anthon, die Hauptfigur in Janne Tellers Roman *Nichts*, meinte (siehe Kapitel 1: *Die Erfahrung des Absurden*).

Denn *für uns* hat das Leben stets Bedeutung – und zwar aus einem einfachen biologischen Grund: *Weil wir die Differenz zwischen Wohl und Wehe kennen*. Ohne *sinnliche Empfindungen* gäbe es keinen *Sinn*, unser Dasein wäre völlig bedeutungslos, es würde uns ebenso wenig interessieren, wie es einen Kühlschrank, Staubsauger oder Schachcomputer kümmert, ob er morgen noch funktioniert oder schon entsorgt wird. Aus alldem ist zu folgern: *Das Absurde resultiert nicht daraus, dass es keinen über den Tod hinausweisenden Sinn gibt, sondern vielmehr aus der irrigen Denkannahme, dass es einen solchen über den (kollektiven) Tod hinausweisenden Sinn geben könnte oder gar müsste.* Denn der Sinn des Lebens ist an das Leben selbst gebunden, weshalb das *Ende der Sinnlichkeit* notwendigerweise auch mit dem *Ende des Sinns* einhergeht. Sollte uns das bekümmern? Ich wüsste nicht, warum, denn ohne sinnliche Wahrnehmung ist der Verlust des Sinns nichts, was wir erleiden könnten.

Nun ist es allerdings so, dass wir nicht bloß unsere eigenen Wohl-und-Wehe-Empfindungen kennen, sondern mit guten Gründen davon ausgehen können, dass andere (menschliche wie nichtmenschliche) Lebewesen auf ähnliche Weise empfinden. Eben deshalb wissen wir auch, dass das, was wir tun oder unterlassen, nicht nur *für uns selbst bedeutungsvoll* ist (schließlich wird alles, was wir tun, mit Wohl- oder Weheempfindungen belohnt oder bestraft), *sondern auch für andere fühlende Wesen*, die von unseren Handlungen betroffen sind.

Aus evolutionär-humanistischer Sicht ist deshalb *kein einziges Leben vergeblich, das auch nur ansatzweise dazu beiträgt oder beigetragen hat, die Freude auf dem Erdball zu mehren und das Leid zu mindern.* Zwar kennen wir von den mehr als 100 Milliarden Menschen, die jemals gelebt haben, nur noch die Namen einiger weniger, aber das heißt nicht, dass das Leben all der anderen bedeutungslos gewesen wäre! Denn natürlich hatte das Leben jedes einzelnen Menschen nicht nur für ihn oder sie selbst Bedeutung, sondern auch für unzählige andere – letztlich auch für uns heutige. Schließlich haben diese 100 Milliarden Namenlosen in ihrer Gesamtheit offenkundig dahingehend gewirkt, dass sich die Bedingungen für menschliches Leben auf der Erde allmählich verbesserten – denn ansonsten hätten all die positiven Entwicklungen nicht stattfinden können, die in diesem Buch geschildert wurden und an denen selbstverständlich sehr viel mehr Menschen beteiligt waren, als ich es darstellen konnte.

Ganz bewusst bin ich in den vorangegangenen Kapiteln auf die Schicksale einiger Personen eingegangen, die in ihrer Zeit als »gescheiterte Existenzen« galten, etwa Olympe de Gouges (in Frankreich geköpft), Giordano Bruno (in Italien verbrannt), Ignaz Semmelweis (in Österreich totgeprügelt) und Thomas Paine (in den USA so geächtet, dass er nicht einmal auf einem offiziellen Friedhof begraben werden konnte). Doch war ihr Leben vergeblich? Weit gefehlt! Olympe de Gouges starb zwar unter der Guillotine, aber ihre Ideen lebten fort und trugen dazu bei, dass die Forderung nach der Gleichberechtigung der Geschlechter mehr und mehr verwirklicht wurde. Brunos Werke sollten zwar mit ihrem Autor vernichtet werden, aber sie waren über Jahrhunderte hinweg eine Inspirationsquelle für unzählige Philosophen und Wissenschaftler, die die Ideen dieses »Ketzers« begierig aufgriffen. Ignaz Semmelweis kam zwar in einer Nervenheilanstalt unter fürchterlichen Umständen zu Tode, aber er rettete mit seinen »absurden Hygienevorstellungen« unzähligen Frauen das Leben, die sonst am Kindbettfieber gestorben wären. Thomas Paine wurde zwar am Ende seines Lebens in weiten Teilen der Welt verachtet, aber gerade seine Überlegungen zu den universellen Menschenrechten, zur bürgerlichen Freiheit und sozialen Gerechtigkeit haben die kulturelle Evolution der Menschheit entscheidend geprägt.

In einer eingeschränkten Perspektive, die nicht den kollektiven, sondern nur den individuellen Tod fokussiert, kann das Leben des Einzelnen also durchaus einen »über den Tod hinausweisenden Sinn« haben, nämlich insofern sich seine Handlungen positiv auf das Leben nachkommender Generationen auswirken. Eben dies war auch die Motivation vieler Männer und Frauen, die wegen ihrer fortschrittlichen Ideen zu Lebzeiten verkannt, verlacht, verbannt und verfolgt wurden. Sie schöpften ihre Kraft nicht zuletzt aus dem Glauben, dass sich die Menschheit weiterentwickeln werde, und hofften darauf, dass sich ihr Einsatz somit am Ende doch gelohnt haben könnte. Wie wir im Rückblick feststellen können, war dieser Glaube keine eitle Illusion, sondern eine Hoffnung, die sich in vielen Fällen bewahrheitet hat. Auch wir Heutigen werden ohne einen solchen *Glauben an die Menschheit* nicht auskommen, wenn wir die Probleme meistern wollen, mit denen wir konfrontiert sind.

Eines der ersten philosophischen Bücher, die mir in meiner Jugend in die Hände fielen, war Erich Fromms (1900–1980) *Jenseits der Illusionen*. Als ich diese Schrift zum ersten Mal las, begeisterte mich die darin enthaltene Ideologiekritik, doch das »humanistische Glaubensbekenntnis«, mit dem Fromm sein Buch beendete,[34] schreckte mich ab. Heute sehe ich das anders: Ich bewundere Fromms Mut, sich wenige Jahre nach dem Zweiten Weltkrieg und dem Holocaust, dem er als deutscher Jude nur knapp entkommen war, so offensiv zum Glauben an die Menschheit zu bekennen. Viel leichter wäre es gewesen, wenn er es bei der Kritik belassen hätte. Denn wer es wagt, darzulegen, woran er im positiven Sinne glaubt, steht nackt da und ist Angriffen sehr viel ungeschützter ausgeliefert.

Heute begreife ich auch, dass Fromm seinen Glauben an die »Vervollkommnungsfähigkeit«[35] des Menschen nicht formulierte, um die alten theistischen Religionen durch eine neue humanistische Religion zu ersetzen. Es ging ihm vielmehr – und das Gleiche lässt sich auch über Julian Huxley sagen – um eine *Konversion des Religiösen*, um einen kulturellen Transformationsprozess, der die humanen, lebensbejahenden Impulse aufgreift und die inhumanen, lebensfeindlichen Elemente abbaut, die sich im Verlauf der kulturellen Evolution in religiösen (wie nichtreligiösen) Traditionen ausgebildet haben.

Mir scheint, dass wir eine solche *Konversion zur Menschlichkeit*[36] heute dringender benötigen als je zuvor. Es ist daher an der Zeit, die kulturellen Schatzkammern zu öffnen und mit neuem Geist zu erfüllen. Nicht zuletzt aus diesem Grund habe ich am Ende des *Manifests des evolutionären Humanismus* den Zehn Geboten »Zehn Angebote« gegenübergestellt und *Jenseits von Gut und Böse* mit einer alternativen Paradiesgeschichte abgeschlossen. Da die beiden Bücher mit dem vorliegenden eng verknüpft sind, möchte ich auch dieses Buch mit der säkularisierten Fassung eines religiösen Textes beenden – und zwar mit einem *alternativen Glaubensbekenntnis* (das auch als Hommage an Erich Fromm gedacht ist, der mein Denken in ähnlicher Weise geprägt hat wie Darwin, Marx, Schopenhauer, Einstein, Kant oder Nietzsche).

Mein persönliches Credo (das selbstverständlich nicht den

Anspruch hat, für irgendjemanden verbindlich zu sein) ist deutlich kürzer gehalten als das Glaubensbekenntnis, das Fromm vor mehr als 50 Jahren vorlegte, es zielt aber *summa summarum* in die gleiche Richtung:

> *Ich glaube an den Menschen*
> *Den Schöpfer der Kunst*
> *Und Entdecker unbekannter Welten.*
>
> *Ich glaube an die Evolution*
> *Des Wissens und des Mitgefühls*
> *Der Weisheit und des Humors.*
> *Ich glaube an den Sieg*
> *Der Wahrheit über die Lüge*
> *Der Erkenntnis über die Unwissenheit*
> *Der Phantasie über die Engstirnigkeit*
> *Und des Mitleids über die Gewalt.*
>
> *Ich verschließe nicht die Augen*
> *Vor den Schrecken der Vergangenheit*
> *Dem Elend der Gegenwart*
> *Den Herausforderungen der Zukunft*
> *Aber ich glaube*
> *Dass wir bessere Wege finden werden*
> *Um das Leid zu vermindern*
> *Die Freude zu vermehren*
> *Und das Leben zu bewahren.*
>
> *Ich glaube an den Menschen*
> *Der die Hoffnung der Erde ist*
> *Nicht in alle Ewigkeit*
> *Doch für Jahrmillionen*
> *(Amen).*[37]

DANKSAGUNG

Mit dem vorliegenden Buch endet ein Zyklus, der dem Aufbau einer viersätzigen Sinfonie gefolgt ist, beginnend mit einem Auftaktsatz *(Manifest des evolutionären Humanismus)*, der die Kernthemen der späteren Bücher in komprimierter Form vorstellt, einem Adagio *(Jenseits von Gut und Böse)*, das von einem einzigen, weitgespannten Thema getragen wird (nämlich der Frage, wie wir den Dualismus überwinden und ein entspannteres Verhältnis zu uns selbst und den anderen entwickeln können), einem Scherzo *(Keine Macht den Doofen)*, das die Kernthemen des ersten Satzes in eine spielerische, ironisch-überspitzte Form bringt, und einem Finalsatz *(Hoffnung Mensch)*, der die verschiedenen Themenstränge noch einmal in einer groß angelegten Coda zusammenführt.

Ich möchte die Gelegenheit nutzen, um zum Abschluss dieses Zyklus all jenen zu danken, die ihn möglich gemacht haben. Mein Dank geht dabei zunächst an die Mitarbeiter und Entscheidungsträger der beteiligten Verlage, an Gunnar Schedel und Frank Welker vom Alibri Verlag sowie an Ulrike Gallwitz, Anne Wiedemeyer, Angela Kuepper, Anne Stadler, Sabine Cramer, Doris Janhsen, Ulrich Wank und Marcel Hartges, denen ich in den letzten Jahren bei Pendo bzw. Piper begegnet bin. Eine extratiefe Verneigung gebührt meiner famosen Agentin Barbara Wenner, die mir seit 2008 mit klugen Ratschlägen beiseitesteht und maßgeblich an der Entstehung meiner letzten Bücher beteiligt war (neben *Jenseits von Gut und Böse*, *Keine Macht den Doofen* und *Hoffnung Mensch* auch an *Leibniz war kein Butterkeks*, einem »philosophischen Duett« mit meiner Tochter Lea, das ich als eigenständiges »Kammermusikstück« begreife und nicht zu dem oben erwähnten viersätzigen Zyklus zähle).

Mein Dank gilt nicht zuletzt den wunderbaren Wissenschaftlern, Philosophen und Künstlern, die sich seit 2004 in der *Giordano-Bruno-Stiftung (gbs)* zusammengeschlossen haben. Ohne sie hätte ich keines meiner Bücher zum evolutionären Humanismus schreiben können. Es ist ein unglaubliches Privileg, auf diesen geballten Sachverstand zurückgreifen zu können! In diesem Zusammenhang gilt mein Dank auch den 5000 Mitgliedern des gbs-Förderkreises sowie – und vor allem – dem couragierten Gründer der Giordano-Bruno-Stiftung, Herbert Steffen, und seiner Gattin Ingrid Steffen-Binot. Ohne eure Unterstützung und Freundschaft wäre mein Glauben an die Menschheit längst nicht so gefestigt, wie er heute ist. Danke dafür und für so vieles andere mehr!

Herzlich bedanken möchte ich mich auch bei den Menschen, die neben den Vorgenannten dieses und/oder die vorangegangenen Bücher im Vorfeld gelesen und durch wertvolle Hinweise verbessert haben (dass die Bücher trotzdem nicht besser wurden, lag selbstverständlich nicht an ihnen, sondern an mir): Ein herzliches Dankeschön also an Fiona Lorenz, Philipp Möller, Robert Maier, Bernd Vowinkel, Carsten Frerk, Natascha Salomon, Hermann Josef Schmidt, Udo Ungar, Frank Nordbeck, Florian Chefai, Thomas Junker, Rüdiger Vaas und Helmut Fink.

Mein ganz besonderer Dank gilt natürlich der Person, die als Erstlektorin und Chefkritikerin den größten Anteil an meinen Büchern hat und die tragischerweise (neben den Kindern) am meisten darunter leiden muss, wenn ich im Schreib- und Lesewahn die Welt um mich herum vergesse: meiner Frau Elke. Dieses Mal, so fürchte ich, war es besonders schlimm, denn kein Buch hat mich so viel Mühe gekostet wie das vorliegende. Aber: Die Zeit der Tortur ist vorbei! Eine bessere Welt ist möglich – auch für uns beide …

Michael Schmidt-Salomon, Oktober 2013

ANMERKUNGEN

Kapitel 1

1 Die in diesem Buch angegebenen Lebensdaten der Autoren, Forscher, Gelehrten früherer Jahrhunderte sind mitunter umstritten. Shakespeare ist in diesem Zusammenhang besonders interessant, da noch immer darüber debattiert wird, wer der Verfasser der großen Dramen *Romeo und Julia, Hamlet, Othello, Macbeth* etc. war. Während die meisten Literaturwissenschaftler davon ausgehen, dass William Shakespeare von Stratford tatsächlich der Urheber der berühmten Werke war, vertreten die sogenannten »Anti-Stratfordianer« die Ansicht, dass dieser nur als Strohmann gedient habe, um den wahren Autor bzw. die wahren Autoren zu schützen (als »heimliche Autoren« wurden u. a. vorgeschlagen: Francis Bacon, Christopher Marlowe, William Stanley, der 6. Earl of Derby, und vor allem Edward de Vere, der 17. Earl of Oxford).

2 William Shakespeare: *Macbeth.* Übersetzt und herausgegeben von Barbara Rojahn-Deyk. Stuttgart 1977, S. 155

3 Arthur Schopenhauer: *Die Welt als Wille und Vorstellung. Von der Nichtigkeit und dem Leiden des Lebens.* In: Arthur Schopenhauer: *Züricher Ausgabe,* Band IV, S. 671. Anmerkung zur Zitierweise: Wie auch bei anderen Autoren habe ich die Zitate aus Schopenhauers Werk behutsam der modernen Rechtschreibung angepasst (trotz der eindringlichen Ermahnung des Philosophen, dies unter keinen Umständen zu tun). Ich habe mich dazu entschlossen, weil altertümliche Schreibweisen von der Modernität der Gedanken ablenken, was gerade im Falle Schopenhauers außerordentlich schade wäre.

4 Arthur Schopenhauer: *Die Welt als Wille und Vorstellung. Bejahung und Verneinung des Lebens.* In: Schopenhauer, *Züricher Ausgabe,* Band II, S. 402

5 Der 2008 von Regisseur David Fincher gedrehte Film war für 13 Oscars nominiert, von denen er drei gewann. Er beruht auf einer gleichnamigen Kurzgeschichte von F. Scott Fitzgerald, die lange Zeit als unverfilmbar galt.

6 Vgl. Stephen J. Gould: *Die Entdeckung der Tiefenzeit. Zeitpfeil oder Zeitzyklus in der Geschichte unserer Erde.* München 1990

7 Vgl. Elizabeth Neswald: *Thermodynamik als kultureller Kampfplatz. Zur Faszinationsgeschichte der Entropie 1850–1915*. Berlin 2006

8 »Big Freeze« meint im Prinzip das alte Wärmetod-Modell, das davon ausgeht, dass die Entropie im Universum immer weiter zunimmt, bis keine Energieumwandlung mehr stattfinden kann. »Big Rip«: Nach diesem Modell beschleunigt sich die Expansion des Universums immer weiter, bis ein Punkt erreicht wird, an dem diese Ausdehnung so explosionsartig erfolgt, dass sämtliche Elementarteilchen auseinandergerissen werden. »Big Crunch«: Diesem Konzept zufolge kollabiert das Universum unter der Wirkung der Gravitationskraft, bis es schließlich in einer Art von umgekehrtem Urknall wieder verschwindet. (Siehe hierzu auch die Ausführungen zu den physikalischen Grundlagen im dritten Kapitel.)

9 Siehe hierzu die Darlegungen in Kapitel 8

10 Gleich nach seinem Erscheinen im Jahr 2000 löste das Buch einen großen öffentlichen Skandal in Dänemark aus. Zeitweilig war seine Lektüre an dänischen Schulen verboten (zu ähnlichen Verboten kam es auch in Frankreich und Norwegen). 2001 wurde es jedoch mit dem Jugendbuchpreis des dänischen Kulturministeriums ausgezeichnet, 2011 wurde die deutsche Fassung (das Buch erschien in Deutschland 2010 im Carl Hanser Verlag und 2012 als Taschenbuchausgabe bei dtv) für den Deutschen Jugendliteraturpreis nominiert. Mittlerweile wurde *Nichts – Was im Leben wichtig ist* allein in Deutschland über 200 000-mal verkauft.

11 Friedrich Nietzsche: *Aus dem Nachlass der Achtziger Jahre*. In: Friedrich Nietzsche: *Werke*. Herausgegeben von Karl Schlechta. München 1954, Bd. 3, S. 836 f.

12 Friedrich Nietzsche: *Über Wahrheit und Lüge im außermoralischen Sinn*. In: Friedrich Nietzsche, *Werke*, Bd. 3, S. 309

13 Albert Camus: *Der Mythos des Sisyphos*. Reinbek 2000, S. 20

14 Ebenda, S. 22 f.

15 Ebenda

16 Ebenda, S. 26

17 Ebenda, S. 70

18 Johannes Neumann war – neben vielem anderem – Beirat und Mitinitiator der Giordano-Bruno-Stiftung (gbs), siehe *http://www.giordano-bruno-stiftung.de*. In einem Nachruf habe ich versucht, die Bedeutung dieses außergewöhnlichen und zugleich ungemein bescheidenen Humanisten und Aufklärers zu skizzieren, siehe: *http://hpd.de/node/15868*.

19 Ursula und Johannes Neumann: *Vernunft und Verantwortung*. In: Karlheinz Deschner (Hg.): *Woran ich glaube*. München 1992, S. 194 f.

20 Vgl. hierzu auch Franz Josef Wetz: *Die Gleichgültigkeit der Welt*. Frankfurt/M. 1994, S. 149 ff.

21 Dieser Punkt wurde in der leidenschaftlich geführten Debatte um die religiös motivierte Knabenbeschneidung leider häufig übersehen, vgl. Michael Schmidt-Salomon/AK Kinderrechte: *Fragen und Antworten zur Knabenbeschneidung.* (Abrufbar über die Website des AK Kinderrechte der Giordano-Bruno-Stiftung, *http://pro-kinderrechte.de/wp-content/uploads/2012/08/faq_beschneidung.pdf*)

22 Vgl. u. a. Bernulf Kanitscheider: *Das hedonistische Manifest.* Stuttgart 2011, S. 208 ff.

23 1870 starb in Deutschland noch ein Viertel aller Kinder unter 5 Jahren, 2006 lag die Quote bei nur noch 3,8 von tausend Lebendgeburten.

24 Vgl. u. a. Dieter E. Zimmer: *Ist Intelligenz erblich? Eine Klarstellung.* Reinbek 2012

25 Vgl. hierzu vor allem: David Lykken: *Happiness. What studies on twins show us about Nature, Nurture and the Happiness Set Point.* New York 1999

26 Vgl. hierzu die Darlegungen in Kapitel 7: *Logik der Zerstörung*

27 Vgl. u. a. Joachim Frick/Markus Grabka: *Gestiegene Vermögensungleichheit in Deutschland.* In: *Wochenbericht des DIW Berlin* Nr. 4/2009

28 In Kapitel 7 werden wir sehen, dass die Ungleichheiten in den Vermögen sogar noch gravierender sind, als diese Zahlen andeuten. Denn in den Darlegungen von Frick und Grabka ist das in Offshore-Paradiesen geparkte Kapital noch nicht mit einbezogen.

29 Siehe hierzu das Kapitel »Sollten wir stolz auf eigene Leistungen sein?« in: Michael Schmidt-Salomon/Lea Salomon: *Leibniz war kein Butterkeks. Den großen und kleinen Fragen der Philosophie auf der Spur.* München 2011, S. 144 ff.

30 Michael Schmidt-Salomon: *Keine Macht den Doofen! Eine Streitschrift.* München 2012, S. 13

31 Ursula und Johannes Neumann, *Vernunft und Verantwortung*, S. 198

32 Ebenda

33 Ebenda

34 Karl Marx: *Zur Kritik der Hegelschen Rechtsphilosophie. Einleitung.* In: Karl Marx/Friedrich Engels: *Werke* (MEW). Berlin 1974, Bd. 1, S. 378

35 Die Lebensdaten Buddhas sind höchst umstritten, was auch darauf zurückzuführen ist, dass die Berichte über sein Leben und Wirken lange Zeit nur mündlich weitergegeben wurden. Die ältesten uns bekannten Schriften entstanden einige Jahrhunderte nach Buddhas Tod.

36 Siehe hierzu vor allem die wichtige 22. Lehrrede Buddhas (Mahāsatipatthāna Sutta: *Von den Grundlagen der Achtsamkeit,* mitunter auch als *Die Pfeiler der Einsicht* übersetzt) im *Digha-Nikaya* (der »Längeren Sammlung«) des Pali-Kanon, vgl. Karl Eugen Neumann (Übers.): *Die Reden Gotamo Buddhos. Gesamtausgabe.* Zürich 1962, Bd. 2, S. 383 ff. Die Rede erschien auch in der weitverbreiteten Auswahl *Also sprach der Erhabene.* Zürich 1956, S. 3 ff.

37 Buddhas Programm war äußerst anspruchsvoll und schreckte durch seine negative Ausrichtung (Glück als Negation des Leidens) offenkundig viele ab, weshalb sich im Verlauf der Geschichte – ausgelöst nicht zuletzt auch durch die Konfrontation mit anderen Religionen und Weltanschauungen – positivere (damit aber auch ideologisch gefährlichere) Varianten des Buddhismus entwickelten. So kann man in einigen Varianten des Mahayana-Buddhismus all das wieder antreffen, was Buddha ursprünglich verneint hatte (Götter, Paradiese, eine »ewige Seele« sowie buddhistische Heilige mit absolutem Wahrheits- und Machtanspruch).

38 Ijob 1,1

39 Ijob 1,21

40 Ijob 40,10

41 Ijob 42,17

42 So heißt es im *Buch Daniel*: »Von denen, die im Land des Staubes schlafen, werden viele erwachen, die einen zum ewigen Leben, die andern zur Schmach, zu ewigem Abscheu.« (Daniel 12,2)

43 Mt 5,29.

44 Mt 13,41-43.

45 Vgl. hierzu vor allem Franz Buggle: *Denn sie wissen nicht, was sie glauben. Oder warum man redlicherweise nicht mehr Christ sein kann.* Aschaffenburg 2004

46 Mk 10,31

47 So heißt es in der 1965 (während des Zweiten Vatikanischen Konzils) verabschiedeten Pastoralkonstitution *Gaudium et Spes: Über die Kirche in der Welt von heute,* (Kapitel 37: »Das von der Sünde verderbte menschliche Schaffen«): »Die ganze Geschichte der Menschheit durchzieht (…) ein harter Kampf gegen die Mächte der Finsternis, ein Kampf, der schon am Anfang der Welt begann und nach dem Wort des Herrn bis zum letzten Tag andauern wird.« (Der deutsche Text findet sich auf der Website des Vatikans im Archiv der Dokumente des Zweiten Vatikanischen Konzils: www.vatican.va/)

48 Siehe u. a. den biblischen Bericht über die »Erhörung der Bitte einer heidnischen Frau«, in der Jesus sehr deutlich macht, dass er zu den »Menschen« (= den Juden) gesandt wurde – nicht zu den »Hunden« (= den Heiden), Mt 15,21-28, vgl. auch Mk 7,24-30.

49 Vgl. u. a. Karlheinz Deschner: *Der gefälschte Glaube. Eine kritische Betrachtung kirchlicher Lehren und ihrer historischen Hintergründe.* München 2004, S. 77 ff.

50 Mk 9,1

51 Vgl. hierzu vor allem das hervorragende Buch des israelischen Historikers Shlomo Sand: *Die Erfindung des jüdischen Volkes. Israels Gründungsmythos auf dem Prüfstand.* Berlin 2011

52 Sure 47,15 (Die Koranzitate folgen der Übersetzung von Rudi Paret)

53 Sure 56,15 ff.

54 Sure 52,11 f.

55 Sure 52,13

56 Sure 78,25

57 Sure 6,70

58 Sure 47,15

59 Sure 22,19 ff.

60 Auch ich habe mich in der Vergangenheit intensiv mit diesem Themen-spektrum auseinandergesetzt, siehe u. a. die Bücher *Manifest des evolutionären Humanismus* (2005), *Keine Macht den Doofen* (2012) und *Anleitung zum Seligsein* (2012).

61 Karl Marx, *Zur Kritik der Hegelschen Rechtsphilosophie*, S. 378

62 Ebenda, S. 379

63 Ebenda, S. 385

64 Ebenda, S. 379

Kapitel 2

1 Vgl. hierzu u. a. Helmut Fink/Rainer Rosenzweig (Hg.): *Das Tier im Menschen. Triebe, Reize, Reaktionen.* Münster 2013

2 Friedrich Nietzsche: *Morgenröte. Gedanken über die moralischen Vorurteile.* In: Friedrich Nietzsche, *Werke*, Bd. 1, S. 1045 f.

3 Vgl. Giordano-Bruno-Stiftung (Hg.): *Bruder Schimpanse, Schwester Bonobo.* Oberwesel 2011, S. 3

4 Die Grundidee zu diesem Gedankenexperiment stammt von Richard Dawkins, siehe: Richard Dawkins: *Barrieren im Kopf.* In: Paola Cavalieri/Peter Singer (Hg.): *Menschenrechte für die Großen Menschenaffen – Das Great Ape Projekt.* München 1996, S. 130 f. Ich habe mir erlaubt, Dawkins' faszinierendes Gedankenspiel ein wenig zu modifizieren.

5 Auch der Schimpanse im Münchner Tierpark Hellabrunn müsste 300 Kilometer entlang seiner Abstammungslinie in die Vergangenheit wandern, um zu Oma Chimpman zu gelangen. Für die reale Distanz zwischen den heutigen Menschen und den heutigen Schimpansen müssen wir also die doppelte Wegstrecke berechnen.

6 Vgl. hierzu insbesondere Volker Sommer: *Darwinisch denken. Horizonte der Evolutionsbiologie.* Stuttgart 2007

7 Vgl. hierzu vor allem Christian Niemitz: *Das Geheimnis des aufrechten Gangs. Unsere Evolution verlief anders.* München 2004

8 Michael Schmidt-Salomon, *Keine Macht den Doofen*, S. 91; siehe auch: Michael Schmidt-Salomon/Lea Salomon, *Leibniz war kein Butterkeks*, S. 239

9 Scharfe Ablehnung vonseiten besonders frommer Menschen bin ich seit

Jahrzehnten gewohnt. Eine evolutionäre Sichtweise des Menschen stößt mitunter aber auch bei säkularen Menschen auf starken Widerstand, wie nicht nur die Auseinandersetzung mit dem Philosophen Norbert Hoerster gezeigt hat.

10 Norbert Hoerster: *Mit den Affen gegen den Papst. Warum ich aus der Giordano-Bruno-Stiftung austrete.* In: *Frankfurter Allgemeine Zeitung* vom 28.11.2011, S. 26

11 Victoria Horner/Andrew Whiten: *Causal knowledge and imitation/emulation switching in chimpanzees (Pan troglodytes) and children (Homo sapiens).* In: Animal Cognition 8/2005, S. 164–181

12 Vgl. Josef Reichholf: *Warum die Menschen sesshaft wurden: Das größte Rätsel unserer Geschichte,* Frankfurt/M. 2008

13 Vgl. hierzu vor allem Rolf Bergmeier: *Schatten über Europa. Der Untergang der antiken Kultur.* Aschaffenburg 2012

14 Vgl. Uwe Flick (Hg.): *Psychologie des Sozialen. Repräsentationen in Wissen und Sprache.* Reinbek 1995, S. 72 ff.

15 Vgl. *http://de.wikipedia.org/wiki/Internet#Datenaufkommen* (abgerufen am 28.6.2013)

16 Marcus Tullius Cicero: *De re publica/Vom Staat* 1,28. Nach der Übersetzung von Michael von Albrecht. Stuttgart 2003, S. 41 f.

17 Marcus Tullius Cicero: *Pro Sexto Roscio Amerino.* Nach der Übersetzung von Wilfried Stroh, in: Wilfried Stroh: *Cicero. Redner, Staatsmann, Philosoph.* München 2008, S. 21 f.

18 Marcus Tullius Cicero: *Epistuale ad Quintum fratrem,* hier zitiert nach Wilfried Stroh: *Der Ursprung des Humanitätsdenkens in der Römischen Antike.* Vortrag vor der Goethe-Gesellschaft München, März 1989

19 Marcus Tullius Cicero: *De officiis/Vom pflichtgemäßen Handeln.* Übersetzt und kommentiert von Heinz Günermann. Stuttgart, 1976, S. 93

20 Ebenda, S. 95

21 Francesco Petrarca: *De vita solitarria,* zitiert nach Werner Raith: *Humanismus und Unterdrückung.* Frankfurt/M. 1985, S. 29

22 Coluccio Salutati, zitiert nach Raith, *Humanismus und Unterdrückung,* S. 33

23 Ebenda, S. 35 f.

24 Wilhelm von Humboldt: *Über die Verschiedenheiten des menschlichen Sprachbaues.* In: Wilhelm von Humboldt: *Werke in fünf Bänden.* Darmstadt 1963, Bd. 3, S. 147 f.

25 Ernst Haeckel: *Die Lebenswunder. Gemeinverständliche Studien über die biologische Philosophie.* Leipzig 1923, S. 295

26 Karl Marx/Friedrich Engels: *Die deutsche Ideologie.* In: MEW Bd. 3, S. 468

27 Karl Marx, *Zur Kritik der Hegelschen Rechtsphilosophie,* S. 378

28 Karl Marx: *Thesen über Feuerbach.* In: MEW Bd. 3, S. 6

29 Vgl. Karl Marx/Friedrich Engels: *Die heilige Familie oder Kritik der kritischen Kritik.* In: MEW Bd. 2, S. 7

30 Vgl. Marx, *Thesen über Feuerbach.* S. 7

31 Raith, *Humanismus und Unterdrückung,* S. 152 f.

32 Ebenda, S. 35

33 Marx/Engels, *Die heilige Familie oder Kritik der kritischen Kritik,* S. 38

34 Karl Marx: *Ökonomisch-philosophische Manuskripte.* In: MEW Bd. 40, S. 536

35 Karl Marx/Friedrich Engels: *Manifest der kommunistischen Partei.* In: MEW Bd. 4, S. 482

36 Aus diesem Grund verzichteten Marx und Engels in ihren späteren Schriften auf den Begriff des »Humanismus«, was aber eine Konjunktur des Begriffs im Realsozialismus nicht verhinderte, siehe u. a. Horst Groschopp: »*Der ganze Mensch*« – *Die DDR und der Humanismus. Ein Beitrag zur deutschen Kulturgeschichte.* Marburg 2013

37 Verfassung der Organisation der Vereinten Nationen für Erziehung, Wissenschaft und Kultur (UNESCO). Unterzeichnet in London am 16. November 1945. Neue deutsche Textfassung, erarbeitet von der Deutschen UNESCO-Kommission in Zusammenarbeit mit der Österreichischen und der Nationalen Schweizerischen UNESCO-Kommission (2001), siehe: *www.unesco.de/unesco_verfassung.html*

38 Julian Huxley: *Die Grundgedanken des Evolutionären Humanismus.* In: Julian Huxley: *Der evolutionäre Humanismus.* München 1964, S. 14

39 Ebenda, S. 15

40 Zur Lebensgeschichte von Julian Huxley siehe u. a. Julian Huxley: *Ein Leben für die Zukunft. Erinnerungen.* München 1981; sowie Juliette Huxley: *Leaves of the tulip tree.* Murray, London 1986. Recht umfangreiche Informationen bietet auch der englische Wikipedia-Eintrag zu Julian Huxley (weit umfangreicher als der deutsche): *en.wikipedia.org/wiki/Julian_Huxley*

41 Der schwerste Irrtum seines Lebens war zweifellos, dass er in den 1920er-Jahren (wie viele Intellektuelle der damaligen Zeit) recht drastische eugenische Maßnahmen befürwortete, was er erst revidierte, als ihm bewusst wurde, zu welch inhumanen Konsequenzen dies führen würde.

42 Siehe Julian Huxley/Alfred Cort Haddon: *We Europeans: a survey of* ›*racial*‹ *problems.* London 1935

43 Julian Huxley, *Ein Leben für die Zukunft,* S. 7

44 Ebenda, S. 7 f.

45 Julian Huxley: *UNESCO – Its Purpose and Philosophy.* (1945 geschrieben, 1946 erstmals in englischer und französischer Sprache erschienen). Faksimile-Nachdruck, London 2010

46 Vgl. hierzu auch Julian Huxley, *Ein Leben für die Zukunft,* S. 264

47 Dem Kreis gehörten u. a. an: der Entwicklungsbiologe Conrad Hal Waddington (1905–1975), der heute als einer der entscheidenden Wegbereiter der Epigenetik und der evolutionären Entwicklungsbiologie (Evo Devo) gilt, der Genetiker Hermann Joseph Muller (1890–1967), der für seine Entdeckung, dass Mutationen durch Röntgenstrahlung ausgelöst werden, 1946 mit dem Nobelpreis ausgezeichnet wurde, sowie der Entwicklungspsychologe Erik Eriksson (1902–1994), der 1970 für sein brillantes Buch über »Gandhis Wahrheit« den Pulitzer-Preis erhielt.

48 Julian Huxley, *Die Grundgedanken des Evolutionären Humanismus*, S. 15

49 Ebenda

50 Ebenda, S. 29

51 Ebenda, S. 15

52 Ebenda, S. 16

53 Ebenda S. 26 f.

54 Ebenda, S. 27

55 Ebenda, S. 28

56 Ebenda

57 Ebenda

58 Julian Huxley, *Ein Leben für die Zukunft*, S. 486

59 Hamed Abdel-Samad: *Der Untergang der islamischen Welt. Eine Prognose.* München 2010, S. 15

60 Ebenda, S. 16

61 Ebenda, S. 18

62 Ebenda

63 Vgl. Schmidt-Salomon, *Manifest des evolutionären Humanismus*, S. 162

64 Ebenda, S. 36 f.

65 Der »kulturistische Fehlschluss« ist gewissermaßen die Umkehrung des ebenso fatalen (aber weit bekannteren) »naturalistischen Fehlschlusses«, der von dem, was *ist*, ableitet, was *sein sollte*, vgl. hierzu Michael Schmidt-Salomon: *Auf dem Weg zur Einheit des Wissens. Die Evolution der Evolutionstheorie und die Gefahren von Biologismus und Kulturismus.* Aschaffenburg 2007, S. 31 ff.

66 Zitiert nach Gerald Eberlein: *Wertbewusste Wissenschaft.* In: Hans Lenk (Hg.): *Wissenschaft und Ethik.* Stuttgart 1991, S. 99

67 Die These von den »zwei Kulturen« wurde 1959 von C. P. Snow treffend beschrieben, siehe C. P. Snow: *Die zwei Kulturen.* In: Helmut Kreuzer (Hg.): *Die zwei Kulturen. Literarische und naturwissenschaftliche Intelligenz.* München 1987

68 NOMA ist die Abkürzung für »Nonoverlapping Magisteria« (»sich nicht überschneidende Lehrgebiete«). Die dahinterstehende Idee existiert schon lange, der Begriff selbst aber wurde erst 1997 durch den Evolutionsbiologen Stephen Jay Gould eingeführt, siehe: Stephen Jay Gould: *Nonoverlapping Magisteria.* In: *Natural History* 106/1997

69 Vgl. Michael Schmidt-Salomon, *Auf dem Weg zur Einheit des Wissens*, S. 29 ff.

70 Vgl. Charles Darwin: *Die Abstammung des Menschen*. Frankfurt/M. 2005, S. 78 ff.

71 Siehe hierzu die Darlegungen in Kapitel 4: *Der Sinn des Schönen*

72 Pjotr (Peter) Kropotkin: *Ethik – Ursprung und Entwicklung der Sitten*. Aschaffenburg 2013, S. 57

73 Ebenda, S. 18

74 Ebenda

Kapitel 3

1 Der Titel der Veranstaltung war angelehnt an das schöne Buch von Wolf Wagner: *Uni-Angst und Uni-Bluff. Wie studieren und sich nicht verlieren*. Hamburg 1992.

2 Vgl. u. a. Alison Gopnik/Patricia Kuhl/Andrew Meltzoff: *Forschergeist in Windeln*. München 2005; Alison Gopnik: *Kleine Philosophen. Was wir von unseren Kindern über Liebe, Wahrheit und den Sinn des Lebens lernen können*. Berlin 2009

3 Siehe Paul Watzlawick: *Wie wirklich ist die Wirklichkeit?* München 1978, S. 60

4 Noch bekannter sind Skinners Versuche mit »abergläubischen Tauben«, vgl. B. F. Skinner: ›Superstition‹ *in the pigeon*. Journal of Experimental Psychology 38/1948: 168–172

5 Vgl. hierzu u. a. Johannes Fischler: *New Cage. Esoterik 2.0 – Wie sie die Köpfe leert und die Kassen füllt*. Wien 2013; sowie Colin Goldner: *Die Psycho-Szene*. Aschaffenburg 2000

6 George Gaylord Simpson zitiert nach Gerhard Vollmer: *Was können wir wissen?* Band 1. Stuttgart 1985, S. 39

7 Brigitte Röthlein: *Das Innerste der Dinge. Einführung in die Atomphysik*. München 1998, S. 15

8 Ebenda, S. 20

9 Ebenda

10 Bill Bryson: *Eine kurze Geschichte von fast allem*. München 2005, S. 183

11 Ebenda, S. 184

12 Vgl. Manjit Kumar: *Quanten. Einstein, Bohr und die große Debatte über die Wirklichkeit*. Berlin 2009

13 Albert Einstein: *Zur Elektrodynamik bewegter Körper*. In: Annalen der Physik. 17, 1905, S. 891–921

14 Albert Einstein: *Ist die Trägheit eines Körpers von seinem Energieinhalt abhängig?* In: Annalen der Physik. 18, 1905, S. 639–641

15 Albert Einstein: *Über das Relativitätsprinzip und die aus demselben gezogenen Folgerungen*. In: Jahrbuch der Radioaktivität. 4, 1907, S. 411–462.

(Genau genommen findet sich die Formel hier noch nicht in der allseits bekannten Form, da Einstein noch die ältere Schreibweise verwendet, in der die Lichtgeschwindigkeit mit V statt mit c dargestellt wird – am Gehalt der Formel ändert das natürlich nichts.)

16 So ein abermals treffender Vergleich von Bill Bryson in: Bryson, *Eine kurze Geschichte der Zeit*, S. 159

17 Thomas Bührke: $E = mc^2$ – *Einführung in die Relativitätstheorie*. München 2002, S. 84

18 Lawrence Krauss: *Ein Universum aus Nichts*. München 2013.

19 Erfreulicherweise hat sich Hawking immer wieder darum bemüht, seine Theorien in populärwissenschaftlichen Büchern niederzulegen, die auch für Laien verständlich sind, siehe u. a. Stephen Hawking: *Eine kurze Geschichte der Zeit*. Reinbek 1991; sowie: Stephen Hawking/Leonard Mlodinow: *Der große Entwurf – Eine neue Erklärung des Universums*. Reinbek 2010. Dass es noch etwas klarer und anschaulicher geht, bewies der deutsche Wissenschaftsjournalist Rüdiger Vaas, siehe vor allem: Rüdiger Vaas: *Hawkings Kosmos. Vom Urknall zu den Schwarzen Löchern*. Stuttgart 2011. Alan Guth erläutert sein alternatives Erklärungsmodell in Alan Guth: *Die Geburt des Kosmos aus dem Nichts. Die Theorie des inflationären Universums*. München 1999

20 Vgl. Krauss, *Ein Universum aus Nichts*, S. 209

21 Ebenda, S. 224

22 Vaas, *Hawkings Kosmos*, S. 69

23 Vgl. Vaas, *Hawkings Kosmos*, S. 75

24 Vgl. Krauss, *Ein Universum aus Nichts*, S. 39

25 Vgl. Franz M. Wuketits: *Eine kurze Kulturgeschichte der Biologie*. Darmstadt 1998, S. 2

26 Ebenda, S. 14

27 Da von dem umfangreichen Werk Epikurs leider nur noch wenige Fragmente erhalten sind, müssen wir auf derartige Sekundärquellen zurückgreifen, um die epikureische Lehre zu rekonstruieren. Lukrez' Darstellung scheint jedoch äußerst gewissenhaft zu sein, offenbar standen ihm die wesentlichen Werke Epikurs bei der Niederschrift des Lehrgedichts zur Verfügung.

28 Lukrez: *Über die Natur der Dinge*. Berlin 1957, S. 193 f.

29 Vgl. hierzu auch Bryson, *Eine kurze Geschichte von fast allem*, S. 452 ff.

30 Johann Wolfgang von Goethe: *Die Metamorphose der Pflanzen*. In: Johann Heinrich Cotta (Hg.): *Goethe's sämtliche Werke in vierzig Bänden. Vollständige, neugeordnete Ausgabe*. Stuttgart 1853–1858, Band 27, S. 102. (Dieses Buch ist unter »Google-Books« auch online zu finden. An dieser Stelle eine tiefe Verneigung vor den anonymen Autoren der deutschsprachigen Wikipedia: Ohne ihren Hinweis im Artikel zu Carl von Linné wäre ich auf dieses Goethe-Zitat wahrscheinlich nie gestoßen.)

31 Dies schrieb Charles Darwin 1844 in einem Brief an den Botaniker Joseph Hooker, einen der wenigen Menschen, denen er sich vor der Veröffentlichung des Artenbuchs anvertraute, vgl. u. a. Mathias Glaubrecht: »*Es ist, als ob man einen Mord gesteht*« – *ein Tag im Leben des Charles Darwin*. Freiburg 2009, S. 161 f.

32 Vgl. hierzu auch Franz M. Wuketits: *Laudatio auf Charles Darwin*. In: Charles Darwin, Thomas Junker, Ulrich Kutschera, Sabine Paul et al: *Happy Birthday, Charly!* Schriftenreihe der Giordano-Bruno-Stiftung, Band 3, S. 10 f.

33 Darwin war sich noch nicht sicher, ob die Arten aus einer einzigen oder aus einigen wenigen Urformen hervorgegangen waren. Um die geltenden Konventionen seiner Zeit nicht noch mehr zu verletzen, schob Darwin die Erschaffung dieser Urform(en) dem »Schöpfer« zu, tatsächlich aber hatte er sich schon in den 1850er-Jahren von dem Glauben an einen »Schöpfergott« gelöst.

34 Charles Darwin: *Über die Entstehung der Arten durch natürliche Zuchtwahl oder die Erhaltung der begünstigten Rassen im Kampfe um's Dasein*. Stuttgart 1876, S. 578

35 Von besonderer Bedeutung ist hier Huxleys Buch *Evidence as to Man's Place in Nature* (1863), deutsche Ausgabe: *Zeugnisse für die Stellung des Menschen in der Natur*. Stuttgart 1970. Haeckel hatte sich ebenfalls bereits 1863 in Vorträgen eindeutig zum Thema geäußert. Seine große Monographie *Anthropogenie oder Entwicklungsgeschichte des Menschen* erschien jedoch erst 1874.

36 An der Ausarbeitung dieses neuen Modells waren eine ganze Reihe internationaler Forscher beteiligt, vor allem der deutsch-amerikanische Zoologe Ernst Mayr (1904–2005), der russische Genetiker Theodosius Dobzhansky (1900–1975), der britische Paläontologe George Gaylord Simpson (1902–1984), der deutsche Verhaltensforscher Bernhard Rensch (1900–1990) sowie natürlich Julian Huxley (siehe das Kapitel *Huxleys Alternative*), dessen Buch *Evolution: The modern Synthesis* dem neuen Modell den Namen gab.

37 Vgl. Ulrich Kutschera: *Tatsache Evolution. Was Darwin nicht wissen konnte*. München 2009

38 Waddington schrieb den zweiten Aufsatz in Huxleys Sammelband zum evolutionären Humanismus, siehe: C. H. Waddington: *Der Mensch als Lebewesen*. In: Julian Huxley (Hg.), *Der evolutionäre Humanismus*, S. 72–89

39 Vgl. Sean B. Carroll: *Evo Devo. Das neue Bild der Evolution*. Berlin 2008

40 Vgl. Ulrich Kutschera: *Evolutionsbiologie*. Stuttgart 2008, S. 134

41 Ebenda, S. 140 f.

42 Aristoteles: *Metaphysik*. Ins Deutsche übertragen von Adolf Lasson. Jena 1907, S. 129

43 Marx/Engels, *Die deutsche Ideologie*, S. 26 f.

44 Einen guten Überblick über die Debatte liefert folgender Sammelband: Thomas Metzinger (Hg.): *Bewusstsein. Beiträge aus der Gegenwartsphilosophie.* Paderborn 2001

45 Vgl. Mario Bunge/Martin Mahner: *Über die Natur der Dinge.* Stuttgart 2004, S. 150

46 Vgl. George Henry Lewes: *Problems of Life and Mind.* London 1875

47 Vgl. meine Darlegungen zum »starken, naturalistischen Emergenzprinzip« in: *Jenseits von Gut und Böse,* S. 317–334

48 Vgl. hierzu auch Lee Smolin: *Warum gibt es die Welt? Die Evolution des Kosmos.* München 2002; sowie: Gerhard Vollmer: *Ist Evolution wirklich überall? Kritische Gedanken zu einer großen Idee.* In: Helmut Fink (Hg.): *Die Fruchtbarkeit der Evolution. Humanismus zwischen Zufall und Notwendigkeit.* Aschaffenburg 2013

49 Neuere Studien deuten darauf hin, dass Sexualität (bzw. eine Proto-Sexualität) schon unter Einzellern vor einer Milliarde Jahren entstanden sein könnte, vgl. Adam S. Wilkins/Robin Holliday: *The Evolution of Meiosis From Mitosis.* In: Genetics 181: 3–12 (Januar 2009)

50 Vgl. Erich Fromm: *Die Furcht vor der Freiheit.* In: Erich Fromm: *Gesamtausgabe.* München 1989, Band 1, S. 379 ff.

51 Vgl. Stephen Jay Gould: *Illusion Fortschritt. Die vielfältigen Wege der Evolution.* Frankfurt/M. 1998; Franz M. Wuketits: *Evolution ohne Fortschritt. Aufstieg oder Niedergang in Natur und Gesellschaft.* Aschaffenburg 2009

Kapitel 4

1 Aus Edisons Forschungsteam gingen einige herausragende Erfinder und Industrielle hervor, u. a. Henry Ford (1863–1947), dem es mit dem von ihm eingeführten Fließbandsystem (wundervoll parodiert in Charlie Chaplins Film *Moderne Zeiten*) gelang, Automobile auch für breitere Bevölkerungsgruppen erschwinglich zu machen, sowie Robert Bosch (1861–1942), der mit seiner in einem Stuttgarter Hinterhof gegründeten Firma nicht nur die berühmten Bohrmaschinen, sondern vor allem auch wesentliche Neuerungen für den Fahrzeugbau entwickelte (u. a. Zündkerzen und das Einspritzsystem für Dieselmotoren).

2 Siehe hierzu auch die Darlegungen in Kapitel 7

3 Staphylokokken verursachen eine Reihe höchst unangenehmer Erkrankungen von Durchfall und Erbrechen bis hin zu Lungenentzündungen.

4 Zu diesen bioethischen Fragestellungen siehe u. a. Franz Josef Wetz: *Baustelle Körper. Bioethik der Selbstachtung.* Stuttgart 2009

5 Deutsche Gesellschaft für Ästhetisch-Plastische Chirurgie (DGÄPC): *DGÄPC ermittelt Zahlen zur Brustvergrößerung in Deutschland.* Pressemitteilung vom 12. 1. 2012

6 Vgl. American Society for Aesthetic Plastic Surgery: *Cosmetic Procedures Increase in 2012*. Pressemitteilung vom 12. 3. 2013

Kapitel 5

1 Ich beziehe mich hier auf die Sexualität unter Vielzellern, nicht auf den wohl sehr viel früher entstandenen »Protosex« unter Einzellern. Denn von der »Entstehung der Schönheit durch sexuelle Auslese« kann man erst sinnvoll sprechen, wenn Organismen über entsprechende Sinnesorgane verfügen: »Die chemischen Vorlieben der Eukaryoten als ›Liebe zur Schönheit‹ zu verstehen, wäre sicherlich etwas weit hergeholt«, meint dazu mein Stiftungskollege Thomas Junker, der mich auf die Studien zum »Einzeller-Sex« (vgl. Wilkins/Robin Holliday, *The Evolution of Meiosis From Mitosis*) aufmerksam gemacht hat.

2 Charles Darwin, *Über die Entstehung der Arten*, S. 111

3 Charles Darwin: *Die Abstammung des Menschen und die geschlechtliche Zuchtwahl*, II. Band. Stuttgart 1875, S. 362

4 Ebenda, S. 378

5 Thomas Junker/Sabine Paul: *Der Darwin Code. Die Evolution erklärt unser Leben*. München 2009, S. 61 f.

6 Ebenda, S. 70 f.

7 Vgl. Desmond Morris: *The Naked Woman: A Study of the Female Body*. London 2005

8 Vgl. Richard Dawkins: *Der erweiterte Phänotyp. Der lange Arm der Gene*. Heidelberg 2010

9 Thomas Junker: *Die Evolution der Phantasie. Wie der Mensch zum Künstler wurde*. Stuttgart 2013, S. 74

10 Sehr anschaulich beschrieben sind die kulturellen Wirkungen des Handicap-Prinzips in diesem ausgezeichneten Buch: Matthias Uhl/Eckart Voland: *Angeber haben mehr vom Leben*. Heidelberg 2002

11 Thomas Junker, *Die Evolution der Phantasie*, S. 75

12 Friedrich Schiller: *Über die ästhetische Erziehung des Menschen*. In: *Werke in vier Bänden*. Bd. I, Salzburg 1986, S. 522.

13 Thomas Junker, *Die Evolution der Phantasie*, S. 138

14 Friedrich Nietzsche: *Götzendämmerung*. In: Nietzsche, *Werke*, Bd. 2, S. 947

15 Vgl. Thomas Fritz et al: *Universal recognition of three basic emotions in music*. In: *Current Biology*, 19. März 2009

16 Robert Jourdain: *Das wohltemperierte Gehirn. Wie Musik im Kopf entsteht*. Heidelberg 1998, S. 110

17 Vgl. ebenda

18 Platon: *Der Staat*. Deutsch von August Horneffer. Stuttgart 1949, S. 119

19 Einen guten Eindruck von der altgriechischen Musik vermittelt die Ein-

spielung *Musique de la Grèce Antique* des Atrium Musicae de Madrid (harmonia mundi, 2000).

20 Auch hier gibt es einige bemerkenswerte Rekonstruktionsversuche, siehe u. a. Musica Romana: *Pugnate* (Emmuty Records, 2007).

21 Eine eindrucksvolle Dokumentation der mittelalterlichen Musik liefert das 6-teilige CD-Set *Les Tres Riches Heures Du Moyen Age – A Medieval Journey* (harmonia mundi, 1995).

22 Sehr empfehlenswert ist die Einspielung des Ensemble Unicorn: *Chominiciamento di gioia – Virtuoso dance-music from the time of Boccaccio's Decamerone* (Naxos, 1994).

23 Siehe hierzu die Anmerkungen am Anfang von Kapitel 7

24 Marx/Engels, *Manifest der kommunistischen Partei*, S. 464 f.

25 Mahler hatte die Sinfonie zwar vom ersten bis zum letzten Takt skizziert, konnte aber nur die ersten Sätze instrumentalisieren. Verdienstvollerweise haben mehrere Mahler-Experten versucht, die sagenumwobene Zehnte zu rekonstruieren, wobei die Aufführungsversion von Deryck Cooke besonders bekannt wurde. Wer sich unvoreingenommen die Einspielung dieser Version etwa durch das Radio-Symphonie-Orchester Berlin unter Riccardo Chailly (Decca 1987) anhört, wird, wie ich meine, kaum bestreiten können, dass es sich bei dieser weithin unbekannten Sinfonie um eines der bedeutsamsten und aufwühlendsten Werke der gesamten Musikgeschichte handelt.

26 Zur Ehrenrettung der klassischen Orchester sei allerdings gesagt, dass das auf Neue Musik spezialisierte *Ensemble Modern* Zappas Werke in großartiger Weise einspielte, siehe: Zappa: *The Yellow Shark* (Barking Pumpkin Records, 1993)

27 Das Werk wurde am 31. August 2013 im Rahmen der Salzburger Festspiele uraufgeführt, siehe hierzu meine Konzertkritik auf dem Portal des Humanistischen Pressedienstes: *hpd.de/node/16577*

Kapitel 6

1 Vgl. Frans de Waal: *Das Prinzip Empathie. Was wir von der Natur für eine bessere Gesellschaft lernen können.* München 2011, S. 96 ff.

2 Vgl. hierzu u. a. Giacomo Rizzolatti/Corrado Sinigaglia: *Empathie und Spiegelneurone. Die biologische Basis des Mitgefühls.* Frankfurt/M. 2008; sowie Christian Keysers: *Unser empathisches Gehirn. Warum wir verstehen, was andere fühlen.* München 2013

3 Vgl. de Waal, *Das Prinzip Empathie*, S. 181 f.

4 Ebenda, S. 186

5 Ebenda, S. 187 f.

6 Vgl. Michael Tomasello: *Warum wir kooperieren.* Berlin 2010, S. 65 f.

7 Vgl. Keysers, *Unser empathisches Gehirn*, S. 160 f.

8   Ebenda, S. 258 ff.

9   Ebenda, S. 162 f.

10 Vgl. Eckart Voland: *Die Natur des Menschen. Grundkurs Soziobiologie.* München 2007, S. 25 ff.

11 Kropotkin, *Ethik*, S. 30

12 Vgl. u. a. Maria Wuketits und Franz M. Wuketits: *Humanität zwischen Hoffnung und Illusion. Warum uns die Evolution einen Strich durch die Rechnung macht.* Stuttgart 2001, S. 129

13 Eindrucksvoll beschrieben von Volker Sommer in seinem Aufsatz *Das Töten von Artgenossen. Kontroversen in der Verhaltensforschung*, erschienen in: Volker Sommer: *Darwinisch denken. Horizonte der Evolutionsbiologie.* Stuttgart 2007, S. 42 ff.

14 Vgl. Jane Goodall: *The Chimpanzees of Gombe – Patterns of Behaviour.* Cambridge 1986

15 Vgl. hierzu mein Buch *Jenseits von Gut und Böse*, S. 69 ff.

16 Nicht ohne Grund lässt Jeremy Rifkin sein Buch über die »empathische Zivilisation« mit der Schilderung dieser Begebenheit beginnen, vgl. Jeremy Rifkin: *Die empathische Zivilisation. Wege zu einem globalen Bewusstsein.* Frankfurt/M. 2010, S. 17 ff.

17 Vgl. *Remembering a Victory For Human Kindness*. In: The Washington Post, 25. 12. 2004

18 Otto Hahn zitiert nach Klaus Hoffmann: *Otto Hahn – Schuld und Verantwortung. Konflikte eines Wissenschaftlers.* Berlin 1993, S. 85

19 Vgl. Dave Grossman: *On Killing. The Psychological Cost of Learning to Kill in War and Society.* New York 2009, S. 3 f.

20 Vgl. de Waal, *Das Prinzip Empathie*, S. 283

21 Vgl. Horst Herrmann: *Die Folter. Eine Enzyklopädie des Grauens.* Frankfurt/M. 2004

22 Vgl. de Waal, *Das Prinzip Empathie*, S. 260

23 Deuteronomium 7,16-24

24 Jesaja 13,15-18

25 Jesaja, 2,4

26 Stephen Pinker: *Gewalt. Eine neue Geschichte der Menschheit.* Frankfurt/M. 2011

27 Vgl. Pinker, *Gewalt*, S. 96 ff.

28 Ebenda, S. 296 ff.

29 Ebenda, S. 97

30 Vor allem Franz Buggle hat auf diese erschreckende Ambivalenz aufmerksam gemacht, siehe Buggle, *Denn sie wissen nicht, was sie glauben*, S. 64 ff.

31 Vgl. Christoph Antweiler: *Was ist den Menschen gemeinsam? Über Kultur und Kulturen.* Darmstadt 2007, S. 190 ff.

32 Vgl. Schmidt-Salomon, *Jenseits von Gut und Böse*, S. 86 ff.

33 Mo Ti: *Von der Liebe des Himmels zu den Menschen*. Aus dem Chinesischen übersetzt von Helwig Schmidt-Glintzer. München 1992, S. 124
34 Ebenda, S. 107 f.
35 Ebenda, S. 108
36 Epikur, *Philosophie der Freude*, S. 71
37 Ebenda, S. 72 ff.
38 Stephen Greenblatt: *Die Wende. Wie die Renaissance begann.* München 2012
39 Offizielle deutsche Übersetzung des Textes der amerikanischen Unabhängigkeitserklärung, entnommen der Website der US-Botschaft in Deutschland: *usa.usembassy.de/etexts/gov/unabhaengigkeit.pdf*
40 Olympe de Gouges: *Die Rechte der Frau.* Übersetzt von Viktoria Frysak und Corinne Walter, 2008–2013, siehe: *olympe-de-gouges.info*
41 Ebenda
42 Siehe hierzu auch die komprimierte, spannend zu lesende Zusammenfassung der Geschichte der Frauenbewegung von Gisela Notz: *Feminismus*. Köln 2011
43 Vgl. Notz, *Feminismus*, S. 45 ff.
44 Vgl. u. a. Cornelia Filter: *Männer und Frauen sind gleichberechtigt! Dossier 60 Jahre BRD*. In: EMMA 3/2009
45 In Ostdeutschland war die Lage etwas entspannter: Die DDR kehrte 1950 zur alten Fassung des § 175 zurück, revidierte also die Verschärfung der Gesetzgebung unter den Nationalsozialisten. Ab Ende der 1950er-Jahre wurde Homosexualität unter Erwachsenen in der DDR nicht mehr geahndet.
46 Vgl. hierzu wie zum Nachfolgenden Hans-Georg Stümke: *Homosexuelle in Deutschland: Eine politische Geschichte*. München 1989; sowie: Elmar Kraushaar (Hg.): *Hundert Jahre schwul – Eine Revue*. Reinbek 1997
47 Siehe den Bericht der *Hohen Kommissarin für Menschenrechte der Vereinten Nationen* über »Diskriminierende Gesetze und Praktiken und Gewaltanwendung gegen Menschen aufgrund ihrer sexuellen Orientierung oder geschlechtlichen Identität« vom 17. November 2011: United Nations General Assembly: *Discriminatory laws and practices and acts of violence against individuals based on their sexual orientation and gender identity.* (A/HRC/19/41). New York 2011
48 Vgl. hierzu u. a. Peter Wensierski: *Schläge im Namen des Herrn. Die verdrängte Geschichte der Heimkinder in der Bundesrepublik*. München 2006; sowie: Manfred Kappeler: *Anvertraut und ausgeliefert. Sexuelle Gewalt in pädagogischen Einrichtungen*. Berlin 2011
49 Die Giordano-Bruno-Stiftung half 2010 u. a. bei der Organisation der Heimkinder-Demo »Jetzt reden wir!« sowie der Pressekonferenz der Heimkinder im Haus der Bundespressekonferenz, siehe die Kampagnenwebsite *www.jetzt.reden-wir.org*.

50 Vgl. *Heimkinder: Von Staat und Kirchen verschaukelt*, hpd.de, 1.2.2010

51 Vgl. hierzu die ebenfalls von der Giordano-Bruno-Stiftung durch-
geführte Kampagne »Mein Körper gehört mir! – Zwangsbeschneidung
ist Unrecht, auch bei Jungen«, *www.pro-kinderrechte.de.*

52 Vgl. hierzu auch das bereits 1981 erstmals erschienene Buch von Peter
Singer: *The Expanding Circle. Ethics, Evolution and Moral Progress.*
Princeton 2011

53 Vgl. hierzu das Vorwort zur Neuausgabe des Tierrechtsklassikers
von Peter Singer: *Animal Liberation. Die Befreiung der Tiere.* Reinbek
1996

54 Hierauf weist selbst ein so entschiedener Tierrechtler wie Peter Singer
hin, siehe: Peter Singer: *Praktische Ethik. Neuausgabe.* Stuttgart 1994,
S. 86

55 Siehe Paola Cavalieri, Colin Goldner, Peter Singer, Michael Schmidt-
Salomon, Volker Sommer: *Grundrechte für Menschenaffen. Schriftenreihe der Giordano-Bruno-Stiftung, Band 4.* Aschaffenburg 2012; siehe auch
die von Colin Goldner betreute deutsche Website des *Great Ape Project,*
www.greatapeproject.de

Kapitel 7

1 Wir wissen natürlich nicht, ob diese Botschaft jemals von irgendjeman-
dem empfangen wird, und falls ja: ob die Empfänger die Worte des ehemaligen amerikanischen Präsidenten werden entziffern können. Immerhin: Voyager 1 konnte unser Sonnensystem mittlerweile verlassen
und die Datenscheibe, die die Raumsonde mit sich führt, hat eine erwartete Lebensdauer von mehreren 100 Millionen Jahren. Zur Schwie-
rigkeit der Kommunikation mit potenziellen außerirdischen Lebensformen siehe u. a. das lesenswerte Buch des deutschen Astronauten Ulrich
Walter: *Außerirdische und Astronauten. Zivilisationen im All.* Heidelberg 2001

2 Siehe die multimediale Webpage *http://goldenrecord.org*, vgl. auch Carl
Sagan et al: *Murmurs of Earth. The Voyager Interstellar Record.* New
York 1978

3 Vgl. u. a. Heinrich K. Erben: *Intelligenzen im Kosmos? Die Antwort der
Evolutionsbiologie.* München 1984, S. 31. Erben macht sich dabei auch
über andere Aspekte der Golden Record lustig – und hat damit in den
meisten Punkten wohl auch recht. So weist er darauf hin, dass außerirdische Intelligenzler – die ohnehin und zudem auch noch in direkter
Nähe zu unserem Sonnensystem höchst unwahrscheinlich sind – mit
den ambitionierten Botschaften der Erde nur sehr wenig anfangen
könnten. Allerdings ist aus der berechtigten Vermutung, dass die Golden Record *für Außerirdische* – so es sie gibt und auf die Datenscheibe

stoßen sollten – nur wenig Bedeutung haben dürfte, keineswegs zu folgern, dass sie *für uns* keine Bedeutung hat. Die Frage, wie sich die Menschheit nach außen darstellen könnte, ist philosophisch durchaus interessant – und in gewisser Weise versucht auch das vorliegende Buch darauf eine Antwort zu geben.

4   E. Benjamin Skinner: *Menschenhandel. Sklaverei im 21. Jahrhundert.* Köln 2008

5   Jeremy Rifkin, *Die empathische Gesellschaft*, S. 32

6   Vereinte Nationen: *Rio-Erklärung über Umwelt und Entwicklung.* Übersetzung durch den Deutschen Übersetzungsdienst der Vereinten Nationen, Rio 1992, siehe: *www.un.org/Depts/german/*

7   Vereinte Nationen: *Millenniums-Erklärung der Vereinten Nationen.* A/RES/55/2. New York, 2000

8   Vgl. Vereinte Nationen: *Millenniums-Entwicklungsziele.* Bericht 2013. New York 2013

9   Zum Teil habe ich diese Problemanalysen in meine 1995 abgeschlossene Dissertation aufgenommen, die 1997 als Buch im Alibri Verlag erschien, vgl. Michael Schmidt-Salomon: *Erkenntnis aus Engagement*, Aschaffenburg 1997, S. 416 ff.

10 Vgl. ebenda, S. 430 f.

11 Ebenda, S. 417 ff.

12 Vgl. Alfred-Wegener-Institut: *Das Ozonloch über der Antarktis wird kleiner – Langzeitmessungen an deutscher Forschungsstation belegen Erholung der Ozonschicht.* Pressemitteilung vom 12. 6. 2013

13 Vgl. Vereinte Nationen, *Millenniums-Entwicklungsziele*, S. 42 ff.

14 Vgl. Schmidt-Salomon, *Erkenntnis aus Engagement*, S. 425 ff.

15 Vgl. hierzu auch Schmidt-Salomon, *Keine Macht den Doofen*, S. 56 ff.

16 Vgl. David Graeber: *Schulden – Die ersten 5000 Jahre.* Stuttgart 2012

17 Thomas Strobl: *Ohne Schulden läuft nichts. Warum uns Sparsamkeit nicht reicher, sondern ärmer macht.* München 2010

18 Siehe dazu die Angaben unter Punkt 7: *Armut und soziale Ungleichheit*

19 Freedom House: *Freedom in the World – Country status and ratings overview 1973–2013.* Washington 2013 (Die Berichte des Freedom House sind freilich nicht unproblematisch: So ist es bei aller berechtigten Kritik an Putins Russland nicht einsichtig, warum das Land beinahe so schlecht bewertet wurde wie der Irak.)

20 Ebenda

21 Freedom House: *Freedom in the World – Population Trends.* Washington 2013

22 Vgl. Schmidt-Salomon, *Keine Macht den Doofen*, S. 84 ff.

23 Christian Tenbrock: *Das globalisierte Verbrechen. Menschenhandel, Drogen, gefälschte Produkte: Die Kaufleute der Unterwelt überwinden alle Grenzen.* In: Die Zeit, 28. 6. 2007

24 Vgl. United Nations Office on Drugs and Crime (UNODC): *Estimating illicit financial flows resulting from drug trafficking and other transnational organized crimes. Research Report.* Wien 2011

25 Vgl. Peter Eigen: *Das Netz der Korruption.* Frankfurt 2003

26 Vgl. Wolfgang Schreiber: *Kriege-Archiv – Entwicklungstrends seit 1945.* Hamburg 2007, zu finden auf der Website der *Arbeitsgemeinschaft Kriegsursachenforschung* (AKUF), www.akuf.de

27 Ebenda

28 Wolfgang Schreiber: *Kriege und bewaffnete Konflikte 2012. Ein erster Überblick.* In: AKUF Analysen 11, Hamburg 2012

29 Vgl. Vereinte Nationen, *Millenniums-Entwicklungsziele*, S. 13

30 Zu den geschichtlichen Hintergründen dieses von religiösen Vorurteilen bestimmten Konflikts siehe u. a. Karlheinz Deschner/Milan Petrovic: *Weltkrieg der Religionen. Der ewige Kreuzzug auf dem Balkan.* Stuttgart 1995

31 Vgl. Schmidt-Salomon, *Erkenntnis aus Engagement*, S. 141 ff.

32 Vgl. Vereinte Nationen, *Millenniums-Entwicklungsziele*, S. 24

33 Ebenda, S. 10

34 Ebenda, S. 11 f.

35 Ebenda, S. 7

36 Vielfältige Informationen zu modernen Formen der Sklaverei findet man auf der Website der NGO *Anti-Slavery International* (www. antislavery.org); siehe auch das bereits zitierte Buch von E. Benjamin Skinner, *Menschenhandel*

37 World Institute for Development Economics Research: *Pioneering Study Shows Richest Two Percent Own Half World Wealth.* London/New York 2006

38 Credit Suisse Research Institute: *Global Wealth Report 2012.* Zürich 2012, S. 16 ff.

39 James S. Henry (Tax Justice Network): *Neue Erkenntnisse zum Preis des Offshore-Systems.* London 2012, Appendix III, S. 102

40 Ebenda (Basistext), S. 6, vgl. auch: Nicholas Shaxson/John Christensen/ Nick Mathiason (Tax Justice Network): *Ungleichheit: Mehr als die Hälfte bleibt im Verborgenen.* London 2012

41 Vgl. Vereinte Nationen, *Millenniums-Entwicklungsziele*, S. 27

42 Ebenda, S. 35 ff.

43 Ebenda, S. 38

44 Ebenda, S. 39 ff.

45 Ebenda, S. 47 ff.

46 United Nations Department of Economic and Social Affairs/Population Division 1: *World Population Prospects – The 2012 Revision, Volume I: Comprehensive Tables.* New York 2013, S. 2

47 Ebenda

48 Vgl. Jean Ziegler: *Wie kommt der Hunger in die Welt?* München 2002, S. 19 ff.

49 Vgl, u. a. Lester Brown et al: *Zur Rettung des Planeten Erde. Strategien für eine ökologisch nachhaltige Weltwirtschaft.* Frankfurt/M. 1992

50 Vgl. Vereinte Nationen, *Millenniums-Entwicklungsziele*, S. 14 ff.

51 Vgl. UNESCO Institute for Statistics: *Adult and Youth Literacy.* UIS Fact Sheet, No. 26, September 2013

52 Eine Reihe von Pädagogen, Biologen und Philosophen im Umfeld der Giordano-Bruno-Stiftung hat sich zum Ziel gesetzt, dieses Missverhältnis zu beheben, es wird aber wohl einige Zeit dauern, bis es dazu kommt, siehe hierzu die Aktionshomepage *www.evokids.de.*

53 Vgl. Vereinte Nationen, *Millenniums-Entwicklungsziele*, S. 56 f.

54 Robert Jungk: *Trotzdem. Mein Leben für die Zukunft.* München 1993, S. 537

55 Vgl. Jean Ziegler: *Wir lassen sie verhungern. Die Massenvernichtung in der Dritten Welt.* München 2011

56 *UN-Forderung: »Rohstoffe den Spekulanten entreißen«.* Handelsblatt, 10. 2. 2011

57 Ebenda, vgl. auch Ziegler, *Wir lassen sie verhungern*, S. 257 ff.

58 Tax Justice Network: *»Tax us if you can«* – *Wie sich Multis und Reiche der Besteuerung entziehen und was dagegen unternommen werden kann.* London 2005, S. 31 ff.

59 James S. Henry, *Neue Erkenntnisse zum Preis des Offshore-Systems*, S. 5 u. S. 42

60 Ebenda, S. 43

61 Vgl. Schmidt-Salomon, *Keine Macht den Doofen*, S. 62 ff.

62 Vgl. hierzu u. a. Helmut Creutz: *Das Geld-Syndrom. Wege zu einer krisenfreien Marktwirtschaft.* Frankfurt/M. 1995

63 Vgl. Ziegler, *Wir lassen sie verhungern*, S. 257 ff.

64 Siehe u. a. die (neu aufgelegten) Klassiker von Alexander Rüstow: *Das Versagen des Wirtschaftsliberalismus. Das neoliberale Projekt.* Marburg 2001; Wilhelm Röpke: *Civitas Humana. Grundfragen der Gesellschafts- und Wirtschaftsreform.* Bern 1979; Walter Eucken: *Grundsätze der Wirtschaftspolitik.* Stuttgart 2004

65 Vgl. die wichtigen Veröffentlichungen von Dennis Meadows, vor allem Dennis Meadows et al: *Die Grenzen des Wachstums.* Stuttgart 1972, sowie Dennis Meadows et al: *Die neuen Grenzen des Wachstums.* Stuttgart 1992

66 Vgl. Schmidt-Salomon, *Keine Macht den Doofen*, S. 80 ff.

67 Eine Rückkehr zur Subsistenzwirtschaft (Selbstversorgerprinzip) mag vielleicht in einigen Teilen der Welt sinnvoll sein, taugt aber nichts für eine Weltbevölkerung von 7 bis 10 Milliarden Menschen, die größtenteils und immer häufiger in städtischen Ballungszentren leben.

68 Michael Braungart/William McDonough: *Einfach intelligent produzie-ren. Cradle to Cradle: Die Natur zeigt, wie wir die Dinge besser machen können*. Berlin 2003. Ich bin hierauf bereits in *Keine Macht den Doofen* eingegangen, aber manche Dinge können gar nicht oft genug wiederholt werden.

69 Siehe hierzu auch das jüngste Buch der Autoren: Michael Braungart/William McDonough: *Intelligente Verschwendung. The Upcycle: Auf dem Weg in eine neue Überflussgesellschaft*. München 2013

70 Michael Braungart/William McDonough, *Intelligente Verschwendung*, S. 130

71 Vgl. Charles Darwin: *Die Bildung der Ackererde durch die Tätigkeit der Würmer*. Aus dem Englischen von J. Victor Carus. Stuttgart 1882. Das bis heute faszinierende Buch ist im Druck nur noch schwer zu finden, liegt aber – wie ein Großteil anderer Darwin-Bücher und Manuskripte – im *Darwin-Online* Webarchiv vor: siehe http://darwin-online.org.uk.

72 Zitiert nach Braungart/McDonough, *Intelligente Verschwendung*, S. 100

73 Auf diesen Punkt geht auch Jean Ziegler ein, der sich als UN-Sonderberichterstatter für das Recht auf Nahrung vehement gegen den sogenannten »Biodiesel« aussprach, siehe Ziegler, *Wir lassen sie verhungern*, S. 225 ff.

74 Siehe *http://makeitright.org/*

75 Bill Clinton: *Vorwort*. In: Braungart/McDonough, *Intelligente Verschwendung*, S. 13 ff.

76 Schmidt-Salomon, *Keine Macht den Doofen*, S. 45

77 Vgl. Heiner Flassbeck: *Zehn Mythen der Krise*. Frankfurt/M. 2012

78 Samuel P. Huntington: *Kampf der Kulturen. Die Neugestaltung der Weltpolitik im 21. Jahrhundert*. München 1996.

79 Ilija Trojanow/Ranjit Hoskoté: *Kampfabsage. Kulturen bekämpfen sich nicht – sie fließen zusammen*. München 2009

80 Amartya Sen: *Die Identitätsfalle. Warum es keinen Krieg der Kulturen gibt*. München 2010

81 Eine angemessen scharfe Kritik an solchen kulturrelativistischen Vorstellungen haben vor allem Kritikerinnen aus dem sogenannten muslimischen Kulturraum formuliert, siehe u. a. Mina Ahadi/Sina Vogt: *Ich habe abgeschworen. Warum ich gegen den Islam und für die Freiheit kämpfe*. München 2008; sowie Necla Kelek: *Die fremde Braut. Bericht aus dem Inneren des türkischen Lebens in Deutschland*. Köln 2005

82 Vgl. hierzu Trojanow/Hoskoté, *Kampfabsage*, S. 37 ff.; siehe auch: Rolf Bergmeier: *Christlich-abendländische Kultur. Eine Legende*. Aschaffenburg 2014

83 Vgl. Wolfgang Welsch: *Transkulturalität – Lebensformen nach der Auflösung der Kulturen*. In: Information Philosophie 2/1992

84 Siehe »Selbstbestimmung statt Gruppenzwang – Abschlusserklärung der Kritischen Islamkonferenz 2013«, abzurufen unter: *http://www.kritische-islamkonferenz.de*

Kapitel 8

1 Mein Dank gilt in diesem Zusammenhang meinem Stiftungskollegen, dem Ethnologen Christoph Antweiler, der mich auf diese bemerkenswerte Ausstellung aufmerksam machte, siehe hierzu auch Christoph Antweiler: *Heimat Mensch. Was uns alle miteinander verbindet.* Hamburg 2009, S. 224 ff. Infos zur Dauerausstellung von *The Family of Man* im Schloss von Clervaux gibt es auf der Website *http://www.steichen collections.lu/*

2 Carl Sandburg: *Prologue.* In: Museum of Modern Art (Hg.): *The Family of Man.* Created by Edward Steichen. New York, 2013, S. 4 f. (Übersetzung: MSS)

3 Vgl. Roland Barthes: *Mythen des Alltags.* Vollständige Ausgabe. Frankfurt/M. 2012, S. 226 ff.

4 Siehe die Website des Projekts *http://www.neoshield.net/*

5 Natürlich könnte man hier behaupten, dass Gott die Parameter der Sonne allein deshalb so lebensfeindlich eingestellt habe, damit die Menschheit sich ihrer Verantwortung für die Ökosphäre bewusst werde und entsprechend handle. So gesehen wäre Gott also doch an einer »Bewahrung der Schöpfung« interessiert, die er ganz bewusst in die Hände der Menschheit gelegt habe. Dass auch eine solche theologische Sichtweise denkmöglich ist, verrät, mit welcher Beliebigkeit über »Gott« spekuliert werden kann.

6 Die Gleichung wurde 1961 von dem US-Astrophysiker Frank Drake (*1930) aufgestellt. Sie versucht, die Anzahl der außerirdischen Zivilisationen zu ermitteln, die mit uns in Kontakt treten können. Dabei wird die mittlere Sternentstehungsrate pro Jahr in unserer Galaxie multipliziert a) mit dem Anteil an Sternen mit Planetensystem, b) der mittleren Anzahl von Planeten in einer lebensfreundlichen Zone, c) dem Anteil an Planeten, die tatsächlich Leben hervorbringen, d) dem Anteil an Biosphären mit intelligentem Leben, e) dem Anteil mit Zivilisationen, die interstellar kommunizieren können, sowie f) der Lebensdauer einer technischen Zivilisation in Jahren.

7 Vgl. Carl Sagan: *Cosmos.* New York 1985, S. 248 ff. (deutsch: Carl Sagan: *Unser Kosmos. Eine Reise durch das Weltall.* Augsburg 1997, S. 310 ff.)

8 Selbstverständlich sind alle Versuche, mithilfe der Drake-Gleichung die Frage zu klären, wie viele Zivilisationen in der Milchstraße existieren, die potenziell Kontakt mit uns aufnehmen könnten, höchst spekulativ. Zwar können wir noch relativ genau abschätzen, wie viele Planeten der

Milchstraße Leben ermöglichen könnten (es könnten durchaus einige hundert Millionen sein – weniger als Sagan veranschlagte, aber doch eine ganze Menge), wie viele dieser Planeten aber tatsächlich Leben oder gar intelligentes Leben hervorgebracht haben, ist kaum einzuschätzen. Das Gleiche gilt für die mittlere Lebensdauer einer Zivilisation. Wir haben schlichtweg keine Anhaltspunkte, um dies seriös beurteilen zu können, siehe hierzu auch Ulrich Walter, *Außerirdische und Astronauten*, S. 84 ff.

9 Vgl. u. a. Benjamin Bidder: *Vergessener Held – Der Mann, der den dritten Weltkrieg verhinderte.* Spiegel-Online vom 21. 4. 2010; sowie Ronald D. Gerste: *Nervenprobe vor 30 Jahren – Haarscharf an einem Atomkrieg vorbei.* Neue Züricher Zeitung vom 25. 9. 2013.

10 Der Begriff »Transhumanismus« geht – wie der Begriff »evolutionärer Humanismus« – auf Julian Huxley zurück. Er kennzeichnet heute eine internationale Bewegung, die die Grenzen menschlicher Möglichkeiten durch den Einsatz technologischer Verfahren erweitern will. Zwischen dem Transhumanismus, wie er u. a. von Kurzweil vertreten wird, und meinem eigenen Denkansatz gibt es zwar Gemeinsamkeiten, allerdings bin ich im Hinblick auf die Geschwindigkeit des technologischen Fortschritts und seine ethischen Implikationen weitaus skeptischer. Auch der religiöse Impetus, mit dem das transhumanistische Anliegen oftmals vorgetragen wird (schon einige Formulierungen Huxleys gingen in diese Richtung), erfüllt mich mit Sorge, weshalb ich es vorziehe, mich selbst nicht als »Transhumanisten« zu bezeichnen.

11 Vgl. Ray Kurzweil: *Menschheit 2.0. Die Singularität naht.* Berlin 2013

12 Ebenda, S. 409 ff.

13 Schmidt-Salomon, *Manifest des evolutionären Humanismus*, S. 7

14 Vgl. hierzu insbesondere Hans Albert: *Traktat über kritische Vernunft.* Tübingen 1991, S. 44

15 Man denke in diesem Zusammenhang nur an die Worte von Papst Benedikt XVI.: »Wir sind nicht das zufällige und sinnlose Produkt der Evolution. Jeder von uns ist Frucht eines Gedankens Gottes. Jeder ist gewollt, jeder ist geliebt, jeder ist gebraucht.« (Predigt von Benedikt XVI. in der Heiligen Messe zu seiner Amtseinführung am 24. 4. 2005, dokumentiert auf der Website des Heiligen Stuhls: *http://www.vatican. va*)

16 Marx, *Zur Kritik der Hegelschen Rechtsphilosophie*, S. 378

17 Typisch ist in diesem Zusammenhang die Reaktion von Papst Pius VI., der die Menschen- und Bürgerrechte von 1789 als »Ungeheuerlichkeit« verdammte: »Es sei ein Recht des in der Gesellschaft lebenden Menschen, in allem volle Freiheit zu genießen, so dass er nicht nur in der Ausübung seiner Religion nicht behindert werden darf, sondern dass es auch seinem Ermessen überlassen bleibt, was er über religiöse Fragen

denken, reden, schreiben und im Druck veröffentlichen will. Diese wahre Ungeheuerlichkeit stamme und folge, so wird erklärt, aus der Gleichheit aller Menschen und ihrer natürlichen Freiheit. Aber kann man etwas Sinnwidrigeres ersinnen als eine solche Gleichheit und Freiheit aufzustellen?« (Pius VI. in seinem Schreiben *Quod Aliquantum* vom März 1791, zitiert nach Konrad Hilpert: *Die Menschenrechte. Geschichte – Theologie – Aktualität.* Düsseldorf 1991, S. 139)

18 H. G. Wells und Julian Huxley haben sich in ihrer mehrjährigen Zusammenarbeit (vgl. hierzu Huxley, *Ein Leben für die Zukunft*, S. 135 ff.) gegenseitig stark beeinflusst. Liest man den letzten Band von *Science of Life*, der der Evolution des Menschen gewidmet ist, stellt man fest, dass er bereits wesentliche Elemente des evolutionären Humanismus enthält, ohne dass der Begriff dort verwendet würde.

19 Vgl. H. G. Wells: *The Rights of Man, or what are we fighting for?* Harmondsworth 1940

20 Dies wurde mir erst vor Kurzem (Oktober 2013) noch einmal bewusst gemacht, als ich an einer prominent besetzten Tagung des Staatsministeriums Baden-Württemberg und der Akademie der Diözese Rottenburg-Stuttgart zum Thema »Freiheit von, für, mit Religion« teilnahm. Der frühere Ratsvorsitzende der *Evangelischen Kirche in Deutschland* (EKD), Altbischof Wolfgang Huber, legte dort in seiner Stellungnahme unmissverständlich dar, dass die Säkularisierung aus religiöser Perspektive nicht als »Zerfallsprozess«, sondern als »Fortschritt« gesehen werden sollte. »Dass wir in einer Region der Welt leben, in der es einen säkularen Staat gibt, ist ein Segen«, sagte Huber, mit dem ich ansonsten gewiss nicht immer übereinstimme, aber in diesem Punkt einer Meinung bin.

21 Friedrich Schleiermacher: *Über die Religion. Reden an die Gebildeten unter ihren Verächtern.* Hamburg 1958, S. 30

22 Vgl. Max Weber: *Wissenschaft als Beruf.* In: Max Weber: *Gesammelte Aufsätze zur Wissenschaftslehre.* Hrsg. von Johannes Winckelmann. Tübingen 1985, S. 593

23 Dies war auch Thema meines Vortrags bei den Salzburger Festspielen 2013, auf den ich am Anfang von Kapitel 4 eingegangen bin. Die nachfolgenden Darlegungen greifen teilweise auf Formulierungen der in Salzburg gehaltenen Rede zurück.

24 Vgl. hierzu auch Werner Gruber/Heinz Oberhummer/Martin Puntigam: *Science Busters – Wer nichts weiß, muss alles glauben.* Salzburg 2010, S. 117 f.

25 Schmidt-Salomon, *Jenseits von Gut und Böse*, S. 244

26 Vgl. hierzu auch Thomas Metzinger: *Der Ego-Tunnel. Eine neue Philosophie des Selbst.* Berlin 2009

27 Albert Einstein: *Mein Weltbild.* Gütersloh (o. J.), S. 11

28 Schmidt-Salomon, *Jenseits von Gut und Böse*, S. 207 ff.

29 Wer daran noch immer Zweifel hat, sollte sich vergegenwärtigen, dass schon der Ausfall *einiger weniger Neuronen* im Zuge einer degenerativen Hirnerkrankung dazu führt, dass ein Mensch eben jene persönliche Identität verliert, durch die er sich zeitlebens ausgezeichnet hat. Wie also sollte bei einem Ausfall *sämtlicher Neuronen* irgendetwas von dieser Persönlichkeit übrigbleiben?

30 Epikur, *Philosophie der Freude*, S. 55

31 Die klassische Säkularisierungshypothese, die eine automatische Abschwächung der Religion vorhersagte, gilt zu Recht als widerlegt, aber das ändert nichts daran, dass ein klarer Zusammenhang besteht zwischen der Abschwächung der tradierten Glaubenssysteme und der Evolution moderner Gesellschaften, die nicht nur technologisch, sondern auch ethisch-politisch im 21. Jahrhundert angekommen sind. Die Staaten nämlich, in denen traditionelle Glaubenssysteme noch immer maßgeblich sind, haben zwar teilweise eine bemerkenswerte technologische Modernisierung hinter sich gebracht, sind jedoch in gesellschaftlicher Hinsicht (vor allem im Hinblick auf die Herstellung sozialer Gerechtigkeit und weitgefächerter Allgemeinbildung) rückständig geblieben.

32 Siehe hierzu vor allem Albert Camus: *Der Mensch in der Revolte*. Reinbek 1969

33 Kurzweil, *Menschheit 2.0*, S. 326 ff.

34 Erich Fromm: *Jenseits der Illusionen*. In: Erich Fromm, *Gesamtausgabe*, Band 9, S. 151 ff.

35 Ich spreche in diesem Zusammenhang etwas bescheidener von »Entwicklungsfähigkeit«, da »Vervollkommnung« impliziert, dass es ein vordefiniertes Ziel gäbe, das der Mensch erreichen könnte.

36 Auf die Notwendigkeit einer solchen »Konversion zur Menschlichkeit« hat vor allem der indische Sozialreformer Gora (1902–1975, eigentlich: Goparaju Ramachandra Rao) hingewiesen, der als einer der führenden Aktivisten gegen das Kastensystem auf Mahatma Gandhi (1869–1948) in dessen letzten Lebensjahren großen Einfluss hatte. In einem zentralen, immer wieder abgedruckten Text Goras heißt es: »Es gibt keine Hindus, Muslime, Christen oder Juden; alle sind Menschen. Es gibt weder Reiche noch Arme; alle sind Menschen. Es gibt weder Weiße noch Schwarze; alle sind Menschen. Es sollte eine umfassende Bekehrung zum Menschsein geben. Ebenso wie die Gewohnheiten und Lebensstile sich ändern, wenn ein Hindu Christ oder ein Kapitalist Sozialist wird, werden sich die Gewohnheiten und Systeme ändern, wenn wir zum Menschsein konvertieren. Wir leben als Gleiche unter Gleichen. Ändere das Bewusstsein und die Systeme ändern sich im selben Moment. Auf diese Weise werden Revolutionen in Gang gesetzt …« (Gora: *Wholesale Proselytism*. In: Atheist Centre: *Souvenir of the International Conference*

on Future of Atheism and Humanism. Vijayawada 1990, Übersetzung: MSS).

37 Darf ein religionskritischer Autor sein Buch mit einem »Amen« beenden? Einige Personen, die das Manuskript vorab gelesen haben, empfanden die Aufnahme einer religiösen Bekräftigungsformel als unpassend. Nachdem ich das Wort zunächst gestrichen hatte, nahm ich es letztlich doch wieder in den Text auf, setzte es aber in Klammern. Damit soll anzeigt werden, dass dieses »Amen« hier selbstverständlich nicht im Sinne eines dogmatischen »So ist es!« gemeint ist, das jede weitere Diskussion unterbinden will (dies würde dem evolutionären Ansatz des Buchs auch völlig widersprechen). Es ist vielmehr im Sinne eines hoffnungsvollen »So möge es sein« gedacht – eine Bedeutung, die dem Wort mitunter auch im religiösen Kontext zukommt.

PERSONENREGISTER

Philosophie zum »Anfassen« und ohne Denk-Tabus

*Cover- und Preisänderungen vorbehalten

Michael Schmidt-Salomon
Jenseits von Gut und Böse
Warum wir ohne Moral die besseren Menschen sind

Piper Taschenbuch, 368 Seiten
ISBN 978-3-492-27338-1

Seit Darwin wissen wir: Wir sind kaum mehr als »nackte Affen«. Und doch erklären wir uns moralisch gern zu höheren Wesen. Aber was wäre, wenn uns gerade die Unterscheidung in Gut und Böse ins Unglück stürzte? Wenn es uns ohne Moral besser ginge? Michael Schmidt-Salomon, streitbarer Kämpfer gegen den Geist unserer Zeit, entlarvt den freien Willen und die Aufteilung in Gut und Böse als Illusionen. Ein provokantes Buch, dessen Botschaft erstaunliche lebenspraktische und gesellschaftliche Folgen hat.

PIPER

Leseproben, E-Books und mehr unter **www.piper.de**